高等学校应用型本科系列教材·工商管理类

广告与商标管理

夏永林　张熙凤　编著

西安电子科技大学出版社

内 容 简 介

本书根据我国工商行政管理的历史、现状及未来发展的趋势，依据《中华人民共和国广告法》和《中华人民共和国商标法》等相关法律法规，较为全面、系统地介绍了我国广告管理和商标管理的相关理论、法律制度和管理实践，对于广告管理和商标管理过程中存在的问题及对策进行了较为详细的分析研究。全书分为上、下两部分，共 10 章内容。上半部分第 1 章至第 6 章为广告管理部分，内容为广告及广告管理概述、广告活动制度规范、广告发布标准、特定媒体广告的法规管理、广告道德规范、广告法律责任制度；下半部分第 7 章至第 10 章为商标管理部分，内容为商标及商标管理概述、商标注册管理、商标使用与印制管理、商标权及保护管理。

本书综合了目前广告管理和商标管理已经出版的相关教材的内容，借鉴了当前理论界的最新研究成果和我国工商行政管理的实践经验，根据工商行政管理专业及相关专业教学的具体要求，在内容上做了必要精简，在结构上进行了创新组合。根据广告管理和商标管理同属于工商行政管理范畴却又分属于不同类别的特点，本书既可以满足高等院校工商行政管理专业及相关专业教师教学和学生学习的需要，也可以作为工商行政管理机关干部进行业务培训、学习的参考资料。

图书在版编目(CIP)数据

广告与商标管理/夏永林，张熙凤编著. —西安：西安电子科技大学出版社，2013.1(2021.11 重印)
ISBN 978-7-5606-2977-3

Ⅰ. ①广…　Ⅱ. ①夏…　②张…　Ⅲ. ①广告—管理—高等学校—教材　②商标管理—高等学校—教材　Ⅳ. ①F713.82　②F760.5

中国版本图书馆 CIP 数据核字(2012)第 315818 号

策　　划　李惠萍
责任编辑　李惠萍　高　樱
出版发行　西安电子科技大学出版社(西安市太白南路 2 号)
电　　话　(029)88202421　88201467　　　邮　　编　710071
网　　址　www.xduph.com　　　　　　　电子邮箱　xdupfxb001@163.com
经　　销　新华书店
印刷单位　陕西天意印务有限责任公司
版　　次　2013 年 1 月第 1 版　　2021 年 11 月第 4 次印刷
开　　本　787 毫米×1092 毫米　1/16　印 张　18.5
字　　数　438 千字
印　　数　3601～4600 册
定　　价　41.00 元

ISBN 978-7-5606-2977-3/F

XDUP 3269001-4

如有印装问题可调换

前　言

　　广告是为了某种特定的需要，通过一定形式的媒体，公开、广泛地向公众传递信息的宣传手段。而商业广告则是指以盈利为目的的广告，通常是商品生产者、经营者和消费者之间沟通信息的重要手段，或企业占领市场、推销产品、提供劳务的重要形式，主要目的是扩大经济效益。正是因为广告在企业或其他经济组织及个人的经济活动中具有十分重要的促进作用，所以成为被广泛采用的策略。商标是商品的生产者、经营者在其生产、制造、加工、拣选或者经销的商品上或者服务的提供者在其提供的服务上采用的，用于区别商品或者服务来源的，由文字、图形、字母、数字、三维标志、颜色组合，或者上述要素组合而成，是用来区别一个经营者的品牌或服务和其他经营者的商品或服务的标记，具有显著性特征。企业或其他经济组织通过对商标策略的应用，能够达到保护自身权益、阻止诸如假冒者之类的不正当竞争者用相似的区别性标记来推销低劣商品或不同产品及服务的行为等作用，因而也是企业在市场营销过程中经常运用的策略之一。

　　广告管理与商标管理一样都存在两个方面的管理：一方面是从企业的角度进行管理，这种管理往往是作为企业管理的一部分，管理的主体是企业，管理的目的在于使企业能够更加富有效率地运用广告与商标策略为实现其自身利益服务。另一方面是从社会的角度进行管理，这种管理的主体是国家，具体来说是国家工商行政管理机关负责广告和商标管理的部门代表国家行使管理的权利，其目的在于维护市场经济秩序和保护市场主体的合法权益。由于广告与商标直接关系到经营者的经济利益，在实际的经济活动中，就存在着如何有效地、合法地运用广告策略与品牌策略的问题。对广告与商标运用及管理不当，必然造成经营者自身、竞争者及消费者经济利益和权益的损害以及对市场秩序的破坏。从当前的市场状况来看，虚假广告对消费者误导、诱导的现象非常普遍，利用广告贬损竞争对手的不正当竞争时有发生，在商标上打擦边球、搞假冒商标等行为屡见不鲜，这些行为严重扰乱了市场经济秩序，给受侵害对象造成了严重的经济、名誉等方面的损失。因而随着市场经济的快速发展，对广告和商标进行严格管理就提到议事日程上。而对广告与商标的管理又必须走依法管理的路子，通过完善法律、法规和强化执法，将对广告与商标的管理纳入到法治的轨道。目前我国的广告与商标管理主要是基于《中华人民共和国广告法》和《中华人民共和国商标法》以及由此衍生的相关的法律法规。

本书共分为两个部分，其中上半部分为广告管理，共有 6 章内容；下半部分为商标管理，共有 4 章内容。

全书由夏永林、张熙凤负责整体结构的设计和内容的策划。张熙凤负责上半部分第 1 章至第 6 章书稿的统稿、审阅工作；夏永林负责下半部分第 7 章至第 10 章书稿的统稿、审阅工作。各个章节的编写分工是：第 1 章至第 5 章由张熙凤编写；第 6 章由张阔海、李伟嘉编写；第 7 章由夏永林、李莹莹编写；第 8 章由夏永林、屈久阳编写；第 9 章由曹飞、应天编写；第 10 章由夏永林、李莹莹编写。

本书得到了西安电子科技大学教材立项重点资助，在编写过程中得到了西安电子科技大学出版社和网络与继续教育学院的大力支持，尤其是西安电子科技大学出版社的同志为本书的出版付出了大量的劳动；人文学院院长赵伯飞教授、网络与继续教育学院副院长秦荣教授、黄锁成主任等对本书的出版给予了巨大的帮助。在此，对于他们的帮助、支持和辛勤工作表示衷心的感谢。最后，在本书的编写过程中，编者们借鉴和参阅了大量国内外相关文献、出版物及网上资料，在此对所有相关的作者表示由衷的敬意和感谢。

当前，时代的步伐即将迈入 2013 年，可是我国在广告管理和商标管理上所依据的法律、法规还主要是 20 世纪 90 年代中期形成的。我们的管理在法律依据和管理办法上远远跟不上管理实践对其的要求。因此，在本书中编者们对管理中存在的一些问题也做了一些学术上的探讨。由于编著者对《广告法》、《商标法》及法学理论的学习与理解还存在很大的不足，加之学识和水平有限，书中不可避免地会存在疏漏或不足，欢迎各位专家、同仁和广大读者批评指正，我们将本着虚心和诚恳的态度加以改正。

编　者

2012 年 10 月

目　　录

第1章　广告及广告管理概述 1

　1.1　广告概述 1

　　1.1.1　广告的内涵与特征 2

　　1.1.2　广告的分类及作用 4

　1.2　广告管理概述 7

　　1.2.1　广告管理的定义、分类及特点 8

　　1.2.2　广告管理的性质与作用、内容与原则 9

　　1.2.3　我国广告管理体制 10

　1.3　我国广告法律体系的构成与完善 14

　　1.3.1　广告法律概述 14

　　1.3.2　我国广告法律体系的构成 18

　　1.3.3　我国广告法律体系的完善 19

　1.4　广告活动主体及其基本义务 21

　　1.4.1　广告主及其基本义务 22

　　1.4.2　广告经营者及其基本义务 23

　　1.4.3　广告发布者及其基本义务 25

第2章　广告活动制度规范 30

　2.1　广告审查制度 31

　　2.1.1　广告审查制度及相关法律规定 31

　　2.1.2　广告行政审查的程序性规定 33

　2.2　广告经营许可和证明制度 43

　　2.2.1　广告经营许可制度及相关法律规定 43

　　2.2.2　广告证明制度及相关法律规定 45

　2.3　广告代理与合同制度 49

　　2.3.1　广告代理制度及相关法律规定 49

　　2.3.2　广告合同制度及相关法律规定 51

　2.4　广告收费与业务档案制度 57

　　2.4.1　广告收费制度及相关法律规定 57

　　2.4.2　广告业务档案制度及相关法律规定 59

第3章　广告发布标准 62

　3.1　广告发布标准概述 62

　　3.1.1　广告发布标准及其分类 62

　　3.1.2　广告发布标准制定遵循的原则 63

3.2 广告发布的一般标准 69
   3.2.1 广告发布表现形式的标准 69
   3.2.2 广告发布内容的标准 75
3.3 广告发布的特殊标准 79
   3.3.1 药品、医疗器械、农药、兽药四种商品广告的发布标准 79
   3.3.2 其他种类的特殊商品与服务的广告发布标准 83

第4章　特定媒体广告的法规管理 94
4.1 户外广告的法规管理 94
   4.1.1 户外广告及其发展状况 94
   4.1.2 户外广告管理的依据和内容 97
4.2 印刷品广告的法规管理 101
   4.2.1 印刷品广告的含义及其种类 101
   4.2.2 印刷品广告管理的具体内容 102
4.3 网络广告的法规管理 105
   4.3.1 网络广告含义、特点及其形式 105
   4.3.2 网络广告发展和监管中存在的问题及其解决方案 108

第5章　广告道德规范 115
5.1 广告道德规范概述 115
   5.1.1 广告道德规范的概念 115
   5.1.2 广告道德规范的要求及当前广告活动存在的问题 118
   5.1.3 广告道德规范的具体内容 122
5.2 公益广告规范 124
   5.2.1 公益广告的概念及特点 124
   5.2.2 我国公益广告活动的发展及存在的问题 126
   5.2.3 我国公益广告的监督管理 129

第6章　广告法律责任制度 134
6.1 广告法律责任制度概述 135
   6.1.1 广告法律责任的概念及归责问题 135
   6.1.2 广告违法行为的概念和构成要件 136
   6.1.3 共同广告违法行为和数种广告违法行为 139
6.2 广告违法行为的行政责任制度 140
   6.2.1 广告违法行为行政责任的概念和处罚原则 140
   6.2.2 广告行政处罚情节、处罚种类及方法 141
   6.2.3 对几种典型的违法广告的行政处罚 144
6.3 广告违法行为的民事责任和刑事责任 150
   6.3.1 广告违法行为的民事责任 150

      6.3.2　广告违法行为的刑事责任 156

  6.4　广告行政复议与行政诉讼 158

      6.4.1　广告行政复议制度 158

      6.4.2　广告行政诉讼制度 162

第7章　商标及商标管理概述 167

  7.1　商标概述 167

      7.1.1　商标的内涵 167

      7.1.2　商标的分类 170

      7.1.3　商标与相关标记的关系 172

  7.2　商标构成的基本要件 176

      7.2.1　商标构成要素的可视性 176

      7.2.2　商标标志的显著性 178

      7.2.3　商标标志的合法性 182

  7.3　商标管理概述 186

      7.3.1　商标管理的概念和意义 186

      7.3.2　商标管理机关及其职责 186

      7.3.3　依法进行商标管理 188

第8章　商标注册管理 191

  8.1　商标注册的主体及其原则 191

      8.1.1　商标注册的一般含义 191

      8.1.2　商标注册申请的主体 193

      8.1.3　商标申请注册的原则 195

  8.2　商标注册的文件和要求 198

      8.2.1　申请商标注册应当提交的文件和费用 198

      8.2.2　申请商标注册的要求及分类规则 199

      8.2.3　商标注册用商品和服务分类说明 201

  8.3　商标注册的审查、异议、核准与复审 203

      8.3.1　商标注册的审查 203

      8.3.2　商标异议程序 204

      8.3.3　商标核准注册与复审 206

  8.4　商标注册无效的撤销程序及争议程序 207

      8.4.1　商标注册无效的撤销及后果 207

      8.4.2　注册商标争议程序 209

第9章　商标使用与印制管理 212

  9.1　商标使用管理 212

      9.1.1　注册商标使用管理 212

9.1.2 未注册商标使用管理 ·· 217

9.1.3 商标使用管理的补救规定 ································· 219

9.2 特定商标的使用管理 ··· 221

9.2.1 集体商标的使用管理 ·· 221

9.2.2 证明商标的使用管理 ·· 225

9.2.3 驰名商标的使用管理 ·· 228

9.3 商标印制管理 ·· 234

9.3.1 商标印制管理的基本理论 ································· 235

9.3.2 商标印制管理制度 ··· 235

9.3.3 商标印制的承印与拒印 ···································· 236

9.3.4 违反商标印制管理规定的法律责任 ················· 237

第10章 商标权及保护管理 ·· 239

10.1 商标权的内容、保护期限和终止 ······················· 240

10.1.1 商标权的内容 ··· 240

10.1.2 商标权保护期限 ·· 242

10.1.3 商标权的终止 ··· 244

10.2 商标权的利用和限制问题 ··································· 245

10.2.1 商标权的利用问题 ··· 245

10.2.2 商标权的限制问题 ··· 249

10.3 商标权的保护问题 ··· 253

10.3.1 商标权保护概述 ·· 253

10.3.2 商标侵权行为的认定 ······································ 256

10.3.3 侵犯商标权的法律责任 ··································· 257

附录一 《中华人民共和国广告法》 ······························· 262

附录二 《广告管理条例》 ·· 267

附录三 《广告管理条例施行细则》 ································· 270

附录四 《中华人民共和国商标法》 ································· 273

附录五 《中华人民共和国商标法实施条例》 ··················· 280

参考文献 ·· 288

第 1 章　广告及广告管理概述

【内容摘要】

本章是本书的开篇章节，共分为四个部分：第一部分为广告概述，主要介绍广告的基本概念及其分类、作用等相关内容；第二部分为广告管理概述，主要讲述广告管理的定义、分类及其特点，广告管理的性质与作用、内容与原则，我国广告管理体制等内容；第三部分为广告法律体系部分，主要涉及广告法律的概念、原则及作用，广告法律渊源及广告法律关系，我国广告法律体系的构成及完善等内容；第四部分为广告活动主体及基本义务，主要介绍广告活动中的广告主、广告经营者和广告发布者的基本概念、特征和基本义务等。

【学习目标】

通过对本章的学习，主要使学生在学习了解广告的基本概念、特征、类别及作用等基础知识的基础上，学习了解广告管理，特别是狭义广告管理的内容、作用、管理体制及其依据的法律法规，了解和掌握我国现行的广告法律体系的构成、存在问题及其完善对策，学习与掌握广告活动主体的基本概念、特征和基本义务等。具体应当：

(1) 了解广告的基本概念、分类及其作用；

(2) 了解广告管理的概念、性质及其作用；

(3) 重点掌握广告监督管理的内容和原则；

(4) 了解我国广告管理体制及其职能与特点；

(5) 重点掌握广告行政管理与其他形式管理的关系；

(6) 重点掌握我国《广告法》的调整对象；

(7) 重点掌握我国广告法律体系的构成及特征；

(8) 了解我国广告法律的缺陷及完善的对策；

(9) 重点掌握广告活动中广告主、广告经营者和广告发布者的概念及其基本义务。

【重要知识点】

在本章学习中，应掌握的概念及其知识点有：广告、广告诉求方式、广义的广告管理、狭义的广告管理、广告管理体制、广告行业自律、广告的社会监督、广告法律、广告法律关系、广告主、广告经营者、广告发布者等。

1.1　广　告　概　述

广告管理的对象是广告，主要是商业广告。因此，要研究广告管理，就需要对广告有一个全面的、科学的认识。本节中所介绍的主要是商业广告或带有商业含义的广告。

1.1.1 广告的内涵与特征

1. 广告的含义

(1) 对广告含义界定的历史渊源。"广告"一词据资料考证最早来源于拉丁文"Adverture",其意为"注意、诱导与传播"。约在 1300 年到 1475 年期间,才演变为中古英语的"Advertise"一词,其涵义为"一个人注意到某种事情",后来又演变为"引起别人注意,通知别人某件事"。17 世纪末,由于英国开始大规模的商业活动,"广告"一词便广泛地流行并使用。此时的"广告",已不单纯指一则广告,而指一系列与商业活动相关的广告。这时,静止的概念名词"Advertise"被赋予现代意义,转化成为"Advertising"。

19 世纪 90 年代以前,西方社会对广告较普遍认同的一种定义是:"广告是有关商品或服务的新闻(News about product or service)"。对广告认识的转折点是 1894 年,被称为美国现代广告之父的拉斯克尔认为:"广告是印刷形态的推销手段(Salesmanship in Print)"。由于拉斯克尔提出这个定义的年代还没有电子媒介,因此,他只能关注印刷媒体。但是,富有敏锐商业眼光的拉斯克尔却用"Salesmanship"一词揭示了广告最为核心的含义,即广告是为销售服务的手段,这个定义被视为广告界的金科玉律。

1932 年,美国专业广告杂志《广告时代》(Advertising Age)公开向社会征求广告的定义,得票最多的入选定义是:"由广告主支付费用,通过印刷、书写、口述或图画等,公开表现有关个人、商品、劳务或运动等信息,用以达到影响并促进销售、使用、投票或赞同的目的。"该定义强调了广告传递信息的功能以及广告的目的。我们可以看到,在这个定义中也包含了广告的非纯商业性目的。

影响较大的广告定义是 1948 年美国营销协会的定义委员会(The Committee on Definitions of the American Marketing Association)为广告做的定义。这个定义后来又做了几次修改,形成了迄今为止影响较大的广告定义:"广告是由可确认的广告主,以任何方式付款,对其观念、商品或服务所作的非人员性的陈述和推广。"这个定义最突出的特点就是指出了在广告中要有可以确认的广告主。另外,这个定义也强调了广告是付费的和"非人员性"的。这些都是现代广告的重要特征。美国广告协会对广告的定义是:广告是付费的大众传播,其最终目的为传递情报,改变人们对广告商品之态度,诱发其行动而使广告主得到利益。

《韦伯斯特词典》(1977 版)对广告的定义是:"广告是指在通过直接或间接的方式强化销售商品、传播某种主义或信息、召集参加各种聚会和集会等意图下开展的所有告之性活动的形式",1988 版修改为:"广告被认为是运用媒体而非口头形式传递具有目的性信息的一种形式,它旨在唤起人们对商品的需求并对生产或销售这些商品的企业加以了解和产生好感,告之提供某种非营利目的的服务以及阐述某种意义和见解等"。

《简明大不列颠百科全书》(第 15 版)对广告的定义是:"广告是传播信息的一种方式,其目的在于推销商品、劳务服务,取得政治支持,推进一种事业或引起刊登广告者所希望的其他的反应。广告信息通过各种宣传工具,传递给它所想要吸引的观众或听众。广告不同于其他传递信息的形式,它必须由登广告者付给传播的媒介以一定的报酬。"

从"广告"一词的应用来看，中国、日本等东方国家对广告的认识要晚于西方国家。日本首次将"Avdertising"译成"广告"，大约在明治五年(1872 年)左右，直到明治二十年(1887 年)才被公认，并得以流行。

1924 年，日本学者中山静认为："广告宣传的目的是劝诱人们对某一特定的事情产生或增强信心，使他们赞成或坚决执行，要达到这个目的与广告宣传的次数有关系，如果使用的方式、方法和时机选择得适当，即使广告的次数少一些，也会得到满意的效果，广告通过宣传商标达到销售的目的。"这一定义指出了广告的目的是劝诱。他在此定义的基础上，提出了广告宣传的次数及使用的方式、方法和时机等几个因素对广告效果的影响。中山静的定义突出强调了"广告向谁说"、"广告说什么"和"广告怎么说"、"广告何时说"之间应该有效配合。

日本广告业协会关于广告的定义是："广告是被明确表示出的信息发送方针，是对呼吁(诉求)对象进行的有偿信息交流活动"。这个定义显示了日本广告界对于广告涵义的更为宽泛的理解。他们把广告视为信息交流活动，这样实际上是扩大了广告活动的业务范围。

1926 年，我国著名报学史专家戈公振先生在研究中国报学史的过程中，提出了对于广告的看法："广告为商业发展之史乘，亦即文化进步之记录。人类生活，因科学之发明日趋于繁密美满，而广告即有促进人生与指导人生之功能。故广告不仅为工商界推销出品之一手段，实负有宣传文化与教育群众之使命也。"戈公振先生对于广告的定义强调了广告在人类社会生活中的重要地位及其所负的重要功能。

《辞海》对于广告的定义是："广告是向公众介绍商品、报道服务内容和文娱节目等的一种宣传方式。"这个定义淡化了广告的商业性，但指出了广告负有的社会文化功能。这个定义仍然把广告作为一种宣传方式。

我国《经济大辞典》把广告分为两种："广义的广告是指唤起人们注意某项特定事务的一种手段。狭义的广告是指通过各种媒介向用户或消费者宣传商品或劳务，以促进销售或扩大服务的手段。"

《中国广告年鉴》(1988 年版)对广告的定义也分为两种："广义的广告是指广告本身、广告宣传和广告经营，它既包括由广告客户支付费用、通过利用各种媒介来宣传商品、传递信息，也包括非经营性的各类广告、声明、启示等。狭义的广告是指广告宣传中的某种形式，如经济广告、文化广告、体育广告等。"

从上述种种关于广告的不同定义来看，它们代表了不同时期、不同层面对广告这一社会现象的认识与概括。

(2) 我国《广告法》对广告含义的界定。1994 年，我国颁布的《中华人民共和国广告法》(以下也简称为《广告法》)第二条对广告的界定指出："本法所称广告，是指商品经营者或者服务提供者承担费用，通过一定媒介和形式直接或者间接地介绍自己所推销的商品或者所提供的服务的商业广告。"这是我国法律首次对广告的定义做出明确的界定。

2．广告的特征

尽管上述关于广告的不同定义在内涵与外延上有一定的差异性，但是，随着经济社会的快速发展，从这些不同的定义也能够抽象与概括出人们对广告认识的某些共性特征。其主要表现在以下几个方面：

(1) 广告是一种信息传播活动。所有的广告都是通过一定的媒介渠道向受众进行的信息传播活动。这种信息是经过某种艺术处理过的信息，所以，"传播信息"应是所有广告共有的一个本质特征。商业广告是一种面向消费者、有针对性的推销商品、服务信息或观念的劝服性传播活动。

(2) 广告通过一定的媒介来发布。现代广告是非个人的传播行为，一定要借助于某种传播媒介才能向非特定的目标受众广泛传达信息。这就决定了广告的本质特征是一种以公开的、非面对面的方式传达特定信息到目标受众的信息传播活动，而且这种特定信息是付出了某种代价的特定信息。广告必须有明确的广告主(或称为广告客户)，它是广告行为的主体，是广告行为的法律负责人。这是广告与新闻等其他信息传播活动的不同之处。

(3) 广告通常需要支付一定的费用。广告通常由广告主承担广告费用，它具有有偿性的特征。广告不仅是传播商品信息、促进企业实现利润的营销手段之一，而且是不知不觉、潜移默化地影响着社会生活的一个重要的信息源。它具有告知、诱导、教育、协调、娱乐等功能，渗透到社会生活的各个方面，从而取得经济效益和社会效果。与其他类型的传播活动相比，广告是一种集说服性、高监控性、科学性与艺术性等特征于一体的公开、有偿的信息传播活动。

(4) 广告有其特定的宣传目的。广告活动是围绕着广告主特定的宣传目的而有计划开展实施的，它具有明确的目的性。广告是为了实现传播者的目标而带有较强自我展现特征的说服性信息传播活动，通过改变或强化人们的观念和行为，来达到其特定的传播效果。这里的观念是指思想、政治、文化等意识形态方面的信息，行为则是指包括商品、服务、生活等消费形态方面在内的信息。这一特征在一定程度上概括了广义的广告内容。

1.1.2　广告的分类及作用

1. 广告的分类

一般来说，从广告本身的内容来看，可以将广告分为商业广告和非商业广告。商业广告是目前最常见的广告形式，也是本书重点研究的内容。下列广告分类主要是针对商业广告所进行的分类。掌握广告的不同分类，有利于把握各类广告的特点，便于广告监督管理活动的实施。

(1) 按照广告诉求方式分类。广告诉求方式是指广告制作者运用各种方法，激发消费者的潜在需要，形成或改变消费者的某种态度，告知消费者满足其自身需要的途径，促使消费者出现广告主所期望的购买行为。按照广告诉求方式的不同可以将广告分为理性诉求广告和感性诉求广告两大类。

第一，理性诉求广告。理性诉求广告通常采用摆事实、讲道理的方式，通过向广告受众提供信息，展示或介绍有关广告物，有理有据地论证若接受该广告信息能带给消费者的好处，使受众能在理性思考、权衡利弊后被说服而最终采取行动。常见的以各类"专家"面貌出现的广告、现实中家庭耐用品广告、房地产广告也较多采用理性诉求方式。

第二，感性诉求广告。感性诉求广告采用感性的表现形式，以人们的喜怒哀乐等情绪、亲情、友情、爱情以及道德感、群体感等情感为基础，对受众诉之以情、动之以情，激发人们对真善美的向往并使之移情于广告物，从而在受众的心里占有一席之地，使受众对广告物产生好感，最终发生相应的行为变化。日用品广告、食品广告、公益广告等常采用这种感性诉求的方法。

(2) 按照广告使用媒介分类。广告媒介就是指能够借以实现广告主与广告对象之间信息传播的物质工具。按广告中使用媒介的物理属性进行分类是较常见的一种广告分类方法，使用的媒介不同，广告就具有不同的特点。根据广告媒介的不同可以将广告划分为以下几类：

第一，印刷媒介广告，也称为平面媒体广告，即刊登于报纸、杂志、招贴、海报、宣传单、包装等媒介上的广告。

第二，电子媒介广告，是以电子媒介如广播、电视、电影等为传播载体的广告。

第三，户外媒介广告，是利用路牌、交通工具、霓虹灯等户外媒介所作的广告；还有利用热气球、飞艇等作为媒介的空中广告。

第四，直邮广告，通过邮寄途径将传单、商品目录、订购单、产品信息等形式的广告直接传递给特定的组织或个人。

第五，销售现场广告，又称为售点广告或 POP 广告(Point of Purchase)，是指在商场或展销会等场所，通过实物展示、演示等方式进行广告信息的传播，有橱窗展示、商品陈列、模特表演、彩旗、条幅、展板等形式。

第六，数字互联媒介广告，是利用互联网作为传播载体的新兴广告形式之一，具有针对性、互动性强，传播范围广，反馈迅捷等特点，发展前景广阔。

第七，其他媒介广告，如利用新闻发布会、体育活动、年历、各种文娱活动等形式而开展的广告。

以上这几种根据媒介来划分广告的方法较为传统。当今时代，依据整合营销传播的观点，针对目标受众的活动区域和范围，还可以将广告分为：家中媒介广告，如报纸、电视、杂志、直邮等媒介形式的广告；途中媒介广告，如路牌、交通、霓虹灯等媒介形式的广告；购买地点媒介广告；等等。随着科学技术水平的不断提高，媒介的开发和使用也日新月异，新兴媒介不断进入人们的视野，成为广告形式日益丰富的催化剂。

(3) 按照广告目的分类。制定广告计划的前提是必须明确广告的目的，才能做到有的放矢，根据广告目的确定广告的内容和广告投放时机、广告所要采用的形式和媒介。按照广告目的可以将广告分为：

第一，产品广告，又称商品广告。它以促进产品的销售为目的，通过向目标受众介绍有关商品信息，突出商品的特性，以引起目标受众和潜在消费者的关注，力求产生直接和即时的广告效果，在消费者的心目中留下美好的产品形象，从而为提高产品的市场占有率，最终实现企业的目标埋下伏笔。

第二，企业广告，又称企业形象广告。它是以树立企业形象，宣传企业理念，提高企业知名度为直接目的的广告。虽然企业广告的最终目的是为了实现利润，但它一般着眼于长远的营销目标和效果，侧重于传播企业的信念、宗旨或是企业的历史、发展状况、经营情况等信息，以改善和促进企业与公众的关系，增进企业的知名度和美誉度。它对产品的销售可能不会有立竿见影的效果，但由于企业声望的提高，使企业在公众心目中留下了较美好的印象，这对加速企业的发展具有其他类别的广告所不可比拟的优势，是一种战略意义上的广告。企业广告具体还可以分为企业声誉广告、售后服务广告等。

第三，品牌广告。它是以树立产品的品牌形象，提高品牌的市场占有率为直接目的的，突出传播品牌的个性以塑造品牌的良好形象。品牌广告不直接介绍产品，而是以品牌作为传播的重心，从而为铺设分销渠道、促进该品牌下的产品销售起到很好的配合作用。

第四，观念广告。它是指企业对影响到自身生存与发展的，并且也与公众的根本利益息息相关的问题发表看法，以引起公众和舆论的关注，最终达到影响政府立法或制定有利于本行业发展的政策与法规，或者是指以建立、改变某种消费观念和消费习惯为目的的广告。观念广告有助于企业获得长远利益。

(4) 按照广告传播区域分类。根据营销目标和市场区域的不同，广告传播的范围也就有很大的不同。按照广告媒介的信息传播区域，可以将广告分为国际性广告、全国性广告和地区性广告等几类。

第一，国际性广告。国际性广告是广告主为实现国际营销目标，通过国际跨国传播媒介或者国外目标市场的传播媒介策划实施的广告活动。它在媒介选择和广告的制作技巧方面都专门针对目标市场的受众心理特点和需求，是争取国外消费者，使产品迅速进入国际市场和开拓国际市场必不可少的手段。

第二，全国性广告。全国性广告是面向全国受众而选择全国性的大众传播媒介的广告。这种广告的覆盖区域大，受众人数多，影响范围广，广告媒介费用高，较适用于地区差异小、通用性强、销量大的产品。因全国性广告的受众地域跨度大，广告应注意不同地区受众的接受特点。

第三，地区性广告。地区性广告多是为配合企业的市场营销策略而限定在某一地区传播的广告，可分为地方性广告和区域性广告。地方性广告又称零售广告，为了配合密集型市场营销策略的实施，这类广告多采用地方报纸、电台、电视台、路牌等地方性的传播媒介，来促使受众使用或购买其产品，常见于生活消费品的广告，以联合广告的形式，由企业和零售商店共同分担广告费用。其广告主一般为零售业、地产物业、服装业、地方工业等地方性企业。区域性广告是限定在国内一定区域如华南区、华北区或是在某个省份开展的广告活动。开展区域性广告的产品往往是地区选择性或是区域性需求较强的产品，如加湿器、防滑用具、游泳器材等。它是差异性市场营销策略的一个组成部分。

(5) 按照广告传播对象划分。由于各个不同的主体对象在商品的流通消费过程中所处的地位和发挥的作用是不同的，为配合企业的市场营销策略，广告信息的传播也就要针对不同的受众采用不同的策略。依据广告所指向的传播对象，可以将广告划分为工业企业广告、经销商广告、消费者广告、专业广告等类别。

第一，工业企业广告。工业企业广告主要向工业企业传播有关原材料、机械器材、零配件等生产资料的信息，常在专业杂志或专用媒体上发布广告。

第二，经销商广告。经销商广告就是以经销商为传播对象的广告。它以获取大宗交易的订单为目的，向相关的进出口商、批发商、零售商、经销商提供样本、商品目录等商品信息，比较注重在专业贸易杂志上刊登广告。

第三，消费者广告。消费者广告直接指向的是商品的最终消费者，是由商品生产者或是经销商向消费者传播其商品的广告。

第四，专业广告。专业广告主要针对职业团体或专业人士，他们由于专业身份、社会地位的特殊性和权威性，对社会消费行为具有一定的影响力，是购买决策的倡议者、影响者和鼓动者,如医生、美容师、建筑设计人员等。此类广告多介绍专业产品,选择专业媒介发布。

总之,不同的广告分类方法虽然具有不同的目的和出发点,但它们都最终取决于广告主的需要或是企业营销策略的需要。特别对于企业而言,广告是其市场营销的有力配合手段和工具。广告分类可以让我们认识广告并充分发挥广告的作用。

2. 广告的作用

广告是通过一定媒体向用户推销产品或招徕、承揽业务以达到增加了解和信任以至扩大销售目的的一种促销形式。当今世界,商业广告已十分发达,很多企业、公司、商业部门都乐于使用大量资金做广告。人们把广告比作信息传播的使者、促销的催化剂、企业的“介绍信”、产品的“敲门砖”,甚至有人认为在今后的社会里,没有广告就没有产品,没有广告就没有效益,没有广告的企业将寸步难行。这就是说,广告是企业促销必不可少的手段。能否有效地使用广告将直接关系到企业的成败。广告在促销中有着特殊的功能和效用:

(1) 广告是最大、最快、最广泛的信息传递媒介。通过广告,企业或公司能把产品与劳务的特性、功能、用途及供应厂家等信息传递给消费者,沟通产需双方的联系,引起消费者的注意与兴趣,促进购买。如果出现某些产品在某地积压滞销,而另一地却缺少货源,也可通过广告沟通联系。为了沟通产需之间的联系,现在不仅生产单位和销售单位会刊登广告、寻找顾客,而且一些急需某种设备或原材料的单位,也会刊登广告,寻找货源。因此,广告的信息传递能迅速沟通供求关系,加速商品流通和销售。

(2) 广告能激发和诱导消费。消费者对某一产品的需求,往往是一种潜在的需求,这种潜在的需要与现实的购买行动,有时是矛盾的。广告造成的视觉、感觉印象以及诱导往往会勾起消费者的现实购买欲望。有些物美价廉、适销对路的新产品,一开始由于不为消费者所知晓,很难打开市场,而一旦进行了广告宣传,消费者就纷纷购买。另外,广告的反复渲染、反复刺激,也会扩大产品的知名度,甚至会引起一定的信任感,也会导致购买量的增加。

(3) 广告能较好地介绍产品知识、指导消费。通过广告可以全面介绍产品的性能、质量、用途、维修安装等,消除消费者的疑虑,解决他们由于维修、保养、安装等问题而产生的后顾之忧,从而产生购买欲望。

(4) 广告能促进新产品、新技术的发展。一种新产品、新技术的出现,靠行政手段推广,既麻烦又缓慢,局限性很大;而通过广告,直接与广大的消费者见面,能使新产品、新技术迅速在市场上站稳脚跟,获得成功。

1.2 广告管理概述

与广告的产生相比,广告管理的出现要相对晚一些。十八世纪末至十九世纪初,随着英国、美国等国家工业革命的影响,不仅带动了经济的快速发展与繁荣,也为广告业的出现及发展创造了条件。然而由于缺乏系统的广告管理制度,广告业的竞争出现了混乱无序的局面,对社会经济生活的健康发展造成了不利的影响。因此,西方各国政府于二十世纪以后开始了广告的立法和监督工作,这可谓是近代广告管理的开端。广告管理在中国不仅是国家管理经济的行为，也是工商行政管理的重要组成部分。通过加强广告管理，可以使广告活动适应国家宏观经济形势对广告业发展的要求，使广告行业逐渐由无序走向有序，由混乱走向健康。

1.2.1　广告管理的定义、分类及特点

1．广告管理的定义

(1) 广告管理的一般定义。一般意义上的广告管理包括广告公司的经营管理和广告行业及广告活动的社会管理两方面的内容。前者是广告公司对自身内部及经营活动的管理；后者则是政府职能部门、广告行业自身和社会监督组织对广告行业及广告活动的指导、监督、控制和查处，是对广告本身的管理。

(2) 广告管理的特定含义。本书研究的广告管理是有特定指向的，它不是以广告的经营管理活动为研究内容，而是以规范广告行业与广告活动的秩序为研究内容。具体来讲，广告管理是国家工商行政管理部门会同国家有关行政执法部门、广告行业协会、广告社会监督组织包括广告相关企业自身等，依照广告管理法律、法规和有关政策规定，对广告行业和广告活动实施的指导、监督、协调、控制与规范。简而言之，广告管理就是以广告法律法规为依据的广告监督管理活动。

2．广告管理的分类

在我国广告管理的具体实践中，广告监督管理以国家工商行政管理部门对广告活动进行的监督、规范、规划、组织、协调、控制等行政管理活动为主体，其他方面的广告监督管理作为补充。在此意义上，我们将广告监督管理分为广义的广告监督管理和狭义的广告监督管理。

(1) 广义的广告监督管理，是指对广告行业及广告活动的全面的、多层次的管理。具体包括以下内容：

第一，政府的行政管理。政府的行政管理是指政府的广告监督管理部门和广告审查部门依照广告监管的法律法规及有关规定，对广告活动进行监督、审查管理。这是一种法律层面上的具有行政管理性质的刚性约束，主要由国家各级工商行政管理部门及相关行政管理部门承担。

第二，行业的自我规范。行业的自我规范是指广告行业的有关组织通过会员共同制定的会员守则及行业自律规则对广告活动进行监督管理。这是一种道德层面上的具有自律性质的软性约束，主要由各级广告协会来承担。

第三，企业的自我管理。企业的自我管理是指企业根据国家法律法规和行业规则，针对企业实际情况制定的企业内部管理规定，对自身涉及广告的经营行为和宣传内容进行管理。这种管理既要遵守国家法律法规的硬约束，也要遵循行业规则和职业道德规范的软约束，由企业自行实施。

第四，公众的社会监督。公众的社会监督是指社会公众对广告的监督，尤其是指公众对于虚假、违禁广告等破坏社会经济秩序、侵害消费者权益的广告违法行为的揭露、投诉；还包括新闻舆论的监督、广告受众的监督、竞争对手的监督、受到违法广告侵害的消费者及消费者组织的监督等。

第五，司法部门的仲裁。司法部门的仲裁是指司法部门依法处理虚假广告等违法犯罪行为，以及由于广告侵权行为造成的民事纠纷等。

(2) 狭义的广告监督管理，专指政府的职能部门对广告的行政管理，即以国家工商行政管理部门为主体实施的广告监督管理活动和相关行政管理部门对广告发布的审查管理，这也是本书中所要涉及的广告管理，包括国家工商行政管理部门作为《广告法》明确规定的广告监督管理机关，依据广告法律法规，对广告经营行为及广告宣传内容进行的指导、监督管理活动和卫生、医药、农业、教育等相关行政管理部门对特定广告的审查管理活动。

3. 广告管理的特点

由于广告管理的对象、方法、内容和范围等所具有的独特性，决定了广告管理具有自身独有的特点。这些特点可包含以下几个方面：

(1) 广告管理的目的性。在我国，国家通过行政立法，对广告行业和广告活动进行管理，其目的就在于使广告行业适应国家宏观经济形势发展的需要，促进广告业健康、有序地发展，保护合法经营，取缔非法经营，查处违法广告，杜绝虚假广告，保护消费者的合法权益，有效地减少广告业的负面影响。

(2) 广告管理的规范性。广告管理作为国家管理经济的行为，是严格依法进行的。世界上的许多国家都设置了专门的广告管理机构并制定了一系列有关广告管理的法规来规范和约束广告行业的发展，使广告行业做到有章可循、有法可依和违法必究。因此广告管理具有规范性和强制性的特点。

(3) 广告管理的多层性。广告管理的多层次是指政府行政立法管理、广告行业自律和社会监督管理的多层次相互协作管理。之所以要对广告行业和广告活动实行多层次相互协作管理，是因为任何广告管理法规即使再完备，实际当中在许多领域和地方，也常常会发生一些相关法律法规没有涉及的新情况、新问题，这就需要各级广告行业协会和社会监督组织，通过自律、监督的有效途径来加以解决。世界上绝大多数国家往往采用以政府行政立法管理为主，同时以广告行业自律与广告社会监督作为其必要的辅助与补充，来加强对广告活动的管理。从世界各国采用的这种多层次相互协作的广告管理实践来看，这种广告管理办法是相当成功的。

1.2.2　广告管理的性质与作用、内容与原则

1. 广告管理的性质与作用

(1) 广告管理的性质。一般意义上的监管活动通常都具有自然属性与社会属性双重性质，广告监管活动也不例外。广告管理的自然属性主要体现在通过广告监督管理来维护广告的科学性、艺术性上；广告管理的社会属性主要体现在通过广告监督管理来维护广告的思想性、政策性和民族性上。广告管理的双重属性还决定了我国的广告监督管理既要遵循通行的广告管理理论、制度和方法，又要结合我国社会主义市场经济和具体国情的特点。

(2) 广告管理的作用。我国《广告法》第一章总则第一条规定："为了规范广告活动，促进广告业的健康发展，保护消费者的合法权益，维护社会经济秩序，发挥广告在社会主义市场经济中的积极作用，制定本法。"由此可以看出，广告管理作用主要体现在：规范广告活动，促进广告业健康发展；维护广告的真实性，保护消费者的合法权益；发挥广告在

经济中的积极作用，促进社会主义市场经济的发展；对广告进行道德规约，促进广告为社会主义精神文明建设服务等。

2. 广告管理的内容与原则

(1) 广告管理的内容，就是依据法律法规以及特定的职责与权限，对广告主体和广告活动进行监督管理的具体、特定的环节和方面，主要包括：

第一，广告业发展规划。广告业发展规划是广告监督管理部门依据国家对广告业发展的政策，根据对广告业发展状况的分析、把握，对将来一段时期广告业发展要达到的目标做出的具体的、量化的预测和计划，并为达到特定的目标而规定的相应配套手段、措施等。

第二，广告市场的准入。由于广告行业曾经被定位于高新技术行业，同时又属于特殊的文化产业、创意产业，并涉及精神文明和意识形态领域，我国长期以来对广告市场实行较严的准入制度。国家工商行政管理总局曾经把广告经营归为七类，分别设置了相应的经营资质标准。经审核符合相应资质标准的，才发放《广告经营许可证》。近年来，广告市场准入的门槛大大降低，广告市场的开放程度大大提高，由此也带来广告行业的鱼目混杂现象，需要通过加强广告监管来维护广告市场的秩序。

第三，广告经营活动的规范。广告经营中存在着许多不正当竞争、不规范经营的行为。这些广告经营中存在的违法违规行为，严重影响和损害了广告业发展的正常秩序，是广告监管的重点对象之一。

第四，广告发布标准的监管。广告发布标准的监管包括广告发布标准的制定、修改、解释和实施，是广告监管的基本内容。通过设置广告发布的一般标准和特殊标准，对于一般商品和服务及特殊商品和服务的广告发布进行规范。

第五，广告内容的审查管理。广告管理中重点设置了广告审查的规定。商品或服务的广告内容未经审查不得发布，特别是对药品、医疗器械、兽药、农药等加大审查，保证广告内容的真实、合法、有效。

第六，广告发布的审批与备案。广告管理法律法规规定了广告经营与发布的审批制度及备案手续，主要是为了明确责任，为日后发生纠纷及其解决提供依据。

第七，虚假违法广告的查处。对虚假广告的查处是广告监督管理部门最重要的法定职责之一，通过对虚假广告的检查、认定和处理，可以及时发现和有效制止虚假违法广告的蔓延，追究违法者的法律责任，从而规范广告宣传行为，维护正常市场秩序。

(2) 广告管理的基本原则有：

第一，行政法治原则。广告管理过程就是广告监管的法律实施过程，广告监督机关不能逾越法律规定的管理范围。

第二，规范、协调与服务相结合原则。广告监督机关既要规范广告经营行为，打击违法违规行为，又要协调广告经营者之间的关系，促进其交流与合作。

第三，综合治理原则。对广告活动进行管理，除广告监管机关外，司法机关、广告自律机构、相关行政部门、新闻媒体及社会公众应相互配合、共同协作，综合治理。

1.2.3 我国广告管理体制

我国广告管理体制是以工商管理部门的广告监督管理为主体、其他方面的监督管理为补充和必要组成部分而构成的监督管理体系。这里的其他方面的监督管理主要包括其他广告行政审查机关、广告行业协会、企业自律机构及社会监督机构等对广告的监督管理。

1. 广告行政管理

(1) 广告行政管理的概念及特点。行政管理的最主要特征就是由国家行政机关对经济及社会事务所进行的管理。前面针对广告管理内涵的内容已经讲过了，我国广告管理主要特征是行政管理，即由国家行政部门对广告事务进行管理，它带有以下特征：

- 权威性——管理行为及目的体现国家意志；
- 法制化——管理的主体、依据、程序均是法定的；
- 综合性——管理范围与管理手段都是综合的；
- 强制性——以国家强制力为后盾。

目前，我国广告行政管理主要包括两部分：一是国家工商行政管理部门进行的广告行政监管在目前广告监管体系中占据主导地位，承担主要的职责和义务；二是针对特定内容广告而由国家其他行政管理部门进行的广告审查管理活动。

(2) 我国广告行政监管机构及职能。根据我国《广告法》第六条规定，"县级以上人民政府工商行政管理部门是广告监督管理机关。"国家对广告的管理主要是通过国家工商行政管理机关和地方县级以上工商行政管理机关来实施的。其具体构成是：国家工商行政管理总局下设的广告监督管理司(以下简称广告司)是全国广告最高管理机关；各省、自治区、直辖市、计划单列市的工商局下设广告处；各地、市、县工商局下设相应的广告科、股。

依据我国广告行政监管机构的层次性，广告行政监管机关职能主要分为两个方面：

第一，作为广告监督管理最高机关的国家工商管理总局广告司，主要负责制定和贯彻全国性的广告监督管理政策、法规；指导、协调、监督全国的广告监管工作；审批全国性的广告企业，中外合资、中外合作经营广告业务的企业及全国临时性广告经营活动。在具体的广告管理过程中主要行使监督、检查、控制、协调、服务和规划六个方面的职能。

第二，各级广告行政监管机关职能主要包括：

- 宣传、贯彻、执行广告管理的法律、行政法规和有关方针政策，并监督检查实施情况；
- 以法律法规和有关政策为依据，制定行政章程；
- 对申请经营广告业务的法人、其他经济组织或个人进行审查、登记，核发广告经营执照；
- 依法对广告宣传和广告经营活动实行监督、检查和管理，保护合法经营，取缔非法经营，查处虚假广告及其他广告违法行为；
- 指导广告协会的工作。

(3) 广告行政审查机构及职能。广告行政审查机构是由根据《广告法》等国家法律法规规定的，对特定内容广告进行发布前的事先审查的有关行政主管部门。根据《广告法》的相关规定，利用广播、电影、电视、报纸、期刊及各种新兴媒介发布药品、医疗器械、农药、兽药、医疗广告、烟草广告和保健食品广告等类型的广告以及法律、行政法规规定应当进行广告审查的其他广告，必须在发布前依照有关的法律法规、由相应的行政主管部门即广告行政审查机构对广告内容进行审查并出具相关证明；未经审查或审查未通过的，不得发布广告。因此，广告主体在从事广告活动之前必须申请广告审查，并依法向相关部门提交证明文件，由广告审查机关依法做出审查决定。这些主管部门包括：卫生、中医药行政管理部门；食品药品监督管理部门；农业行政管理部门；畜牧业行政管理部门和教育行政管理部门等。

2. 广告行业自律管理

(1) 广告行业自律，又叫广告行业自我管理，它是指广告主、广告经营者、广告发布者等广告业者，通过行业内部普遍认可的章程、准则、规范等形式，对自身的广告活动进行自我约束和管理，使广告活动符合国家法律、社会道德和职业道德的要求的一种制度。广告行业自律一般是通过广告行业自律组织(如中国广告协会)，制定、实施为其成员普遍认可、共同遵守的行业内部的规章、制度等规定，达到行业自律的效果。

广告行业自律是广告业发展到一定阶段的必然产物，它对于提高广告行业自身的服务水平，维持广告活动的秩序，都有着不可替代的作用。世界上广告业比较发达的国家都十分重视广告行业自律对于广告业发展的积极意义，行业自律逐步形成系统和规模，不断得到加强和完善。我国的广告业正处在初级发展阶段，随着社会主义市场经济的发展，广告管理法规在进一步完善和健全之中。在这种状况下，广告行业自律的作用显得更加重大。实行行业管理，加强广告法规的管理研究和确定行业自律准则，是我国社会主义市场经济发展的需要。

(2) 广告行业自律的特点。由广告自律组织自身的特点决定了广告行业自律带有以下特点：

第一，自发性。广告行业自律的自发性表现在：广告行业组织不是政府的行政命令和强制行为的结果，而是由广告主、广告经营者和广告发布者自发成立的；广告行业组织用以进行自我管理的依据——广告行业自律规则，都是由广告主、广告经营者、广告发布者和广告行业组织共同商议、自行制定并自觉遵守的，体现出广告行业的共同愿望。这是一种完全自愿的行为，并不带有强制性。

第二，灵活性。广告行业自律的灵活性，是指广告主、广告经营者、广告发布者和广告行业自律组织在制定广告行业自律章程、公约和会员守则等自律规则时，具有较大的灵活性。只要参与制定该自律规则的各方同意，可以随时制定自律规则，而且还可以根据客观情况的变化和现实需要，随时对自律规则进行修改和补充。

第三，道德约束性。这是就广告行业自律的运作方式而言的。广告行业自律作用的发挥，一方面来自于广告主、广告经营者、广告发布者自身的职业道德、社会公德等内在修养与信念，即他们不仅主动提出了广告行业自律规则，而且还要自觉遵守。另一方面则来自一些具有职业道德、社会公德等规范作用的广告自律章程、公约、会员守则等对广告主、广告经营者和广告发布者的规范与约束。它主要借助职业道德、社会公德的力量和社会舆论、广告行业同仁舆论的力量来发挥其规范与约束作用。即使广告主、广告经营者和广告发布者有违反广告自律规则的行为，也只在广告行业内部，通过舆论谴责和批评教育等方式，对其行为加以规范与约束。

(3) 广告行业自律与广告行政监管的关系。广告行业自律作为我国广告管理体系中的重要组成和必要的补充，在广告管理中发挥着重要的和不可替代的作用。但是，它与政府部门的广告行政管理有着根本性的区别：

第一，广告行业自律不得与政府的行政监督相抵触，这是广告行业自律发挥作用的前提。广告行业自律组织所指定的旨在约束行业组织内部成员的规章、准则等成文或不成文的规范，不得与广告行政管理机关所依据的法律法规相冲突或抵触。因为后者体现的是国家的意志。

第二，两者的目的虽具有统一性，都是为促进广告的健康发展的目标而起作用的，但是两者作用的层次各有侧重。政府的行政监管及审查，其重点在于通过管理规范广告行为，旨在促进广告业的健康发展和公平有序的市场竞争秩序与环境的创建，保护消费者和经营者的合法权益。广告行业自律则侧重于维护广告行业自身发展，为组织成员谋求更好的发展空间服务。

第三，广告行业自律组织是政府与行业之间的中介，具有"桥梁"作用。随着我国经济体制改革的不断深入，政府职能转变和企业自主经营行为使得政府与经营者之间存在着博弈行为。而广告行业自律组织的介入，加强了政府与广告行业、经营者之间的有效沟通。

第四，广告行业自律组织与政府的广告行政监管之间正在形成新型关系。随着政治体制改革的推进，"小政府、大社会"的管理模式正在逐步形成，广告行业的自律将从过去主要依从于政府到更多地、主动地承担其行业管理的重要职责，在广告管理体系中具有不可替代的作用。

3. 广告的社会监督管理

(1) 广告的社会监督，即广告社会监督管理，亦称消费者监督管理或舆论监督管理，是消费者和社会舆论对广告活动中各种违法违纪广告行为的监督与举报。广告的社会监督主要通过广大消费者自发成立的消费者组织，如消费者协会或消费者权益保护组织，依照国家广告管理的法律、法规对广告进行日常监督，对违法广告和虚假广告向政府广告管理机关进行举报与投诉，并向政府立法机关提出立法请求与建议。其目的在于制止或限制虚假、违法广告对消费者权益的侵害，以维护广告消费者的正当权益，确保广告市场健康有序的发展。

(2) 广告社会监督的特点。与广告行政监督管理、广告审查制度和广告行业自律制度相比，广告社会监督有其自身特点，这些特点包括：

第一，监督主体的广泛性。广告主的商品或服务必须通过一定的媒介发布出来成为广告信息，才能为广大社会公众所接受，从而产生消费意愿和消费行为；与此同时，一则广告信息一旦发布出来，即意味着已落入社会公众的"汪洋大海"之中，要受到广告受众全方位的监督。这些广告受众即构成广告社会监督的主体，其每一个成员都可以对广告的真实性、合法性进行监督，并向各级广告社会监督组织反馈其监督结果，从而构成一支庞大的广告社会监督大军。因此广告社会监督主体具有广泛性的特点。

第二，监督组织的官意民办性。在西方，广告社会监督组织，即各种消费者保护组织，都是自发成立的，完全代表消费者利益，几乎不带任何官方色彩，在社会上扮演着"消费者斗士"的角色。而我国各级消费者协会则更多地带有"官意民办"的性质。这种"官意民办"性质主要表现在：其一，各级消费者协会都是经过同级人民政府批准后成立的，并非消费者完全自发的行为；其二，它成立后挂靠在同级工商行政管理机关，没有独特的地位；其三，它在经费、编制、人员及办公条件等方面需得到同级政府的支持，缺乏自主权。由这种"官意民办"性质决定了广告社会监督组织具有二重使命：既要在一定程度上体现官方意志，又要保护广大消费者的合法权益。当然，二者在更多的时候并不互相矛盾，而是一致的。

第三，监督行为的自发性。广告受众依法对广告进行监督并非广告管理机关和广告社会监督组织的指令所致，而是一种完全自发的和自愿的行为，在此过程中，几乎不存在任何的行政命令和行政干预。广告受众这种自发行为主要来自：其一，广告受众对自己接受真实广告信息权利的认识的加强；其二，广告受众对保护自身合法权益的意识的提高。而这一切皆取决于人的素质的提高和广告受众自我保护意识的加强。因此，社会越发展，其文明程度越高，人的素质越好，广告受众的自我保护意识越强，那么他们对广告的监督行为也就越自发和越自觉。

第四，监督结果的无形权威性。广告主发布广告，向社会公众传递商品或服务信息，其目的在于使一般社会公众成为广告受众，使潜在的购买趋势发展成为现实的购买行为。即要让社会公众接受其广告，并进而购买其商品或使用其服务。但社会公众是否愿意接受其广告信息，是否愿意产生购买欲望和发生购买行为，主动权不在广告主一边，也不在广告公司一边，而是在广告受众一边。而广告信息是否属实，广告主的承诺是否可信，将直接影响广告受众对它的认可与否。因此以广告受众为主的广告社会监督主体对广告的监督结果，具有一种无形的权威性。社会监督结果的这种无形权威性，是广告主、广告公司进行广告创意、构思、设计、制作时所不容忽视的，任何对它的忽视或轻蔑，都将招致严重的后果。

1.3　我国广告法律体系的构成与完善

广告管理必须依法行事，做到有法可依、有法必依、执法必严、违法必究，才能保证管理的规范性。所以，研究广告管理，必须了解我国相关的广告法律体系。

1.3.1　广告法律概述

1. 广告法律的概念、原则及作用

(1) 广告法律是规范广告活动的法律法规的总称，是广告法规管理和广告活动的基本法律依据，尤其是在广告行政执法中，必须依法行政，依据法定的职权、按照法定的程序，实施广告监管。

广告法律有狭义与广义之分：

第一，狭义的广告法律，是指国家立法机关依照一定的法律程序所制定的专门调整广告活动的法律，即广告法典，特指 1994 年 10 月 27 日全国人大常委会通过的，共六章、四十九条的《中华人民共和国广告法》。这部法典，也是本书的重点内容。

第二，广义的广告法律，是指用来调整广告管理、广告活动的强制性行为规范的总称。广义的广告法律除了《广告法》以外，还包括了国务院及有关主管部门制定和颁布的广告管理的行政法规和规章，以及地方性法规、规章等。另外，与广告管理、广告活动相关的

国家法律和其他行政性法规，也属于广义的广告法律的一部分。

(2) 广告法律原则。法律原则是指在一定法律体系中作为法律规则的指导思想、基础或本源的、综合的、稳定的法律原理和准则。广告法律的原则，是指在广告立法、执法活动中始终坚持和体现的指导思想，它既体现广告法律关系的内在统一性与统领全部广告法律法规的若干基本观念，贯穿于整个广告法律法规之中，反映了广告法的本质和目的，决定广告法的内容和作用；也体现了作为立法者的统治阶级对广告活动的观念、态度及政策。我国《广告法》第一章集中规定了广告法律的基本原则，主要包括：

第一，真实合法原则。《广告法》第三条规定，"广告应当真实、合法，符合社会主义精神文明建设的要求。"

第二，保护消费者合法权益原则。《广告法》第四条规定，"广告不得含有虚假的内容，不得欺骗和误导消费者。"

第三，守法、公平、诚实、信用原则。《广告法》第五条规定，"广告主、广告经营者、广告发布者从事广告活动，应当遵守法律、行政法规，遵循公平、诚实信用的原则。"

(3) 广告法律的作用主要表现在以下几个方面：

第一，指引作用，是指广告法律对各种广告及相关行为具有指引作用，主要是通过明确在广告行为方面的授权性规则以及"应为"或"不应为"的义务性规则，从而对人们的广告行为起到引导作用。

第二，评价作用，是指广告法律作为一种行为标准，具有判断、衡量他人有关广告行为合法与否的评判作用。人们可以根据自己对广告法的认识与理解，对有关的广告行为的合法性作出判断与评价，这样有利于建立对广告行为的社会监督体系。

第三，教育作用，是指通过广告法律的实施，使广告法律对一般人的行为产生影响。这种作用具体表现为示警和示范作用。

第四，预测作用，是指凭借广告法律的存在，可以预先估计到人们之间的广告行为会如何进行和会产生何种法律后果，广告法律规范的存在就意味着对广告行为预期的存在，这就构成了广告秩序存在的基础。

第五，强制作用，是指广告法律的执行是以国家强制力为后盾的，通过对广告违法行为责任的追究和相应的制裁，对广告法律的遵守和执行形成强制力。

2. 广告法律渊源

法的渊源，即法的效力渊源，是指一定的国家机关依照法定职权和程序制定或认可的具有不同的效力和地位的法律规范的不同表现形式。我国广告法律的渊源或规范从其表象上来看主要包括：

(1) 广告法律，即指由国家立法机关制定的《中华人民共和国广告法》。1994 年 10 月 27 日通过的、于 1995 年 2 月 1 日起实施至今的《广告法》，是新中国成立以来第一部较为系统和较为全面的广告法律。它不仅是一切广告活动应遵守的共同规则，也是广告行政法律、规章、地方性法规的立法依据。在广告法律体系中，《广告法》具有最高的法律效力。

(2) 广告行政法规，即指国家最高行政机关即国务院所制定的规范性文件。国务院制定的广告行政法规的调整范围包括国家广告行政管理活动中涉及的具体事项，是广告法的重要渊源，如《广告法实施条例》、《广告审查标准》等。广告行政法规的效力仅次于广告法律。

(3) 广告行政部门规章，即指国务院组成部门及直属机构，在其职权范围内制定的规范性文件。部门规章一般是就执行法律或者国务院的行政法规、决定、命令的事项作出的具体规定。国家工商行政管理总局是国务院的直属局，同时也是对我国广告业进行监督管理的最高行政主管机关。国家工商行政管理总局从执行《广告法》出发，制定形成了大量的广告行政规章，对《广告法》起到了很好的补充作用，成为广告执法的重要依据。其他广告行政管理部门，如卫生、医药、农业、教育等有关部门制定的各种部门规章用来规范广告内容的，也属于广告法律的这一渊源形式。到目前为止，国家工商行政管理总局单独或会同相关部门制定的广告行政规章包括《广告管理条例施行细则》、《化妆品广告管理办法》、《医疗广告管理办法》、《医疗器械广告管理办法》、《印刷品广告管理办法》等，成为我国广告法律最主要的渊源。

(4) 地方性法规，即指地方国家权力机关，根据本行政区域的具体情况和实际需要，依法制定的在本行政区域内具有法的效力的规范性文件。在我国，省、自治区、直辖市以及省级人民政府所在地的市和经国务院批准的较大的市人民代表大会及其常务委员会有权制定地方性法规。地方性法规可以为执行法律、行政法规的规定，而根据本行政区域的实际情况作具体规定，如：2000 年 12 月江西省人大常委会制定的《江西省户外广告管理条例》就属于地方性法规。广告方面的地方性法规也是广告法律的表现形式之一。

(5) 地方政府规章，即指省、自治区、直辖市人民政府以及省、自治区人民政府所在地的市和经国务院批准的较大的市人民政府依照法定程序制定的法规性文件。地方政府规章可以就下列事项作出规定：为执行法律、行政法规、地方性法规的规定，需要制定的事项和属于本行政区域的具体行政管理事项。如：针对网络广告发展的现状及存在问题，北京市政府于 2001 年制定的《北京市网络广告管理暂行办法》，就是网络广告管理方面的地方行政规章。

(6) 国家认可的行业自律规则、守则等。广告行业组织作为广告行业的自律机构，其制定的经内部成员认同、国家认可的有关制度、规定，应在广告行业内部产生普遍的约束力。如中国广告协会制定的《广告宣传精神文明自律规则》。国家认可的行业自律规则、守则等，构成我国广告法律的非正式渊源。

3. 广告法律关系

(1) 广告法律关系的概念及其作用。广告法律关系，就是指由广告法律所调整并加以确认和保护的社会关系。广告法律规范是产生广告法律关系的前提，广告法律关系是广告法律规范的实现形式。广告法律关系的作用主要体现在：

第一，广告活动的各个主体必须按照广告法律规范的要求行使权利、履行义务，并由此发生法律上的特定联系。

第二，广告法律关系是广告法律关系主体之间以法律上的权利、义务为纽带而形成的社会关系。

第三，广告法律关系体现了国家的意志力，对广告法律关系的破坏，就意味着与国家监管广告的意志相违背，必将受到国家强制力的约束与处罚。

(2) 广告法律关系的构成及其特征。内容包括：

第一，广告法律关系的构成。广告法律关系是由主体、内容和客体三个要素组成的。

- 广告关系的主体，是指参加广告法律关系、从而享有一定权利或承担一定义务的组织或个人，主要指广告监管机关、广告审查机关、广告主、广告经营者、广告发布者。
- 广告关系的内容，是指广告法律关系主体之间具体的权利或义务。它是法律规范的指示内容在实际广告活动中的具体落实或广告法律关系在社会关系实现的一种状态。
- 广告关系的客体，是指广告法律关系主体之间权利或义务指向的对象，是一定利益的法律形式。广告关系的客体可以表现为物、精神产品、行为结果等多种形式。

第二，广告行政法律关系的特征。广告法律关系包括广告行政法律关系、民事法律关系和刑事法律关系。我国《广告法》以调整国家广告监管的行政关系为主，这里着重分析广告行政法律关系的特征，主要在于：

- 广告行政法律关系基于广告监管行政部门的行政行为而产生。广告监管行政部门行使行政权力的行为是广告行政法律关系发生的必要条件。
- 广告行政法律关系的主体及其权利和义务是由广告法律所确定的，当事人在法律规定的行为界限或裁量幅度之外，没有自由选择的余地。
- 广告行政法律关系当事人的法律地位不平等。广告监管机关代表国家执行公务，参与行政法律关系，在对方当事人不履行法定义务时可以强制其履行。同时，广告行政法律关系的产生不以双方合意为必要条件，一般由广告监管机关单方面的行政行为引起。广告监管机关在履行职责时，一般会对当事人进行意见的征询，但对方同意与否不是其行使权力的必要前提。
- 广告监管机关在广告行政法律关系中的权利和义务是重合的。广告监管机关在对广告进行行政监管时体现为权利主体，而相对于国家则是义务主体。广告监管机关的职权是法律赋予的，这种职权对于行政机关而言不仅是权利，也是义务。必须按法律履行职权，否则就意味着失职，甚至违法。

(3) 广告法律关系的保护及监督管理机构。内容包括：

第一，广告法律关系的保护，是指广告监管机构严格监督广告法律关系主体正确行使广告法律权利和切实履行义务，维护广告市场秩序，保护权利主体的合法权益。广告法律关系保护与广告法律事实密切相关。

所谓广告法律事实，是指能够引起广告法律关系发生、变更或终止的具有客观性的法律行为和事件。它又分为：

- 法律事件，是指与当事人意志无关的法律事实，其发生与否是当事人无法预见和控制的，它可以分为社会事件和自然事件两种。
- 法律行为，是指可以作为法律事实而存在、能够引起法律关系形成、变更或消灭的行为。

第二，广告法律关系的监督管理机构。广告监督管理机构，即各级工商行政管理机关，它有权对广告内容、广告活动进行监督管理，对广告违法行为依法予以必要的行政处罚。广告监督管理机构主要分为：

- 仲裁机构。广告涉及的纠纷，在双方自愿约定的条件下，可以向仲裁机构申请仲裁。
- 审判机构。广告合同纠纷的当事人、违法广告所侵害的客体造成民事权益的损害、广告违法行为的当事人受到行政处罚后均可在法律规定的范围内，向人民法院提起民事诉讼或行政诉讼,由人民法院行使司法审判权,保护广告法律关系主体或客体的合法权益。对于触犯刑法的严重广告违法行为也可以进行刑事审判,打击利用广告犯罪的行为。

1.3.2　我国广告法律体系的构成

1. 我国广告法律体系的构成及其核心

(1) 从广告的法律渊源上我们可以看出,我国广告法律体系的构成及框架是:

第一,以《广告法》为核心统帅,以《广告管理条例》为补充,以国家工商行政管理总局单独或会同有关行政部门制定的行政规章为主体,以地方性法规和政府规章为特色的法制体系。

第二,我国的广告法律体系是由不同效力、不同形式、不同层次的广告法律规范所组成,覆盖了广告活动的全过程和多种特殊商品与服务种类及媒体形式的法律体系。

(2) 我国广告法律体系以现行的《广告法》为核心。1994 年 10 月 27 日第八届全国人民代表大会常务委员会第十次会议通过的、于 1995 年 2 月 1 日正式施行的现行《广告法》,共六章四十九条,对该法的调整范围、广告准则、广告活动、广告的审查、违反本法的法令责任等问题作了规定。

《广告法》是我国规范广告活动的主要法律,再加上围绕一些特殊商品与劳务、针对某些运作环节所拟定的相关广告规定和规则,在很大程度上保证和促进了整个广告行业的规范运作和健康成长。《广告法》的出台与实施,填补了我国这一领域立法的空白,对于使广告业健康发展、维护良好的广告市场秩序有着积极的作用。《广告法》的特点包括:

● 该法对广告主、广告经营者、广告发布者的社会职能做出了明确的界定,为在广告业中形成科学合理的经营机制指明了方向;

● 该法进一步明确了广告必须履行的社会法律责任;

● 该法充分体现了保护消费者合法权益的原则;

● 该法对广告市场的准入和广告经营做了明确的规范;

● 该法同与其不相抵触的广告法律、法规、规章等构成了我国较为完整的广告法律体系。

2. 我国《广告法》的调整对象

(1) 一般来说,特定的调整对象是区分不同法律的基本依据。广义的广告法律的调整对象是广告法律规范所调整的各种社会关系。从法律定义来看,我国《广告法》中没有对其调整对象作明确的规定。但是《广告法》明确了该法所规范的仅仅是"商业广告",而非公益广告、政府广告及分类广告等其他类型的广告,商业广告之外的这些广告应当由《民法通则》、《合同法》等法律来调整与规范。

(2) 我国《广告法》调整对象的具体内容。根据《广告法》的规定和广告监管与广告活动的具体情况,可以将《广告法》所调整的对象具体概括为:

第一,广告监督管理机关在依法监督、管理、检查广告的各种活动中所发生的广告管理关系;

第二,广告审查机关在依法审查各种广告中所发生的广告审查关系;

第三,广告主、广告经营者、广告发布者在委托设计、制作、代理、发布广告活动中发生的民事关系；

第四，广告监管机关、司法机关主持进行的处罚广告违法行为和解决广告纠纷中所发生的关系。

1.3.3 我国广告法律体系的完善

1. 我国现行广告法律的缺陷

我国现行广告法律在实践中虽然发挥了重要的作用，但明显存在不足及缺陷，集中反映在作为我国广告法律体系核心的《广告法》上。由于《广告法》施行近 20 年，这期间我国的市场经济发展的内外环境都发生了深刻的变化，出现了很多新情况和新问题亟待用法律来规范和调整。而目前的《广告法》及在此基础上形成的法规、规章等明显不适应或不能满足现实的要求。其缺陷主要表现在以下方面：

(1)《广告法》及相应规章滞后。《广告法》实施后，随着电子信息技术高速发展，网络广告快速膨胀，给广告监管工作带来了新的挑战，网络广告有其自身的特点。对其监管与传统广告媒介相比，具有一定的难度，存在许多困难和问题。地方工商行政管理部门积极探索网络广告监管的途径和办法，但缺乏权威性、协调性、统一性，传统广告监管法律、法规以及各种规范性文件，还不能完全调整和规范网络广告经营行为。目前网络广告立法几乎还是空白，导致网络广告及管理的混乱。

(2)《广告法》作为行政管理法，侧重广告的行政管理，缺乏行业自律、社会监督等其他广告管理模式的表述。广告作为一个专业化较强的管理领域，仅有行政管理法规是不够的，行业协会的作用也不容忽视。在西方发达国家，广告行业协会具有较高的权威性，成为国家管理广告事务极为重要的组成部分。出于行业管理体制调整的历史原因，我国广告业协会在规模和职能方面不适应行业规范的需要，现行《广告法》没有体现行业协会的地位和作用，使行业协会丧失了保护本行业的能力和权威性，也没有形成与广告工商行政部门职能相互补充的功效。

(3) 现行的《广告法》侧重于对商业广告行为的管理与规范，而缺乏对政治广告、军事广告、文化广告等社会广告形态的表述。现行的《广告法》第二条明确规定了《广告法》的调整范围为商业广告。但是，随着广告实践的深入发展，广告内涵不仅包括商业广告，还包括政治广告、军事广告、文化广告等社会广告形态，加强对这些广告行为的管理对于构建社会主义精神文明和政治文明具有非常重要的现实意义。

(4) 关于广告收费问题的规定还不够完善，尚须立法使其进一步合理化和科学化。《广告法》第二十九条规定："广告收费应当合理、公开，收费标准和收费办法应向物价和工商行政管理部门备案。""广告经营者、广告发布者应公布其收费标准和收费办法。"这些过于原则性的规定，虽在总体上给予收费标准以尺度，但具体操作的自由范围较大，难以把握。在实际工作中，审计、财政、工商行政管理部门的监督检查实施不力，对广告收费的实情很少问津，造成了目前中国广告业收费混乱的局面。

(5) 由于配套的实施细则不够完善，致使《广告法》的不少条款操作性较差。如《广告法》第三条规定，"广告应当真实、合法，符合社会主义精神文明建设的要求"；第八条规定，"广告不得损害未成年人和残疾人的身心健康"；第十二条规定，"广告不得贬低其他生产经营者的商品或者服务"，这些条文规定均无处罚条款，使得广告执法部门无法可依。再比如第三十条规定，"广告发布者向广告主、广告经营者提供的媒介覆盖率、收视率、发行量等资料应该真实"，但未规定提供发行量的途径、方式、方法，未规定相应的程序和规则，也未对违反法律、法规的行为制定相应的罚则，由此造成众多媒体肆无忌惮地虚报发行量而不必担心受到有关部门的处罚。

(6)《广告法》规定不具体，执行难。《广告法》规定不具体，不明晰，同一种行为在甲地是合法的，而在乙地却很可能是违法的。同一部法律在不同的地方有不同的解释。显然，这是与"市场经济是法制经济"的精神相违背的。难以操作的法律会造成一种执法惰性，即执法人员往往会专挑一些容易定性的案件去处理，《广告法》"不好使"是基层执法人员众所周知的。

(7) 处罚不科学。违法的广告行为，在处罚上都是广告费的一倍至五倍，这显然违反了法律要"责罚对等"的基本原则。而且，《广告法》中也没有对自由裁量权的任何限制。同时，以广告费作为计算基数笔者认为是不科学的——这等于在说违法广告的危害性是与广告费成正比的。另外，还有许多条款没有对应的罚则。

(8) 广告主体的法律意识淡薄。不但广告的发布人、广告产品的生产商以及明星代言人对广告法规了解的少，而且，广大的消费者在广告法规方面的法律意识也极其淡薄。这就使得本不完善的《广告法》实施起来十分困难。显而易见，广告的发布者守法意识淡薄，广大的消费者护法、维权意识淡薄。

2. 我国广告法制体系的完善

由上述的我国的《广告法》在实施中的问题可知，我国广告法律制度亟待立法完善。而《广告法》的修订绝不仅仅涉及微观的技术性问题，更多涉及的是深层次的法律问题。法律责任的基本功能为救济、教育、预防及制裁。依据此种标准，对我国的现行广告法律体系的完善主要体现在以下几方面：

(1) 适应新形势下广告管理对《广告法》的要求。我国的《广告法》还是 20 世纪 90 年代制定的，尽管其实施条例及各种规章在不断完善，但是作为核心法律，现行的《广告法》必须进行修订或制定专门法律来适应新形势下广告快速发展带来的各种变化和需求。

(2) 明确广告管理机构的职责与权限。在对《广告法》进行修改时，通过立法的形式赋予广告管理机构相当大的权力，使其能够对广告行业的各种违法现象进行行之有效的管理。同时明确界定广告管理机关的职责和权力范围，对管理人员的工作内容及态度提出明确要求，建立起和谐的管理秩序。

(3) 制定或补充更为科学、明细的法规条款，科学设定量罚准则，增强《广告法》的执行力度。我国现行的《广告法》，几乎是不论何种违法行为，在处罚上都是以广告费为基点的，即都是处以广告费一至五倍的罚款，而广告费总额往往仅占企业经营收入很小的比例，以较小的处罚成本换取非常大的非法经营收益是当前违法广告屡禁不止的经济原因。正是这种处罚的不科学性，令较多的广告人和刊载广告的媒体有意冲破法律法规，甚至一些广告人把处罚事先算到广告的预算中，只要能收到有效的传播效果，所付出的罚款代价是微小的。

(4) 细化广告竞争行为规范、增设比较广告条款。《广告法》的立法目的就是要维护广告市场的竞争秩序，保障经济的发展。我国现行《广告法》过于笼统和抽象，对维护广告经营秩序和行政执法并无多大实际意义。虽然《反不正当竞争法》对经营活动中的不正当竞争行为也有相关规定，但由于广告活动中的不正当竞争行为有其特殊性，因而，应将其细化，分类规范，这样才能从根本上遏制广告恶性竞争的势头。

(5) 加强对比较广告的法律规范。现行《广告法》仅有三条涉及比较广告，并且没有比较广告这一明确的法律概念。对于比较广告也只允许间接比较而不能直接比较，这与国际上的通行规则有很大的差距。欧洲联盟理事会的《关于误导广告和比较广告的指令》是对比较广告进行规定的一个成功法规典范。我国应借鉴世界相关国家的立法经验，对《广告法》做出修订，对比较广告做出明确的法律定位，并系统地对比较广告的概念、原则、构成要件、比较广告的一般准则及对比较广告的限制做出全面规定。

(6) 应当补充新媒体广告条款。我国现行的《广告法》制定之初主要针对以传统的平面媒体和电子媒体传播的商业广告，而对于网络广告及现在的各种新媒体广告尚未涉及，当时虽然预留"其他媒介"一词涵盖未来可能出现的新情况，但在立法过程中并未有针对性地设置具体条款，导致目前各地执法部门没有可参照的细则。对于网络广告的分类、广告活动主体的确定和非法所得的计算等问题，针对传统媒体的现行广告法规不完全适用于网络广告。现行广告法规对广告的调整是建立在互分广告主体即广告主、广告经营者和广告发布者，并赋予各自权利和义务的基础上的。而在虚拟的网络环境中，网络广告主体的界定远非如此简单。ISP(因特网服务提供商)多集广告经营者与广告发布者于一身；宣传自身产品或服务的网站则集广告主、广告经营者和广告发布者于一身。

(7) 维护社会公众利益。广告必须本着以人为本、为公众服务、为公众更好地生活提供便利的态度，因此，凡事都要以公众为重心，要以公众为基点思考问题、确立规则。我们不妨在制定广告法规时，重视对消费者的保护，只要是对消费者构成误导、欺骗、伤害的，不管是有意还是无意，不管是明显还是暗含，都属于不法广告，都要受到惩罚。这样不仅能确保广大公众的利益，而且对广告经营者而言，也可起到警示的作用。

(8) 实现《广告法》的连贯性。《广告法》的修改应当充分考虑与相关法律、法规或规章的关联性，尤其是我国单项广告管理规章比较多，不能出现违反法律的法律责任低于违反规章的法律责任这种法律与规章的法律责任"错位"的现象，导致法律的严肃性受到损害。从长远的角度而言，一部好的法律、法规，除了规范社会、行业秩序之外，还应理顺各种关系，进一步引导、促进社会与行业的可持续发展。"新的《广告法》应该能更好地促进中国广告业更加健康的发展，而不仅仅是为了方便管理。"所以，在新的《广告法》的立法精神上，应该更加侧重于疏导，而不是堵截。

1.4　广告活动主体及其基本义务

广告活动是在一定主体的参与下才得以完成的。广告活动的主体一般包括三种类型，即广告主、广告经营者和广告发布者。对广告活动的管理首先应当搞清楚广告活动主体的情况与特征，这有助于进一步明确广告活动的三方主体应该和能够在广告中承担的广告法律规定的责任与义务。因此，下面首先介绍广告活动主体的特征及其在广告活动中承担的基本义务。

　　广告主、广告经营者和广告发布者三者在广告活动中的身份不同，其承担的基本义务也有明显的差异。

1.4.1　广告主及其基本义务

1. 广告主的概念和特征

　　(1) 如何对广告主进行界定呢？根据《中华人民共和国广告法》第二条规定，所谓广告主，"是指为推销商品或者提供服务，自行或者委托他人设计、制作、发布广告的法人、其他经济组织或者个人"。由此可以看出，广告主是市场经营活动及广告活动的重要参与者，它的主体资格与其自身的组织形态有密切关联，它可以是法人，也可以是自然人。

　　对广告主的分类可以按不同的标准来划分：既可以按广告主的性质分为企事业单位、其他组织和个人；也可以根据经营规模和范围分为跨国、全国、区域和地区广告主。

　　(2) 根据《广告法》对广告主的界定，可以得出广告主在广告活动中具有下列特征：

　　第一，广告主是广告活动的主导者。因为任何广告活动的目的都是为广告主服务的，在于推销或推介广告主的商品、服务或某种意图。

　　第二，广告主可以是企事业单位、社会团体等法人和不具有法人资格的其他经济组织、自然人等。

　　第三，广告主委托他人即广告经营者，通过一定的媒介进行广告宣传，并向广告经营者支付广告费用。广告主与广告经营者之间在一般情况下表现为因委托而产生的代理关系，对广告共同承担连带的法律责任。

　　(3) 广告主与广告发展的关系。广告主，尤其是以企业为代表的广告主，他们作为广告投入的主体，对广告活动起着重要的作用：

　　第一，广告主的发展状况影响着广告业发展的总体规模和水平。广告的投向、分布基本上可以反映出消费和行业发展的动向，我们可以从广告发展的情况来反观有关产业发展的状况与景气程度。

　　第二，广告主在具体的广告活动中，作为委托方与投资人，具有对广告活动的决策权。广告主对广告提供了资料，提出广告宣传的方向、目的与要求。在广告竞争日趋激烈的今天，广告经营者更要围绕着广告主的意图进行具体的策划与安排。

2. 广告主在广告活动中的基本义务

　　(1) 广告主的基本义务，是指广告主参与广告活动时，应根据《广告法》规定承担为一定行为或不为一定行为的责任。即要求广告主在追求广告效果的同时，其宣传目的、方式和内容必须合法，否则就会因损害别人的利益而承担相应的法律责任。这种义务主要有两个方面：一是要有主动提供证明自己的广告行为符合法律规定要求材料的义务；二是应当保证与己相关的广告活动(包括广告的内容及形式)遵循法律法规的义务。

　　广告主在广告活动中必须遵循相关的法律法规，而广告法律就构成了对广告主进行的广告活动的一定的限制和约束，要求广告主必须履行法律规定的义务，其目的在于保护消费者利益，充分发挥广告的作用，约束不良的广告行为，维护正常的广告发展的秩序。

　　(2) 根据《广告法》等法律规定，广告主的基本义务具体包括以下内容：

第一，根据广告许可制度的要求，广告主的广告内容必须在其经营范围或国家许可的范围内。广告只能为广告主在经营范围或国家许可的范围内的合法活动服务，广告的内容也必须在广告主的经营范围或国家许可的范围内。

第二，根据广告代理制度的要求，广告主委托广告经营者承办或代理广告业务，应当与广告经营者签订书面合同，明确各方的责任。合同中委托的广告活动必须合法，无论是广告的内容还是广告的形式都要符合法律规定。在广告主委托广告经营者的代理合同中，还要明确授权范围，即明确广告代理人的工作范围，以便于广告经营者在广告主授权的范围内从事广告经营活动，也便于区分双方的责任。

第三，根据广告证明制度的要求，广告主对其发布的广告内容提供真实、合法、有效的证明文件、资料，对于发布广告需要经有关行政主管部门审查的，还应当提供有关批准文件，务必保证广告内容真实、客观、合法。广告主对广告宣传内容的要求得到有效证明的前提下，广告经营者才能在真实、合法的范围内发挥，使广告宣传更加有效。

第四，根据《广告法》基本原则的要求，广告主在广告宣传中应当遵守诚实信用、公平竞争等市场经营基本原则从事广告宣传活动。广告主要按照法规的规定，认真履行自己的各项义务，按照广告合同约定，如期履行合同确定的责任；不得利用广告宣传诋毁竞争对手，如利用广告，将自己的产品或者服务和其他同类的产品或者服务用直接或者间接比较的方法提高自己贬低同类产品或服务、故意制造或者散布有损于其他竞争对手的商业信誉和企业形象的虚假信息；不得发布含有奖金金额超过五千元内容的不正当有奖销售广告；不得利用广告宣传损害用户或消费者的合法权益。

1.4.2　广告经营者及其基本义务

1. 广告经营者概念及特征

(1) 如何对广告经营者进行界定呢？根据《中华人民共和国广告法》第二条的规定，广告经营者，"是指受委托提供广告设计、制作、代理服务的法人、其他经济组织或者个人"。也即在广告活动中，广告经营者主要是为广告主提供广告设计、广告制作和广告代理活动的组织或个人。广告经营者的广告业务活动的具体内容如下：

第一，广告设计，即按照广告目标进行的与广告创意、构思(包括广告中音乐、语言、文字、画面的运用等)有关的经营创作性活动。

第二，广告制作，即通过专业技术性手段制作可以反映广告设计的要求与规划的、可供广告发布者刊播、设置、张贴、散布的广告作品的经营性活动。

第三，广告代理，即广告经营者接受广告主及广告发布者的委托，从事与广告市场调查、信息代理、形象策划、战略规划、媒介安排等相关的经营性活动。

(2) 广告经营者类别按照不同的标准进行分类。

第一，从广告经营者的产权性质上看，我国目前的广告经营者有国有、集体、个体私营、外商投资、联营及股份制企业等类型。

第二，从广告经营者经营规模来看，我国目前的广告经营者有注册资金几百万以上、广告年营业收入几千万甚至数亿元的综合型广告公司，也有散兵游勇式的小型广告公司。

第三，从广告经营者的组织形式与业务性质划分的广告经营者，主要有以下形式：

● 综合型广告公司，即具有为广告主提供市场调查、广告策划、广告效果测定及设计、制作、代理等全面服务能力的广告公司，形式包括有限责任公司、股份有限公司、中外合资公司和中外合作公司等。

● 广告设计、制作公司，即专门从事影视、广播、霓虹灯、灯箱、路牌、印刷品、礼品等广告的设计制作的公司。

● 兼营广告的企业，即具有发布媒介的兼营广告的企业。如经营书刊、音像制品等出版物的单位及具有广告发布媒介的商场、宾馆等企业。

● 兼营广告的媒介单位，即利用电视、广播、报纸、杂志、场(馆)等媒体设计、制作、发布广告的电视台、广播电台、报社、杂志社、体育场(馆)、文化馆等。

● 个体广告经营户，即在法律允许范围内，依法进行核准登记、从事广告业经营的个人。

● 外贸广告公司，即具备设计综合型广告公司或设计、制作广告公司条件的中外合资、中外合作及外商独资的广告公司。外商独资公司与综合型广告公司在分类上有所重合，由于其在设计程序、业务运作等方面具有一定的特殊性，因此将其单列为一种类型。

2. 广告经营者的基本义务

(1) 广告经营者作为广告活动的具体操作与实施者，其广告经营行为是否规范，直接影响到广告市场秩序的状况。它所要承担的基本义务是按照《广告法》规定，在其广告经营中应当为或不为一定行为的基本要求。

(2) 根据《广告法》等法律规定，广告经营者的基本义务具体包括以下内容：

第一，办理广告经营登记的义务。从事广告经营活动，应当在具备必要的专门技术人员、制作设备等相应条件后，依法办理公司或者广告经营登记，这是获取从事广告经营活动资质的前提。

第二，订立书面合同的义务。在广告活动中，广告经营者应当与广告主、广告发布者或者其他的广告经营者依法订立书面合同，明确各方的权利和义务。

第三，查验广告证明、核实广告内容的义务。为保证广告的真实、合法，广告经营者应当依据法律、行政法规等审查方面的规定，查验有关广告的证明文件，核实广告内容。对于内容不实或证明文件不全的广告，广告经营者不得提供设计、制作、代理服务。

第四，建立、健全广告业务的承接登记、审核、档案管理制度的义务。广告经营者必须遵循广告业务档案制度所要求的内容、保存期限及其他法律规定。

第五，广告收费公开、合理，并向物价、工商部门进行备案的义务。广告经营者应当公布其广告收费标准和收费办法，其收费标准应当经行政主管部门审核。

第六，不得在广告活动中进行任何形式的不正当竞争的义务。广告活动中的不正当竞争行为主要包括：

● 恶意诋毁竞争对手的行为，即用制造或散布有损于同类或相关竞争对手商业信誉和企业形象的办法获取广告客户或广告业务的行为。

● 侵犯他人商业秘密的行为，即通过不正当竞争手段获取竞争对手的客户名单和与业务成交有关的要约承诺，侵犯他人商业秘密中的技术秘密及剽窃其他广告公司的广告创意和策划书等行为。

● 以商业回扣招揽广告的行为，即以允诺中介费、佣金、介绍费、劳务费等名义，向广告主或其他广告经营者、发布者或有关人员提供报酬和其他好处，以承揽广告业务，促进广告交易的行为。

● 广告招标中的串谋行为，即在广告招投标中，与投标者或其他招标人相互串通，故意抬高或者压低标价，以排挤竞争对手，牟取不正当利益的行为。

● 广告交易中的附条件行为，即在提供广告服务时，利用自己拥有的经营优势，违背相对人的意愿，将自己提出的附带条件作为广告交易前提的行为。

● 广告联合垄断行为，即两个或两个以上的广告经营者以联合的力量限定广告价格，限定广告投放量等，以对抗其他竞争对手的行为。

● 利用行政优势的广告垄断行为，即利用主管行政机关的权力获取广告的独家经营权，排挤其他广告经营者的竞争，等等。

第七，不得在广告活动中产生对他人的侵权行为的义务。广告活动中的侵权行为，是指广告活动对他人受法律保护的人身权利和财产权利的侵害。广告活动中较为常见的侵权行为包括侵犯他人的肖像权、名誉权、著作权、商标权以及侵犯知名人物商品化权利等方面的行为。因此，广告中使用他人名义和形象的，应当事先征得他人的书面同意；使用无民事行为能力人、限制民事行为能力人的名义、形象的，应当事先取得其监护人的同意；对名人广告的使用，要根据合同约定的方式和时限使用；广告的倡议、文案，采用的音乐、图片等不得侵犯他人的著作权，不得采取改头换面的手法将他人的智力成果占为己有或无偿使用等。

1.4.3　广告发布者及其基本义务

1．广告发布者的含义及类型

(1) 如何对广告发布者进行界定呢？根据《中华人民共和国广告法》第二条的规定："所谓广告发布者，是指为广告主或者广告主委托的广告经营者发布广告的法人或者其他经济组织。"根据上述法律规定可以看出，广告发布者必须是依法登记注册的、从事广告发布业务的法人或组织，不能是个人；且广告发布者只能通过自己控制的媒介进行广告发布，如果没有一定的广告传播媒介，则不能承揽广告发布业务。

(2) 广告发布者一般有两种类型：

第一，新闻媒介单位，即利用电视、广播、杂志、报纸等新闻媒介发布广告的电视台、广播电台、杂志社、报社。

第二，具有广告发布媒介的企业、其他法人或经济组织，即利用自有或者自制音像制品、图书、橱窗、灯箱、场地(馆)、霓虹灯等发布广告的出版(杂志、音像)社、商店、宾馆、体育场(馆)、展览馆(中心)、影剧院、机场、车站、码头等。在两类广告发布者中，前者无疑在广告活动中占据相当重要和特殊的地位。

2．广告发布媒介及其选择

(1) 广告媒介，是指能够实现广告主与广告对象之间商品、服务及企业信息有效传播的工具。广告发布及其效果与广告媒介的选择息息相关。广告种类与形式的发展变化，是伴随着媒介形式及新技术、新材料的发展变化的。目前广告中所采用的媒介多种多样，可按各种标准分类，大体有：

第一，按广告媒介的综合性特征，可以将广告媒介分为：

● 大众传播媒介，即传统的报纸、杂志、广播、电视等四大媒体。

● 户外广告媒介，即指暴露在开放的户外空间中的广告媒体，如户外广告牌、霓虹灯、电子屏、车身等。

● 促销广告媒介，即 SP 媒体，包括直邮(DM)、电话簿、POP(售点广告)、固定形式的印刷品等。

● 网络广告媒介：以互联网为基础形成新的广告媒介。

第二，按照广告传播介质的不同，可以将广告媒介分为：

● 平面媒介，即一般将相对于电视、互联网等媒体，通过单一的视觉、单一的维度传递信息的报纸、杂志等传统媒体。近年来为广告服务的，以邮寄、派发、直邮等形式发布的印刷品也属于平面媒体。

● 电波媒介，即广义上的广播媒介，也就是我们通常所说的声音广播和电视广播这两种媒介，它们都是靠电波来传送节目信号的。通过电波媒介就是广告可以通过无线电波(或导线)的形式向广大公众传播。

● 其他媒介，即指除平面媒介和电波媒介之外的各种形式的媒介。

第三，按照广告的受众数量和传播范围的不同，可以将广告媒介分为：

● 大众媒介，即指受众最多、传播最为广泛的广告媒介，如传统的报纸、杂志、广播、电视及新兴的互联网均属于此类。

● 中众媒介，即指影响广泛但受众少于大众媒介的广告媒介，如户外媒体等。

● 小众媒介，即指针对特定的受众群体、在较小范围内进行传播的广告媒介，如直邮中的印刷品等。

第四，此外，还可以按照媒介传播到达的地区范围划分为全国性媒介与地区性媒介；按照广告与广告受众接触的时间长短划分为长期媒介与短时媒介等；按照受众对媒介信息传播手段的感受性划分为视觉媒介、听觉媒介等。

(2) 广告媒介的选择直接影响着广告传播的效果，这是因为不同的媒介有其自身的优势和适应的范围。广告主及广告经营者对广告媒介的选择，必须根据自身广告的目标，充分分析评价不同类别广告媒介的特点，综合考虑以下影响因素：

第一，媒介的威信程度，是指拥有某种媒介物质条件的媒介单位的信誉，如中央电视台的信誉度远远高于地方性电视台。

第二，媒介的普及状况与普及的社会阶层。广告目标所要的人数和阶层，要与所选媒介所普及的人数和阶层尽可能趋于一致。为此，要达到上述一致性就要确定媒介的覆盖率，即可以在确定的诉求对象阶层中，暴露于一个媒体类别或载体的人数占阶层总人数的比例；媒介覆盖率越高，广告的针对性就越强。

第三，媒介被触收状况，既包括媒介本身的状况，也包括广告在同一媒介上不同部位、时段被阅读、收听(看)的触及状况。常用的指标有：

● 收视率/收视点(Rating Point)，即收看某电视节目的个人或家庭占总人数或家庭数的比率，计算方式为收看某电视节目的个人或家庭数除以总人口数或家庭数。

● 总收视点(GRP, Gross Rating Point)，是媒体传送量的计量单位之一，即在一定期间内所有投放档次收视率的总合或到达率乘以平均接触率，也称为毛评点。

- 到达率(Reach)，即暴露于一个媒体执行方案人口或家庭占总人口或总家庭的百分比，为非重复性计算数值，即在特定期间内暴露一次或以上的人口或家庭占总数的比例。
- 总接触人次(Gross Impression)，即一个媒体执行方案运用所有媒介载体所接触的人次总和。

第四，媒介的使用条件。首先是购买广告时间和广告版面的难易程度、手续简便程度，它将影响广告信息能否及时传递；其次是广告在媒介上表现的局限性、广告信息表达的传真程度，不同的表现对广告受众的心理影响差别较大；第三是广告的制作水平与制作风格。

第五，媒介的广告费用。在不同媒体上刊播广告的费用是不同的。媒体单位官方对外报出的价格，一般称之为刊例价。媒介广告时段、版面的定价依据主要有：

- 按照媒介的覆盖率、权威性、收视(听)率、发行量、百分点收视成本等因素定价。
- 按照行业惯例进行定价。
- 根据前期广告销售情况等进行定价。

第六，媒介的效果。媒介的效果考察的是对上述各项标准的综合评价，即对候选的媒介运用上述标准进行全面的分析与对比，以便找出效果参数较高的媒介作为选择对象。

3. 广告发布者在广告活动中的基本义务

(1) 广告发布者作为广告活动的最终展示者，它所要承担的基本义务是按照《广告法》规定，在其广告发布中应当为或不为一定行为的基本要求。

(2) 根据《广告法》等法律规定，广告发布者的基本义务具体包括以下内容：

第一，查验广告证明文件、核实广告内容的义务。广告发布单位应当健全广告审查员制度，对内容不实或证明文件不齐全的广告，不得发布。

第二，在从事广告经营活动中，应当依法订立广告业务的书面合同，明确合同各方的权利与义务，依法解决合同纠纷。

第三，按照国家规定，建立健全广告业务的承接登记、审核、档案管理制度。

第四，广告收费应当合理、公开，其收费标准与收费办法应当公布，并应向物价和工商行政管理部门备案；并且在收费时，开具税务机关统一监制的"广告业务发票"。

第五，广告发布者向广告主、广告经营者提供的媒介覆盖率、收视率、发行量等资料应当真实。

第六，对于法律、行政法规规定禁止生产、销售的商品或提供的服务，以及禁止发布广告的商品或服务，广告发布者不得发布其广告。

第七，对于新闻单位的特定约束规定有：

- 广播电台、电视台、报刊出版单位的广告业务，应当由其专门从事广告业务的机构办理，并依法办理兼营广告的业务；严禁新闻出版单位所属记者站、办事处等媒介的非广告部门、机构经营广告业务，新闻出版单位一律不得在外地设立代理广告业务的机构；由各省、自治区、直辖市新闻出版局批准，领取"内部报刊准印证"的报刊，即未编入国内统一刊号序列的非正式出版物，出版这类出版物的报刊社，不得进行广告业务的任何经营活动，也不得在其他媒介上为自己刊登出版、发行广告；不得利用在指定范围内发行或标有"内部发行"字样的图书经营广告，也不得在其他媒介上为其刊登出版、发行广告。

● 众传播媒介不得以新闻报道形式发布广告。通过大众传播媒介发布的广告应当有广告标记,与其他非广告信息相区别,不得使消费者产生误解。

● 字幕广告播出的限制。1993 年,广电部规定:各级电视台、转播台"不得在中央电视台和省级电视台新闻节目播出时插播字幕广告。"

● 遵循《广播电视广告播放管理暂行办法》(国家广电总局令第十七号,以下简称十七号令)所规定的插播广告和广告时长的限制;广播电视广告播放管理暂行办法》规定:广播电台、电视台每套节目每天播放电视广告的比例,不得超过该套节目每天播出总量的 20%。其中,广播电台在 11:00—13:00、电视台在 19:00—21:00,其每套节目中每小时的广告播出量不得超过节目播出总量的 15%,即 9 分钟。播放广播电视广告应当保持广播电台节目的完整性。不得以任何形式插播自行组织的广告,不得随意切换原广告。除 19:00—21:00 以外,电视台播放一集影视剧(一般为 45 分钟左右)中,可以插播一次广告,插播时间不得超过 2.5 分钟;发射台、转播台(包括差转台、手转台)、有限广播电视传输网络机构在转播和传输广播电视节目时,应当保证被转播和传输节目的完整性。不得以任何形式插播自行组织的广告,不得随意切换原广告,不得以游动字幕、低阶字母等形式播放广告;电视台播放广告时不得隐匿本台(频道)标志;播放以企业或产品冠名的节目、栏目时,企业或产品的标志只能出现在屏幕的右下方,数量不得超过 1 个,标志画面不得大于本台(频道)标志,不得遮盖正常节目字幕;禁止广告电视广告主、广告经营者干预广播电视节目的播放。在广告时长的问题上,香港《电视业务守则之广告标准》规定:在节目当中的间断时间内播送广告(分类广告除外)即非节目类广告素材,以不得超过 3 分钟为限;在节目之间的相隔时间内,最多只限播送 5 分钟广告(分类广告除外)及非节目类的广告素材。澳门《澳门试听广告法》规定:任何广告的播出,不得超出该台每日播放时间的 20%。

● 建立广播电视广告的监听监看制度和公众投诉处理机制。根据十七号令规定,县级以上广播电视行政部门应当建立对广播电视广告的监听监看制度,对发现的问题应及时处理。县级以上广播电视行政部门及广播电台、电视台应当建立公众投诉处理机制,对受众提出批评性意见的广播电视广告及时检查,并将结果答复投诉者。

● 不得在广告发布活动中从事不正当竞争行为的义务。《广播电视广告收入管理暂行规定》第二十条规定:任何人均不得从广告收入中获取提成或回扣,违者视同贪污;不得利用媒介的独占优势,进行附条件广告交易行为,如在提供广告服务时,将黄金时间、版面搭配销售;媒介的广告业务不得由其下属的广告公司垄断。国家工商行政管理总局《关于在部分城市进行广告代理制和广告发布前审查试点工作的意见》(工商广字【1993】第 214 号)中有如下规定:报刊、广播电台、电视台下属的广告公司,不得以任何形式垄断本媒介的广告业务。报刊、杂志社设立广告公司冠报纸、刊物名称,会使客户产生该广告公司垄断本媒介广告业务,排挤其他广告公司的误解,不利于广告业务开展正当的竞争。报刊、杂志社设立广告公司已经冠报纸、刊物名称的,应当按照企业名称登记管理的有关规定进行纠正。

【本章思考题】

1. 如何理解广告的含义和分类?

2. 怎样理解广告管理? 为什么要进行广告管理?

3．广告监督管理的内容和原则是什么？

4．我国广告行政管理的职能与特点是什么？

5．广告行政管理与广告行业自律管理的关系怎样？

6．试述加强广告业的社会监督的重要性。

7．我国《广告法》的调整对象是什么？

8．我国广告行政法律关系有何特征？

9．我国广告法有哪些缺陷？应如何完善？

10．如何界定广告活动中广告主、广告经营者和广告发布者的含义与关系？

11．广告活动中广告主、广告经营者和广告发布者的基本义务有哪些？

12．国家广播电影电视总局对广播电视广告的播放有何具体规定？

第2章　广告活动制度规范

【内容摘要】

　　本章内容主要介绍广告活动的制度规范，内容经过整合共分为四个部分：第一部分为广告审查部分，其内容主要涉及广告审查制度的概念及要求、广告审查的形式及其规定、广告行政审查的程序及其法律规定等相关内容；第二部分为广告许可与证明制度，其内容主要涉及广告经营许可制度的含义及其具体的法律规定；广告证明制度的含义及其对证明材料的要求等内容；第三部分为广告代理与合同制度，内容主要涉及广告代理制度的含义及相关的法律规定；广告合同制度的含义、合同内容要求及合同形式等内容；第四部分为广告收费与档案制度部分，内容主要涉及广告收费制度的概念及广告业务专用发票制度、企业广告费税前扣除制度的具体要求；广告档案制度的概念及法律规定等内容。

【学习目标】

　　通过对本章的学习，主要使学生在全面了解广告管理过程中，约束广告主体、规范广告行为的各种制度规范，主要包括审查、许可、证明、代理、合同、收费、档案等相关制度。具体应当：

　　(1) 重点学习与了解广告审查及其法律规定的相关内容；

　　(2) 学习与了解广告行政审查的程序及相关制度；

　　(3) 学习与掌握广告许可经营的概念及其程序要求；

　　(4) 重点学习广告证明制度的概念及具体内容要求；

　　(5) 学习广告代理制度的含义及代理制下广告主体的分工；

　　(6) 重点学习与了解广告合同制度、合同内容及合同形式等；

　　(7) 学习广告收费制度及广告业务专用发票制度、企业广告费税前扣除制度等内容；

　　(8) 重点学习广告业务档案制度建立的意义及其要求。

【重要知识点】

　　在本章学习中应掌握的概念及其知识点有：广告活动制度规范、广告审查、广告行政审查、广告经营许可制度、广告证明制度、广告代理制度、广告合同制度、广告合同的主要条款、广告合同形式、广告业务专用发票制度、企业广告费税前扣除制度、广告业务档案等。

　　广告活动制度规范，是以广告活动为对象的一系列关于广告活动主体与客体行为规范的总和。这些制度规范是广告监督管理机关在监督管理广告活动的实践中，依据《广告法》等法律法规，在规范广告活动方面逐步形成、发展和完善，并通过有关的法律法规条文形式固定下来。这些制度是广告监督管理机关实施广告法规管理活动的具体表现，对广告业的健康发展和广告管理的顺利实施, 起着基础性的保障作用。

2.1　广告审查制度

2.1.1　广告审查制度及相关法律规定

1. 广告审查制度的含义

(1) 广告审查, 是指对广告内容是否符合法律规定而进行的审查。而广告审查制度, 则是指围绕着广告审查的内容与环节所形成的一系列相关法律法规, 是广告管理制度的重要组成部分。通过广告审查, 是保证国家广告发布标准得以贯彻实施的基本条件, 有助于避免、控制、减少或制止虚假、违禁广告的制作与刊播, 为广告业的发展及广告活动的有序开展创造良好的环境。

(2) 广告审查的目的是为了保证广告内容真实、合法, 它是在工商行政管理机关的监督指导下进行的。根据相关的法律法规规定, 广告审查的主体一般有国家有关行政主管部门、广告经营者与广告发布者。广告审查的客体是广告内容的真实性与合法性。广告审查一般主要包括: 广告审查机关的事前审查、广告经营者与广告发布者的事前审查和广告监督管理机关的事后监测与检查。

2. 广告审查的形式及相关规定

(1) 广告审查机关的事前审查。我国《广告法》第三十四条规定:“利用广播、电影、电视、报纸、期刊以及其他媒介发布药品、医疗器械、农药、兽药等商品的广告和法律、行政法规规定应当进行审查的其他广告, 必须在发布前依照相关法律、行政法规由有关行政主管部门对广告内容进行审查, 未经审查; 不得发布。”根据上述规定可以理解为:

第一, 利用广播、电影、电视、报纸、期刊以及其他媒介发布药品、医疗器械、农药、兽药等四种商品的广告必须由广告审查机关进行事前审查。

第二, 其他法律法规和规章规定应当进行发布前审查或者出具证明文件的, 必须由广告审查机关或者出证机关进行事前审查。需事先出证的商品或服务广告包括医疗广告、烟草广告和保健食品广告等。这些广告在发布前必须经有关行政主管部分审查同意, 出具有关证明文件后方可发布。其他法律、法规和规章规定的在广告发布前需要出具证明文件的商品如医疗、烟草、保健食品等也需要进行广告的事前审查。

第三, 广告审查机关, 是指与以上规定中所列举的待发布的特种广告的商品或服务有关的行政主管部门, 正如前一章所讲的广告行政审查机关。这些行政主管部门包括: 卫生、中医药行政管理部门; 食品药品监督管理部门; 农业行政管理部门; 畜牧业行政管理部门和教育行政管理部门等。这些部门熟悉该类商品或服务的专业技术, 负责管理商品的生产、销售等环节。因此, 由它们进行广告事前审查, 有利于控制广告发布的标准。

(2) 广告经营者、广告发布者等广告经营单位的事前审查。广告经营者、广告发布者在承办广告业务中依据广告管理法规的规定, 在广告发布之前检查、核对广告是否真实合法, 并将检查、核对情况和检查结论、意见记录在案, 以备查验的活动。具体内容及规定包括:

第一，广告经营单位进行广告审查的依据是《广告法》的具体规定：

● 《广告法》第二十七条规定："广告经营者、广告发布者依据法律、行政法规查验有关证明文件，核实广告内容。对内容不实或者证明文件不全的广告，广告经营者不得提供设计、制作、代理服务，广告发布者不得发布。"因此，广告经营者与广告发布者对凡自己承办或发布的广告，无论是特殊的商品或服务，还是一般的商品或服务广告，均要进行事前审查。

● 《广告法》第二十八条规定："广告经营者、广告发布者按照国家有关规定，建立、健全广告业务的承接登记、审核档案管理制度。"要求广告经营单位为了保证广告审查的效果，必须建立和健全能够记载、保存事前检查资料的登记、审核档案管理制度，避免事前检查流于形式及对自己承办或发布的违禁广告查无实据的现象发生。

第二，我国实行的广告审查员管理制度及其调整。1996年，国家工商总局制定了《广告审查员管理办法》，规定了广告经营者、广告发布者负有的广告审查的法定义务具体应当由广告经营单位的广告审查员来实施；广告经营单位经营的广告，必须经过本单位广告审查员书面同意。2003年，国家工商总局改革行政审批制度，取消了《广告审查员证》和《广告专业技术上岗证》，但这不意味着免除了广告经营单位的广告审查义务，而是对广告经营单位加强广告审查和行业自律的要求越来越高。2004年，国家工商总局发布了《关于广告审查员管理工作若干问题的指导意见(试行)》(简称意见)，对1996年以来实行的广告审查员管理工作做出了新的规定，改变了过去广告审查员管理工作的行政强制性，形成了指导、引导和倡导方式为特征的新的广告审查员管理工作制度规范。《意见》可以分为对工商行政管理机关和对广告审查员两个方面的要求：

一是要求各级工商行政管理机关在广告审查工作中应当：

● 对广告审查工作进行指导工作。各级工商行政管理机关应当根据《行政许可法》的要求，统一认识，指导广告经营者、广告发布者健全广告审查管理制度，配备符合广告审查工作要求的广告审查人员。

● 进行广告审查员的培训、发证工作。工商行政管理机关要加强对广告审查员的培训工作。对广告审查员的培训包括定期法规培训、知识更新培训和对违法问题严重的广告经营单位的广告审查员进行集中培训。国家工商行政管理总局负责编写制定全国统一的广告审查员培训教材。各地可将其地方性广告法规作为广告审查员培训、考试的补充内容。培训的方式方法由各地自行决定。

● 对按照统一教材经过定期法规培训或集中培训考试合格者，可以发给《广告审查员培训合格证书》。知识更新培训的内容，包括新颁布的广告法律、法规、规章和有关广告监督管理的规定。工商行政管理机关对于辖区内违法问题严重的广告发布者的广告部门负责人，应当进行广告法规集中培训。

● 加强广告审查员的日常管理工作。包括对广告审查员履行职责的情况，应当及时给予表扬鼓励或者批评教育。对广告经营单位广告审查员的管理，应当作为广告监管信息化建设的一项基本内容。对辖区内广告审查员的培训、考试、日常审查工作中的违章情况和相关处理记录，应尽可能实行计算机化管理。

二是规定了广告审查员的工作规范：

● 规定了广告审查员进行广告审查的范围。《意见》指出，广告审查范围是广告创意稿、广告设计定稿及制作后的广告品、代理或者待发布的广告样件。

● 明确要求广告审查员按照下列程序审查广告：

➢ 查验各类广告证明文件的真实性、合法性、有效性，对证明文件不全的，提出补充收取证明文件的意见；

➢ 核实广告内容的真实性、合法性；

➢ 检查广告形式是否符合有关规定；

➢ 审查广告整体效果，确认其不会引起消费者的误解；

➢ 检查广告是否符合社会主义精神文明建设的要求；

➢ 签署对该广告同意、不同意或者要求修改的书面意见。

● 要求广告审查员签署审查意见的报告。对于经广告审查机关审查出的广告中有违反广告管理法律法规的问题，广告审查员应当签署不同意代理、发布的书面意见，并及时向工商行政管理机关报告，也可以同时向该审查机关提出意见。

● 规定了广告审查员要接受法规培训。广告审查员应持证上岗，对于未取得《广告审查员培训合格证书》的广告审查员，应当及时进行法规培训。

(3) 广告监督管理机关在广告发布后的监测与检查。经过事前审查并得以通过的广告发布后，为了确保广告发布质量，保护消费者的合法权益；同时也是事前审查进行监督，国家各级广告监管机关应当对已发布公告的内容进行检测，其目的在于及时发现、制止、查处虚假、违法广告的蔓延和纠正广告审查主体审查不实及失误。广告监测是对广告发布进行日常管理的重要环节。

国家工商总局在总结个别地方工商管理部门进行广告检测工作经验的基础上，于 2004 年 10 月制定了《关于规范和加强广告监测工作的指导意见(试行)》，形成了相对规范统一的广告监测工作制度，包括建立健全专门的数据采集、监测报告、监测档案、监测信息发布、监测对象法规培训、违法广告查处等。广告监管机关可以根据监测结果显示的动态，确定广告监管重点、查处典型违法广告和对违法广告主及广告经营者进行整改，并定期向社会公布《广告违法警示公告》提醒公众注意。广告监管机关在广告发布后的检查一般是抽查式、非固定的，可以根据监测和社会举报情况，有针对性地进行检查。

(4) 除了以上三种主要的广告审查形式之外，还有一度曾在部分省市试点推行的广告审查委员会的事先审查。同时，事先规范广告内容的还有广告行业组织的事前咨询等形式。但由于广告审查委员会存在的缺陷：一是广告审查委员会的法律地位不明确，即广告审查委员会的机构、性质和地位缺乏法律依据；二是广告审查委员会的法律责任不明确，即广告审查委员会自身地位的不确定导致其审查裁定的广告是否合法及应承担何种责任也不明确；三是广告审查委员会的地位不超脱，由于广告审查委员会既是审查者，又是执法者，影响了执法的公正性。因而，广告审查委员会对广告审查的工作与职能已于 1998 年全面停止。

2.1.2　广告行政审查的程序性规定

广告行政审查，特指有关行政部门依法对广告内容进行事先审查，并出具审查决定文件和证明文件的行为。广告行政审查的程序规定是广告审查制度的重要组成部分。主要包括：药品、医疗器械、兽药、农药、医疗广告、烟草、保健食品等方面的广告行政审查。

1. 药品广告审查的程序性规定

(1) 药品广告的审查机关。国家对药品广告的审查实行的是两级行政审查，即国家食品药品监督管理局对药品广告审查机关的药品广告审查工作进行指导和监督。省、自治区、直辖市药品监督管理部门是药品广告审查机关，负责本行政区域内药品广告的审查工作。具体要求是：

第一，凡利用重点媒体发布的药品广告、新药、境外生产药品广告的，需经国务院食品药品监督管理局审查批准。

第二，其他药品广告需经广告主所在地的省级药品监督管理部门批准。

第三，须在异地发布药品广告的，须持所在地的批准文件经广告发布地的省级药品监督管理部门换发广告发布地的药品审查批准文号后，方可发布。

(2) 药品广告申请的程序。凡申请发布药品广告的，须按照以下程序进行申请：

第一，凡申请发布药品广告的，应当向药品广告审查机关提出申请，填写《药品广告审查表》，并提交下列证明文件：

● 申请人及生产者的营业执照副本；

● 《药品生产企业许可证》或者《药品经营企业许可证》副本；

● 该药品的生产批准文件、质量标准、说明书、包装；

● 该药品的商标注册证或其他由国家工商行政管理总局商标局出具的证明该商标注册的文件；

● 有商品名称的药品，必须提交国务院药品监督管理部门批准的该商品名称的批准文件；

● 法律、法规规定的其他确认广告内容真实性的材料。

第二，凡申请发布境外生产的药品广告，应当向国务院药品监督管理部门提出申请，填写《药品广告审查表》，并提交下列证明文件及相应的中文译本：

● 申请人及生产者的营业执照副本；

● 该药品的《进口药品注册证》；

● 该药品的质量标准、说明书、包装；

● 法律、法规规定的其他确认广告内容真实性的材料。

第三，申请发布境外生产的药品广告，可以由申请者委托中国境内的药品经销者或者广告经营者代为办理广告审查手续。

(3) 药品广告审查程序。药品广告的审查是按照下列程序进行审查的：

第一，初审。药品广告审查机关对广告申请人提供的证明文件的真实性、有效性、合法性、完整性和广告制作前文稿的真实性、合法性进行审查，并与受理申请之日起十日内作出初审决定，发给《药品广告初审决定通知书》。

第二，终审。申请人凭借《药品广告初审决定通知书》，将制作的广告作品送交原广告审查机关。原广告审查机关在受理申请之日起十日内作出终审决定。对终审合格者，签发《药品广告审查表》，并发给药品广告审查批准文号；对终审不合格者，应通知申请人，并说明理由。广告申请人可以直接申请终审。广告审查机关在受理申请之日起十日内作出终审决定。

第三，药品广告审查机关发出的《药品广告初审决定通知书》和《药品广告审查表》，应当由广告审查机关的负责人签字，并加盖药品广告审查专用印章。药品广告审查机关应当将送审的《药品广告审查表》送同级广告监督管理机关备案。药品广告审查批准文号的有效期为一年。有效期期满后需要继续发布的，应当在期满前两个月向原广告审查机关重新提出申请。广告内容需要变动的或者药品的质量标准发生变化的药品广告，应当重新申请复查。

(4) 药品广告复审。有下列情况之一的药品广告，审查机关应当调回复审，复审期间，停止发布该药品广告：

- 广告审查批准依据发生变化的；
- 国务院卫生行政部门认定为省级广告审查批准机关的批准不妥的；
- 广告监督管理机关提出复审建议的；
- 广告审查机关认为应当调回复审的其他情况。

(5) 药品广告批准文号的撤销。有下列情况之一的药品广告，原审查机关应当收回《药品广告审查表》，撤销药品广告审查批准文号：

- 临床发现药品有新的不良反应的；
- 《药品生产企业许可证》、《药品经营企业许可证》、《营业执照》被吊销的；
- 药品被撤销生产批准文号；
- 药品广告内容超出了药品广告审查机关审查批准内容的；
- 被国家列为淘汰的药品品种的；
- 药品广告复审不合格的；
- 卫生行政部门认为不宜发布的；
- 广告监督管理机关立案查出的。

2. 医疗器械广告审查的程序性规定

(1) 医疗器械广告的审查机关。国家对医疗器械广告的审查实行的是两级行政审查：即国家食品药品监督管理局对医疗器械广告审查机关的医疗器械广告审查工作进行指导和监督；省、自治区、直辖市(食品)药品监督管理部门是医疗器械广告审查机关，负责本行政区域内医疗器械广告审查工作。具体要求是：

第一，凡申请境外生产的医疗器械产品广告及利用重点媒体发布的医疗器械广告的，需经国务院药品监督管理部门审查批准，并向广告发布地的省级药品监督管理部门备案后，方可发布。

第二，其他医疗器械广告，需经生产者所在地的省级药品监督管理部门批准，并向广告发布地的省级药品监督管理部门备案后，方可发布。

(2) 医疗器械广告的申请程序。申请发布医疗器械广告的，须按照以下程序进行申请：

第一，申请审查境内生产的医疗器械广告的，应当向审查机关提出申请，填写《医疗器械广告审查表》，并提交下列证明文件：

- 申请人及生产者的营业执照副本及其他生产、经营资格的证明文件；
- 产品注册证书或者产品批准书，实行生产许可证管理的产品，还需提交生产许可证；
- 产品使用说明书；
- 法律、法规规定的其他确认广告内容真实性的材料。

第二，申请审查境外生产的医疗器械广告的，应当向审查机关提出申请，填写《医疗器械广告审查表》，并提交下列证明文件：

● 申请人及生产者的营业执照副本及其他生产、经营资格的证明文件；

● 医疗器械生产企业所在国(地区)政府批准该产品进入市场的证明文件及相应的中文译本；

● 产品标准；

● 产品使用说明书；

● 中国法律、法规规定的其他确认广告内容真实性的材料。

● 提供本条规定的证明文件的复印件，须有原出证机关签章或出具所在国(地区)公证机构的公证文件。

(3) 医疗器械广告的审查程序。医疗器械广告的审查是按照下列程序进行审查的：

第一，初审。医疗器械广告审查机关对广告申请人提供的证明文件的真实性、有效性、合法性、完整性和广告制作前文稿的真实性、合法性进行审查，并与受理申请之日起五日内作出初审决定，发给《医疗器械广告初审决定通知书》。

第二，终审。申请人凭借《医疗器械广告初审决定通知书》及广告作品，再次送交原广告审查机关。原广告审查机关在受理申请之日起五日内作出终审决定。对终审合格者，签发《医疗器械广告审查表》，并发给医疗器械广告审查批准文号；对终审不合格者，应通知申请人，并说明理由。广告申请人可以直接申请终审。广告审查机关在受理申请之日起五日内作出终审决定。

第三，广告发布地审查机关对生产者所在地的审查机关做出的复审决定持有异议的，应当提请上级广告审查机关进行裁定。审查意见以裁定结论为准。医疗器械广告审查机关应当将带有广告审查批号的《医疗器械广告审查表》，送同级广告监督管理部门备查。医疗器械广告审查批号的有效期为一年，其中产品介绍和样本审查批准号的有效期可延长至三年。

(4) 医疗器械广告复审。经审查批准的医疗器械广告，有下列情况之一的，审查机关应当调回复审：

● 广告审查批准依据发生变化的；

● 国家药品监督管理局认为省级广告审查机关的批准不妥的；

● 广告监督管理机关或者发布地医疗器械广告审查机关提出复审建议的；

● 广告审查机关认为应当调回复审的其他情况；

● 复审期间，广告停止发布。

(5) 医疗器械广告的重新申请。经审查批准的医疗器械广告，有下列情况之一的，应当重新申请审查：

● 医疗器械广告审查批准号的有效期届满；

● 广告内容需要发生变化；

● 医疗器械产品标准发生变化。

(6) 医疗器械广告批准文号的撤销。经审查批准的医疗器械广告，有下列情况之一的，原审查机关应当收回《医疗器械广告审查表》，撤销广告审查批号：

● 医疗器械在使用中发现问题而被撤销产品注册号或者批准号；

- 被国家列为淘汰的医疗器械品种的;
- 广告复审不合格的;
- 应当重新申请审查而未申请或者重新审查不合格的;
- 广告审查机关作出撤销广告审查批准号的决定,应当同时送同级广告监督管理部门备查。

3. 兽药广告审查的程序性规定

(1) 兽药广告法定审查机关。国家对兽药广告的审查实行的是两级行政审查:即国务院农牧行政管理机关和省、自治区、直辖市农牧行政管理机关(以下简称省级农牧行政管理机关),在同级广告监督管理机关的监督指导下,对兽药广告进行审查。具体要求是:

第一,凡利用重点媒体发布的兽药广告以及保护期内新兽药、境外生产的兽药广告,需经国务院农牧行政管理部门审查,并取得审查批准文号后方可发布。

第二,其他兽药广告需经生产者所在地省级农牧行政管理机关审查并取得批准文号后,方可发布。

第三,须在异地发布兽药广告的,须持所在地的农牧行政管理机关批准文件,经广告发布地的省级农牧行政管理机关换发广告发布地的兽药审查批准文号后,方可发布。

(2) 兽药广告审查的申请程序。申请发布兽药广告的,须按照以下程序要求进行申请:

第一,申请审查境内生产的兽药广告的,应当向审查机关提出申请,填写《兽药广告审查表》,并提交下列证明文件:

- 申请人及生产者的营业执照副本及其他生产、经营资格的证明文件;
- 农牧行政管理部门核发的兽药产品批准文号、文件;
- 省级兽药监察所近期(三个月内)出具的产品检验报告单;
- 经农牧行政管理部门批准、发布的兽药质量标准及产品说明书;
- 法律、法规规定的其他确认广告内容真实性的材料。

第二,凡申请发布境外生产的兽药广告,应当填写《兽药广告审查表》,并提交下列证明文件及相应的中文译本。提交以下规定的证明文件的复印件,应当由原来出具证明的机关签章或出具所在国(地区)公证机构的公证文件:

- 申请人及生产者的营业执照副本及其他生产、经营资格的证明文件;
- 《进口兽药登记许可证》;
- 该兽药的产品说明书;
- 境外兽药生产企业办理的兽药广告委托书;
- 中国法律、法规规定的其他确认广告内容真实性的材料。

(3) 兽药广告的审查程序。兽药广告的审查是按照下列程序进行审查的:

第一,初审。兽药广告审查机关对广告申请人提供的证明文件的真实性、有效性、合法性、完整性和广告制作前文稿的真实性、合法性进行审查,并与受理申请之日起十日内作出初审决定,发给《兽药广告初审决定通知书》。

第二,终审。申请人凭借《兽药广告初审决定通知书》,将制作的广告作品,送交原广告审查机关。原广告审查机关在受理申请之日起十日内作出终审决定。对终审合格者,签发《兽药广告审查表》,并发给兽药广告审查批准文号;对终审不合格者,应通知申请人,并说明理由。广告申请人可以直接申请终审。广告审查机关在受理申请之日起十五日内作出终审决定。

第三，兽药广告审查机关应当将带有广告审查批准文号的《兽药广告审查表》，寄送同级广告监督管理部门备查。兽药广告审查批准文号的有效期为一年。《兽药生产许可证》、《兽药经营许可证》的有效期限不足一年的，兽药广告审查批准文号的有效期以上述许可证的有效期为准。

(4) 兽药广告的复审。经审查批准的兽药广告，有下列情况之一的，广告审查机关可以调回复审。复审期间，广告停止发布：

- 该兽药在使用中发生禽畜死亡，以及造成一定经济损失的；
- 兽药广告审查批准依据发生变化的；
- 兽药产品标准发生变化的；
- 国务院农牧行政管理部门认为省级广告审查机关的批准不妥的；
- 广告监督管理机关或者发布地省级农牧行政管理机关提出复审建议的；
- 广告审查机关认为应当调回复审的其他情况。

(5) 兽药广告审查批准文号的作废。经审查批准的兽药广告，有下列情况之一的，原审查机关应当收回《兽药广告审查表》，撤销广告审查批号：

- 兽药在生产经营中被吊销生产、经营许可证；
- 兽药在使用中发现问题而被撤销生产批准文号；
- 被国家列为淘汰或禁止生产的兽药品种；
- 兽药广告审查批准号有效期内，经国务院农牧行政管理部门统计兽药抽检不合格累计达三批次以上的；
- 广告复审不合格的；
- 应当重新申请审查而未申请或者重新审查不合格的。

广告审查机关作出撤销广告审查批准号的决定，应当同时送同级广告监督管理部门备查。

4. 农药广告审查的程序性规定

(1) 农药广告审查机关。国家对农药广告的审查实行的是两级行政审查：即国务院农业行政主管部门和省、自治区、直辖市行政主管部门(以下简称省级农业行政主管部门)在同级广告监督管理机关的指导下，对农药广告进行审查。具体要求是：

第一，凡利用重点媒体发布的农药广告和境外生产的农药广告，需经国务院农业行政管理部门审查，并取得审查批准文号后，方可发布。

第二，其他农药广告需经广告主所在地省级农业行政管理机关审查并取得批准文号后，方可发布。

第三，须在异地发布农药广告的，须向广告发布地的省级农业行政管理机关备案后，方可发布。

(2) 农药广告审查的申请程序。申请发布农药广告的，须按照以下程序要求进行申请：

第一，申请审查境内生产的农药广告，应当向审查机关提出申请，填写《农药广告审查表》，并提交下列证明文件：

- 申请人及农药生产者的营业执照副本及其他生产、经营资格的证明文件；
- 农药生产许可证或准产证；
- 农药登记证、产品批准文号、农药产品标签；
- 法律、法规规定的其他确认广告内容真实性的材料。

第二，凡申请发布境外生产的农药广告，应当填写《农药广告审查表》，并提交下列证明文件及相应的中文译本。提交以下规定的证明文件的复印件，应当由原来出具证明的机关签章或出具所在国(地区)公证机构的公证文件：

- 申请人及农药生产者的营业执照副本及其他生产、经营资格的证明文件；
- 中华人民共和国农业行政主管部门颁发的农药登记证、农药产品标签；
- 中国法律、法规规定的其他确认广告内容真实性的材料。

(3) 农药广告的审查程序。农药广告的审查是按照下列程序进行审查的：

第一，初审。农药广告审查机关对广告申请人提供的证明文件的真实性、有效性、合法性、完整性和广告制作前文稿的真实性、合法性进行审查，并于受理申请之日起七日内作出初审决定，发给《农药广告初审决定通知书》。

第二，终审。申请人凭借《兽药广告初审决定通知书》，将制作的广告作品，送交原广告审查机关。原广告审查机关在受理申请之日起七日内作出终审决定。对终审合格者，签发《农药广告审查表》，并发给兽药广告审查批准文号；对终审不合格者，应通知申请人，并说明理由。广告申请人可以直接申请终审。广告审查机关在受理申请之日起 10 日内作出终审决定。

第三，农药广告审查机关应当将带有广告审查批准文号的《农药广告审查表》，寄送同级广告监督管理部门备查。农药广告审查批准文号的有效期为一年。

第四，申请农药广告审查，可以委托农药经销者或者农药广告经营者办理。

(4) 农药广告的复审。经审查批准的农药广告，有下列情况之一的，广告审查机关可以调回复审。复审期间，广告停止发布：

- 该农药在使用中对人畜、环境有严重危害的；
- 国家有新的规定的；
- 国家农药广告审查部门认为省级广告审查机关的批准不妥的；
- 广告监督管理机关或者发布地省级农牧行政管理机关提出复审建议的；
- 广告审查机关认为应当调回复审的其他情况。

(5) 农药广告的重新申请。经审查批准的农药广告，广告审查批准号有效期届满，或者广告内容需要改动的，应重新申请审查。

(6) 农药广告审查批准文号的作废。经审查批准的农药广告，有下列情况之一的，原审查机关应当收回《农药广告审查表》，撤销广告审查批准文号：

- 该农药在生产经营中被撤销农药登记证、生产许可证(或准产证)；
- 该农药在使用中发现有严重的质量问题；
- 应当重新申请审查而未申请或者重新审查不合格的；
- 广告监督管理机关已立案进行查处的；
- 广告审查机关撤销广告审查批准号后，应当同时送同级广告监督管理部门备查。

5. 保健食品广告审查的程序性规定

(1) 保健食品广告审查机关。国家食品药品监督管理局指导和监督保健食品的广告审查工作。省、自治区、直辖市食品药品监督管理部门负责本辖区保健食品广告的审查。县级以上食品药品监督管理部门应当对辖区内审查批准的保健食品广告发布情况进行监测。

(2) 保健食品广告的申请程序。申请发布保健食品广告的，须按照以下程序要求进行申请：

第一，保健食品广告的申请人。发布保健食品广告的申请人必须是保健食品批准证明文件的持有者或者其委托的公民、法人和其他组织。申请人可以自行或者委托其他法人、经济组织或公民作为保健食品广告的代办人。

第二，保健食品广告申请的受理机关。国产保健食品广告的发布申请，应当向保健食品批准证明文件持有者所在地的省、自治区、直辖市食品药品监督管理部门提出；进口保健食品广告的发布申请，应该由该产品境外生产企业驻中国境内办事机构或者该企业委托的代理机构向其所在地的省、自治区、直辖市食品药品监督管理部门提出。

第三，申请发布保健食品广告的，应当提交的文件和资料：

- 《保健食品广告审查表》；
- 与发布内容一致的样稿(样片、样带)和电子化文件；
- 保健食品批准证明文件复印件；
- 保健食品生产企业的《卫生许可证》复印件；
- 申请人和广告代办人的《营业执照》或主体资格证明文件、身份证等复印件，如有委托关系，应提交相关的委托书原件；
- 保健食品的质量标准、说明书、标签和实际使用包装；
- 保健食品广告出现商标、专利等内容的，必须提交相关证明文件的复印件；
- 其他用以证明广告内容真实性的有关文件；
- 宣称申请材料实质内容真实性的声明；
- 提交以上文件为复印件的，需加盖申请人的签章。

(3) 保健食品广告的审查程序。有以下要求：

第一，保健食品广告发布申请材料不全或者不符合法定要求的，省、自治区、直辖市食品药品监督管理部门应当场或者在 5 个工作日内一次告知申请人需要补正的全部内容；逾期不告知的，自收到申请材料之日起即为受理。

第二，省、自治区、直辖市食品药品监督管理部门应当自受理之日起，对申请人提交的申请材料以及广告内容进行审查，并在 20 个工作日内作出是否核发保健食品广告批准文号的决定。

第三，保健食品批准文号为"X 食健广审(X1)第 X2 号"，其含义为：X 为各省、自治区、直辖市简称；X1 代表视、声、文；X2 由十位数字组成，前六位代表审查的年月，后四位代表广告批准文号。例如：湖北产"金舒通胶囊"的广告审批文号："鄂食健广审(文)第 2009120102 号、鄂食健广审(声)第 2009120016 号、鄂食健广审(视)第 2009120055 号。"

第四，对审查合格的广告申请，发给保健食品广告批准文号，同时将《保健食品广告审查表》抄送同级广告监督管理部门备案；对于不合格的申请，应当将审查意见书面通知当事人，说明理由并告知其享有依法申请行政复议或提起行政诉讼的权利。

(4) 保健食品广告审查表的备案要求。省、自治区、直辖市食品药品监督管理部门应当将《保健食品广告审查表》报国家食品药品监督管理局备案。国家食品药品监督管理局认为审查批准的保健食品广告与法定要求不符合的，应当责令原审批地省、自治区、直辖市食品药品监督管理部门予以纠正。

(5) 保健食品广告的重新申请。保健食品广告批准文号的有效期为一年。文号届满时，申请人若需继续发布广告的，应当依照本规定，向省、自治区、直辖市食品药品监督管理部门重新提出发布申请。经审查批准的保健食品广告需要改变其内容的，应向原审批地省、自治区、直辖市食品药品监督管理部门申请重新审查。保健食品的说明书、质量标准等广告审查依据发生变化的，广告主应立即停止发布广告，并向原审批地省、自治区、直辖市食品药品监督管理部门申请重新审查。

(6) 保健食品广告的复审。经审查批准的保健食品广告，有下列情况之一的，原广告审查机关应当调回复审。复审期间，广告停止发布：

● 国家食品药品监督管理局认为原审批地省、自治区、直辖市食品药品监督管理部门批准的保健食品广告内容不符合法定要求的；

● 广告监督管理机关建议进行复审的。

(7) 保健食品广告审查批准文号的收回。经审查批准的保健食品广告，有下列情况之一的，原审查机关应当收回其广告审查批准文号：

● 保健食品批准证明文件被撤销的；

● 保健食品被国家有关部门责令停止生产、销售的；

● 广告复审不合格的。

省、自治区、直辖市食品药品监督管理部门作出撤销或者收回保健食品广告审查批准号的决定后，应当同时报送国家食品药品监督管理局并抄送同级广告监督管理部门备查，同时向社会公告处理决定。

6. 医疗广告审查的程序性规定

(1) 医疗广告的审查机关。医疗机构发布医疗广告，需经其所在地省级卫生行政部门审查批准，中医、中西医结合、民族医疗机构发布医疗广告，需经其所在地省级中医药管理部门批准，未取得《医疗广告审查证明》，不得发布医疗广告。

(2) 医疗广告审查的申请。申请发布医疗广告的，须按照以下程序要求进行申请：

第一，医疗广告审查的申请人。发布医疗广告的申请人必须是具有省级卫生行政部门出具的《医疗广告证明》的、具有发布医疗广告资格的医疗机构。未取得《医疗广告审查证明》，不得发布医疗广告；非医疗机构不得发布医疗广告，医疗机构不得以内部科室名义发布医疗广告。

第二，医疗广告审查申请的受理机关。医疗广告发布的审查申请，应当向医疗证明文件持有者所在地的省、自治区、直辖市卫生行政管理部门提出；发布中医、中西医结合、民族医疗机构等方面医疗广告，需向医疗证明文件所在地省级中医药管理部门提出。

第三，申请医疗广告审查的，应当向当地卫生行政管理部门提交以下证明材料：

● 《医疗广告审查申请表》；

● 《医疗机构执业许可证》副本原件和复印件，复印件应当加盖核发其《医疗机构执业许可证》的卫生行政部门公章；

● 医疗广告成品样件。电视、广播广告可以先提交镜头脚本和广播文稿。

中医、中西医结合、民族医疗机构发布医疗广告，应当向其所在地省级中医药管理部门提交上述材料。

(3) 医疗广告的审查程序规定。医疗广告的审查是按照下列程序进行审查的：

第一，省级卫生行政部门、中医药管理部门应当自受理之日起二十日内对医疗广告成品样件内容进行审查。卫生行政部门、中医药管理部门需要请有关专家进行审查的，可延长十日。对审查合格的医疗广告，省级卫生行政部门、中医药管理部门发给《医疗广告审查证明》，并将通过审查的医疗广告样件和核发的《医疗广告审查证明》予以公示；对审查不合格的医疗广告，应当书面通知医疗机构并告知理由。省级卫生行政部门、中医药管理部门应对已审查的医疗广告成品样件和审查意见予以备案保存，保存时间自《医疗广告审查证明》生效之日起至少两年。

第二，《医疗广告审查申请表》、《医疗广告审查证明》的格式由卫生部、国家中医药管理局规定。省级卫生行政部门、中医药管理部门应在核发《医疗广告审查证明》之日起五个工作日内，将《医疗广告审查证明》抄送本地同级工商行政管理机关。

第三，医疗机构在发布医疗广告时，应当标注医疗机构第一名称和《医疗广告审查证明》文号。发布户外医疗广告，应在取得《医疗广告审查证明》后，按照《户外广告登记管理规定》办理登记。医疗机构在其法定控制地带标示仅含有医疗机构名称的户外广告，无需申请医疗广告审查和户外广告登记。

第四，广告经营者、广告发布者发布医疗广告，应当由其广告审查员查验《医疗广告审查证明》，核实广告内容。

(4) 医疗广告的重新审查规定：

第一，《医疗广告审查证明》的有效期为一年；到期后仍需继续发布医疗广告的，应重新提出审查申请。

第二，医疗机构应当按照《医疗广告审查证明》核准的广告成品样件内容与媒体类别发布医疗广告。医疗广告内容需要改动或者医疗机构的执业情况发生变化，与经审查的医疗广告成品样件内容不符的，医疗机构应当重新提出审查申请。

(5)《医疗广告审查证明》的撤销规定：

第一，有下列情况之一的，省级卫生行政部门、中医药管理部门应当收回《医疗广告审查证明》，并告知有关医疗机构：

● 医疗机构受到停业整顿、吊销《医疗机构执业许可证》的；

● 医疗机构停业、歇业或被注销的；

● 其他应当收回《医疗广告审查证明》的情形。

第二，医疗机构篡改《医疗广告审查证明》内容发布医疗广告的，省级卫生行政部门、中医药管理部门应当撤销《医疗广告审查证明》，并在一年内不受理该医疗机构的广告审查申请。省级卫生行政部门、中医药管理部门撤销《医疗广告审查证明》后，应当自作出行政处理决定之日起五个工作日内通知同级工商行政管理机关，工商行政管理机关应当依法予以查处。

2.2　广告经营许可和证明制度

2.2.1　广告经营许可制度及相关法律规定

1．广告经营许可制度

(1) 经营许可制度是根据《中华人民共和国行政许可法》的相关规定，国家相关行政管理部门对具有法律资格的经营单位的经营项目和经营内容进行审批管理的制度。相关经营单位必须向行政主管部门进行申请，获得批准后方可从事经营活动。

(2) 广告经营许可制度，即广告经营的审批制度，也就是广告市场的准入制度。

根据我国《广告法》第二十六条规定："从事广告经营的，应当具有必要的专业技术人员、制作设备，并依法办理公司或者广告经营登记，方可从事广告活动。广播电台、电视台、报刊出版单位的广告业务，应当由其专门从事广告业务的机构办理，并依法办理兼营广告的登记"。

《广告管理条例》第六条规定，"经营广告业务的单位和个体工商户(以下简称广告经营者)，应当按照本条例和有关法规的规定，向工商行政管理机关申请，分别办理审批登记手续。"

2004 年 11 月 30 日，国家工商行政管理总局出台了《广告经营许可证管理办法》(国家工商行政管理总局令第 16 号)，于 2005 年 1 月 1 日实施。这一部行政规章制度对《广告经营许可证》的申请范围、申请条件、许可管辖、许可程序、监督管理及法律责任等作出了明确的规定，标志着我国广告经营许可制度发生了新的调整与变化，广告市场准入门槛降低。

2．广告经营许可管理的具体规定

根据《广告经营许可证管理办法》(以下简称办法)的规定，广告经营许可管理的具体规定如下：

(1) 申领《广告经营许可证》的范围与条件是：

第一，申领《广告经营许可证》的范围。《办法》第二条规定，从事广告业务的下列单位，应依照本办法的规定向广告监督管理机关申请，领取《广告经营许可证》后，方可从事相应的广告经营活动。这些单位是指：

● 广播电台、电视台、报刊出版单位；
● 事业单位；
● 法律、行政法规规定应进行广告经营审批登记的单位。

第二，申领《广告经营许可证》的条件。《办法》第七条规定，申请《广告经营许可证》应当具备以下条件：

● 具有直接发布广告的媒介或手段；
● 设有专门的广告经营机构；
● 有广告经营设备和经营场所；

● 有广告专业人员和熟悉广告法规的广告审查员。

(2) 申请办理、变更、注销《广告经营许可证》的程序:

第一,申请办理《广告经营许可证》的,应当按照下列程序办理:

● 由申请者向所在地有管辖权的县级以上广告监督管理机关呈报以下申请材料:

➢ 《广告经营登记申请表》。

➢ 广告媒介证明。广播电台、电视台、报纸、期刊等法律、法规规定经批准方可经营的媒介,应当提交有关批准文件。

➢ 广告经营设备清单、经营场所证明。

➢ 广告经营机构负责人及广告审查员证明文件。

➢ 单位法人登记证明。

● 广告监督管理机关自受理之日起二十日内,作出是否予以批准的决定。批准的,颁发《广告经营许可证》;不予批准的,书面说明理由。

第二,申请变更《广告经营许可证》的,应当按照下列程序办理:

● 单位名称、法定代表人(负责人)、经营场所发生变化,广告经营单位应当自该事项发生变化之日起一个月内申请变更《广告经营许可证》。广告经营单位申请变更《广告经营许可证》应提交下列申请材料:

➢ 《广告经营变更登记申请表》;

➢ 原《广告经营许可证》正本、副本;

➢ 与变更广告经营范围、单位名称、法定代表人(负责人)、经营场所事项相关的证明文件。

● 广告监督管理机关自受理变更《广告经营许可证》申请之日起,十日内作出是否准予变更的决定。经审查批准的,颁发新的《广告经营许可证》;不予批准的,书面说明理由。

第三,申请注销《广告经营许可证》的,应当按照下列程序办理:

● 广告经营单位由于情况发生变化不具备本办法第七条规定的条件或者停止从事广告经营的,应及时向广告监督管理机关办理《广告经营许可证》注销手续。

● 广告经营单位注销《广告经营许可证》的,应提交下列申请材料:

➢ 《广告经营注销登记申请表》;

➢ 《广告经营许可证》正本、副本;

➢ 与注销《广告经营许可证》相关的证明文件。

(3) 《广告经营许可证》的核准要求有:

第一,《广告经营许可证》载明证号、广告经营单位(机构)名称、法定代表人(负责人)、广告经营范围、发证机关、发证日期等项目。

第二,广告监督管理机关在《广告经营许可证》中,按下列用语核定广告经营范围:

● 广播电台:设计、制作广播广告,利用自有广播电台发布国内外广告;

● 电视台:设计、制作电视广告,利用自有电视台发布国内外广告;

● 报社:设计、制作印刷品广告,利用自有《××报》发布国内外广告;

● 期刊杂志社:设计和制作印刷品广告,利用自有《××》杂志发布广告;

● 兼营广告经营的其他单位:利用自有媒介(场地)发布××广告,设计、制作××广告。

各级广告监管机关应当依据上述规定来审核广告申请者的经营范围、经营项目或业务类别与其具备的条件是否相适应；国家对于有特别规定的广告经营单位的广告经营范围、经营项目或业务类别予以限制的，按照其规定。

(4)《广告经营许可证》的管理要求和措施是：

第一，广告经营单位应当在广告监督管理机关核准的广告经营范围内开展经营活动，未申请变更并经广告监督管理机关批准，不得改变广告经营范围。

第二，广告监督管理机关应当加强日常监督检查，并定期对辖区内取得《广告经营许可证》的广告经营单位进行广告经营资格检查。广告经营资格检查的具体时间和内容，由省级以上广告监督管理机关确定。广告经营单位应接受广告监督管理机关对其广告经营情况进行的日常监督，并按规定参加广告经营资格检查。

第三，广告经营单位在取得《广告经营许可证》后，情况发生变化不具备本办法第七条规定条件，又未按本办法规定办理《广告经营许可证》注销手续的，由发证机关撤回《广告经营许可证》。

第四，广告经营单位应当将《广告经营许可证》正本置放在经营场所醒目位置。任何单位和个人不得伪造、涂改、出租、出借、倒卖或者以其他方式转让《广告经营许可证》。广告经营单位《广告经营许可证》发生损毁、丢失的，应当在报刊上声明作废，并及时向广告监督管理机关申请补领。

2.2.2　广告证明制度及相关法律规定

1．广告证明制度

(1) 广告证明是指表明广告客户主体资格和广告内容是否真实、合法的文件、证件。《广告管理条例》规定广告客户委托广告经营者办理广告业务时应当提交和交验广告证明文件。广告经营者承办广告业务时应收取和查验广告证明的规则以及广告证明出具规则构成广告证明制度。

(2) 广告证明制度是广告管理法规为保证广告真实、合法而确立的一项重要法律制度和管理制度。广告证明制度的基本内容包括广告主经营资格的证明；广告宣传商品或服务所使用的数据、他人名义、专利等通常事项表述的证明及特定商品或服务有关证明。

2．广告证明制度的内容

广告证明的种类繁多，根据《广告法》要求广告真实性原则，所有广告涉及的内容均应当有相应的证明材料。但目前在我国的《广告法》及相关法律法规中，仅对广告主在广告中表达承诺或保证的、对消费者等广告受众有实际影响的相关内容的要求出示证明文件的规定。具体包括以下三方面的证明资料：

(1) 广告主的资格证明。广告主的资格证明，是指证明广告客户具有做广告和做某项内容的权利能力和行为能力的文件、证件和凭证。具体规定：

第一，根据《广告法》第二十二条规定，广告主自行或者委托他人设计、制作、发布广告，所推销的商品或者所提供的服务应当符合广告主的经营范围。

第二，根据《广告法》第二十四条规定，广告主自行或者委托他人设计、制作、发布广告，应当具有或者提供真实、合法、有效的下列证明文件：

- 营业执照以及其他生产、经营资格的证明文件；
- 质量检验机构对广告中有关商品质量内容出具的证明文件；
- 确认广告内容真实性的其他证明文件；
- 发布广告需要经有关行政主管部门审查的，还应当提供有关批准文件。

第三，根据《广告管理条例施行细则》第九条规定，广告客户申请或委托广告经营者办理广告业务应当提交和交验的资格证明是：

- 工商企业和个体工商户分别交验《企业法人营业执照》副本和《营业执照》副本；
- 机关、团体、事业单位提交本单位的证明；
- 个人提交乡镇人民政府，街道办事处或所在单位的证明；
- 全国性公司、中外合资经营企业、中外合作经营企业、外商独资企业交验《中华人民共和国营业执照》；
- 外国企业常驻代表机构交验国家工商行政管理局颁发的《外国企业在中国常驻代表机构登记证》。

(2) 广告通常事项的证明。广告中的通常事项主要包括：

第一，使用他人名义或形象的广告。《广告法》第二十五条规定，广告主或者广告经营者在广告中使用他人名义、形象的，应当事先取得他人的书面同意；使用无民事行为能力人、限制民事行为能力人的名义、形象的，应当事先取得其监护人的书面同意。

第二，标明质量标准的广告。《广告法》第二十四条规定，广告主应具有或提供质量检验机构对广告中有关商品质量内容出具的证明文件；《广告管理条例》和《广告管理条例实施细则》规定，申请发布商品广告，应当交验符合国家标准、部标准(专业标准)和企业标准的质量证明。

第三，使用数据、统计资料、调查结果、文摘、引用语。广告中使用数据、统计资料、调查结果、文摘、引用语等，应提交其出处的证明，并在广告中予以说明。企业及其产品在境外的销量、市场占有率、排序的内容，应当出具境外权威统计部门或行业协会出具的证明。

第四，表明专利权的广告。表明专利权的广告，应当提交国家专利管理部门出具的《专利广告证明》。凭借专利证书不能证明专利权的合法持有状态；《专利广告证明》不能作为产品合格的广告证明使用。

第五，表明注册商标权的广告。标明注册商标的商品广告，应当提交国家工商行政管理总局商标局办法的商标注册证。

第六，实施生产许可证的产品广告。实施生产许可证的产品广告，应当提交生产许可证。如食品广告就必须提交食品生产企业的卫生许可证。

(3) 特殊商品或服务的证明。以下广告均属于特殊广告：

第一，药品广告。应当提交省级食品药品监督管理部门审查批准的《药品广告审批表》。

第二，兽药、农药广告。应当提交省级农业行政主管部门审查批准的《兽药广告审批表》和《农药广告审批表》。

第三，医疗器械广告。应当提交食品药品监督管理部门审查批准的《医疗器械广告审批表》原件或经原审查机关签章的复印件。

第四，医疗广告。应当提交国家和省级卫生行政部门出具的《医疗广告证明》，并按照核定的内容设计、制作、代理、发布医疗广告。未取得《医疗广告证明》的，广告经营者不得承办或代理。

第五，食品广告。应当提交下列证明文件：

● 卫生许可证，其中，保健食品广告还应当提交食品药品监管部门审查批准的《保健食品广告审查表》及国务院卫生行政部门核发的《保健食品批准证书》、《进口保健食品批准证书》；

● 新资源食品广告，应当提交国务院卫生行政部门的新资源食品试生产卫生审查批准文件或者新资源食品生产卫生审查批准文件；

● 特殊营养食品广告，应当具有或提供省级卫生行政部门核发的准许生产的批准文件；

● 进口食品广告，应当提交输出国(地区)批准生产的证明文件、口岸进口食品卫生监督检验机构签发的卫生证书，中文标签。

第六，酒类广告。广告主自行或者委托他人设计、制作、发布酒类广告，应当具有或者提供真实、合法、有效的下列证明文件：

● 营业执照以及其他生产、经营资格的证明文件；

● 经国家规定或者认可的省辖市以上食品质量检验机构出具的该酒符合质量标准的检验证明；

● 发布境外生产的酒类商品广告，应当有进口食品卫生监督检验机构批准核发的卫生证书；

● 确认广告内容真实性的其他证明文件。

第七，烟草广告。在国家禁止范围以外的媒介或场所发布烟草广告，必须具有省级以上工商行政管理部门或其授权的省辖市工商行政管理部门批准的《发布烟草广告申请表》。

广告主发布与烟草制品商标名称相同的其他商品、服务的商标名称及服务项目名称的广告，应提交下列证明文件：

● 由政府有关部门出具的该企业生产或经营该商品、服务的资格证明文件；

● 该商品或服务在我国取得的商标注册证；

● 该企业在我国境内实际从事该商品或服务的生产或经营活动的证明；

● 广告管理法律、法规规定的其他证明文件。

第八，化妆品广告。发布化妆品广告，广告主必须持有下列证明材料：

● 营业执照；

● 《化妆品企业卫生许可证》；

● 《化妆品生产许可证》；

● 美容类化妆品，必须持有省级以上化妆品监测站(中心)或卫生防疫站出具的检验合格的证明；

● 特殊用途化妆品，必须持有国务院卫生行政部门核发的批准文号；

● 化妆品如宣称为科技成果，必须持有省级以上轻工行业主管部门颁发的科技成果鉴定书；

● 广告管理法规、规章所要求的其他证明；

● 发布进口化妆品广告，广告主还必须持有下列证明材料：

➢ 国务院行政部门批准化妆品进口的有关批件；

> 国家商检部门检验化妆品合格的证明；
> 出口国(地区)批准生产该化妆品的证明文件(应附中文译本)。

第九，房地产广告。应当具有或出具：

● 房地产开发企业、房地产权利人、房地产中介服务机构的营业执照或其他主体资格证明；

● 建设主管部门颁发的房地产开发企业资质证书；

● 土地主管部门颁发的项目土地使用权证明；

● 工程竣工验收合格证明；

● 发布房地产项目预售、出售广告，应当具有地方政府办理的预售、出售许可证明；

● 出租、项目转让广告，应出具相应的产权证明；

● 中介机构发布所代理的房地产项目广告，应当提交业主的委托证明。

第十，电信信息服务广告。电信信息服务业务经营在自行或者委托他人设计、制作、代理或者发布声讯、短消息等服务广告时，应当具有并提供下列真实、合法、有效的证明文件：

● 电信信息服务业务经营者的营业执照；

● "业务种类"中含有"信息服务业务"项目的《跨地区增值电信业务经营许可证》或者《增值电信业务经营许可证》；

● 跨地区电信信息服务业务经营者还应当提供当地省、自治区、直辖市通信管理局发出的关于确认信息服务业务经营许可证的备案确认文件。

第十一，林木种子广告。林木种子生产经营者发布林木种子广告，应提交以下真实、合法、有效的证明：

● 营业执照以及林木种子生产、经营许可证；

● 林木良种广告应具有或提供林木良种公告或证书；

● 证明广告真实性的其他证明材料。

第十二，报刊、图书出版发行广告。报刊出版发行广告，应当交验省、自治区、直辖市新闻出版机关核发的登记证。图书出版发行广告，应当提交省、自治区、直辖市新闻出版机关批准成立出版社的证明。

第十三，融资广告。应当具有或提交的证明文件有：

● 活动投资前景预测的，应提交有法定资格的会计师事务所出具的预测报告。

● 提及广告客户资产额或涉及具体数据的，应提交有法律效力的资产负债证明。

● 发行股票招股说明书、上市公告书，以及披露其他股票相关信息的，应根据《股票发行与交易管理暂行条例》、《公开发行股票公司信息披露实施细则(试行)》的要求，提交相关证明。

● 发布投资基金证券广告，必须提交中国人民银行出具的批准文件。

● 发布债券广告，应分情况提交有关证明文件：

> 金融机构债券广告，应提交"中国人民银行"出具的批准文件；

> 国家投资债券、国家投资公司债券的广告，应提交"国家发改委"出具的批准文件；

> 中央企业债券广告，必须提交"中国人民银行"和"国家发改委"出具的批准文件；

> 地方企业债券广告，必须提交"中国人民银行"的省、自治区、直辖市、计划单列

城市分行和同级"发改委"出具的批准文件；

> 地方投资公司债券的广告，需提交计划单列城市人民政府出具的批准文件；

> 企业短期融资债券广告，需提交计划单列城市人民银行出具的批准文件。

第十四，各种展会、订货会、交易会等广告。应当提交主办单位的主管部门批准的证明。其中，美术展览活动广告(即指通过向社会征集作品的方式举办美术展览、展销、比赛、博览会等活动的广告)，应当具有或者提供政府文化行政管理部门批准该项活动的证明。发布在全国范围或者跨省、自治区、直辖市举办的美术展览活动的广告，应当具有或者提供文化部批准该项活动的证明文件；发布在省(自治区、直辖市)、地(州、市)、县的辖区内举办的美术展览活动的广告，应当具有或者提供省、地、县文化行政管理部门批准该项活动的证明文件。

第十五，个人启事、声明广告。应当提交所在单位、乡(镇)人民政府或街道办事处出具的证明。

2.3　广告代理与合同制度

2.3.1　广告代理制度及相关法律规定

1. 广告代理制度

(1) 根据《民法通则》第六十三条规定，代理是指代理人以被代理人(又称本人)的名义，在代理权限内与第三人(又称相对人)实施民事行为，其法律后果直接由被代理人承受的民事法律制度。

(2) 广告代理，是指广告代理方(广告经营者)在广告被代理方(广告客户)所授予的权限范围内来开展一系列的广告活动。

(3) 广告代理制度，是指在广告活动中，广告主、广告公司与广告媒介三者之间明确分工，广告主委托广告公司制定和实施广告宣传计划，广告媒介通过广告公司寻求广告客户，确立广告公司为核心和中介的广告运作机制。

2. 广告代理制下广告主体之间的分工

广告主、广告公司和广告媒介是广告市场中最基本的组成要素，在广告代理制下，三者存在以下分工。

(1) 广告主在广告活动中的角色。在激烈的市场竞争中，企业要生存与发展，就必须使自己的商品或者服务占领市场，就必须使自己的产品和服务为消费者所认可和接受。广告宣传越来越成为企业经营中必不可少的手段。由于广告本身不仅需要较大的投入，而且还涉及许多技术和操作方面要求，单靠企业自己的能力显然是有限的。它必须依靠和委托有能力的广告代理公司，为其提供专门的广告策划和市场营销服务。广告主求助于广告公司，目的是向广告公司寻求广告策略，为其开拓市场和提高市场占有率。因此，广告主是广告活动的发出者，当然它也必须承担相应的费用。

(2) 广告公司在广告活动中的角色。在广告代理制下，广告公司的主要职责是为客户提供与策划为主导，市场调查为基础，创意为中心，媒介选择为实施手段的全方位、全过程、立体化服务。这就要求广告公司以科学的方法，组成专门小组，开展市场调查，提高广告策划与设计水平，使广告的表现更有创意，广告的媒体投放更加精确和科学，广告的宣传效果更为显著。在整个广告流程中，以公关、展览、促销等手段与广告营销活动密切配合，还要收集市场的反馈信息，分析广告实施的效果，并在此基础上及时调整广告计划和实施方案。从另一方面说，广告公司如果自己不拥有媒体的话，就不能进行广告的发布。因此，广告公司也在寻找广告发布单位，客观上起着为广告媒介承揽广告业务的作用。当然，有实力的广告公司还可以从媒介购买时间或版面，向广告主推荐适合于他们目标对象的广告媒介，并组织实施。广告公司就是这样通过为广告主和媒介提供双向服务，发挥自己的独特作用。

(3) 广告媒介在广告活动中的角色。对于广告发布主渠道的大众媒体来说，传播广告信息并非其主要功能，大众传媒的主要功能是传播新闻以及提供资讯和娱乐等，比如广播电台、电视台主要应办好节目，报纸、杂志主要是把版面搞好。媒介的主要精力应放在提高节目或栏目的质量，提高收视(听)率或发行量。因此，在广告代理制下，媒介只是能发布广告，并应主动向广告公司提供必要的媒介动态、节目计划和刊播机会。

3. 广告代理制的必要性与可行性

(1) 广告代理制的必要性。

第一，广告代理制适应了广告行业专业化分工的需要。市场经济越发展，与之相适应的广告业中专业分工就越细致。各广告公司依据自身的能力和优势积极参与竞争，发挥专业分工的作用，使广告能够争取更多客户，有利于促进我国广告业策划、创意、制作、发布的整体水平的发展。

第二，广告代理制突出了专业广告公司在广告经营活动中的主导作用。专业广告公司能够利用和整合不同媒介的特点，向广告主提供全面、优质的服务，为企业树立良好的形象，推进现代广告中科学和艺术的有机结合，遵循广告促进商品销售的规律，从而更好地发挥广告的社会和经济作用。

第三，广告代理制可以消除广告行业无整体规划、经济效果差的弊端，帮助企业合理使用广告费用，收到良好的效果，也使广告活动更加符合规律；同时，企业将广告费用全部委托广告公司代理，有助于企业摆脱"关系广告"、"摊派广告"等，消除广告行业中的不正之风，从而使广告市场得到治理，使现代广告遵循科学的规律加速发展，也有利于企业更好地参与国际竞争。

第四，广告代理制有利于我国广告业顺应国际潮流，加快与国际广告业融合的进程；广告代理制是国际广告业通行的经营体制。我国加入 WTO 后，国内广告公司参与国际广告竞争的形势越来越严峻，民族广告业要在新的形势下，谋求生存和发展，必须借鉴国外广告业先进的经营理念、方法和体制等。改革广告经营体制，采用广告代理制是其中关键的一环。

第五，广告代理制有助于广告监督管理机关对广告活动的管理。广告监督管理机关可以将有限的监管力量集中于对广告公司的重点监管上来，起到以点带面、牵一发而动全身的效果。

(2) 广告代理制的可行性。

第一，对广告公司而言，实行广告代理制，可以使广告公司可以借此获取稳定的客户来源和媒介资源。

第二，对于广告主而言，将其广告委托给专业的广告公司，既可以得到专业化的服务，也可以减少不必要的广告开支。

第三，对于广告媒体而言，实行广告代理制，一是使其与广告公司之间有了明确的专业分工；二是降低了广告媒体承担广告的风险；三是提高或保证广告媒体的形象与声誉。

4．我国广告代理制的有关规定及其规范

(1) 我国广告代理制的有关规定。我国 1993 年、1994 年先后颁布的《关于进行广告代理制试点工作的若干规定(试行) 》和《广告法》，对实行广告代理制作了如下规定：

第一，广告客户必须委托有广告代理权的广告公司代理广告业务，不得直接通过报社、广播电台、电视台发布广告。上述规定不包括分类广告，如简短的礼仪、征婚、挂失、书讯广告和节目预告等。

第二，兼营广告业务的报社、广播电台、电视台，必须通过有相应经营资格的广告公司代理，方可发布广告(分类广告除外)。报社、广播电台、电视台的广告经营范围核定为："发布各类广告(含外商来华广告)，承办分类广告。"

第三，广告公司为广告客户代理广告业务，要为广告客户提供市场调查服务及广告活动全面策划方案，提供、落实媒介计划。

第四，广告公司为媒介承揽广告业务，应有与媒介发布水平相适应的广告设计，制作能力，并能提供广告客户广告费支付能力的经济担保。

第五，报社、广播电台、电视台下属的广告公司，在人员、业务上必须与本媒介广告部门相脱离，不得以任何形式垄断本媒介的广告业务。

第六，广告代理费的收费标准为广告费的 15%。

(2) 进一步完善与规范广告代理制的要求。为了进一步推进广告代理制的发展，纠正广告代理过程中不规范行为和无序状态，我国公布了《关于加快广告业发展的规划纲要》，强调广告行业要大力推进广告代理的试点工作，理顺广告公司与广告媒介单位之间的职能分工，即广告公司主要承担广告的代理与设计制作；各种媒介承担广告的发布工作。具体步骤是：

第一，明确广告公司与媒介单位的分工。统一将广告代理权划归广告公司，将媒介发布广告、承揽广告、代理同类媒介广告改变为媒介承揽、发布广告，不再承担同类媒介的广告代理。同时将媒介直接承揽外商广告权划归为具有经营外商广告资格的广告公司。

第二，实行广告承揽与发布分开。广告公司承担广告的承揽与代理，媒介单位专职于广告发布，形成良好的合理分工、高效畅通的广告经营机制。

2.3.2　广告合同制度及相关法律规定

1．广告合同的含义及其特征

(1) 我国《民法通则》规定，合同是当事人或当事双方之间设立、变更、终止民事关系的协议。我国《合同法》也规定，合同是指平等主体的双方或多方当事人(自然人或法人)关于建立、变更、终止民事法律关系的协议。而广告合同则是指广告客户与广告经营者、

广告发布者之间为确立、变更、终止广告承揽、代理、发布关系而订立的协议。

广告合同的种类繁多。一般根据广告活动的内容与环节，可以将广告合同分为广告设计合同、广告制作合同、广告代理合同和广告发布合同等四种形式。

(2) 广告合同除了具有合同的一般法律特征外，还具有以下主要特征：

第一，广告合同的当事人是特定的。广告合同的当事人是指广告活动中依法订立广告合同的广告主、广告经营者、广告发布者。其中广告经营者因其在广告活动中的核心作用而成为各种广告合同的特定当事人。因此，广告合同的一方当事人必须是在工商行政管理机关登记注册的广告经营者，否则，双方签订的广告合同无效。

第二，广告合同的标的是特定的。广告合同的标的主要可以分为三类：一类是广告经营者按照广告客户的要求完成的工作成果；一类是广告经营者接受广告主或广告发布者的委托，为其完成的有关广告业务的代理行为；还有一类是广告发布者接受广告主或广告经营者的委托，进行广告发布的行为。

第三，广告合同是明确当事人之间权利义务关系的协议。广告合同当事人之间的具体权利义务是广告合同的主要内容。签订广告合同的目的正是在于明确作为广告合同当事人的广告主、广告经营者、广告发布者之间的权利、义务关系。广告合同一经成立，合同中的当事人的权利便受法律保护，当事人的义务则受法律约束，当事人违反广告合同的约定，将依法承担相应的法律责任。

第四，广告合同必须采取书面形式。书面合同相对于口头合同而言，是指当事人以文字表述广告协议内容的合同。按照《广告法》的要求，广告主、广告经营者、广告发布者之间在广告活动中应当依法订立书面合同。因此，书面合同是广告合同的法定表现形式。凡在广告活动中订立口头合同的，则广告合同因缺乏必要的形式要件而不能成立。广告合同采用书面的形式，便于主管机关和广告合同管理机关监督检查，在发生广告纠纷时，当事人举证方面，易于分清责任。

2. 广告合同的主要条款

广告合同的主要条款，也称必要条款，是指广告合同必须具备的条款。包括法律规定条款、各种广告合同性质决定的条款，以及当事人一方要求必须规定的条款。根据相关法律规定及广告业务活动的内容，广告合同应当具备下列主要条款：

(1) 标的。标的是合同当事人双方权利和义务所共同指向的对象。它是合同成立的必要条件，是一切合同的必备条款。广告合同的标的是指承办或代理的广告项目，可以是物，如路牌、灯箱；也可以是行为，如广告代理；还可以是智力成果，如广告创意。如果是广告经营者为广告客户提供的包括市场调查、广告策划、广告计划实施在内的综合性服务，则在广告合同中要有明确的表述，以明确当事人的权利与义务。

(2) 标的数量、质量。数量和质量是确定合同的具体条件，是不同标的相区别的具体特征。广告合同标的的数量是指完成广告项目的多少；广告合同标的的质量是指广告项目满足规定要求的特性的总和。数量和质量是衡量双方权利与义务的尺度，直接限定了双方权利义务的范围。在规定数量时，要明确计量单位，如秒、通栏、页、平方米等，还要明确计量方法；在规定质量时，有时会涉及客户提供的小样、样品，由经营者依样加工，应达到一定的要求；有的广告是委托经营者设计的，实际是一种智力成果，在质量衡量上不易统一，极易引起分歧与纠纷，因此，要在合同中列明设计要求和验收标准。

(3) 广告内容及交验、查验广告证明文件。广告经营者、广告发布者在承接广告业务中，应当依法查验广告证明文件，核实广告内容，因此，订立条款以此认定广告内容是否经过审查和合同双方当事人是否履行了法规规定的签约程序，如发生违法问题，各自应当承担什么责任。

(4) 价款与酬金，即广告费用。价款与酬金是当事一方取得标的而向另一方当事人支付的代价，是合同当事人实现自己经济利益的基本条款。广告合同中，价款是广告商品的价格，酬金是设计、发布、代理等广告方面的劳务约定取得的报酬，在广告业务中统称广告价格。广告收费标准由经营者制定，需报当地工商行政管理和物价管理部门备案。签广告合同时，应当本着公平、竞争的原则。与此相关的款项还包括定金支付、结算方式、开户银行及账号等条款。

(5) 广告合同的履行期限、地点和方式，这是对广告是否按合同完成的具体约定。履行期限是广告合同当事人实现权利与履行义务的时间界限，是确定广告合同是否按期履行的客观标准，也是确定是否应当承担违约责任的依据。履行地点是合同一方当事人履行义务、另一方当事人实现权力的地方。在约定履行地时，应注意了解有关规定，掌握有关情况，对不允许设置户外广告的地点或位置，不能作为履行地点。履行方式是广告合同当事人履行合同义务的方法。

(6) 违约责任。违约责任是指广告合同的当事人因其过错，造成合同的不履行或不适当履行，根据法律规定和合同约定应当承担的法律责任。规定违约责任的目的在于督促当事人严格履行广告合同规定的义务，对违约行为进行惩罚，对违约人予以法律制裁，保护当事人的权益。违约责任通常采用支付违约金、赔偿金、继续履行三种形式，应在合同中明确约定哪种形式。

除了规定上述条款外，有时当事人还会要求在广告合同中规定特殊条款，这也是主要条款，但必须取得双方当事人共同认可才能成立有效。

3. 广告合同制度

(1) 广告合同制度，是指参与广告活动的各方，包括广告主、广告经营者和广告发布者，在广告活动前为了明确相互的权利和义务，必须依法签订协议的一种制度，以保护参与广告活动的各方的正当权益不受侵害。广告合同制度具体来说就是：广告监督管理机关监督、指导、促进广告合同当事人依法订立、履行各类广告合同，从而规范广告经营行为，保护合同当事人合法权益的制度。

(2) 广告合同制度的作用主要有以下几方面：

第一，有利于发挥广告合同在社会主义市场经济发展中的法律工具作用。随着社会主义市场经济体制的建立，我国广告经营和广告管理活动都与过去计划经济下的情况有了很大的不同。在广告活动中，更多地运用广告合同的形式来约定广告双方或多方权利、义务，同时在广告管理活动中，实行广告合同制度，将广告合同纳入广告管理的对象，并通过广告合同的管理，保护广告活动中的正当竞争，从而促进了市场经济的发展和繁荣。

第二，有利于推进我国广告业的快速发展。广告合同是推进广告业发展的有力手段。随着社会生产的发展，生产的社会化程度越来越高，各部门各环节间的相互制约性越来越强。广告活动中的分工越来越细，越来越专门化。实行广告合同制度，就可以使广告活动中的各部门、各环节之间的联系和协作以广告合同的形式固定下来。运用广告合同的法律关系以及广告合同所规定的权利义务内容约束，促使广告合作当事人按照约定履行广告合同，从而有利于广告主、广告经营者和广告发布者在设计、制作、发布广告和广告代理活动中协调运作，促进了广告业的有序发展。

第三，有利于扩大国家间广告活动的交流与合作。广告合同是开展对外广告业务活动普遍采用的法律形式。它在发展国际经济关系，开展对外经济、技术交流中有着其他形式不可替代的作用。在广告涉外经营活动中，实行广告合同制度，既有利于保护我国广告当事人的利益，也有利于保护外商的合法利益，从而促进了我国广告活动的国际交流与合作，进而推动了对外贸易的发展。

(3) 广告合同制度包括以下几种形式：

第一，广告业务合同制度。广告经营者承办或代理广告业务，必须与广告客户或者被代理人签订书面合同，明确各方的责任。有广告发布业务的单位必须按统一的《广告发布业务合同》文本与广告客户或其代理人签订广告发布合同。

第二，广告合同的鉴证制度。广告合同的鉴证，是指广告合同管理机关对广告合同的真实性、合法性依法所作出的证明。广告合同鉴证实行自愿原则，合同管理机关根据合同当事人的申请进行鉴证。合同鉴证包括对合同的主体资格、内容等方面进行审查，还要对合同执行情况进行监督。

第三，广告合同的公证制度。广告合同的公证，是指国家公证机关对广告合同的真实性、合法性所做的公证证明。广告合同的公证采取自愿原则，当事人一方要求公证的，广告合同必须公证。广告合同经过公证，有利于约束当事人履行合同；有利于在发生广告合同纠纷时，广告合同管理机关和司法机关准确及时判明是非，保护当事人的合法权益。

第四，广告业务发布合同示范文本制度。为了规范广告经营行为，指导当事人正确地签订广告发布业务合同，明确广告责任，避免或减少无效合同和合同纠纷，保护当事人的合法权益，国家工商行政管理总局从 1993 年起向全国推行《广告发布业务合同》示范文本。广告发布单位有某些特殊要求，确需自行印刷合同文本的，经所在地省级工商行政管理局审查同意后，方可制定和印刷，并只限本单位使用。上海市工商局 1999 年起在全市推行《上海市户外广告发布承揽合同》示范文本。

4. 广告合同的形式及要求

(1) 广告设计、制作合同及法律规定有：

第一，广告设计是在审查调查的基础上，对广告的表现形式进行的艺术创作，使广告宣传的原始信息变为语言、文字、图像和画面组成的广告信息的过程。广告制作是对广告信息进行绘制、摄影、录音、录像及印刷等创作过程。因此，广告设计、制作合同是广告经营者用自己的技术、设备，按照广告主的要求进行广告设计、制作广告作品，并取得约定报酬的协议。

第二，广告设计、制作合同的法律特征有：

● 广告设计、制作合同属于双务、有偿的合同。广告主或其代理广告公司为广告作品的订作人，即广告客户，广告公司、制作公司为广告业务的承揽人。

● 广告设计、制作公司应当以自己的技术、设备和创造性劳动，完成广告设计制作任务。如将所承揽的广告业务交由第三人完成，就应该将第三人完成的成果向订作人负责。未经订作人同意，不得转交第三人完成，否则，订作人可以单方面解除合同。

● 广告设计、制作合同是不可以随意变更的。广告业务承揽人要完全按照委托人的设计制作要求完成，不得随意改变合同的内容。

● 广告业务承揽人要具备承担风险责任的能力。在广告设计、制作过程中非自然力作用而导致的广告作品损害或灭失的，应由设计制作者承担相应的责任。

● 广告客户可以随时解除广告业务承揽合同，但对承揽人造成损失的应赔偿相应的损失。

第三，广告设计、制作合同的主要条款。广告设计、制作合同应具备的主要条款包括下列内容：

● 广告设计、制作项目；
● 设计、制作广告作品的数量和质量；
● 设计、制作广告作品的方法；
● 设计、制作广告作品使用的原材料的规格、数量和质量；
● 合同履行期限、地点、方式；
● 验收标准和方法；
● 价款和酬金；
● 结算方式、开户银行、账号；
● 违约责任；
● 双方约定的其他条款。

第四，广告设计、制作合同当事人的义务是：

● 广告经营者即广告设计、制作者的义务有：

➢ 按照设计、制作合同规定的日期完成广告作品的设计、制作工作。

➢ 广告经营者要以自己的设备、技术与力量完成广告主所要求的广告设计、制作任务。

➢ 广告经营者进行设计、制作广告所用的原材料和方法要符合合同的约定，并接受广告主的检验；不得隐瞒原材料的缺陷或使用不符合合同规定的原材料。

➢ 广告经营者要按照广告主的要求进行设计、制作，如发现按广告主的要求设计、制作广告不合理，应及时通知广告主。

➢ 广告经营者对广告主为按期领走的广告设计、制作作品，在代为保管期内，负有妥善保管的义务。

● 广告主即广告客户的义务是：

➢ 如实向广告经营者提供真实、合法、有效的如下证明文件：营业执照以及其他生产、经营资格的证明文件；质量检验机构对广告中有关商品质量内容出具的证明文件；确认广告内容真实性的其他证明文件；发布广告需要经有关行政部门审查的，还应提供有关批准文件。

➢ 按照合同约定的时间、地点接受设计、制作的广告作品，并进行验收。

➢ 按照合同约定向广告经营者支付报酬。

(2) 广告发布合同及法律规定有：

第一，广告发布，是指通过广播、电视、报纸、期刊、电影、户外等各种媒介将制作完成的广告作品刊播、设置、张贴的宣传过程。广告发布合同，是指广告发布者与广告主或广告主委托的广告经营者为发布广告而达成的协议。

第二，广告发布合同的法律特征：

● 广告发布者利用自己掌握或控制的媒介，完成广告主或广告经营者委托的广告发布活动。未经广告主或广告主委托的广告经营者同意，不得转交给第三方去发布。

● 广告合同的标的是发布广告的行为，广告发布者要按照广告发布合同约定去完成，不得擅自改变发布的内容。如发现广告内容有错误或有不应该发布的内容，广告发布者应及时通知广告主或广告主所委托的广告经营者。

● 广告发布合同是一种有偿的劳务合同。

第三，广告发布合同应具备以下条款：

● 广告发布的项目；

● 发布广告的数量、质量；

● 发布广告的媒介；

● 发布广告的范围；

● 发布广告的地点、期限和方式；

● 验收标准和方法；

● 酬金；

● 违约责任；

● 双方约定的其他条款。

第四，广告发布合同当事人的义务是：

● 广告发布者的义务包括：

➤ 按广告合同约定的期限、地点、方式完成发布广告的义务。

➤ 广告发布者要接受广告主或广告者委托的广告经营者对履行合同情况的检查。

➤ 如实地向广告主或广告主委托的广告经营者提供媒介的覆盖率、收视率、发行量等有关资料。

● 广告主或广告主所委托广告经营者的义务主要包括：

➤ 如实向广告发布者提供真实、合法、有效的下列证明文件：营业执照以及其他生产、经营资格的证明文件；质量检验机构对广告中有关商品质量内容出具的证明文件；确认广告内容真实性的其他证明文件；广告发布前需经有关行政部门审查的，还应提供有关批准文件。

➤ 按照合同约定支付广告发布者报酬。

(3) 广告代理合同及法律规定有：

第一，广告代理，是指广告代理人或受托人以广告被代理人或委托人的名义，在授权范围内从事的直接对广告被代理人产生权利义务关系的广告业务活动。广告代理范围在广告活动中相当普遍，广告主与广告经营者之间因委托产生的代理关系一旦形成，就必须以广告代理合同的形式加以确定。广告代理合同，即指广告代理人以广告委托人的名义为委托人办理委托事务，如市场调查、广告设计、广告效果的测评、代订广告发布，委托人支付约定报酬的协议。

第二，广告代理合同的法律特征：

● 广告代理合同是一种有偿的委托合同。广告主是合同的委托人，广告公司是合同的受托人。

● 广告代理合同的标的是处理委托的广告事务的行为。

● 广告代理合同是建立在双方相互信任的基础上。委托人委托受托人处理广告事务是以委托人对受托人的能力和信誉表示信任为基础的，因此受托人必须亲自办理受托业务。

第三，广告代理合同当事人的义务是：

● 广告代理公司的主要义务包括：

➤ 按照广告主的指示处理广告事务的义务。广告公司应当在广告主的委托范围内处理相关的广告事务，需要对广告主的委托事项作变更处理的，应当经广告主的同意。

➤ 亲自处理的义务。经广告主同意，广告公司可以进行转委托。广告主可以委托事务直接指示转委托的第三人，作为受托人的广告公司仅就第三人的选任及其对第三人的指示承担责任。转委托未经广告主同意的，受托人应当对第三人的行为承担责任。

➤ 谨慎处理的义务。广告公司作为受托人对广告主委托的广告事务应尽必要的注意义务。因广告公司的过错给广告主造成损失的，广告主可以要求赔偿。

➤ 披露义务。广告公司以自己的名义，在广告主的授权范围内与第三人订立合约，第三人不知道广告公司与广告主之间的委托代理关系的，广告公司因第三人的原因对广告主不履行义务，广告公司应当向广告主披露第三人，广告主因此可以行使广告公司对第三人的权利。广告公司因广告主的原因对第三人不履行义务，广告公司应当向第三人披露广告主，第三人因此可以选择广告主或者广告公司作为相对人主张其权利。

● 广告主的主要义务包括：

➤ 支付费用的义务。广告主应当预付广告事务的必要费用。广告公司垫付的相关费用，广告主事后应当偿还，并支付相应的利息。

➤ 支付报酬的义务。广告公司完成广告主对其的广告委托事项的，广告主应当向广告公司支付报酬。按照我国规定的标准，广告代理费为广告发布费用的15%。

➤ 赔偿的义务。广告公司在处理广告主委托的广告事务过程中，因不可归责于自己的事由而造成损失的，广告公司可以向广告主要求赔偿损失。

2.4　广告收费与业务档案制度

2.4.1　广告收费制度及相关法律规定

1. 广告收费制度及必要性

(1) 广告收费制度是政府有关部门依据《中华人民共和国广告法》、《中华人民共和国价格法》等广告管理、价格、税务管理等方面的法律法规和其他规定，监督管理广告经营者、广告发布者广告收费行为的一系列措施和规定的总称。

(2) 广告收费管理的必要性主要体现在以下几方面：

第一，实施广告收费管理是政府调控广告市场的重要手段。在广告业的发展过程中，广告服务的收费，即广告这一服务性商品的价格，是对广告市场进行调控的重要经济杠杆。在市场经济的发展过程中，政府可以通过广告收费的管理，对广告业的发展和速度等进行宏观调控。

第二，实施广告收费管理是广告业健康有序发展的保障。随着经济的发展，广大工商企业日益认识到广告在企业生产经营中的重要作用，对广告的投入也越来越多，广告行业的经营额呈迅速上升之势。同时，广告经营者、广告发布者在制定广告收费标准和收取广告费用中的随意性，广告主在支付广告费用时索要回扣等附加条件等方面的问题也日益突出，扰乱了广告经营的正常秩序，影响了广告业的公平竞争和健康发展。因此，广告监督管理部门和其他有关部门应当加强对广告收费的管理，以此促进和保证建立一个公开、公平、公正竞争的广告市场。

第三，实施广告收费管理是广告监督管理部门工作的重要环节。广告收费问题在广告经营活动中频繁涉及，并直接关系到广告主、广告经营者和广告发布者的切身利益，同时广告费用直接关系到对违法广告的法律责任的追究问题。因此广告监督管理部门在监管管理广告经营行为的过程中，应当把握广告收费的环节，使广告收费管理工作成为广告监督管理部门工作的有机组成部分。

(3) 广告收费管理的变化与特点。1995 年，国家计委和国家工商局颁布《广告服务收费管理暂行办法》，对广告收费进行规范管理。规定了广告服务收费标准与办法、广告服务价格的标示制度、广告收费备案制度和不符合标准收费行为的劝告制度。2004 年，废止了该办法。体现了国家对广告收费管理从具体、微观转向原则、宏观的特点。

2. 广告收费应遵循的基本原则

(1) 自行定价原则。《广告管理条例》第十四条规定，广告收费标准，由广告经营者制定。这是市场经济条件下企业经营自主权的具体体现。

(2) 合理公开原则。《广告法》第二十九条规定，广告收费应当合理、公开。

第一，所谓合理，即：一是收费标准合理，做到质价相符，禁止牟取暴利；二是收费行为合理，在同行业竞争中，不得采取价格歧视、价格欺诈、垄断、哄抬价格、支付回扣等不正当行为。

第二，所谓公开，即：广告收费应执行国家关于商品与服务实行明码标价的规定，公开广告收费标准与收费办法。

3. 广告业务专用发票制度和企业广告费税前扣除制度

我国在广告收费制度的执行中主要实行的是下列两种制度规定：

(1) 广告业务专用发票制度。1989 年 10 月，国务院发布《广告管理条例》以来，经过对广告行业的清理整顿，取缔虚假广告，查处非法经营，不仅促进了我国社会主义广告事业的发展，对于繁荣经济，开展国际贸易，方便人民生活，更好地为建设社会主义精神文明和物质文明服务，也起到了积极作用。随着经济的发展，工商企业开展广告宣传日益增多，但在广告费用管理上还存在一些问题，如有的单位假借广告费搞请客送礼等不正之风，挥霍了国家、企业的钱财；有的向企业乱摊派广告费，摊入成本，加大开支；有的甚至偷税漏税，减少国家财政收入等。上述行为，扰乱了广告经营的正常秩序。为了加强对广告费的管理，保障社会主义广告事业健康发展，国家工商行政管理局、财政部、国家税务局和审计署联合发出通知，决定于 1991 年 1 月 1 日起全国范围内统一实行："广告业务专用发票"制度。这项制度的具体规定如下：

第一，凡经工商行政管理机关批准登记经营广告的单位和个体工商户，在开支广告业务收取费用时，应一律使用税务机关统一监制的"广告业务专用发票"并套印税务机关发票监制章。其他发票均不得用于广告业务收费。

第二，凡需使用"广告业务专用发票"的单位和个体工商户，应分别持工商行政管理机关核发的《企业法人营业执照》、《营业执照》、《广告经营许可证》、《临时性广告经营许可证》，向所在地税务机关办理印领手续，再到所在地工商行政管理机关登记备案。

第三，"广告业务专用发票"的经营项目栏应明确填写"广告发布费"或"广告设计制作费"或"广告代理费"。

第四，"广告业专用发票"是广告经营者与广告客户进行广告业务财务往来的凭证，也是工商企业广告费用列入销售成本的唯一合法凭证。使用"广告业专用发票"的单位和个体户，应按照《全国发票管理办法》的规定，建立发票印制及领用存等各项制度，切实加强管理。工商企业对没有使用"广告业专用发票"的广告费一律不准列入成本和营业外支出。

第五，经批准可以从事广告业务的外商投资企业由各地工商行政管理、税务机关按照国家税务局《关于对外商投资企业和外国企业发票管理的暂行规定》并参照"广告业专用发票"式样，制定具体管理办法。

第六，凡被注销登记的广告经营单位和个体工商户，应向原购领"广告业专用发票"的税务机关办理发票的缴销手续，一律不准私自处理。

第七，一切印刷、使用"广告业专用发票"的单位和个体工商户，都必须遵守广告业专用发票制度的规定，并根据国家有关规定，接受工商行政管理、财务、税务、审计机关的监督管理。

(2) 企业广告费税前扣除制度。关于企业广告费税前扣除制度，2000 年国家税务总局对企业广告费的支出做出新的规定，对企业广告费的税前扣除进行了限制。具体相关规定包括：

第一，纳税人每一纳税年度发生的广告费用支出不超过销售(营业)收入的 2%，可据实扣除；超过部分，可无限期向以后纳税年度结转。

第二，粮食类白酒广告费不得在税前扣除。

第三，纳税人因行业特点等特殊原因确实需要提高广告费扣除比例的，须报国家税务总局批准。

第四，纳税人申报扣除的广告费用支出应当与赞助支出严格区分。纳税人申报扣除的广告费支出，必须符合下列条件：一是广告是经过工商部门批准的专门机构制作的；二是已实际支出费用，并已取得相应发票；三是通过一定的媒体传播。

第五，纳税人每一纳税年度发生的业务宣传费(包括未通过媒体的广告性支出)，在不超过销售(营业)收入的千分之五范围内，可据实扣除。

2.4.2　广告业务档案制度及相关法律规定

1. 广告业务档案的依据和内容

(1) 广告业务档案，是指广告经营者和广告发布者在承办广告业务中形成的，供分类保存、备查的各种广告文字、图像、样本、证明、文件、审查记录及其他有关的原始材料。

(2) 广告业务档案制度的依据。对广告业务档案进行管理的制度，是根据广告管理法规规定的。《广告法》第二十八条规定："广告经营者、广告发布者按照国家有关规定，建立、健全广告业务的承接登记、审核、档案管理制度。"《广告管理条例施行细则》第十六条规定："广告经营者必须建立广告的承接登记、复审和业务档案制度。"

(3) 广告业务档案的基本作用有两个，一是凭证作用。广告业务档案是广告承办过程的历史记录，可以作为查考、争辩、研究和处理问题或纠纷的依据，具有法律凭证作用。二是参考作用。广告业务档案可以为查考以往广告经营情况，掌握广告经营历史足迹，研究广告活动的发展进程和规律性，总结经验提供原始资料，具有有益的参考作用。

2．建立广告业务档案的意义

(1) 广告业务档案对广告经营者、广告发布者形成一定的约束作用。广告业务档案表明广告经营者、广告发布者的广告经营活动的过程，特别是表明了在广告经营中对广告内容的审查的程度和收取、查验证明的情况，这样就会增强广告经营者、广告发布者的责任感，使其认真查验证明，审查广告内容。也有利于广告监督管理机关对广告活动进行监督管理。通过对广告业务档案的检查，发现广告工作中的问题。同时也有利于广告经营者、广告发布者内部建立责任制，加强内部的经营管理。

(2) 建立广告业务档案是广告经营者、广告发布者的一项业务建设。广告业务档案保存的不仅仅是广告证明等文件、材料，还包括广告作品等，可以使广告经营者、广告发布者通过保存的广告业务档案不断总结经验，提高广告的策划、创意、制作的水平。

(3) 建立广告业务档案可以为广告经营活动中涉及的法律责任分担提供必要的证据。广告业务档案可以为工商行政管理机关和司法机关对在广告违法活动中，广告经营者、广告发布者是否尽到广告审查的义务，对违法广告是否应承担责任，以及如何承担责任等提供了重要的判别依据；对法院解决广告民事纠纷，追究广告犯罪的刑事责任等也提供有效证据。

3．广告业务档案制度的要求

(1) 广告经营者、广告发布者必须依法建立的广告业务档案管理制度。业务档案内容主要包括：

● 广告主出具的各种证明文件；

● 广告业务合同书；

● 广告资料、图片、广告稿等；

● 发布广告的清样，如报刊广告的报刊、广播广告的录音带、电视广告的录像带、户外广告的照片等；

● 广告反馈资料；

● 广告经营者、广告发布者认为应当保存备查的其他证明材料。

(2) 广告业务档案必须妥善保存，保存时间不得少于一年。即广告业务档案保存时间最少为一年，低于一年的应视为违反广告管理法规。广告业务档案保存一年的计算，应当是最后一次发布该广告之日开始计算，保存一年。人民法院在办理相关案件时的追溯时效一般为两年，如果保存时间虽符合一年的时限但仍不利于有些违法、虚假广告案件的查证。

因此，广告业务档案保存时间应当尽可能长一些。

（4）对于没有建立广告业务档案或广告业务档案保存时间少于一年的，如果在一年内发生广告纠纷或发现违法广告的，应视为广告经营者没有认真查验广告证明、审查广告内容，应当对违法、虚假广告承担相应的法律责任，并视其情节加重处罚。

【本章思考题】

1．我国广告审查的形式有哪些？其审查主体有什么不同？

2．广告行政审查的程序一般要包括哪些？

3．法律上对广告经营许可是如何规定的？

4．试述广告证明制度中广告主的资格证明与通常事项证明包括的内容。

5．试述广告代理制度的必要性与可行性。

6．广告代理制度下广告主体之间是如何分工的？

7．广告合同一般包括哪些条款？

8．试述广告收费制度的意义及基本原则。

9．建立广告业务档案的意义及要求有哪些？

第3章　广告发布标准

【内容摘要】

本章共分为三个部分：第一部分为广告发布标准概述部分，内容主要涉及广告发布标准的含义、分类及真实性与合法性的具体要求等相关内容；第二部分为广告发布一般标准，内容为涉及一切商品或服务在广告发布的表现形式及发布内容的具体要求等；第三部分为广告发布的特殊标准，内容主要涉及药品、医疗器械、农药、兽药等重点监控产品之外，还包括医疗、烟草、食品、酒类、化妆品、房地产、融资、加工承揽、电影贴片、林木种子等种类的广告发布标准。

【学习目标】

通过对本章的学习，主要使学生在学习了解广告发布标准概念的基础上，以广告的特定内容为标准将广告发布标准分为一般标准和特殊标准；根据广告法律法规的有关规定，广告发布的一般标准和特殊标准中都存在着广告发布的形式标准和内容标准的基本思路，学习了解广告发布的有关规定。具体应当：

(1) 了解有关广告发布标准概念及分类的内容；

(2) 学习了解有关广告真实性原则的内容及要求；

(3) 重点掌握关于虚假广告的界定、形式、形成原因及其治理的内容；

(4) 学习了解有关广告合法性原则的内容及要求；

(5) 重点掌握关于误导广告及判定的原则；

(6) 学习了解广告发布表现形式标准对比较广告、新闻广告、文字使用的规定；

(7) 学习掌握广告发布内容标准的相关内容；

(8) 重点掌握药品、医疗器械、农药、兽药等重点监控产品特殊发布标准。

【重要知识点】

在本章学习中应掌握的概念及其知识点有：广告发布标准、广告发布的一般标准与特殊标准、广告发布的形式标准与内容标准、广告的真实性与合法性、虚假广告、误导广告、新闻广告、比较广告、一般消费者施以普通注意原则、整体观察原则、比较主要部分原则、广告的禁止性标准与命令性标准、儿童广告等。

3.1　广告发布标准概述

3.1.1　广告发布标准及其分类

1. 广告发布标准的含义及其制定标准的目的

(1) 广告发布标准，是指广告活动主体所发布的广告在内容和形式上应当遵守的法律规定的准则和规范，是广告法律法规规定的广告内容和形式上应当符合的基本要求，同样也是判断广告是否合法、能否发布的基本依据。

(2) 广告发布标准的制定和实施，是广告监督管理的主要内容，也是广告监督管理工作的重点和难点。《广告法》第一章总则的第三、第四条规定"广告应当真实、合法，符合社会主义精神文明建设的要求"。"广告不得含有虚假的内容，不得欺骗和误导消费者"。

由此说来，广告发布标准制定的目的从根本上说，是为了保证广告的真实性与合法性。任何具体广告发布标准的制定实施，其出发点与落脚点均在于维护广告的真实性与合法性；同时，广告发布标准制定的意义在于实现《广告法》所规定的广告的基本准则，使广告内容有利于人民的身心健康、促进商品和服务质量的提高、保证消费者合法权益，遵守社会公德和职业道德，维护国家尊严和利益。

2. 广告发布标准的分类

(1) 从广告发布标准的效力和制定标准的主体上，可以将其划分为：

● 广告发布的法定标准，即由国家立法和专门执法机关制定的、体现在《广告法》等法律法规中的广告发布标准，其特点是带有强制执行力、任何人不可违反的规范；

● 广告发布的非法定标准，即由行业协会或其他社会组织依据国家相关法律自行制定的、在一定范围内执行的标准。

(2) 从广告发布标准的适用范围上，可以将其划分为：

● 广告发布的一般标准，即普遍适用于一切商品或服务的广告发布的基本准则；

● 广告发布的特殊标准，即针对特定种类的商品或服务的广告发布的标准，是广告发布的一般标准在适用某些特定种类的商品或服务时的具体化或例外情况。

(3) 从广告发布标准的规范的对象上，可以将其划分为：

● 广告发布的形式标准，即广告发布的形式方面所应符合的基本标准；

● 广告发布的内容标准，即广告的具体内容所应符合的基本标准。

在上述广告发布标准类型的划分中，综合三种分类的情况，我们首先可以将发布广告的内容分为一切商品或服务和特定的商品或服务，从而将针对这两种类型的广告发布标准分为一般标准和特殊标准；根据广告法律法规的有关规定，广告发布的一般标准和特殊标准中都存在着广告发布的形式标准和内容标准。因而，本章的结构也就是在了解广告发布标准的一般要求的基础上，在本章第二节与第三节中，分别介绍广告发布的一般标准和广告发布的特殊标准。

3.1.2　广告发布标准制定遵循的原则

广告发布标准是按照《广告法》的基本要求制定的，它主要应当体现的原则就是保证广告的真实性与合法性。

1. 广告的真实性原则

(1) 广告的真实性，是指广告应当真实、客观地传播有关商品或者服务的信息，对其功能、价值、特点、效果不吹嘘夸大、不弄虚作假。它的基本要求是：

第一，广告内容的真实性，即广告宣传推介的商品或者服务必须是真实、客观的存在。

第二，广告传播的信息内容应当有科学的依据，即凡广告内容涉及的观点、方法、断言、术语、成分构成等必须有科学依据或为理论界公认的事实。

第三，广告内容与实际相一致，其整体效果是真实的，即广告构成的各种要素必须与实际相一致，不得对消费者产生误导作用。

第四，广告运用手法应当以不引起消费者误解为尺度，即广告中允许使用艺术的夸张，但是这种应用应当被公众接受和识别，不得使人产生误解，且一般不应针对产品的实质性内容。

(2) 保证广告的真实性主要是要杜绝虚假广告的存在。具体内容是：

第一，虚假广告，一般是指经营者利用广告或其他使公众知道的方法，对商品或服务的质量、性能、用途、生产者、有效期限、产地等作引人误解的虚假宣传。构成虚假广告必须达到足以引起一般公众误解的程度，广告中适度的夸张和美化是允许的，一般公众总是对广告内容的相信有所保留。具体指：一是指商品宣传的内容与所提供的商品或者服务的实际质量不符；二是指可能使宣传对象或受宣传影响的人对商品的真实情况产生错误的联想，从而影响其购买决策的商品宣传。这类广告的内容往往夸大事实，语意模糊，令人误解。

第二，如何认定虚假广告是广告管理实践中比较困难的事情。美国对虚假广告的界定非常精确："只要广告的表达由于未能透露有关信息而给理智的消费者造成错误印象，这种错误印象关系到所宣传的产品或服务的实质性特点，均是虚假广告。"这个定义可以从三个方面理解：

● 虚假广告的内容必须产生误导消费者、使消费者认知错误的结果，而不管广告是否真正虚假。

● 一般合理的消费者会相信广告内容为真，在判断一般合理的消费者时，应该考虑该广告是否针对老人、儿童等特定对象，不同的对象在合理的判断标准上有所不同。

● 广告中虚伪的部分应属于广告向消费者表达的重点，包括质量、效能、耐用度以及有关健康、安全等。

我国在广告管理的具体实践中，根据国家工商局《关于认定处理虚假广告问题的批复》(工商广字[1993]第 185 号)文件规定："关于虚假广告，一般应从以下两个方面认定：一是广告所宣传的产品和服务本身是否客观、真实；二是广告所宣传的产品和服务的主要内容(包括产品和服务所能达到的标准、效用、所使用的注册商标，获奖情况，以及产品生产企业和服务提供单位等)是否真实，凡利用广告捏造事实，以并不存在的产品和服务进行欺诈宣传，或广告所宣传的产品和服务的主要内容与事实不符的，均应认定为虚假广告。"

第三，虚假广告的形式多样，根据虚假广告的欺骗手段和程度不同，可以将虚假广告分为三种：

● 欺诈性虚假广告。此类广告是指以推销低劣商品或骗取钱财为目的，在广告中虚构、编造根本不存在的事实或歪曲、隐瞒事实真相的广告宣传。

● 吹嘘夸大性虚假广告。此类广告是指在广告中滥用各种夸大不实之辞，对商品进行没有事实依据的宣传，诱使他人高估其商品的质量、功能、效果等，从而达到其推销目的的广告宣传。

● 假冒伪劣虚假广告。此类广告是指在广告中采用假冒他人注册商标、名牌商品、企业名称、科技成果以及假借他人名义赞扬自己的商品等欺骗手法进行的广告宣传。

　　利用广告对商品或者服务作虚假宣传，违反了《广告法》对于广告真实性的最基本的要求。由于虚假广告传递的是虚假的信息，会误导消费者和使用者，一旦消费者接受了广告所传递的虚假信息，就会给消费者造成或大或小的损失，严重的会给消费者造成人身或财产的损害。所以《广告法》中一再强调广告的真实性，不得含有虚假内容；违背了法律的规定，就应承担相应的法律责任。

　　第四，造成目前虚假广告泛滥的原因主要有以下几方面：

　　● 相关的广告法律法规不够完善。我国目前对广告的发布已经形成了以《广告法》为主体，《消费者权益保护法》、《反不正当竞争法》等法律和相关的行政法规，如《广告管理条例》、《化妆品广告管理办法》、《广播电视管理条例》、《医疗广告管理办法》、《印刷品广告管理暂行办法》、《食品广告发布暂行规定》、《房地产广告发布暂行规定》等为辅助的法律体系。这些法律、法规虽然从多方面对广告的发布进行了规范，但由于规定的不完善，使得它们发挥作用的功效微乎其微，具体表现在：广告多头管理，权责不清。《广告法》第六条规定，"县级以上人民政府工商行政管理部门是广告监督管理机关"，而广告行政审查批准机关包括卫生行政部门、食品药品监督部门、农业行政部门、畜牧业行政部门和教育行政部门等。审批和监管职能的分离导致了管理权限的分散，审批的没有处罚权，处罚的没有审批权，出现管理的真空，造成要么都管、要么又都不管的状况，这种管理格局的割裂所造成的信息沟通、衔接方面的障碍，很容易给不法分子以可乘之机。

　　● 监督虚假广告的监督机制不健全。长期以来，我国对虚假广告的治理绝大多数是工商行政部门的单一处罚制度。对已产生社会危害性的虚假广告的处理，一般只限于行政处罚和民事赔偿责任范围，虽然《广告法》第三十七条规定了"构成犯罪的，将依法追究刑事责任"，但是在现实生活中，却很少见追究刑事责任的，更多的是违法者权衡得失后的铤而走险。因此，这些法律规定未能从根本上起到惩治和遏制虚假广告的作用。

　　● 经济利益的驱动。经济利益的驱动是虚假广告屡禁不止的根本原因。利益的驱使导致经营者大量刊播虚假广告。而作为发布方的广告媒体也为了实现自己的利益，缺乏行业自律，没有认真审查广告的真实性，使得一些虚假广告大量走向市场。

　　● 虚假广告违法成本过低。我国《广告法》第三十七、三十九、四十条等都规定了对于违反广告法的规定的处罚条款，但是在现实生活中，由于罚款数额与赚得的巨额利润相比少之又少，所以很多虚假广告虽然被多次处罚，但仍在铺天盖地地继续着其广告宣传。

　　第五，治理虚假广告可以从以下几方面着手：

　　● 完善相关的广告法律法规。一是在《广告法》中明确虚假广告的概念；二是扩大虚假广告的主体，即应当将广告代言人包括在内，特别是明星代言的问题上，新的《食品安全法》出台后，明星代言虚假食品广告将要承担连带责任并且有可能倾家荡产。

　　● 加大对发布虚假广告者的惩罚力度。因为违法成本远远小于违法收益，虚假广告才难以治理。因此，如果惩罚的力度大到违法广告者的违法收益为零或负数，违法广告者考虑后果就会望而却步。在虚假广告泛滥的目前，建议加大对虚假广告的惩罚力度，震慑违法者。如引入惩罚性赔偿损害赔偿机制。

　　● 禁止以罚代刑。执法不严与违法不纠的现象的存在是虚假广告屡禁不止的重要原因。有些行政执法部门从狭隘的部门利益出发，对情节严重应追究刑事责任的虚假广告行为一罚了事，不移交司法部门依法审理，助长了虚假广告的蔓延。因此，建议禁止执法部门在处理虚假广告案件时以罚代刑，同时建立行政案件移交司法机关处理的监控制约机制，克服以罚代刑。

2．广告的合法性原则

(1) 广告的合法性，是指广告所宣传的商品或服务、所宣传的内容及表现形式，必须符合国家的法律法规的规定。它的基本要求是：

第一，广告主的主体资格符合规定，即按照《广告法》对广告主体资格的认定并提供相应的证明文件。

第二，广告中所宣传的产品或服务应是国家许可的。法律法规禁止生产、销售的商品或服务，以及禁止发布商业广告的商品或服务不得做广告。国家禁止发布商业广告的商品或服务和禁止发布的商业广告包括：

- 未取得生产许可证、擅自生产的产品；
- 假冒伪劣产品；
- 特殊药品，如麻醉药品、精神药品、毒性药品、放射性药品等；
- 利用大众传播媒介发布的处方药广告；
- 未经国家登记的农药广告；
- 治疗艾滋病、改善和治疗性功能障碍的医疗器械；
- 治疗性病和泌尿系统疾病的医疗广告；
- 治疗尖锐湿疣等十一种疾病的医疗广告；
- 性生活用品；
- 工商企业和单位、个人有奖募捐的广告；
- "电子自卫器"等保安防卫器械的广告；
- 电子捕鱼器广告；
- 犀牛角、虎骨制品广告；
- 军用、军需及以部队名义发布的广告；
- 利用大众媒介和非宗教场所发布的含有宗教内容的广告；
- 利用广播、电视、电影、报纸、期刊及各类等候室、影剧院、会议厅堂、体育场馆等公共场所发布的烟草广告；
- 利用各种媒介和形式发布的卫星电视设备及相关服务广告(经依法批准的除外)。具体包括：

➢ 卫星电视接收天线、卫星电视高频头、卫星电视接收机、境外电脑卫星电视接收卡及相关软件和境内卫星电视节目专用解码器及相关安装服务；

➢ 境外卫星电视节目专业解码器、境外卫星电视节目接收参数、接收方法及相关安装服务；

➢ 境外卫星电视节目内容、境外卫星电视频道及其品牌和有关接收设施的推广和安装。

第三，广告的表现形式应符合法律规定。主要涉及：

- 关于比较性广告问题。《广告法》第十二条规定："广告不得贬低其他生产经营者的商品或者服务。"因此，广告中表现比较的手法应当慎用，我国法律规定禁止用比较广告的形式贬低他人。

● 关于新闻广告的问题。《广告法》第十三条规定："广告应当具有可识别性，能够使消费者辨明其为广告。大众传播媒介不得以新闻报道形式发布广告。通过大众传播媒介发布的广告应当有广告标记，与其他非广告信息相区别，不得使消费者产生误解。"

上述问题将在后面的内容中具体讲授。

第四，广告的内容、要素不得违反《广告法》等法律法规对广告内容的一切规范。具体规定是：

● 根据《广告法》第七条规定："广告内容应当有利于人民的身心健康，促进商品和服务质量的提高，保护消费者的合法权益，遵守社会公德和职业道德，维护国家的尊严和利益。"广告内容除了要符合正式性的要求外，还必须符合社会主义精神文明建设的要求，具有一定的思想性、健康有益、积极向上，体现中华民族优秀的传统文化和与时代精神的有机结合。具体内容包括：

➢ 有利于引导消费者健康消费、积极生活，倡导符合我国人民共同理想的价值观与生活方式；

➢ 有利于弘扬中华民族精神和民族文化，增强民族自信心和民族自豪感；

➢ 有利于普及科学知识，破除迷信，反对伪科学；

➢ 有利于促进国民教育、文化、体育等事业的健康发展；

➢ 有利于全国各族人民的团结和睦。

● 广告中不得出现《广告法》第七条第二款规定的九种情形。广告内容含有九种情形之一的即为违禁广告。九种情形有：使用中华人民共和国国旗、国徽、国歌；使用国家机关和国家机关工作人员的名义；使用国家级、最高级、最佳等用语；妨碍社会安定和危害人身、财产安全，损害社会公共利益；妨碍社会公共秩序和违背社会良好风尚；含有淫秽、迷信、恐怖、暴力、丑恶的内容；含有民族、种族、宗教、性别歧视的内容；妨碍环境和自然资源保护；法律、行政法规规定禁止的其他情形。

(2) 保证广告的合法性主要是防止误导广告的存在。具体内容是：

第一，关于误导广告问题的规定。误导广告是一种特殊的违法广告形式。根据欧盟理事会《关于误导广告和比较广告的指令》规定："误导广告，是指以任何形式(包括展示)欺骗或可能欺骗受众或接触过广告的消费者，并由于其欺骗性可能会影响消费者的经济行为，或因此损害或可能损害其竞争对手的广告。"这一规定已经在很大程度上对误导广告的内涵进行了较为清晰的界定。

而我国的法律法规对误导广告没做出任何明确的规定，或者说只是非常原则地或含混地提到了误导广告的意思。比如：我国《广告法》第四条规定"广告不得含有虚假的内容，不得欺骗和误导消费者"；第九条规定"广告中对商品的性能、产地、用途、质量、价值、生产者、有效期限、允诺或者对服务的内容、形式、质量、价格、允诺有表示的，应当清楚、明白。广告中表明推销商品、提供服务附带赠送礼品，应当表明赠送的品种和数量"；第十三条规定"通过大众传播媒介发布的广告应当有广告标记，与其他非广告信息相区别，不得使消费者产生误解"；《反不正当竞争法》第九条规定"经营者不得利用广告或其他方法，对商品的质量、制作成分、性能、用途、生产者、有效期限、产地等作引人误解的虚假宣传"。规定了"引人误解的虚假宣传"属于误导广告的范畴。

　　这几条规定虽然提到了禁止误导消费者问题，但是不够全面，也未能明确地提出误导广告的概念。既然没有对误导广告做出明晰的界定，也就不可能规定误导广告的认定标准了，这让执法人员陷入了"无法可依"的困境，使大量的误导广告得以成为漏网之鱼。

　　第二，常见的几种误导广告的情形有：

　　● 内容真实的误导。一般情况下，误导广告所宣传的内容是虚假的，也存在误导广告的例外情形，即内容真实的误导。主要有以下几种情况：

　　➤ 语义的误导，即采用容易产生歧义的广告内容，对消费者构成误导。比如：某广告声称"买一送一"，但是送的却是别的价值非常低的商品；"金龙鱼"食用油的广告中宣传 1∶1∶1 均衡营养概念，却没有详细说明这个比例的含义，以至于消费者把这个比例误解为油内含量，可是油的外包装上却标明油里三种酸的比例是 0.27∶1∶1，而且字体非常小，不易辨认，这是典型的语义误导广告。

　　➤ 表达不充分的误导，即对与消费者直接相关的重要事实或条件不予以表示，对消费者产生误导。如：标明"本店商品打 5 折"，实际仅仅在周日才打 5 折；全场 2 折起，在消费者是以一般注意力的情况下，只看到 2 折的诱惑。这种广告在关键内容上施以超小字标注事实上就是误导。

　　➤ 科学知识的误导。如：某商品标明含有"强身因子"，但是"强身因子"并不是一个科学概念，这给不具备这方面知识的消费者构成了科学知识上的误导，实际上是假科学或伪科学。

　　➤ 认知上的误导，即表面看起来完全真实的表述造成受众对相关事物认识上的偏差。日本东京法院曾有一个判例：某商店在广告中宣称本店所销售的 LV 包为仿制品。这是一则内容真实的广告，却容易给人造成销售假冒产品合法的认知，因此认定该广告为误导性广告。

　　➤ 感觉上的误导，即广告的声音、画面等看似真实，却会使消费者对某产品或服务的真实性产生错觉。这在房地产广告中经常出现。

　　● 内容虚假的误导。内容虚假的误导广告同时就是虚假广告，这是误导广告的大多数类型，前面讲到的虚假广告的种种情形均属于此种类型。但是也存在着内容虚假但没有误导的广告。主要有两种情形：

　　➤ 一是采取夸张的手法进行宣传，使宣传对象与众不同："加多宝降火"、"雪碧透心儿凉"等，属于艺术夸张而不属于误导广告。

　　➤ 二是含糊、毫无意义却并无具体证实的声明。如：声称自己的产品举世无双、超凡脱俗等，也不属于误导广告。

　　● 以未定论的事实做引人误解的宣传。有根据的事实不等于真的事实。由于人的认知的局限，必然有尚未证明真伪的事实，若在广告中将未确定、未有定论的事实或者结论作为卖点，必然造成所宣传的事实与事实的实际情况不一致的状况，就构成误导。如众多补钙产品都面临的钙吸收问题，学术界尚无定论，若某产品宣称自己的钙产品比碳酸钙等传统钙吸收效果好，就构成了以未定论的事实做引人误解的误导广告。

　　第三，确定误导广告的原则。如何来确定一则广告是否是误导广告，也不能够凭主观判定，从根本上来讲是要看是否对消费者产生误解。至于如何判定消费者发生的误解，美国学者考曼的观点：广告(商品的表示)是否引人误解的判断标准与商标是否近似或混淆的判断标准相同，即一般消费者施以普通注意原则；整体观察原则及比较主要部分原则；异时异地隔离观察原则。欧盟国家据此制定了识别误导广告的上述三个标准。

● 一般消费者施以普通注意原则。根据哪些人判断引人误解(人的范围和标准)，不是根据每个人的理解进行判断，而是根据一般人的理解进行判断。或者说，商业广告常常都是向一般消费大众作出的，而一般消费大众在购买商品或者接受服务时，缺乏仔细分析广告内容的注意力，只是以普通注意所得到的印象作为选购的基础，故应当以一般购买人的注意力作为认定标准。所谓一般购买人，是指按照一般交易观念，通常可能消费该商品的人。

● 整体观察原则及比较主要部分。经营者利用广告等表示方法介绍其产品及刺激消费者的购买欲，一般消费者看到广告后只会留下大略的、模糊的印象，并以此作消费的依据，而很少就广告的每个细节仔细分析，故判断广告等商品表示是否引人误解，应从广告的整体进行观察，以辨别其是否真实或引人误解的可能。此即整体观察原则(又称通体观察原则)。根据此原则，对于广告内容的解释，不是逐字进行文字上的剖析，而是以广告等在整体上给予消费者的印象是否会造成误解进行判断。

● 异时异地隔离观察原则。判断广告是否不实或引人误解，是以消费者观看广告后留下的模糊印象记忆为依据，该原则称为消费者记忆测验原则。由该原则判断广告是否引人误解，必然引申出在不同时间、不同地点分别观察的原则，此即异时异地隔离观察原则。美国执法机关判断电视广告是否引人误解采取两种方式：一是"隔日记忆"原则(Day After Recall)，执法机关在电视播出次日询问观众的看法，以判断是否有引人误解的情形；二是"人工印象"原则(Artificial Setting Survey)，即由执法者择日于视听室中放映给取样的消费者观看，再由观看后受误导的消费者的人数来决定是否引人误解。异时异地隔离观察原则可以作为判断是否引人误解的一个原则。随着我国执法水平的提高，也必然会采纳此种原则。

3.2 广告发布的一般标准

广告发布的一般标准，是指普遍适用于一切商品或服务的广告发布的基本准则。同时，根据广告发布标准的内容和要求，我们又将广告发布的一般标准划分为以下两种：

3.2.1 广告发布表现形式的标准

1. 广告认定的标准

(1) 广告认定的标准。如何认定广告，是对广告进行管理的基础工作。根据《广告法》第二条规定，"广告是指商品经营者或者服务提供者承担费用，通过一定媒介和形式直接或者间接地介绍自己所推销的商品或者所提供的服务的商业广告。"因此，认定广告的标准包括：

第一，广告是广告主出于介绍自己所推销商品或劳务的目的，并支付广告费用的活动，具有目的性和有偿性的特点。

第二，广告必须依托于一定的媒介和形式。如传统四大媒介、网络、户外媒介和售点悬挂、张贴、邮寄等形式。

(2) 对广告的具体认定。根据广告认定标准，下列情形属于广告行为，需要按照广告管理的要求进行规范：

● 产品的包装物。经营者利用包装物为载体，直接或者间接宣传、介绍产品，属于广告的一种形式。对于这种含有产品宣传、介绍内容的产品包装物，应认定为广告宣传。

● 利用图书形式发布的广告。一些企业通过购买书号，以图书出版的方式，宣传自己产品的行为，应当依照《广告法》有关规定处理。

● 新闻媒介收费栏目。一些新闻媒体以介绍、推销商品、服务为目的的收费栏目，属于广告栏目，应当具有广告标记。在此类栏目中发布的介绍、推销商品和服务的信息，媒介因种种原因免收广告费，或者协议采用其他方式回报补偿的，也应认定为广告。

● 经营场所内播放的与销售活动相关的录像。不少商品经营者在其经营场所内向消费者播放的与销售活动相关的录像，认为属于企业自身行为，实质上属于利用自有媒体宣传所推销的商品，应属于广告行为。

● 企业在产品展览、展示会上的宣传品。目前，各种形式的展会名目繁多。不论是以何种目的举办的展会，只要向参观者散发的产品宣传册的内容是以介绍本企业的产品和企业形象的，都应认定为广告。

● 所谓的"免费"广告。在广告活动中，广告主及广告经营者委托的发布广告，广告发布者依法具有收取广告发布费的权利。广告发布者在某项特定的广告发布活动中，主动放弃或者由于客观原因没有得到广告费，或者以其他形式折抵广告费时，不影响对广告的认定。

● 利用书信形式发布广告。例如某保险公司通过学校向学生发送"致家长的一封信"，目的是向学生家长介绍其开办学生保险业务的服务内容，应将其认定为利用书信形式发布散页印刷品广告。

● 股评资料卡。有些公司印刷的股评资料卡上介绍宣传了该公司的股市分析服务项目，属于印刷品广告；而报纸刊登的证券信息内容，如股市行情，是证券交易所根据《证券法》的有关规定，属转载公布证券交易情况的行为，不应认定为广告。

2. 比较广告发布的标准

(1) 比较广告，有时也叫对比广告、竞争广告，是指广告主通过广告形式将自己的公司、产品或者服务与同业竞争者的公司、产品或者服务进行全面或者某一方面比较的广告。比较广告的一个最突出的特征是广告主在广告中将自己的产品或服务与同类竞争者的产品或者服务进行对比或比较，以凸现其产品或服务优于或异于竞争对手的产品或服务的特征、品质或者质量等。常见的比较广告的形式有：

第一，直接的比较广告和间接的比较广告。直接的比较广告，即"指名道姓"式的、有明确比较对象的比较广告，是比较广告的典型方式；由于这种涉及具体产品或服务的直接的比较，目前为我国法律所禁止。而间接的比较广告，是指那种虽未明确指明比较对象、但公众可以辨别出被比较的竞争对手的暗比式的广告。

第二，自比和他比的比较广告。自比的比较广告，是将自己的不同产品之间进行的比较，以突出新产品区别于老产品的特性与优点，或将产品使用前后的不同情况进行对比，以突出新产品区别老产品的特性与优点或将产品使用前后的不同情况进行对比，以突出产品的使用效果。而他比的比较广告顾名思义是涉及与他人进行比较的广告。前者由于不涉及竞争对手的因素，因而相对较少纠纷。

第三，弱比的和强比的比较广告。所谓弱比的广告，是指在自己的广告中提及的他人产品往往是具有竞争优势的知名商品，采用的比较方式是声称自己的产品和对方的一样好，或者不如对方，即以弱比强的广告。而强比广告，是指在自己的广告中强调或声称自己的产品强于对方，是批评式的比较广告。

第四，比较广告还可以根据广告诉求的内容，选取不同的比较点来进行比较。如：产品或服务的特点、性能、质量、成分、价格、实用性、原产地、制造方法等，比较广告就可以就以上单项内容进行比较，也可就多项属性进行综合比较。

(2) 比较广告应当遵循的原则。广告法并未绝对禁止比较性广告，但是在广告实际发布中，把握不好必然引起纠纷，有时也会有损或破坏正常的市场秩序。因此，发布含有比较内容的广告应当遵循以下原则：

第一，合法性原则。合法性是广告应遵循的首要原则，它不等同于真实性。对比较广告而言，此原则主要体现遵守一般广告的合法性要求。一则广告具有合法性，一般包括广告主主体资格的合法性；广告所介绍的商品或者提供服务的合法性；广告表现形式及内容的合法性；广告发布程序的合法性。

第二，公平竞争原则。广告主运用比较广告对产品或服务进行宣传时，其动机和出发点应遵守公平竞争、诚实守信的原则，遵守商业道德，而不得抱有贬低他人商业信誉和商品声誉，抬高自己的目的。国际商会通过的《国际商业广告从业准则》中规定广告代理商及媒体不应诋毁其竞争者，禁止不公正的比较和引证。

第三，可比性原则。比较广告要求有充分的比较理由，才能保证比较的科学性。具体内容有：一是不得有属于法律法规禁止进行比较的商品或服务；二是比较的内容应当是相同的产品或具有可类比的产品；三是比较应具有统一的基础，比较点应是相关的、具有代表性的，是对消费者具有实质性意义的产品或服务的根本特性，不能以偏概全和片面地以强化弱。

第四，真实、客观、全面原则。真实性是《广告法》规定的、一切广告应遵守的最基本的原则。我国《反不正当竞争法》第九条和第十四条也明确禁止违反真实性的虚假的比较广告。比较广告的真实性要求比较广告的比较内容不得凭空捏造、弄虚作假和夸大不实。客观性是要求比较广告要以客观事实为依据，比较点应选择乐观型的内容，避免主观性的感受。比较广告的比较性内容必须有真实、合法、科学的证明为基础。如关于产品或服务的产地、质量、标识、优惠、获奖情况等比较性因素必须有真实、合法、科学的证明，比较运用的数据、检测报告、调查结果等应提供国家专门检测机构的证明。

第五，避免对公众的误导。误导行为包括宣传虚假事实或宣传真实事实而使人产生与商品或服务的实际情况不一致的认识。对宣传虚假事实引人误解的比较广告，可以依据《反不正当竞争法》第九条认定，但内容真实或部分真实却引人误解的比较广告在法律上则无明确界定，仅可认定间接违反了《广告法》第十二条规定的"广告不得贬低其他生产经营者的商品或者服务"的内容。

(3) 广告管理部门在对比较广告进行监管时应当注意以下问题：

第一，正视比较广告存在的合理性。通过比较广告，有利于消费者知情权和选择权的实现，增强了市场的透明度，解决知识和信息不对称给消费者带来的商品选择上的困惑；有利于促进同业合理竞争，促使被比较者认识到自身产品的优劣，从而有针对地加以改进。目前从世界范围看，比较广告仅仅在极少数国家受到法律的完全禁止。而提出禁止比较广告的最主要理由在于其存在着不正当竞争、误导消费者等，但不能一以概之。我国在比较广告方面的态度可以概括为不予禁止、个别例外、加强管理。

第二，尽快制定出有关比较广告的专门、系统的法律规范。目前我国关于比较广告方面的法律法规散见于《广告法》、《广告审查标准》、《反不正当竞争法》、《消费者权益保护法》等法律法规中，并且有关规定较为原则、抽象，缺乏针对性和操作性，使现实生活中大量存在的比较广告无所适从，且容易引起争议。因此，建议尽快制定出台有关比较广告方面的专门性法规，对比较广告发布和管理涉及的具体问题加以明确的法律界定。

第三，加强对相关出证机构的管理。要保证比较广告内容所涉及的出证机构的公正性和权威性，这是确保比较广告科学、公正、客观的基本保障，因此要加强对相关出证机构的管理，明确相关出证机构的资格和相应的法律责任。对出证不实而造成的法律纠纷，出证机构应承担连带责任，并且要借鉴国际惯例，明确对虚假或误导的比较广告实行举证责任倒置原则。

第四，严禁误导性比较广告。对于误导性比较广告，鉴于其对公平竞争和消费者权益的破坏性和常见性，应尽快借鉴有关国际通行规则，对其制定明确的法律界定。例如：前面提及的弱比广告，广告主在广告中尽管承认自己的产品质量不如竞争对手，但实际上仍是借对手名气达到提升自己形象或树立品牌的目的，本质上属于攀附性比较广告，侵犯了他人知名品牌的合法权益。诸如此类的误导性内容，我国法律应作出具体界定，明确予以禁止。

3. 新闻广告发布的标准

(1) 新闻广告，即以新闻报道形式发布的广告。它是各种大众传播媒介以新闻采编、新闻报道的名义经营与发布广告，收取广告费用或进行有偿新闻的行为。凡是采用付费新闻报道形式介绍企业或商品的，即构成刊播新闻广告的违法行为。

(2) 以新闻报道形式发布的广告，混淆了新闻与广告的界限，尤其是以新闻报道形式发布的虚假广告，会对消费者造成很大的误导，损害其权益；有的广告编排形式类似于新闻，也容易造成混淆。所以，必须区别新闻与广告的差异性。两者的区别是：

● 性质不同。前者以宣传党的路线方针政策为宗旨，后者是充当广告主的宣传工具。

● 目的不同。前者是引导舆论指导学习生活，而后者则是在推销商品及服务，为了牟利。

● 形式不同。前者是客观的报道，后者是自我宣传。

● 决定权不同。前者由新闻机构或领导机关决定，而后者是由广告主决定。

● 付费不同。前者是要向新闻提供信息和作品的人支付报酬，而后者是向新闻单位支付广告费。

● 时效不同。前者要有一定的时效性；后者没有时间约束，只要付钱，可以连续刊播。

● 手法不同。新闻虽有加工，但必须是客观，尊重事实；后者以事实为前提，允许适当运用艺术手法。

● 功能不同。前者反映的统治阶级的意志，政治思想性强；后者只反映广告主的愿望和要求，商业性强。

(3) 对新闻广告的规范。根据《广告法》第十三条规定："广告应当具有可识别性，能够使消费者辨明其为广告。大众传播媒介不得以新闻报道形式发布广告。通过大众传播媒介发布的广告应当有广告标记，与其他非广告信息相区别，不得使消费者产生误解。"为了防止新闻与广告的混淆，必须把新闻单位的广告经营活动纳入到正常的广告管理的轨道，新闻单位的经营广告业务必须领取《广告经营许可证》；必须严禁记者采访拉广告；严禁新闻单位非广告部门的工作人员代理或承揽广告业务。具体规范如下：

第一，新闻媒体以经济动态、经济信息版等形式宣传企业形象和产品，并向客户收取高额费用，其本身属于广告，应当按照广告管理法规严格管理。

第二，电视广告采用调查采访形式，即在"市场调查或采访"的特定场景中，通过"记者"或"市场调查人员"与"消费者"双方问答进行调查采访，由特定的"消费者"讲述自身体验与感受，介绍产品优点、特点，这就是典型的以新闻形式发布的广告。使用调查采访式的广告，由于使用特定场景和特定人员的表演，产生了客观介绍、报道的效果，极容易造成对消费者的误导。因此，对使用调查采访式的电视广告，无论是否具有广告标记，均应当禁止；报纸、杂志、广播等媒介不得发布调查采访等客观报道形式的广告。

第三，新闻单位采用专题报道、经济信息等形式，对药品、医疗等商品或服务进行宣传，如果直接或间接地向企业收取费用，此类专题报道、经济信息无论以何种形式出现，均属于商业广告的性质，应当按照广告管理法规进行管理。

第四，不得以任何新闻报道形式刊播或变相刊播广告。各类大众传播媒体有关人物专访、企业专题等报道中不得含有地址、电话、联系办法等广告宣传内容；报刊在发表有关文章的同时，不得在同一媒体同一时间发布有关该商品、服务及其生产经营者的广告。不得以普及科学知识、专家咨询宣传等名义，介绍、推销药品、保健食品以及推荐医生、医疗机构。

第五，电视直销广告，应当有明显的广告标记，并不得在播放过程中中断，以使消费者能够辨明其为广告，不得使消费者产生误解；电视台承办的电视直销广告，应当统一由电视台内部经工商行政管理机关核准的广告业务部门经营。电视台的非广告经营部门一律不得从事电视直销广告活动。

第六，大众传播媒介利用新闻媒介报道形式介绍医疗机构及其服务的，如出现医疗机构的地址、电话及其他联系方式等内容的，在发表医疗机构报道的同时，在同一媒体、同一时间发布该医疗机构广告的，即使广告发布者声称未收取费用的，也要认定为利用新闻报道形式发布的医疗广告。

4. 广告语言文字的发布标准

(1) 广告中使用规范的语言文字的必要性。语言文字是人们表达思想、传达信息的重要的交际工具，语言文字的规范化、标准化，是普及文化教育、发展科学技术、提高工作效率的一项基础性工作，对社会的物质文明和精神文明建设具有重要意义。广告语言文字是广告内容的载体和表现形式。它直接关系到广告的表达效果，并对社会各界、尤其是未成年人造成极大的、潜移默化的影响。而广告语言文字的种种不规范、不标准的问题，既影响了我国语言文字的纯洁性和严肃性，也直接影响了广告的效果，因此，必须对广告中使用语言文字进行规范。

(2) 现实广告中使用语言文字不规范的现象有：一些广告制作中随意使用繁体字、异体字、二简字、错别字、残缺字，以及在成语中乱使用谐音等现象严重。饼屋叫成"餅屋"、珠宝叫成"珠寶"；在成语中使用谐音字，沿街的商铺中、广告中，都可以轻易地看到以谐音取名，以达到与众不同的宣传效果。例如："咳"不容缓，清凉一"夏"，颜料广告中的好色之"涂"、"钱途无量"、"鸡不可失"、"玩美女人"等含有不良文化倾向的广告。

(3) 对广告中使用语言文字的规范。1998 年 1 月，国家工商行政管理总局为了促进广告语言文字使用的规范化、标准化，保证广告语言文字表述清晰、准确、完整，避免误导消费者，根据《中华人民共和国广告法》和国家有关法律、法规，制定《广告语言文字管理暂行规定》(以下简称《暂行规定》)，对广告中使用的语言文字进行规范管理。具体内容如下：

第一，对广告中使用语言文字管理的范围。根据《暂行规定》第二条规定：凡在中华人民共和国境内发布的广告中使用的语言文字，均适用本规定。《暂行规定》中所称的语言文字，是指普通话和规范汉字；国家批准通用的少数民族语言文字；以及在中华人民共和国境内使用的外国语言文字；地方方言也在管辖范围之内。

第二，语言文字在广告中使用的主要规定。根据《暂行规定》要求：

● 广告使用的语言文字，用语应当清晰、准确，用字应当规范、标准。

● 广告使用的语言文字应当符合社会主义精神文明建设的要求，不得含有不良文化内容。

● 广告用语用字应当使用普通话和规范汉字。

● 广告中不得单独使用汉语拼音。广告中如需使用汉语拼音时，应当正确、规范，并与规范汉字同时使用。

● 广告中数字、标点符号的用法和计量单位等，应当符合国家标准和有关规定。

● 广告中一般不得单独使用外国语言文字。

● 广告中出现的注册商标定型字、文物古迹中原有的文字以及经国家有关部门认可的企业字号用字等，不适用本规定第十条规定，但应当与原形一致，不得引起误导。

● 广告中因创意等需要使用的手书体字、美术字、变体字、古文字，应当易于辨认，不得引起误导。

第三，关于在广告中使用方言的规定。根据《暂行规定》要求：

● 广播电台、电视台可以使用方言播音的节目，其广告中可以使用方言。

● 广播电台、电视台使用少数民族语言播音的节目，其广告应当使用少数民族语言文字。

● 在民族自治地方，广告用语用字参照《民族自治地方语言文字单行条例》执行。

第四，关于在广告中使用外国语言文字的规定。

● 《暂行规定》第八条规定："广告中如因特殊需要配合使用外国语言文字时，应当采用以普通话和规范汉字为主、外国语言文字为辅的形式，不得在同一广告用语中夹杂使用外国语言文字。广告中的外国语言文字所表达的意见，与中文意思不一致时，应以中文意思为准。"

● 《暂行规定》第九条规定，在下列情况下，广告中使用的外国语言文字不适用第八条规定：

➢ 商品、服务通用名称，已注册的商标，经国家有关部门认可的国际通用标志、专业技术标准等；

➢ 经国家有关部门批准，以外国语言文字为主的媒介中的广告所使用的外国语言文字。

第四，广告用字的禁止性规定。《暂行规定》强调，广告用语、用字不得出现下列情形：

● 使用错别字；

● 违反国家法律法规；

● 使用国家已经废止的异体字；

● 使用国家已经废止的印刷字形；

● 其他不规范使用的语言文字。

3.2.2　广告发布内容的标准

《中华人民共和国广告法》第七条规定："广告内容应当有利于人民的身心健康，促进商品和服务质量的提高，保护消费者的合法权益，遵守社会公德和职业道德，维护国家的尊严和利益。"这是广告发布的基本原则，也是广告发布标准制定的基本依据。广告发布内容标准主要分为禁止性标准和命令性标准。

1. 广告发布内容的禁止性标准

广告发布内容的禁止性标准，就是指广告的发布内容不得有违反我国《宪法》、广告法律法规及其他相关法律所禁止的内容与规定。具体来说就是规定在广告中不得出现以下情形：

(1) 广告中不得使用中华人民共和国国旗、国徽、国歌。根据有关法律规定，《宪法》第一百三十六条规定，"中华人民共和国国旗是五星红旗"。《国旗法》第三条第一款规定，"中华人民共和国国旗是中华人民共和国的象征和标志"。第十八条中规定，"国旗及其图案不得用作商标和广告"。因此，广告中不得使用中华人民共和国国旗。《宪法》第一百三十七条规定，"中华人民共和国国徽，中间是五星照耀下的天安门，周围是谷穗和齿轮"。《国徽法》第三条第一款规定，"中华人民共和国国徽是中华人民共和国的象征和标志"。第十条中第一款规定，"国徽及其图案不得用于商标和广告"。因此，广告中不得使用中华人民共和国国徽。根据第五届全国人民代表大会第五次会议的《关于中华人民共和国国歌的决议》，中华人民共和国的国歌是《义勇军进行曲》，中华人民共和国国歌也是中华人民共和国的象征和标志，因此也不得用于广告。

作为国家象征的国旗、国徽、国歌只能用于特定场合，而不能作为某种商业用途使用，否则就是对国家主权和尊严的亵渎。广告中不得使用国旗、国徽、国歌，包括任何形式或变相地使用国旗及图案、国徽及图案、国歌及词曲等；但是，这一规定在公益广告中例外。2002 年优秀公益广告《同升一面旗、共爱一个家》就是用了中华人民共和国国旗、国徽、国歌等元素。

(2) 广告中不得使用国家机关和国家机关工作人员的名义。国家机关是指依照法律或者行政命令组建的、从事国家管理活动的各级国家权力机关、行政机关、审判机关和法律监督机关。国家机关是代表国家从事管理活动的组织，国家机关的工作人员，是具体执行国家管理社会事务职能的人员，由于国家机关及其工作人员的公务活动，体现的是国家的意志，所以在社会经济生活中具有重要的影响，因此，为了维护国家的尊严，保证国家机关和国家机关工作人员正确行使职权，不得使用国家机关和国家机关工作人员的名义进行广告发布。

国家机关和国家机关工作人员一般包括各级国家权力机关、行政机关、司法机关、政协、工会、共青团、妇联以及军队、武警等机关及其工作人员。我国法律法规中有关于禁止使用党和国家领导人，包括已故的领导人名义进行广告宣传。使用国家机关及其工作人员名义的，包括使用领导人形象的一是在公益广告中例外；二是在重大的政治题材类影片的宣传中例外。

(3) 广告中不得使用国家级、最高级、最佳等用语。广告作为连接生产与消费的重要桥梁和纽带，一方面是一种促销手段，另一方面也是消费者获得商品和服务信息的渠道，具有引导消费者的作用。因此，《广告法》第三条、第四条中明确规定了广告应当真实、合法，不得含有虚假的内容，要求广告必须真实、客观地介绍商品和服务，而不能作虚假的宣传。但同时，广告毕竟不同于商品和服务本身，它只是介绍商品和服务的一种形式，在介绍过程中，必然会使用描述商品和服务情况的文字。据此规定，广告可以使用一般的描述商品和服务情况的用语，但不能使用最高级的用语。最高级的用语，又分为两种，一种是最高级的形容词，如"最好"、"最强"、"最佳"、"最棒"、"第一"等；另一种是以一定的地域、整体作为形容词，如"国家级"、"世界级"等。由于广告具有很大的引导作用，所以不能使用最高级的用语。这样一方面可以使消费者免于遭受欺骗和误导之害，另一方面可以保护其他竞争者的合法权利。

(4) 广告不得妨碍社会安定和危害人身、财产安全，损害社会公共利益。安定的社会环境、可靠的人身和财产安全保障以及体现全体社会成员共同利益的社会公共利益，是社会进步和经济发展的一个重要条件，我国《宪法》第二十八条明确规定："国家维护社会秩序，镇压叛国和其他反革命的活动，制裁危害社会秩序、破坏社会主义经济和其他犯罪的活动，惩办和改造犯罪分子。"因此，广告中不得含有妨碍社会安全和危害人身、财产安全或者损害社会公共利益的内容。一切经济活动均不得以妨碍社会安定和危害人身、财产安全，损害社会公共利益为前提，这也是国际通行的商业活动的基本规则。要求广告活动中，一是要有政治敏感性，避免广告对公共安全和公共利益造成损害，比如：涉及祖国统一、法轮功等更要慎重；二是要对损害消费者权益的种种可能进行预见，保持警觉，避免侵害消费者正当权益，否则要受到法律的惩处。

(5) 广告不得妨碍社会公共秩序和违背社会良好风尚。《广告法》第三条中明确规定："广告应当符合社会主义精神文明建设的要求。"而建立良好的社会公共秩序和树立良好的社会风尚，是我国社会主义精神文明建设的一个重要内容。因此，广告中不得含有妨碍社会公共秩序和违背社会良好风尚的内容。如：1989 年 10 月 13 日国家工商行政管理局发布的《关于严禁刊播有关性生活产品广告的规定》中指出，有关性生活的产品向社会宣传，有悖于我国的社会习俗和道德观念，所以，"无论这类产品是否允许生产，在广告宣传上都应当严格禁止"。

(6) 广告不得含有淫秽、迷信、恐怖、暴力、丑恶内容。所谓淫秽，按照《关于惩治走私、制作、贩卖、传播淫秽物品的犯罪分子的决定》中关于淫秽物品的规定，可以理解为是指含有具体描绘性行为或者露骨宣扬色情的淫秽性内容。所谓迷信，是指相信星占、卜筮、风水、命相、鬼神等的一种思想。所谓恐怖，是指以人们自己不能控制的恐惧为特征的一种心理状态。所谓暴力，是指侵犯他人人身、财产等权利的强暴行为。所谓丑恶，是指人或者物受到破坏、歪曲后所产生的一种畸形表现。淫秽、迷信、恐怖、暴力、丑恶的东西是与社会主义精神文明建设格格不入的。因此，广告中不得含有淫秽、迷信、恐怖、暴力、丑恶的内容。

(7) 广告不得含有民族、种族、宗教、性别歧视的内容。《宪法》第四条中规定，"中华人民共和国各民族一律平等"，"禁止对任何民族的歧视和压迫"；第三十四条中规定，"中华人民共和国年满十八周岁的公民，不分民族、种族、性别、职业、家庭出身、宗教信仰、教育程度、财产状况、居住期限，都有选举权和被选举权"；第三十六条中规定，"中华人民共和国公民有宗教信仰自由"等等，这表明，在我国，公民不分民族、种族、性别、宗教信仰等，都一律平等，不得歧视。因此，广告中不得含有民族、种族、宗教、性别歧视的内容。

(8) 广告不得妨碍环境和自然资源保护。环境和自然资源的保护，是我国的重要政策，其中环境保护已经列为我国的三大基本国策之一。《中华人民共和国宪法》第二十六条第一款规定："国家保护和改善生活环境和生态环境，防治污染和其他公害。"第九条第二款规定："国家保障自然资源的合理利用，保护珍贵的动物和植物。禁止任何组织或者个人用任何手段侵占或者破坏自然资源。"为了更好地保护环境和合理利用自然资源，全国人民代表大会常务委员会已经制定了《环境保护法》、《大气污染防治法》、《水污染防治法》、《海洋环境保护法》、《土地管理法》、《森林法》、《草原法》、《水法》、《野生动物保护法》、《渔业法》等法律，对环境保护和自然资源的保护作了具体的规定。因此，广告中不得含有妨碍环境和自然资源保护的内容。

(9) 广告不得含有法律、行政法规规定禁止的其他情形。法律、行政法规规定禁止的其他情形，是指除本法以外的其他法律、行政法规规定的情况，如本法对广告中使用妇女肖像的问题没有作出规定，但《妇女权益保障法》第三十八条规定："妇女的肖像受法律保护。未经本人同意，不得以营利为目的，通过广告、商标、展览橱窗、书刊、杂志等形式使用妇女肖像。"因此，其他法律、行政法规规定禁止的情形，广告也不得使用。

2. 广告发布内容的命令性标准

广告发布内容的命令性标准，是相对于禁止性标准而言的，即规定广告内容必须应当达到的标准，是广告主体应承担的基本义务。《广告法》中体现的广告发布的命令性标准表现在以下内容上：

(1) 保护儿童和残疾人的身心健康。《广告法》第八条规定："广告不得损害未成年人和残疾人的身心健康。"广告内容不得对未成年人和残疾人的身心健康造成不利影响。广告对未成年人的保护标准主要体现在对儿童广告的具体规范上。

第一，儿童广告，是指儿童使用的产品或有儿童参加演示内容的广告，主要包括两方面：一是儿童使用的产品广告，如儿童食品、玩具、用品等；二是指有些产品不是儿童使用的但广告中出现儿童形象并参与演示，如一些食品，大人与儿童均可以吃，却以儿童为演示的主角。对儿童广告规范的必要性主要体现在：

● 儿童广告越来越成为广告主、广告经营者青睐的广告形式。在中国家庭中，孩子的消费支出在家庭可支配收入中的比例越来越大。儿童是潜在的消费群体，因为从小的消费习惯对未来是有很大影响的。

● 儿童因年龄、知识、经验等生理与心理条件的影响，儿童的容易轻信、分别能力差、好奇心及模仿能力强等造成其易受广告的影响。

所以，儿童广告问题关系到广告的道德良心、广告的社会责任等重大问题。

第二，儿童广告运用不恰当的表现形式有：表现儿童欺骗、贪吃、不遵守纪律、戏弄动物等不良品质或举动；套用成人语言和行为来表现儿童广告内容的；对儿童的科学误导。有些广告用看似科学实验、实质并没有科学依据的结论来误导儿童；一些广告含有腐朽落后、低俗媚俗文化和影响青少年儿童的不良内容，容易对青少年儿童消费和身心带来影响。

第三，我国法律对儿童广告的规范。《广告审查标准》(以下简称《标准》)中设有专章规定了儿童广告的定义及审查标准；具体要求是：

● 《标准》第三十八条规定："儿童广告必须有益于儿童的生理和心理健康，有利于培养儿童优秀的思想品质和高尚的情操。"

● 《标准》第三十九条规定："不适于儿童使用的产品的广告，不得有儿童参加演示。"

● 《标准》第四十条规定："针对儿童宣传的广告，应当进行浅显的、能够为儿童正确理解的描述。"

● 《标准》第四十一条规定："广告中出现的儿童或家长，应当表现为具有良好行为或态度的典范。"

● 《标准》第四十二条规定不得发布下列儿童广告：

➢ 有损儿童的身心健康或道德品质的；

➢ 利用儿童给家长施加购买压力的；

➢ 影响儿童对长辈和他人尊重或友善的；

➢ 影响父母、长辈对儿童的言行进行正确教育的；

➢ 以是否拥有某种商品使儿童产生优越感或自卑感；

➢ 儿童模特对宣传的商品的演示超出一般儿童行为能力的；

➢ 表现不应由儿童单独从事的某种活动的；

➢ 可能引发儿童任何不良事故或行为的；

➢ 利用超出儿童判断力的描述，使儿童误解，或者变相欺骗儿童的；

➢ 使用教师或儿童教育家、儿童文艺作家、儿童表演艺术家等名义、身份或形象。

(2) 关于商品或服务性能、产地、价格、赠送礼品等的表示问题。根据《广告法》第九条规定："广告中对商品的性能、产地、用途、质量、价格、生产者、有效期限、允诺或者对服务的内容、形式、质量、价格、允诺有表示的，应当清楚、明白，不得使人产生误解"；"广告中表明推销商品、提供服务附带赠送礼品的，应当标明赠送的品种和数量。但在有些商品方面是禁止或者有限制的，如：药品广告禁止出现将药品作为礼品或奖品的内容；

各类临时性广告活动中，以及含有附带赠品的广告中，不得将酒类商品作为奖品或礼品"。

(3) 关于广告中使用的数据、统计资料、调查结果、文摘、引用语的问题。根据《广告法》第十条规定："广告使用数据、统计资料、调查结果、文摘、引用语，应当真实、准确，并表明出处。"在对该条规定的适用中，应当注意与前面介绍的"乱评比、乱排序"相区分。

(4) 关于专利广告的问题。根据《广告法》第十一条规定："广告中涉及专利产品或者专利方法的，应当标明专利号和专利种类；未取得专利权的，不得在广告中谎称取得专利权；禁止使用未授予专利权的专利申请和已经终止、撤销、无效的专利做广告。"

(5) 关于广告中使用他人名义、形象的问题。具体包括以下内容：

第一，关于人物形象运用的原则，《广告法》第二十五条规定："广告主或者广告经营者在广告中使用他人名义、形象的，应当事先取得他人的书面同意；使用无民事行为能力人、限制民事行为能力人的名义、形象的，应当事先取得其监护人的书面同意。"

第二，关于名人广告问题。由于名人广告容易引起纠纷，这方面的事例不胜枚举。因此，广告当事双方应当按照合同约定的事项履行合同；广告方应按合同约定的使用方式和期限使用，不得超出合同许可的范围；名人也要履行合同对自身的约定事项；名人广告不得乱用公众对名人的信任感；聘用名人宣传的产品不得失真。

3.3 广告发布的特殊标准

本节内容中所涉及的特殊商品及服务主要是指在广告审查制度中所提到的商品及服务。这些商品或服务在广告发布之前，必须经相关行政主管部门进行审查并核准后才能发布，主要包括：药品、医疗器械、农药、兽药等重点监控产品之外，还包括医疗、烟草、食品、酒类、化妆品、房地产、融资、加工承揽、电影贴片、林木种子等种类。

3.3.1 药品、医疗器械、农药、兽药四种商品广告的发布标准

药品、医疗器械、农药、兽药四种商品均与人和动物、植物的健康、安全直接相关，是《广告法》规定发布前必须由行政主管部门进行审查的特殊商品，在其发布标准方面有一定的共同性。

(1) 药品、医疗器械、农药、兽药四种商品的定义及范围是：

第一，药品是指用于预防、治疗、诊断人的疾病，有目的地调节人的生理机能并规定有适应症或者功能主治、用法和用量的物质，包括中药材、中药饮片、中成药、化学原料药及其制剂、抗生素、生化药品、放射性药品、血清、疫苗、血液制品和诊断药品等。

第二，医疗器械是指单独或者组合使用于人体的仪器、设备、器具、材料或者其他物品，包括所需要的软件；其用于人体体表及体内的作用不是用药理学、免疫学或者代谢的手段获得，但是可能有这些手段参与并起一定的辅助作用；其使用旨在达到下列预期目的：对疾病的预防、诊断、治疗、监护、缓解；对损伤或者残疾的诊断、治疗、监护、缓解、补偿；对解剖或者生理过程的研究、替代、调节；妊娠控制等。

第三，农药是指用于预防、消灭或者控制危害农业、林业的病、虫、草和其他有害生

物以及有目的地调解植物、昆虫生长的化学合成或者来源于生物、其他天然物质的一种物质或者几种物质的混合物及其制剂等。

第四，兽药是指用于预防、治疗、诊断动物疾病或者有目的地调节动物生理机能的物质(含药物饲料添加剂)，主要包括：血清制品、疫苗、诊断制品、微生态制品、中药材、中成药、化学药品、抗生素、生化药品、放射性药品及外用杀虫剂、消毒剂等。

(2) 对药品、医疗器械、农药、兽药四种商品广告实施监管的依据。《广告法》第三十四条规定："利用广播、电影、电视、报纸、期刊以及其他媒介发布药品、医疗器械、农药、兽药等商品的广告和法律、行政法规规定应当进行审查的其他广告，必须在发布前依照有关法律、行政法规由有关行政主管部门(以下简称'广告审查机关')对广告内容进行审查；未经审查，不得发布。"根据上述原则规定，1995 年国家工商管理总局与国务院有关行政部门制定了一系列审查办法和审查标准：

- 《药品广告审查办法》与《药品广告审查标准》。
- 《医疗器械广告审查办法》与《医疗器械广告审查标准》。
- 《农药广告审查办法》与《农药广告审查标准》。
- 《兽药广告审查办法》与《兽药广告审查标准》。
- 1997 年 6 月，国家工商行政管理总局与卫生部联合发出《关于进一步加强药品广告审查和监督管理工作的通知》(工商广字【1997】第 165 号)。
- 2001 年 1 月，国家药品监督局、国家工商行政管理总局联合发出《关于加强处方药广告审查管理工作的通知》(国药管市【2001】第 14 号)。
- 2001 年 11 月，国家药品监督局、国家工商行政管理总局联合发出《关于加强药品广告审查监督管理工作的通知》(国药监市【2001】第 476 号)等。

(3) 药品、医疗器械、农药、兽药四种商品广告共同的禁止性标准有：

- 不得含有不科学地表示功效的断言和保证；
- 不得含有治愈率、有效率等内容；
- 不得利用他人名义或形象作证明；
- 不得贬低同类产品及与其他产品进行功效和安全性比较；
- 不得含有"最新技术"、"最先进制法"的绝对化语言；
- 不得含有无效退款、保险公司保险、获奖等内容；
- 药品、医疗器械、兽药广告中不得直接显示病状和病例图片；
- 部分广告中可使用"国家中药保护品种"，但类似内容需经国家工商总局批准方可使用。

(4) 药品、医疗器械、农药、兽药四种商品广告特有的禁止性标准有：

第一，药品广告的特殊标准。内容包括：

- 药品广告的禁止性规定。下列药品不得发布广告：
  ➢ 麻醉药品、精神药品、毒性药品、放射性药品。
  ➢ 治疗肿瘤、艾滋病、改善和治疗性功能障碍的药品、计划生育用药、防疫制品。
  ➢ 《中华人民共和国药品管理法》规定的假药、劣药。
  ➢ 戒毒药品以及国务院卫生行政部门认定的特殊药品。
  ➢ 未经卫生行政部门批准生产的药品和试生产的药品。

➤ 卫生行政部门明令禁止销售、使用的药品和医疗单位配制的制剂。

➤ 除中药饮片外，未取得注册商标的药品。

➤ 药品广告不得使用儿童的名义和形象，不得以儿童为广告诉求对象。因为儿童的识别判断力差而模仿力强，药品广告宣传可以诱发其错误行为，造成事故。

➤ 药品广告不得直接或间接怂恿任意、过量使用药品，不得宣传有奖、让利、降价、馈赠内容。药品广告中禁止出现"指定产品"、"专用产品"和将药品作为礼品或奖品的内容。

➤ 医疗机构不得从事药品广告宣传活动；在医疗广告中也不得宣传药品；严禁在药品零售企业内以"义诊"、"医疗咨询"等名义或方式进行药品宣传促销活动。

● 药品广告必须标明的内容有：

➤ 应当在广告合同中标注药品广告审查批准文号和药品批准生产文号。

➤ 国家规定应当在医生指导下使用的治疗性药品广告的，必须注明"按医生处方购买和使用"。

➤ 药品标准和说明书中规定禁忌症的，必须在广告中醒目标示，如不能全部标示的，除注明主要内容外，必须醒目标示"其他禁忌症详见说明书"的字样。

➤ 广告宣传需要使用商品名称的，商品名称不得单独宣传，以文字图像表现的药品广告，其通用名称应显著标示。这项规定的目的是使医生、患者能够识别同种或不同种的药品，不致被商品名称所误导。

● 处方药、非处方药、地方标准药品广告的规定有：

➤ 处方药不得在大众传播媒介发布广告，只能在卫生部和国家食品药品监督管理局指定的医学、药学专业刊物中发布。非处方药经过批准在大众传播媒介发布广告，但不得发布于儿童节目、出版物上；改善和治疗性功能障碍的非处方药，不得在大众传媒上发布。非处方药广告必须同时标明非处方药专用标识(OTC)。处方药广告的忠告语是"本广告仅供医学药学专业人士阅读"。非处方药广告的忠告语是"请按药品说明书或在药师指导下购买和使用"。非处方药广告不得利用公众对于医药学知识的缺乏，使用公众难以理解和容易引起混淆的医学、药学术语，造成公众对药品功效与安全性的误解。

➤ 国家药品监督管理局对首次批准上市五年内的新药按处方药进行管理。上市五年后被确定为非处方药的，方可申请在大众传播媒介发布广告。

➤ 对药品广告中药品名称使用的规范。药品名称一般分为通用名和商品名。通用名即按照一个国家药典规定的名称；但同种药品厂家又会赋予其商品名，这就给消费者的认知带来了麻烦，不便于其选择，甚至会出现混乱。国家药监局在 2006 年实施了《药品说明书和标签管理规定》，明确指出：

✧ 在药品广告中，药品名称必须符合国家食品药品监督管理局公布的药品通用名称和商品名称的命名原则，并与药品批准证明文件的相应内容一致。

✧ 药品广告中的药品商品名称不得单独宣传，应当与药品通用名称同时出现。

✧ 药品广告禁止使用未经注册的商标，不得以产品注册商标代替药品进行宣传。

✧ 在文字广告及电视广告画面中，药品商品名称其字体和颜色，不得比通用名称更突出和显著，其字体以单字面积计，不得大于通用名称所用字体的二分之一；产品文字型注册商标的字体以单字面积计，不得大于通用名称所用字体的四分之一。

➢ 禁止变相发布处方药广告。变相发布处方药广告的形式有以下几种：

✧ 药品生产、经营企业在广告中宣传的企业名称中含有处方药通用名称或者商品名称，或者是广告中含有处方药商品名称、注册商标内容的；

✧ 以处方药通用名称或者商品名称、处方药的注册商标作为企业字号成立各种咨询服务机构或者医疗机构等，对这类咨询服务机构或医疗机构进行广告宣传；

✧ 假借公益广告的形式，在公益广告中出现处方药商品名称的，等等；

✧ 以上均属于处方药广告的表现形式，必须经过药品广告宣传，并不得在大众传播媒介上发布。

➢ 关于地方标准的药品广告规定。目前，禁止地方标准产品发布任何广告。

第二，医疗器械广告的特殊标准。内容包括：

● 医疗器械广告的禁止性规定。下列医疗器械不得发布广告：

➢ 未经国家或省级医药管理部门批准进入市场的；

➢ 未经生产者所在国(地区)政府批准进入市场的境外产品；

➢ 应取得许可证而未取得的生产者生产的；

➢ 扩大临床使用、试生产阶段的；

➢ 治疗艾滋病、改善和治疗性功能障碍的；

➢ 除中药饮片外，未取得注册商标的药品；

➢ 医疗器械广告不得利用消费者缺乏专业技术知识和经验的弱点，以专业术语或无法证实的演示误导消费者。

● 医疗器械广告必须标明的内容有：

➢ 推荐给个人使用的应标注"请在医生的指导下使用"；

➢ 应将广告批准文号列入广告中。

第三，农药广告的特殊标准。内容包括：

● 农药广告的内容应当与《农药登记证》和《农药登记公告》的内容相符，不得随意扩大范围；

● 农药广告中不得使用直接或间接的方法以及模棱两可、言过其实的用语，使人在产品的安全性、适用性或政府批准等方面产生错觉；

● 农药广告不得滥用未经国家认可的研究成果或不科学的词句或术语；

● 农药广告不得出现违反安全使用规定的用语及画面；

● 未经国家批准登记的农药不得发布广告；

● 农药广告的批准文号应当列为广告内容同时发布。

第四，兽药广告的特殊标准。内容包括：

● 下列兽药不得做广告：

➢ 兽用麻醉、精神药品和兽医医疗单位配制的制剂；

➢ 所含成分的种类、含量、名称与国家标准或地方标准不符合的；

➢ 临床应用发现超出规定毒副作用的；

➢ 农业部明令禁止使用的、未取得兽药产品批准文号的或未取得《进口兽药登记许可证》的。

● 广告中兽药的使用范围不得超出国家规定，不得出现违反兽药安全使用规定的用语和画面。

● 兽药广告批准文号应列为广告内容同时发布。

3.3.2 其他种类的特殊商品与服务的广告发布标准

1. 医疗广告的特殊标准

(1) 医疗广告的概念及监管依据。内容包括：

第一，医疗广告，是指利用各种媒介或者形式直接或间接介绍医疗机构或医疗服务的广告。它包含两层含义：一是医疗广告的主体必须是取得合法资格的医疗机构；二是广告的内容是运用科学技术对疾病进行诊疗。

医药广告的违法问题已经成为社会各界广泛关注的问题，也是近年来政府和群众所关心的热点话题。违法医药广告危害极大，群众对此深恶痛绝。不法医疗广告泛滥成灾，这与我国广告市场缺乏健全的法制环境及行业体制是分不开的，而且医疗广告问题越来越突出，为此，必须加大对医疗广告的监管力度。

第二，目前医疗广告的监管依据有：

● 为了规范医疗广告行为，1993 年 9 月 27 日，由国家工商总局、卫生部联合发布《医疗广告管理办法》(以下简称《办法》)，并于 2006 年 11 月 10 日重新修订、2007 年 1 月 1 日执行。

● 2003 年，国家工商总局、卫生部、国家中医药管理局联合发布《关于规范医疗广告活动，加强医疗广告监管的通知》(以下简称《通知》)，也对医疗广告的监管作出了规定。

上述《办法》和《通知》，以及前面讲过的《广告法》、《医疗机构管理条例》、《中医药条例》等法律法规就是医疗广告监管的依据。

(2) 对医疗广告主体、客体的限制性标准包括：

第一，医疗广告主体方面的规定有：

● 未取得《医疗广告审查证明》，不得发布医疗广告；

● 非医疗机构不得发布医疗广告，医疗机构不得以内部科室名义发布医疗广告；

● 医疗机构是否具备发布广告的条件和资格，应当由省级卫生行政部门决定，只有取得省级卫生行政部门出具的《医疗广告证明》才有发布广告资格。

第二，医疗广告客体方面的规定有：

● 暂停就下列疾病发布医疗广告：尖锐湿疣、梅毒、淋病、软下疳等性病；牛皮癣(银屑病)；艾滋病；癌症(恶性肿瘤)；癫痫；乙型肝炎；白癜风；红斑狼疮。

● 禁止以新闻报道形式发布广告。有关医疗机构的人物专访、专题报道等文章中不得出现有关医疗机构地址、电话、联系办法等广告宣传内容；在发表有关文章的同时，不得在同一媒介同一时间或者版面发布有关该医疗服务及其医疗机构的广告。以上述形式发布广告，发布者声称未收取费用的，也应认定为利用新闻报道形式发布医疗广告。

● 广播电台、电视台中的空中门诊、电视门诊等专题性栏目符合医疗广告特征的，应当按本通知规定予以规范。

(3) 医疗广告发布的标准有：

第一，医疗广告内容仅限于以下项目：医疗机构第一名称；医疗机构地址；所有制形式；医疗机构类别；诊疗科目；床位数；接诊时间；联系电话。一至六项发布的内容必须与卫生行政部门、中医药管理部门核发的《医疗机构执业许可证》或其副本载明的内容一致。

第二，医疗广告的表现形式不得含有以下情形：

- 涉及医疗技术、诊疗方法、疾病名称、药物的；
- 保证治愈或者隐含保证治愈的；
- 宣传治愈率、有效率等诊疗效果的；
- 淫秽、迷信、荒诞的；
- 贬低他人的；
- 利用患者、卫生技术人员、医学教育科研机构及人员以及其他社会社团、组织的名义、形象作证明的；
- 使用解放军和武警部队名义的；
- 法律、行政法规规定禁止的其他情形。

(4) 关于特殊内容和形式医疗广告发布的规定有：

- 医疗机构发布的含有义诊内容的广告，必须按照卫生部《关于组织义诊活动实行备案管理的通知》的要求，方可申请办理《医疗广告证明》手续。
- 发布医疗美容服务的广告的，按照《医疗美容服务管理办法》的规定如下：

➢ 医疗美容，是指运用手术、药物、医疗器械以及其他具有创伤性或者侵入性的医学技术方法对人的容貌和人体各部位形态进行的修复与再塑。

➢ 美容医疗机构，是指以开展医疗美容诊疗业务为主的医疗机构。

➢ 负责实施医疗美容项目的主诊医师必须同时具备下列条件：

➢ 具有执业医师资格，经执业医师注册机关注册。

➢ 具有从事相关临床学科工作经历。其中，负责实施美容外科项目的应具有六年以上从事美容外科或整形外科等相关专业临床工作经历；负责实施美容牙科项目的应具有五年以上从事美容牙科或口腔科专业临床工作经历；负责实施美容中医科和美容皮肤科项目的应分别具有三年以上从事中医专业和皮肤病专业临床工作经历。

➢ 经过医疗美容专业、培训或进修并合格，或已从事医疗美容临床工作一年以上。

➢ 省级人民政府卫生行政部门规定的其他条件。

➢ 医疗美容服务广告按照《医疗广告管理办法》执行，并应当办理《医疗广告证明》。

- 户外医疗广告。户外医疗广告按照《户外广告登记管理规定》办理户外广告的登记手续。其前提是《医疗广告》证明中核定的发布媒体形式包括户外广告。

2. 食品广告的特殊标准

(1) 食品的概念及监管依据。内容包括：

第一，食品广告管理的对象包括普通食品广告、保健食品广告、新资源食品广告和特殊营养食品广告。具体解释为：

- 保健食品是指具有特定保健功能，适宜于特定人群，具有调节机体功能，不以治疗疾病为目的的食品。
- 新资源食品是指以在我国新研制、新发现、新引进的无食用习惯或者仅在个别地区有食用习惯的，符合食品基本要求的物品生产的食品。

● 特殊营养食品是指通过改变食品的天然营养素的成分和含量比例，以适应某些特殊人群营养需要的食品。

第二，食品广告监管的依据。目前，在我国发布食品广告的，应当遵守《中华人民共和国广告法》、《中华人民共和国食品卫生法》(以下简称《食品卫生法》)、《食品广告管理办法》、《食品广告发布暂行规定(国家工商局令第 72 号)》等国家有关广告监督管理和食品卫生管理的法律、法规。

(2) 食品广告发布标准的具体内容：

第一，禁止发布广告的食品有：

● 食品卫生法禁止生产经营的食品；

● 宣传疗效的食品；

● 母乳代用品。(母乳代用品，系指市场销售或通过其他途径提供的，部分或全部地作为母乳代用品的任何食品，包括婴儿配方食品，市场销售或以其他形式提供的经改制或不经改制适宜于部分或全部代替母乳的其他乳制品、食品和饮料，包括瓶饲辅助食品、饲瓶和奶嘴。)

第二，食品广告发布标准包括：

● 食品广告内容必须真实、健康、科学、准确，不得以任何形式欺骗和误导消费者。

● 食品广告不得含有"最新科学"、"最新技术"、"最先进加工工艺"等绝对化的语言或者表示。

● 食品广告中不得出现医疗术语、易与药品混淆的用语以及无法用客观指标评价的用语。

● 食品广告不得直接或者间接地宣传治疗作用，也不得借助宣传某些成分作用明示或者暗示该食品的治疗作用。

● 食品广告不得明示或者暗示可以替代母乳，不得使用哺乳妇女和婴儿的形象。

● 食品广告中不得使用医疗机构、医生的名义或者形象。食品广告中涉及特定功效的，不得利用专家、消费者的名义或者形象做证明。

● 保健食品广告中有关保健功能、产品功效成分/标志性成分及含量、适宜人群、食用量等的宣传，应当以国务院食品药品监督管理部门批准的说明书内容为准，不得任意改变。

● 保健食品广告应当引导消费者合理使用保健食品，保健食品广告不得出现下列情形和内容：

➤ 含有表示产品功效的断言或者保证；

➤ 含有使用该产品能够获得健康的表述；

➤ 通过渲染、夸大某种健康状况或者疾病，或者通过描述某种疾病容易导致的身体危害，使公众对自身健康产生担忧、恐惧，误解不使用广告宣传的保健食品会患某种疾病或者导致身体健康状况恶化；

➤ 用公众难以理解的专业化术语、神秘化语言、表示科技含量的语言等描述该产品的作用特征和机理；

➤ 利用和出现国家机关及其事业单位、医疗机构、学术机构、行业组织的名义和形象，或者以专家、医务人员和消费者的名义和形象为产品功效作证明；

> ➤ 含有无法证实的所谓"科学或研究发现"、"实验或数据证明"等方面的内容;
> ➤ 夸大保健食品功效或扩大适宜人群范围,明示或者暗示适合所有症状及所有人群;
> ➤ 含有与药品相混淆的用语,直接或者间接地宣传治疗作用,或者借助宣传某些成分的作用明示或者暗示该保健食品具有疾病治疗的作用;
> ➤ 与其他保健食品或者药品、医疗器械等产品进行对比,贬低其他产品;
> ➤ 利用封建迷信进行保健食品宣传的;
> ➤ 宣称产品为祖传秘方;
> ➤ 含有无效退款、保险公司保险等内容的;
> ➤ 含有"安全"、"无毒副作用"、"无依赖"等承诺的;
> ➤ 含有最新技术、最高科学、最先进制法等绝对化的用语和表述的;
> ➤ 声称或者暗示保健食品为正常生活或者治疗病症所必需;
> ➤ 含有有效率、治愈率、评比、获奖等综合评价内容的;
> ➤ 直接或者间接怂恿任意、过量使用保健食品的。

- 不得以新闻报道等形式发布保健食品广告。
- 保健食品广告必须标明保健食品名称、保健食品批准文号、保健食品广告批准文号、保健食品标识、保健食品不适宜人群。
- 保健食品广告中必须说明或者标明"本品不能代替药物"的忠告语;电视广告中保健食品标识和忠告语必须始终出现。
- 普通食品、新资源食品、特殊营养食品广告不得宣传保健功能,也不得借助宣传某些成分的作用明示或者暗示其保健作用。
- 普通食品广告不得宣传该食品含有新资源食品中的成分或者特殊营养成分。据最新消息,《母乳代用品管理办法(征求意见稿)》(以下简称《意见稿》)。母乳代用品,指以六个月以内婴儿为对象,通过市场销售或者以其他形式提供的,部分或者全部代替母乳的乳制品、饮料和其他食品。《意见稿》指出,禁止设计、制作、代理、发布或者变相发布母乳代用品广告。禁止以推销产品为目的,利用广播、电影、电视、报纸、期刊、图书、音像制品、通讯、网络等任何媒介向公众进行母乳代用品的宣传,包括播放、刊登有关母乳代用品的报道、文章和图片等。

3. 化妆品广告的特殊标准

(1) 化妆品广告管理的对象及依据。内容包括:

第一,化妆品广告,是指以涂擦、喷洒或者其他类似的办法,散布于人体表面任何部位(皮肤、毛发、指甲、口唇等),以达到清洁、消除不良气味、护肤、美容和修饰目的的日用化学工业产品。特殊用途化妆品,是指用于育发、染发、烫发、脱毛、美乳、健美、除臭、祛斑、防晒的化妆品。

第二,化妆品广告管理的依据,主要是根据 1993 年 7 月 13 日由国家工商行政管理局颁布的《化妆品广告管理办法》(中华人民共和国国家工商行政管理局第 12 号令)规定,"凡利用各种媒介或者形式在中华人民共和国境内发布的化妆品广告,均属本办法管理范围",该办法使化妆品广告的监管进入了一个新的阶段。

(2) 化妆品广告的发布标准包括:

第一，化妆品广告内容必须真实、健康、科学、准确，不得以任何形式欺骗和误导消费者。

第二，广告客户对可能引起不良反应的化妆品，应当在广告中注明使用方法，注意事项。

第三，化妆品广告禁止出现下列内容：

- 化妆品名称、制法、成分、效用或者性能有虚假夸大的；
- 使用他人名义保证或者以暗示方法使人误解其效用的；
- 宣传医疗作用或者使用医疗术语的；
- 有贬低同类产品内容的；
- 使用最新创造、最新发明、纯天然制品、无副作用等绝对化语言的；
- 有涉及化妆品性能或者功能、销量等方面的数据的；
- 违反其他法律、法规规定的。

第四，有下列情况之一的，工商行政管理机关可以责令广告客户或者广告经营者停止发布广告：

- 化妆品引起严重的皮肤过敏反应或者给消费者造成严重人身伤害等事故的；
- 化妆品质量下降而未达到规定标准的；
- 营业执照、《化妆品生产企业卫生许可证》或者《化妆品生产许可证》被吊销的。

4. 烟草广告的特殊标准

(1) 烟草广告管理的对象和依据。内容包括：

第一，烟草广告，是指烟草制品生产者或者经销者(以下简称烟草经营者)发布的、含有烟草企业名称、标识、烟草制品名称、商标、包装、装潢等内容的广告。

第二，烟草广告管理的依据。为了加强对烟草广告的监督管理，维护人民身体健康，根据《中华人民共和国广告法》(以下简称《广告法》)及国家有关规定，1995 年 12 月 20 日由国家工商行政管理局颁布的《烟草广告管理暂行办法》是我国烟草广告管理的主要依据。同时，2003 年 2 月，卫生部、国家工商行政管理总局联合颁布《关于印发全国无烟草广告城市认定实施办法的通知》，全国无烟草广告城市认定的条件就是无任何烟草广告或变相烟草广告。

(2) 烟草广告发布的限制条款有：

第一，依据《广告法》第十八条规定："禁止利用广播、电影、电视、报纸、期刊发布烟草广告。禁止在各类等候室、影剧院、会议厅堂、体育比赛场馆等公共场所设置烟草广告。"

第二，在国家禁止范围以外的媒介或者场所发布烟草广告，必须经省级以上广告监督管理机关或者其授权的省辖市广告监督管理机关批准。

第三，烟草经营者或者其被委托人直接向商业、服务业的销售点和居民住所发送广告品，须经所在地县级以上广告监督管理机关批准。

(3) 烟草广告的发布标准。经批准可以发布的烟草广告除了要遵守《广告法》的一般准则外，还应当遵守特殊标准：

第一，烟草广告中不得有下列情形：

- 吸烟形象；
- 未成年人形象；
- 鼓励、怂恿吸烟的；
- 表示吸烟有利人体健康、解除疲劳、缓解精神紧张的；
- 其他违反国家广告管理规定的。

第二，烟草广告中必须标明"吸烟有害健康"的忠告语。忠告语必须清晰、易于辨认，所占面积不得少于全部广告面积的 10%。

(4) 防止变相发布烟草广告的有关规定。为了加强对烟草广告的监督管理，防止规避法律，变相发布此类广告，必须将广告中涉及烟草或者与烟草有关事项和此类广告严格区分，加以规范。具体规定包括：

第一，禁止利用广播、电视、电影节目以及报纸、期刊的文章，变相发布烟草广告。

第二，烟草企业发布无企业名称、无烟草制品名称的广告，如果其主要画面、用语与该经营者发布的其他烟草广告的主要画面、用语相同或相似，虽未出现烟草企业名称、标示及烟草制品名称、商标、包装、装潢的，也同样具有宣传烟草企业形象，直接或间接宣传其烟草制品的作用，应认定为烟草广告，属于违反上述第一条规定的变相发布烟草广告其他商品、服务的商标名称及服务项目名称与烟草制品商标名称相同的，该商品、服务的广告，必须以易于辨认的方式，明确表示商品名称、服务种类，并不得含有该商品、服务与烟草制品有关的表示。

第三，在各类临时性广告经营活动中，凡利用烟草经营者名称、烟草制品商标为活动冠名、冠杯的，不得通过广播、电视、电影、报纸、期刊发布带有冠名、冠杯内容的赛事、演出等广告。

第四，烟草经营者利用广播、电视、电影、报纸、期刊发布下列广告时，不得出现烟草制品名称、商标、包装、装潢。出现的企业名称与烟草商标名称相同时，不得以特殊设计的办法突出企业名称。具体情形包括：

- 社会公益广告；
- 迁址、换房、更名等启事广告；
- 招工、招聘、寻求合作、寻求服务等企业经营广告；
- 广播、电影、电视节目首尾处出现的鸣谢单位或者赞助单位名称；
- 报纸、期刊报花、栏头上标明的协办单位名称。

5. 酒类广告的特殊标准

(1) 酒类广告的概念及监管依据。内容包括：

第一，酒类广告，是指含有酒类商品名称、商标、包装、制酒企业名称等内容的广告。

第二，酗酒是危害家庭、社会和身体健康的一种恶习，我国不提倡对酒做宣传，特别是 40 度以上的烈性白酒。为了加强对酒类广告的管理，保护消费者的合法权益，维护社会良好风尚，1995 年 11 月，国家工商管理总局根据《中华人民共和国广告法》、《广告管理条例》及《广告管理条例施行细则》，制定了《酒类广告管理办法》(以下称《办法》)，是规范酒类广告的主要依据。

(2) 酒类广告发布的限制条款。《办法》第九条规定：大众传媒媒介发布酒类广告，不得违反下列规定：

第一，对于电视媒体，每套节目每日发布的酒类广告，在特殊时段(19:00—21:00)不超过二条，普通时段每日不超过十条。

第二，对于广播媒体，每套节目每小时发布的酒类广告，不得超过二条。

第三，对于报纸、期刊媒体，每期发布的酒类广告，不得超过二条，并不得在报纸第一版、期刊封面发布。

第四，自 2001 年 1 月 1 日起，对低度发酵酒(包括葡萄酒、水果酒、黄酒等)的广告不再实行发布时间、数量和版面的限制。

(3) 酒类广告的发布标准包括：

第一，《办法》第六条规定：酒类广告应当符合卫生许可的事项，并不得使用医疗用语或者易与药品相混淆的用语。

第二，《办法》第七条规定：酒类广告中不得出现以下内容：

- 鼓动、倡导、引诱人们饮酒或者宣传无节制饮酒；
- 饮酒的动作；
- 未成年人的形象；
- 表现驾驶车、船、飞机等具有潜在危险的活动；
- 诸如可以"消除紧张和焦虑"、"增加体力"等不科学的明示或者暗示；
- 把个人、商业、社会、体育、性生活或者其他方面的成功归因于饮酒的明示或者暗示；
- 关于酒类商品的各种评优、评奖、评名牌、推荐等评比结果；
- 不符合社会主义精神文明建设的要求，违背社会良好风尚和不科学、不真实的其他内容。

第三，经卫生行政部门批准的、有医疗作用的酒类商品，其广告依照《药品广告审查办法》和《药品广告审查标准》进行管理。

第四，经卫生行政部门批准的有保健功能的酒类商品，其广告同时应当符合保健食品广告的有关规定。

第五，关于啤酒广告，按照商标注册分类，将啤酒归为饮料，在实践中一般将啤酒广告排除在《酒类广告管理办法》之外。

第六，在各类临时性广告活动中，以及含有附带赠送礼品的广告中，不得将酒类商品作为奖品或者礼品出现。

6. 房地产广告的特殊标准

(1) 房地产广告的概念及监管依据。内容包括：

第一，房地产广告，指房地产开发企业、房地产权利人、房地产中介服务机构发布的房地产项目预售、预租、出售、出租、项目转让以及其他房地产项目介绍的广告。

第二，房地产广告监管的依据。1996 年，国家工商行政管理局颁布《关于房地产广告发布暂行规定》(以下简称《暂行规定》)，1998 年重新修订，这是我国房地产广告管理的主要法律依据。当然还要遵守《广告法》、《城市房地产管理法》、《土地管理法》等相关法律法规。居民私人及非经营性售房、租房、换房广告，不适用本规定。

(2) 房地产广告发布的标准有：

第一，房地产广告必须真实、合法、科学、准确，符合社会主义精神文明建设要求，不得欺骗和误导公众。

第二，凡下列情况的房地产，不得发布广告：

- 在未经依法取得国有土地使用权的土地上开发建设的；
- 在未经国家征用的集体所有的土地上建设的；
- 司法机关和行政机关依法规定、决定查封或者以其他形式限制房地产权利的；
- 预售房地产，但未取得该项目预售许可证的；
- 权属有争议的；
- 违反国家有关规定建设的；
- 不符合工程质量标准，经验收不合格的；
- 法律、行政法规规定禁止的其他情形。

第三，房地产广告内容对房地产项目的说明、介绍应遵循以下标准：

- 对价格有表示的，应当清楚表示为实际的销售价格，明示价格的有效期限；
- 表现项目位置，应以从该项目到达某一具体参照物的现有交通干道的实际距离表示，不得以所需时间来表示距离。房地产广告中的项目位置示意图，应当准确、清楚，比例恰当；
- 涉及的交通、商业、文化教育设施及其他市政条件等，如在规划或者建设中，应当在广告中注明；
- 涉及面积的，应当表明是建筑面积或者使用面积；
- 涉及内部结构、装修装饰的，应当真实、准确；
- 不得利用其他项目的形象环境作为本项目的效果；使用建筑设计效果图或模型照片的应当在广告中注明。

第四，房地产预售、销售广告，必须载明以下事项：

- 开发企业名称；
- 中介服务机构代理销售的，载明该机构名称；
- 预售或者销售许可证书号；
- 广告中仅介绍房地产项目名称的，可以不必载明上述事项。

第五，广告中涉及房地产项目评价内容的应当遵循以下标准：

- 房地产广告不得含有风水、占卜等封建迷信内容，对项目情况进行的说明、渲染，不得有悖社会良好风尚；
- 房地产广告中不得出现融资或者变相融资的内容，不得含有升值或者投资回报的承诺；
- 房地产广告中涉及贷款服务的，应当载明提供贷款的银行名称及贷款额度、年期；
- 房地产广告中涉及资产评估的，应当表明评估单位、估价师和评估时间；使用其他数据、统计资料、文摘、引用语的，应当真实、准确，表明出处；

房地产广告中不得含有广告主能够为入住者办理户口、就业、升学等事项的承诺。

7. 融资广告的特殊标准

(1) 融资广告的概念及监管依据。内容包括：

第一，这里所说的融资，是指企业法人或其他组织向社会有偿筹集资金的活动，包括各种股票、债券等有价证券的发行、转让及其他各种形式的集资活动。随着我国改革开放的不断深入，我国金融市场发展迅速，融资活动日趋活跃，在各种媒介上发布的融资广告也日益增多。融资广告对繁荣社会主义金融市场有着积极的作用，但目前也存在一些比较严重的问题。主要表现是：有些地方未按国家规定办理发行证券手续，擅自发布证券融资广告；有些企业未经有关部门批准，自行从事融资活动，发布融资广告等。这些问题的出现，扰乱了金融市场秩序，损害了投资人的切身利益，在社会上造成了很坏的影响。因此，必须加强对融资广告的管理，给予必要的引导和规范。

第二，为了规范融资广告行为、保护正常的融资活动、维护社会主义金融秩序、确保投资者的合法权益和社会公共利益，根据国务院《广告管理条例》和金融市场管理的有关规定，1993 年 9 月 10 日，国家工商行政管理局颁布了《关于加强融资广告管理的通知》(以下简称《通知》)，是对融资广告进行规范管理的主要依据。

(2) 融资广告的限制性规定有：

第一，融资广告应当保证其内容的准确性和完整性，确保公众对广告内容(如投资机会、资金用途、附加条件等)有充分的了解，不得夸大或隐匿关键的内容。对于有风险的融资活动，必须在广告中予以说明，不得利用融资广告欺骗或误导公众。

第二，融资广告不得比照其他证券和投资的收益；对该融资活动投资前景的预测，须提交有法定资格的会计师事务所出具的预测报告。

第三，融资广告不得说明或暗示付还本金或支付利息是有绝对保证的。

第四，融资广告中提及广告客户资产额或涉及具体数据的，应当提交具有法律效力的资产负债说明。

第五，股票广告应在显著位置标注"股市有风险，投资者须慎重入市"或含有类似内容的忠告性语言。

(3) 融资广告的发布标准。按照《通知》规定，禁止发布下列融资广告：

● 企业内部集资；

● 未经国家授权部门批准而向社会发行融资证券；

● 违反国家法律、法规及其他有关规定发行各种融资证券及从事其他集资或变相集资活动。

8. 加工承揽广告的特殊标准

(1) 融资广告的概念及监管依据。内容包括：

第一，加工承揽广告是指企业(以下称业务委托人)自行或通过中介人发布的寻求其业务项目合作伙伴(即业务承接人)的广告。加工承揽广告仅是一种业务项目信息的介绍，不是签订经济合同的依据。近几年来，一些不法分子利用许多单位急于寻找业务的心理，虚构业务项目，通过加工承揽广告招引客户后，再诱骗客户订立法律责任不清的经济合同，骗取合同保证金(又称质量保证金、定金、预收款等，下同)。这种违法经营活动的主要手法是：不法分子利用加工承揽广告诱使业务承接人与之签订加工合同，在合同中故意模糊业务项目的质量标准和验收方法，当业务承接人完成业务项目后，不法分子任意解释质量标准，千方百计使业务承接人完成的业务项目达不到其要求，最终以业务承接人无能力履约为借口毁约，并不退还原收取的合同保证金。这种违法行为的直接后果，是业务承接人不仅合同保证金被骗，其支付中介人的中介费及为承接和完成业务项目的其他投入也无法收回。目前，此种违法行为滋生蔓延，涉及面广，危害极大。

第二，为规范加工承揽广告的发布行为，打击虚假加工承揽广告，国家工商管理局于1996年11月19日颁布《关于加强加工承揽广告管理的通告》，作为加工承揽广告的监管依据。

(2) 加工承揽广告不得有下列内容：

● 业务项目的技术要求、质量标准、规格、材料要求；

● 业务项目的生产条件、生产工艺；

● 业务项目的来源、具体数量、经济效益预测和分析、完成时限要求；

● 完成业务项目所需的人工、资金投入数量；

● 加工承揽广告须注明加工承揽广告不能作为承接业务及签订合同的依据的忠告语。

9. 电影贴片广告的特殊标准

(1) 电影贴片广告的含义及其监管依据。内容包括：

第一，电影贴片广告，是指将企业产品广告或企业形象广告与影片一同拷贝，在电影放映前播出的广告，也称随片广告。随着数字化技术的发展和数字电影的普及，有一些电影贴片广告不再以胶片为载体、以拷贝为放映方式，而以数字文件形式放映或通过网络、卫星直接传送到影院等放映单位。

第二，近年来，我国的电影广告有了较快的发展，为扩大产品宣传，树立企业形象发挥了积极作用。但电影广告在发展中也出现了一些问题，如一些影片贴片广告时间过长，电影放映中间随意插播广告，影响了观众正常观看电影；有的影片贴片广告内容庸俗，格调不高；一些单位不经电影版权方同意随意搭载、删减广告。以上问题损害了消费者和电影版权方的合法权益，干扰了正常的广告经营秩序。为促进电影广告业健康发展，维护广大消费者和电影版权方的合法权益，2004年6月25日，国家广电总局和工商行政管理局发出《关于加强影片贴片广告管理的通知》(以下称通知)，加强对影片贴片广告的管理，这是对我国电影广告市场首次发布的规范性文件。《通知》对规范影片贴片广告市场，保障消费者和电影版权方的合法权益，促进影片贴片广告的规模效应，维护电影广告经营秩序起到了十分重要的作用。

(2) 电影贴片广告的发布标准有：

第一，电影贴片广告必须严格执行广告管理的有关规定，内容要真实合法，符合社会主义精神文明建设的要求，不得欺骗和误导消费者。

第二，未经工商行政管理机关登记，未取得相应的广告经营资格，不得设计、制作、代理、发布影片贴片广告。

第三，未经影片版权方同意，任何单位不得搭载、删减贴片广告。

第四，影片贴片广告一律加在《电影片公映许可证》画面之前，不得占用电影放映时间。

第五，电影院线公司、发行公司要规范操作贴片广告业务，电影院要对放映的影片贴片广告时间予以公告。

第六，切实加强影片贴片广告管理。各级电影行政管理部门对违反本通知规定的，依据电影管理的有关法规予以通报批评，情节严重的停止供片并责令停映整顿。各级工商行政管理机关要加强对影片贴片广告的日常监管，加强对电影广告从业人员的法规培训，对违反广告管理法规规定的行为依法查处，维护正常的电影广告经营秩序。

10. 林木种子广告的特殊标准

(1) 林木种子的含义及广告监管依据。内容包括：

第一，林木种子，是指林木的种植材料(苗木)或者繁殖材料，具体指乔木、灌木、木质藤本等木本植物及用于林业生产和国土绿化的草本植物的籽粒、果实和根、茎、苗、芽、叶等。

第二，发布林木种子广告除了应当符合《广告法》、《种子法》及有关法律、法规的规定外，还应当按照 2003 年 8 月 28 日国家工商管理总局发布的《关于加强林木种子广告管理的通知》的要求进行规范。

(2) 林木种子广告发布标准有：

第一，林木种子广告在种子生长量、产量、品质、抗逆性、特殊使用价值、经济价值、适宜种植范围等方面应当真实，不得含有分析、预测内容，以及涉及效益的承诺。

第二，普通林木品种不得作为良种进行宣传。广告中不得出现优良、优质、优选、速生、高产、高抗病虫、抗虫、抗逆性强等表述。不得含有在特殊使用价值、经济价值、生长量、产量、适应性、抗性等方面优于其他品种的内容。普通林木品种和主要林木品种广告应当标明树种的适宜种植区域或适生范围。

第三，主要林木品种在推广应用前应当通过国家级或者省级林木品种审定委员会审(认)定，未经审(认)定的，不得发布广告。

第四，主要林木品种通过审(认)定的，为林木良种。林木良种广告内容应当与林业行政主管部门的良种审(认)定公告相一致，不得夸大。林木良种广告中使用名称的，必须使用国家或省级林木品种审定委员会确定的法定名称，需要使用其他商品名称的，必须同时注明法定名称。林木良种广告必须注明良种编号、类别、学名、品种特性、栽培技术要点、适宜种植范围等内容。

【本章思考题】

1. 如何理解广告发布标准的分类？
2. 何为广告的真实性？如何认定虚假广告？
3. 广告的合法性含义和基本要求是什么？
4. 试述误导广告的几种情形以及判断误导广告的原则。
5. 如何理解比较广告？对比较广告有何法律规定？
6. 新闻与广告之间的界限是什么？我国对新闻广告有哪些禁止性规定？
7. 试述广告发布的语言文字标准。
8. 谈一谈你对《广告法》第七条第二款 9 项禁止性规定的理解。
9. 试述对儿童广告进行规范的必要性及其发布标准。
10. 如何理解药品、医疗器械、农药、兽药等重点监控产品特殊发布标准内容？

第4章　特定媒体广告的法规管理

【内容摘要】

本章共分为三个部分：第一部分为户外广告管理，主要涉及户外广告的概念及特点；我国户外广告发展状况及存在问题；法律法规对户外广告管理的具体规定及要求等相关内容；第二部分为印刷广告管理，主要涉及印刷品广告的概念及形式；印刷品广告管理的相关规定及其内容；固定形式印刷品广告的管理的相关规定等内容；第三部分为网络广告管理，主要涉及网络广告含义、特点及其形式；我国网络广告发展和监管中存在的问题及完善的对策；《暂行办法》对网络广告管理的具体规定等内容。

【学习目标】

通过对本章的学习，主要使学生了解我国广告法律法规对户外媒体广告、印刷品广告、网络广告等几种特定媒体广告管理的规定及要求。具体应当：

(1) 了解有关户外广告的概念、特点及其目前发展的状况；

(2) 了解我国户外广告发展及管理中存在的主要问题；

(3) 重点了解我国户外广告管理的依据和内容；

(4) 了解我国印刷品广告的含义及其种类；

(5) 重点掌握印刷品广告管理的相关规定及其内容；

(6) 重点掌握固定形式印刷品广告管理的相关规定；

(7) 了解网络广告含义、特点及其形式；

(8) 了解我国网络广告发展和监管中存在的问题及完善对策；

(9) 重点掌握《暂行办法》对网络广告管理的具体规定及内容。

【重要知识点】

在本章学习中应掌握的概念及其知识点有：户外广告、单一户外媒体广告、网络电子类户外媒体广告、千人成本、印刷品广告、一般形式印刷品广告、固定形式印刷品广告、特殊形式印刷品广告、网络广告、旗帜广告、按钮广告、电子邮件广告、BBS(电子公告板)广告、插页式广告、富媒体广告、鼠标陷阱广告等。

4.1　户外广告的法规管理

4.1.1　户外广告及其发展状况

1. 户外广告的含义、形式及特点

(1) 户外广告是指利用户外场所、空间、设施等发布的广告，具体是指在城市道路、公路、铁路两侧、城市轨道交通线路的地面部分、河湖管理范围和广场、建筑物、构筑物上，以灯箱、霓虹灯、电子显示装置、展示牌等为载体形式的商业广告和在交通工具上设置的商业广告。

(2) 户外广告的形式。户外广告是一个很大的概念，不同的户外媒体，有不同的表现风格和特点，应该创造性地加以利用，整合其优势。由于户外广告所选择的载体多样化，致使户外广告的类型或形式也呈多样化。户外广告可以根据广告载体的固定或移动状况分类；也可以根据媒体采用的材料、技术手段及形态分类。实际上，符合规定的户外广告发布媒体有多少种，其户外广告的形式就有多少类。一般情况下，我国户外广告形式中，有传统的霓虹灯广告、路牌广告、灯箱广告等三种主要的形式；有公交车身广告以及其他交通工具为载体的交通类户外媒体广告；有热气球、气球、飞艇及其他飞行器等漂浮类户外媒体广告；有电视墙广告、LED 屏广告等电子类户外媒体广告；有悬挂类、张贴类、新型材料类户外广告；也有新型户外广告，如道闸广告、互动投影广告、镜面媒体广告(又称功能镜面)、巡游车媒体广告、影院 LED 屏等及其他一切可以用作广告发布载体的户外广告形式。由此可以看到，户外广告的形式是五花八门、变化不断的，且随着各方面的发展还将会出现更多新型新颖、效果独特的户外广告形式。

(3) 户外广告的特点。相比于其他类别形式的广告来说，户外广告有以下特点：

第一，户外广告的视觉效果特别强。无论是公共场所树立巨型广告牌，夜晚五颜六色的霓虹灯广告，体现现代技术的电子屏幕广告，具有动感的交通、漂浮广告，甚至是墙体广告等，都充分利用了人的视觉，户外广告媒体自身特殊性使得户外广告的视觉冲击力特别强。

第二，户外广告的到达率和重复率高。户外广告的发布时段长，许多户外媒体是持久地、全天候发布的，它们每天二十四小时、每周七天地伫立在那儿，令其更容易为受众见到。通过策略性的媒介安排和分布，户外广告能创造出理想的到达率。据世界著名媒体传播公司——实力传播(Zenith Optimedia)的调查显示，户外媒体的到达率目前仅次于电视媒体，位居第二。

第三，广告的覆盖率高。结合目标人群，正确选择发布地点以及使用正确的户外媒体，就可以在理想的范围接触到多个层面的人群，发布的广告就可以和受众的生活节奏配合得非常好。

第四，户外广告的成本相对较低。户外媒体可能是最物有所值的大众媒体了。它的价格虽各有不同，但它的千人成本(广告业计算成本的一个重要指标，即每一千个受众所需的媒体费)，与其他媒体相比要低得多。

2. 我国户外广告发展及管理上存在的问题

(1) 我国户外广告发展的总体特点是"快"、"高"和"乱"。表现在：

第一，户外广告业务近几年在中国市场发展很快。这种"快"不仅体现在行业规模短时间之内的不断扩大上，还体现在新兴户外媒体形式的"快速"推出及被市场认可、接受。

第二，与"快"相伴相生的就是"高"。户外广告业的高利润、投资的高回报、整体行业的高增长。加之中国经济在全球经济中的一枝独秀，越来越多的跨国公司大举进入中国，各行业竞争的激烈程度越来越强，种种因素促使户外广告行业的超速增长。

第三，"快"与"高"带来的"乱"。随着传播环境的日渐复杂，各种大众传播渠道的竞争激烈，户外广告的竞争激烈程度也在加剧。由于户外广告的管理跟不上户外广告本身发展的形势与要求，当前户外广告发展本身也出现了许多混乱、无序的状况及问题。

(2) 户外广告发展和管理上存在的问题表现在以下几方面：

第一，经营主体不是本辖区登记的单位，监管困难。对那些不是本辖区内登记注册的广告公司，在本辖区内设置的户外广告出现违法问题时，在监管上存在一定难度。因为目前对经营主体的登记监督管理主要是按登记注册地进行地域管辖，经营主体违法行为发生在注册地以外的，只有靠经营主体自觉地配合，如不配合，外区监管机关没有有力的监管手段。

第二，擅自改变已登记的户外广告的登记类别。这是指那些当初在登记时按自设性进行审批登记的户外广告，发布了一段自设性户外广告内容后，将广告内容改成了经营性广告内容。对一般性企业出现这类问题的，可按超范围经营来规范查处其行为，没收其广告费用，但对专营性广告公司出现这类问题，查处起来并没有法律依据。

第三，户外广告登记证已过期仍进行广告经营活动。有些经营性户外广告在最初设置时办理了户外广告登记手续，户外广告登记到期后未继续办理登记手续，仍利用已登记的户外广告进行经营活动。

第四，经营者擅自改变已登记的户外广告内容。这是指那些自设性户外广告，经营者在登记时，提供的广告图样不带有其销售商品的商标，广告登记后在其发布的户外广告内容中，却出现了他人的注册商标。

第五，已设立发布的户外广告找不到设置人。这是指在本辖区内未经登记，擅自设置发布的户外广告，调查时只能根据广告内容为线索，如果广告主是本辖区内的企业，调查起来比较顺利，广告主会配合监督部门提供广告公司的情况及广告发布合同等；如果广告主是其他辖区的企业，在调查时就有困难，监督机关只有通过有关部门协助调查；如果广告主不在本市而是外埠的企业调查起来就更困难。

第六，户外广告的设置缺乏合理的规划。户外广告的设置由于缺乏合理规划而导致无序状态是一个较为突出的问题。由于地段具有不可复制性，在有些主要路段和地区，户外广告显得十分拥挤、杂乱，在一定程度上影响了市容市貌，影响了广告的实际效果；同时，缺乏规划导致户外广告设置具有很大的不确定性和不可预见性，增加了户外广告经营的风险。

第七，户外广告的空置率较高。据有关调查资料显示，在许多户外广告较为发达的城市与地区，户外广告的空置率也超过了 20%，造成了户外广告资源的浪费。

第八，户外广告的技术与施工质量问题。目前我国户外广告的制作总体上看比较粗糙，甚至存在一定的安全隐患。有些地方的户外广告无严格的施工设计、无技术标准、无专业人员、无鉴定验收等，遇到台风、暴雨，损毁倒塌现象严重。

第九，户外广告的多头审批、多头管理问题。户外广告的设置与管理涉及工商行政管理、城市规划、市容环卫、公安、交通、园林等多家部门。设置户外广告要经过以上多家部门的审批，环节过多、周期过长；同时由于缺乏明确的规划和标准，有些部门的审批缺乏规范性，带有随意性等等。

4.1.2 户外广告管理的依据和内容

1. 户外广告管理的依据

(1) 早于《广告法》出台的《广告管理条例》，一直是广告管理参照的主要法规，其对户外广告有以下规定：

第一，《广告管理条例》第二条规定："凡通过报刊、广播、电视、电影、路牌、橱窗、印刷品、霓虹灯等媒介或者形式，在中华人民共和国境内刊播、设置、张贴广告，均属本条例管理范围。"可见，已经将户外广告纳入广告管理的范围。

第二，《广告管理条例》第十三条规定："户外广告的设置、张贴，由当地人民政府组织工商行政管理、城建、环保、公安等有关部门制订规划，工商行政管理机关负责监督实施。在政府机关和文物保护单位周围的建筑控制地带以及当地人民政府禁止设置、张贴广告的区域，不得设置、张贴广告。"

第三，《广告管理条例》第十五条规定："户外广告场地费、建筑物占用费的收费标准，由当地工商行政管理机关会同物价、城建部门协商制订，报当地人民政府批准。"

(2)《广告管理条例施行细则》是对《广告管理条例》的细化与具体化，在第二条规定中，根据《广告管理条例》第二条规定的管理范围，界定了户外广告的形式有：

第一，利用街道、广场、机场、车站、码头等的建筑物或空间设置路牌、霓虹灯、电子显示牌、橱窗、灯箱、墙壁等广告。

第二，利用影剧院、体育场(馆)、文化馆、展览馆、宾馆、饭店、游乐场、商场等场所内外设置、张贴广告。

第三，利用车、船、飞机等交通工具设置、绘制、张贴广告，等等。

(3)《广告法》是加强对户外广告的管理的基本依据。其对户外广告管理有以下规定：

第一，《广告法》第三十二条规定，有下列情形之一的，不得设置户外广告：

● 利用交通安全设施、交通标志的；
● 影响市政公共设施、交通安全设施、交通标志使用的；
● 妨碍生产或者人民生活，损害市容市貌的；
● 国家机关、文物保护单位和名胜风景点的建筑控制地带；
● 当地县级以上地方人民政府禁止设置户外广告的区域。

第二，《广告法》第三十三条规定，"户外广告的设置规划和管理办法，由当地县级以上地方人民政府组织广告监督管理、城市建设、环境保护、公安等有关部门制定"，根据这一要求，目前在一些省市已经形成了一些户外广告管理的行政规章和地方性法规。

(4)《户外广告登记管理规定》是我国户外广告管理的主要法律规范。1995 年 12 月 8 日由国家工商管理总局发布、于 1998 年 12 月 3 日重新进行修订、2006 年 5 月 22 日再次修订并公布的《户外广告登记管理规定(国家工商总局 25 令)》，于 2006 年 7 月 1 日施行。新的《户外广告登记管理规定》(以下均称为《25 令》)，较之于原有的规定，在户外广告的工商登记范围、登记申请和审批程序方面进行了调整，增加了户外广告监督管理的规定，对于规范户外广告工商登记管理、促进户外广告健康发展发挥了重要作用。

2. 户外广告登记管理的具体内容

根据《广告法》和国家工商管理总局《25 令》的有关规定，对户外广告的管理作了以下规范：

(1) 户外广告的登记范围。根据《25 令》第五条规定，发布下列广告应当依照规定向工商行政管理机关申请户外广告登记，领取《广告经营许可证》：

第一，利用户外场所、空间、设施发布的，以展示牌、电子显示装置、灯箱、霓虹灯为载体的广告。

第二，利用交通工具、水上漂浮物、升空器具、充气物、模型表面绘制、张贴、悬挂的广告。

第三，在地下铁道设施，城市轨道交通设施，地下通道，以及车站、码头、机场候机楼内外设置的广告。

第四，法律、法规和国家工商行政管理总局规定应当登记的其他形式的户外广告。

上述四类广告之外的其他广告，不再属于户外广告工商登记的范围，广告监管方式也改为发布后监管。除了地方法规规章另有规定外，在本单位的登记注册地址及合法经营场所的法定控制地带设置的、对本单位的名称、标识、经营范围、法定代表人、联系方式等进行宣传的自设性户外广告，也明确不需要向工商行政管理机关申请户外广告登记，广告监管方式也改为发布后监管。

(2) 户外广告登记的事项。根据《25 令》第七条规定：户外广告登记的事项主要包括：

● 户外广告发布单位名称；

● 户外广告发布地点及具体位置；

● 户外广告发布期限；

● 户外广告形式、数量及规格；

● 户外广告内容；

● 工商行政管理机关核准登记的户外广告发布期限，不得超过申请人合法使用户外广告媒介的时间。

(3) 申请户外广告登记的条件和程序。内容包括：

第一，申请户外广告登记的条件。根据《25 令》第六条规定：户外广告登记的条件主要包括：

● 户外广告发布单位依法取得与申请事项相符的主体资格；

● 户外广告所推销的商品和服务符合广告主的经营范围或业务范围；

● 户外广告发布单位具有相应户外广告媒介的使用权；

● 广告发布地点、形式符合当地人民政府户外广告设置规划的要求；

● 户外广告内容符合法律法规规定；

● 按规定应当经有关行政主管部门批准的，当事人已经履行相关审批手续；

● 法律、法规和国家工商行政管理总局规定的其他条件。

第二，申请户外广告登记的受理机关及要求是：

● 根据《25 令》第四条规定，户外广告由发布地县级以上工商行政管理机关登记管理，具体分工为：

➢ 国家工商行政管理总局负责指导和协调全国户外广告的登记管理工作；

➤ 省、自治区、直辖市工商行政管理机关负责指导和协调辖区内户外广告的登记管理工作；

➤ 县级工商行政管理机关负责辖区内户外广告的登记管理工作；

➤ 地级以上市(含直辖市)工商行政管理机关对辖区内的户外广告，认为有必要直接登记管理的，可以直接登记管理。

● 根据《25 令》第八条规定，户外广告登记申请，由户外广告发布单位在依法查验证明文件、核实广告内容，确认符合第六条规定的申请登记条件后，向户外广告发布地的工商行政管理机关提出；利用交通工具等流动载体发布户外广告的登记申请，由户外广告发布单位在履行前款规定的审查义务后，向交通工具等运动物体使用单位所在地的工商行政管理机关提出。

第三，申请户外广告登记需要提交下列材料：

● 根据《25 令》第九条规定，户外广告发布单位申请户外广告发布登记，应提交下列材料：

➤ 《户外广告登记申请表》；

➤ 户外广告发布单位和广告主的营业执照或者具有同等法律效力的经营资格证明文件；

➤ 发布户外广告的场地或者设施的使用权证明。包括场地或设施的产权证明、使用协议等；

➤ 户外广告样件；

➤ 法律、法规和国家工商行政管理总局规定需要提交的其他文件。

● 受委托发布户外广告的，应当提交与委托方签订的发布户外广告的委托合同、委托方营业执照或者具有同等法律效力的经营资格证明文件。

● 广告形式、场所、设施等用于户外广告发布，按照国家或者地方政府规定需经政府有关部门批准的，应当提交有关部门的批准文件。

● 发布法律、法规和规章规定应当审批的广告，应当提交有关批准文件。

第四，户外广告登记变更及重新申请的规定有：

● 根据《25 令》第十条规定，需要改变户外广告发布期限、形式、数量、规格或者内容的，户外广告发布单位应当向原登记机关提交下列申请材料申请变更登记：

➤ 《户外广告变更登记申请表》；

➤ 原《户外广告登记证》；

➤ 本办法第九条规定的，与变更事项相关的文件。

● 根据《25 令》第十一条规定，需要改变户外广告发布单位、户外广告发布地点及具体位置的，户外广告发布单位应当向原登记机关缴回《户外广告登记证》，并按照第四条、第五条、第八条、第九条规定重新申请户外广告登记。

第五，申请户外广告登记的审批程序。根据《25 令》第十二条规定，工商行政管理机关对户外广告发布单位提交的申请材料应当依法进行书面审查。对申请材料不齐全或者不符合法定形式的，应当当场或者在五日内一次告知申请人需补正的全部内容；对申请材料齐全、符合法定形式的，应当出具受理通知书，并在受理之日起七个工作日内做出决定，对符合规定的予以核准登记，核发《户外广告登记证》，对不符合规定的不予核准登记，书面说明理由。

(4) 户外广告监督管理的有关规定有：

第一，关于户外广告管理相对人的义务。《25 令》第十三、十四、十五、十六条等做了进一步的明确：

● 户外广告发布单位应当按照工商行政管理机关核准的登记事项发布户外广告，未经变更登记或者重新登记不得擅自改变。户外广告发布单位在取得《户外广告登记证》后，情况发生变化不具备本规定第六条规定条件的，应当停止户外广告发布，《户外广告登记证》由登记机关撤回。

● 经工商行政管理机关核准登记的户外广告，应当在右下角清晰地标明《户外广告登记证》的登记证号。但对不适宜标注登记证号的户外广告，经登记机关批准可以不作标注。

● 任何单位和个人不得伪造、涂改、出租、出借、倒卖或者以其他形式转让《户外广告登记证》。

第二，关于户外广告监管规定有：

● 《25 令》第十四条依法赋予登记机关撤回《户外广告登记证》的权力。

● 《25 令》第十七条在要求工商行政管理机关"加强对户外广告的日常监督检查，依法查处违法户外广告"的同时，规定了"户外广告发布单位以及相关当事人应当接受工商行政管理机关的监督检查，不得隐瞒真实情况、提供虚假材料"的义务。

● 《25 令》第十八、十九、二十、二十一、二十二等条款中分别对未经登记擅自发布户外广告、提交虚假文件或者采取其他欺骗手段取得《户外广告登记证》的、擅自改变规格和内容事项发布户外广告的、不按要求标注登记号以及伪造、涂改、出租、出借、倒卖或者以其他形式转让《户外广告登记证》等违法行为的罚则。

● 《25 令》第二十三条规定，工商行政管理机关工作人员在户外广告登记管理过程中玩忽职守、滥用职权、徇私舞弊的，给予行政处分。构成犯罪的，依法追究刑事责任。

3. 户外广告管理的地方性法规

由于户外广告管理的重要性，部分省市政府按照《广告法》第三十三条的规定，并结合各自地区的实际情况，制定和实施了户外广告管理方面的行政规章，使户外广告管理呈现出一定的地方特色。在广告管理实际中，各地方政府基本上是依据《广告法》、《户外广告登记管理规定》及根据本地经济发展与社会规划的具体情况，制定了地方性户外广告管理办法或条例，对于规范户外广告行为、美化环境起了一定的作用。以西安市为例：

(1) 为了规范西安市户外广告秩序，2000 年 4 月 7 日西安市第十二届人民代表大会常务委员会第七次会议通过、2000 年 5 月 26 日陕西省第九届人民代表大会常务委员会第十五次会议批准、2004 年 5 月 26 日西安市第十三届人民代表大会常务委员会第十四次会议通过、2004 年 8 月 3 日陕西省第十届人民代表大会常务委员会第十二次会议批准的修正的《西安市户外广告设置管理条例》，分为总则、规划与设置权管理、设置与维护管理、法律责任、附则等五章、二十九条，对于户外广告设置及管理进行了较为完整的规范。

(2) 针对西安街头越来越多的广告牌，在丰富人们经济生活的同时，个别"傻"、"大"、"黑"、"粗"设置也在破坏着城市的景观。为此，西安市出台了首部《西安市户外广告设置的规划标准》，对户外广告的设置提出了具体的规范。不仅要求广告设置要适度，防止破坏城市和谐的视觉空间、人文景观，与此同时还要避免影响车辆和人流。该规划根据西安市不同区域的功能、地理环境、文化氛围和商业特点，将西安市分为：禁止设置区，控制设置区和一般设置区。其中禁止设置区，严格禁止设置商业广告；控制设置区要体现高质量、高品位，体现古城特色；一般设置区广告必须遵守广告设计标准，与周围环境相适应。同时，还提出了诸如："楼顶广告严禁高过 6 米"、"沿街门店牌匾自身高度禁超 1.5 米"、"17处特色建筑禁设广告"、"131 处违规广告限期拆除"等具体规定，有效地规范了西安市户外广告行为，把发挥户外广告对企业经济活动的促进与美化城市环境有机地结合。

4．当前迫切需要加强对户外广告的管理法规

第一，保持法规的一致性。这主要是要求地方性法规在规定中，明确各职能管理部门职责要与职能管理部门的专项规定保持一致，这样能保证设置者在前置审批中清楚应如何做，才能使自己的行为符合法律法规的规定。

第二，明确发布经营性户外广告的法律责任。对未经登记擅自发布经营性户外广告的、未经备案擅自改变经营性户外广告内容的应负相应的法律责任；对已设置发布的经营性户外广告又找不到设置单位的，应规定工商管理机关是否可以对其进行公告告知，公告期为多长，公告的途径，公告期满后仍不见设置单位的，工商机关是否可以将该户外广告拆除，这样为工商管理机关在户外广告管理时提供法律依据，能对户外广告进行有效的治理。

第三，在法规中明确自设性户外广告和经营性户外广告的概念。只有在法规中明确自设性、经营性户外广告的概念，才能为工商机关管理户外广告提供法律依据。笔者认为经营者或服务者在其登记注册的场所外墙及门前设置的向人们介绍自己的名称、生产销售的商品或服务项目的户外广告，应属于自设性户外广告，这类户外广告只要符合有关部门市容市貌的标准，工商机关可以不予登记，只是对户外广告内容进行事后监督。自设性户外广告内容擅自改为经营性内容的、自设户外广告内容与主体资格内容不符或违反广告管理法规的，应按规定进行调查处理。经营性户外广告在设置前应到有关部门核准后，到工商机关进行登记领取户外广告登记证。

4.2 印刷品广告的法规管理

4.2.1 印刷品广告的含义及其种类

1．印刷品广告的含义

(1) 印刷品广告是指广告主自行或者委托广告经营者利用单页、招贴、宣传册等形式发布介绍自己所推销的商品或者服务的一般形式印刷品广告，以及广告经营者利用有固定名称、规格、样式的广告专集发布介绍他人所推销的商品或者服务的固定形式印刷品广告。

(2) 印刷广告主要由文字和图形两大部分构成。文字包括标题、正文、标语、附文等构成要素；图形包括绘画、照片、图案、商标、图样等构成要素。印刷广告曾经作为先进的广告形式，为推动现代广告业的发展做出过重大贡献。由于它带有信息量大，图文并茂，保存性强，发布快速、经济有效等特点，目前仍然是被普遍使用的广告形式。

2. 印刷品广告的形式

通常情况下，印刷品广告分三类。

(1) 一般形式印刷品广告。一般形式印刷品广告的基本特征是广告主自己承担印刷品广告的发布费用(包括印刷、制作、发送等费用)。广告主发布印刷品广告的目的是为推销或介绍自己的产品与服务，利用单页、招贴、宣传册等形式发布。广告主可以自行或委托广告经营者通过张贴、散发、邮寄等方式发送印刷品广告。如化妆品生产企业为宣传自己某一品牌的化妆品而在销售柜台摆放的海报、单页或宣传册等，都属于一般形式印刷品广告。

(2) 固定形式印刷品广告。固定形式印刷品广告的基本特征是具备一定条件的广告经营者经登记许可后，方可利用这种形式发布的印刷品广告。广告经营者把众多广告主的商品与服务广告汇集成专集，发布不同广告主的广告信息；广告经营者可以把专集装订成册或折叠成页，这种广告专集有固定的名称、固定的规格、固定的样式，是一种可以连续发布广告的媒体，属于直投广告的一种形式；广告经营者既是这种广告媒体经营者，又是媒体广告发布者，承担广告审查责任。但一大型超市为介绍自己所经销的商品，定期或不定期向消费者邮寄有关超市促销活动的宣传册，虽然也有固定的名称、规格和样式，但由于是宣传自己所经销的商品，这种形式印刷品广告仍属一般形式印刷品广告。

(3) 特殊形式印刷品广告(即含有广告内容的票据、包装、装潢以及说明书等)。目前大量的票据、包装、装潢以及说明书也成为广告发布的载体，如一些门票、登机牌、出租车发票的背面以及包装箱(袋)、产品装潢标签、说明书上都有广告宣传内容或用语。这些作为印刷品广告的特例，也纳入印刷品广告管理的范围，参照一般形式印刷品广告的管理规定进行规范。

4.2.2 印刷品广告管理的具体内容

1. 有关印刷品广告管理的相关规定

由于印刷品广告具有发布简便、迅捷，传递范围广泛，成本相对低廉，且易于保存等特点，越来越受到企业的重视而大量采用，由此也带来了对其规范管理的问题。

(1) 1996 年 12 月 27 日，国家工商总局公布了《印刷品广告管理暂行办法》，成为我国第一个印刷品广告管理的专门性行政规章。

(2) 2000 年 1 月 13 日，国家工商总局发布了《印刷品广告管理办法》，从印刷品广告发布的基本准则、登记管理、内容管理、印刷管理、发布管理等方面对印刷品广告进行了全面的规范。尤其加强了对含有药品、医疗器械、农药、兽药、医疗、房地产、保健食品、化妆品等 8 大类印刷品广告、固定形式印刷品广告和邮寄形式的印刷品广告的登记管理，对规范印刷品广告起到了积极作用。

(3) 2004 年 11 月 30 日，国家工商管理总局公布了新修订的《印刷品广告管理办法》(国家工商总局第 17 号令，以下称《新办法》)，并自 2005 年 1 月 1 日起施行。《新办法》与2000 年公布的办法比较起来有以下变化：

第一，取消了对药品等 8 大类特殊商品、服务印刷品广告的事先登记规定。

第二，明确了固定形式印刷品广告的审批和管理规范。

第三，对有关违法行为法律责任明确适用于《广告法》、《广告管理条例》等法律法规以及《广告管理条例实施细则》等上位法，以上法律法规没有规定的，再适用《新办法》规定的具体罚则。

2．印刷品广告管理的对象和原则

(1) 对印刷品广告管理对象的界定包括：

第一，《新办法》第二条规定，"依照本办法管理的印刷品广告，是指广告主自行或者委托广告经营者利用单页、招贴、宣传册等形式发布介绍自己所推销的商品或者服务的一般形式印刷品广告，以及广告经营者利用有固定名称、规格、样式的广告专集发布介绍他人所推销的商品或者服务的固定形式印刷品广告"。

第二，《新办法》第二十一条规定，"票据、包装、装潢以及产品说明书等含有广告内容的，有关内容按照本办法管理"。

由上述规定可以看出，印刷品广告管理的对象主要有一般形式印刷品广告、固定形式印刷品广告和特殊形式印刷品广告等三类。

(2) 印刷品广告管理的原则。《新办法》的第三条、第四条、第五条内容，对印刷品广告管理的原则做了如下规定：

第一，真实合法原则。印刷品广告必须真实、合法、符合社会主义精神文明建设的要求，不得含有虚假的内容，不得欺骗和误导消费者。

第二，可识别原则。印刷品广告应当具有可识别性，能够使消费者辨明其为印刷品广告，不得含有新闻报道等其他非广告信息内容。

第三，维护公共秩序原则。发布印刷品广告，不得妨碍公共秩序、社会生产及人民生活。在法律、法规及当地县级以上人民政府禁止发布印刷品广告的场所或者区域不得发布印刷品广告。

(3) 印刷品广告管理的特别规定。《新办法》的第六条、第七条、第十八条内容，对印刷品广告管理做了特别规定：

第一，广告主自行发布一般形式印刷品广告，应当标明广告主的名称、地址；广告主委托广告经营者设计、制作、发布一般形式印刷品广告，应当同时标明广告经营者的名称、地址。

第二，广告主、广告经营者利用印刷品发布药品、医疗器械、农药、兽药等商品的广告和法律、行政法规规定应当进行审查的其他广告，应当依照有关法律和行政法规规定取得相应的广告审查批准文件，并按照广告审查批准文件的内容发布广告。

第三，印刷品广告的印制企业应当遵守有关规定，不得印制含有违法内容的印刷品广告。

3．固定形式印刷品广告的管理

(1) 固定形式印刷品广告，是指广告经营者利用有固定名称、规格、样式的广告专集发布介绍他人所推销的商品或者服务的固定形式印刷品广告。它是直邮广告的重要形式。

(2) 《新办法》规范的印刷品广告的三种类型中，重点是对固定形式印刷品广告的规范。主要包括以下几方面的内容：

第一，申请发布固定形式印刷品广告的广告经营者资质。根据《新办法》第八条的规定，广告经营者申请发布固定形式印刷品广告，应符合下列条件：

● 主营广告，具有代理和发布广告的经营范围，且企业名称标明企业所属行业为"广告"；

● 有 150 万元以上的注册资本；

● 企业成立 3 年以上。

第二，固定形式印刷品广告申请的程序。主要包括：

● 《新办法》根据《行政许可法》的规定，要求广告经营者发布固定形式印刷品广告时，应当向其所在地省、自治区、直辖市及计划单列市工商行政管理局提出申请，提交下列申请材料：

➢ 申请报告(应载明申请的固定形式印刷品广告名称、规格、发布期数、时间、数量、范围、介绍商品与服务类型、发送对象、方式、渠道等内容)；

➢ 营业执照复印件；

➢ 固定形式印刷品广告登记申请表；

➢ 固定形式印刷品广告首页样式。

● 省、自治区、直辖市及计划单列市工商行政管理机关对申请材料不齐全或者不符合法定形式的，应当在五日内一次告知广告经营者需补正的全部内容；对申请材料齐全、符合法定形式的，应当出具受理通知书，并在受理之日起二十日内做出决定。予以核准的，核发《固定形式印刷品广告登记证》；不予核准的，书面说明理由。

● 《固定形式印刷品广告登记证》有效期限为二年。广告经营者在有效期届满三十日前，可以向原登记机关提出延续申请。

● 《新办法》改变了过去两级登记和分布地域的限制，凡经登记许可后，广告经营者可以在全国范围内发布固定形式印刷品广告。

第三，固定形式印刷品广告的发布规范。《新办法》从"广告应当具有可识别性"、"不得含有新闻报道等其他非广告信息内容"等要求出发，为避免固定形式印刷品广告与期刊等新闻杂志相混淆，对固定形式印刷品广告的名称、规格、样式进行了明确的规范：

● 固定形式印刷品广告首页要标明事项。广告经营者应当在每期固定形式印刷品广告首页顶部位置标明固定形式印刷品广告名称、广告经营者名称和地址、登记证号、期数、发布时间、统一标志"DM"(DirectMail　Advertising)。

● 固定形式印刷品广告的名称。固定形式印刷品广告名称应当由以下三部分依次组成：广告经营者企业名称中的行政区划 + 企业字号 + "广告"字样。固定形式印刷品广告名称字样应显著，各组成部分大小统一，字体一致，所占面积不得小于首页页面的 10%。

● 固定形式印刷品广告的首页与底页的要求。固定形式印刷品广告的首页和底页应当为广告版面，广告经营者不得将广告标题、目录印制在首页上。固定形式印刷品广告不得使用主办、协办、出品人、编辑部、编辑、出版、本刊、杂志、专刊等容易与报纸、期刊相混淆的用语。

● 固定形式印刷品广告的目录与索引。固定形式印刷品广告中的广告目录或索引应当为商品(商标)或广告主的名称，其所对应的广告内容必须能够具体和明确地表明广告主及其所推销的商品或者服务，广告经营者不得以新闻报道形式发布广告。

● 固定形式印刷品广告语言文字的规范。广告经营者针对特殊群体需要发布中外文对照的固定形式印刷品广告，不得违反国家语言文字的有关规定。

● 固定形式印刷品广告经营行为的要求。广告经营者应当按照核准的名称、规格、样式发布固定形式印刷品广告；应当接受工商行政管理机关的监督检查，按要求报送固定形式印刷品广告样本及其他有关材料，不得隐瞒真实情况、提供虚假材料。广告经营者不得涂改、倒卖、出租、出借《固定形式印刷品广告登记证》，或者将固定形式印刷品广告转让他人发布经营。

4. 对印刷品广告违法行为的约束

《新办法》对于印刷品广告违法行为约束的具体规定：

(1) 凡发布于商场、药店、医疗服务机构、娱乐场所以及其他公共场所的印刷品广告，广告主、广告经营者要征得上述场所管理者的同意。上述场所的管理者应当对属于自己管辖区域内散发、摆放和张贴的印刷品广告负责管理，对有违反广告法规规定的印刷品广告应当拒绝其发布。

(2) 印刷品广告的印制企业应当遵守有关规定，不得印制含有违法内容的印刷品广告。

(3) 违反本办法规定的，依照《中华人民共和国广告法》、《广告管理条例》等有关法律、行政法规以及《广告管理条例施行细则》的规定予以处罚。《中华人民共和国广告法》、《广告管理条例》等有关法律、行政法规以及《广告管理条例施行细则》没有规定的，由工商行政管理机关责令停止违法行为，视情节处以违法所得额三倍以下的罚款，但最高不超过三万元，没有违法所得的，处以一万元以下的罚款。对非法散发、张贴印刷品广告的个人，由工商行政管理机关责令停止违法行为，处以五十元以下的罚款。

(4) 固定形式印刷品广告经营者情况发生变化不具备本办法第八条规定条件的，由原登记机关撤回《固定形式印刷品广告登记证》。

(5) 固定形式印刷品广告违反本办法第三条规定，情节严重的，原登记机关可以依照《广告法》第三十七条、第三十九条、第四十一条规定停止违法行为人的固定形式印刷品广告业务，缴销《固定形式印刷品广告登记证》。

4.3 网络广告的法规管理

时下，互联网已成为报纸、广播、电视三大传统媒体之外的又一重量级媒体(也称"第四媒体")，因其及时性、交互性和海量性的特征，不断影响着人们的行为习惯和生活方式。以此为媒体发布的广告，也因互动性强、覆盖面广、费用低廉、不受时空限制等诸多优势，赢得了商家及受众的广泛青睐，形成了迅速膨胀的广告市场。但由于我们在立法上的滞后及管理上的缺位，使这块新兴的市场暴露出了一些问题，从而成为制约我国网络广告向更深层次发展的瓶颈。要打破这一瓶颈，对网络广告的监督与管理便成当务之急。

4.3.1 网络广告含义、特点及其形式

1. 网络广告的含义

(1) 网络广告的由来。网络广告是广告的一种，具有广告的一般属性和功能。但也有自身的特点，网络广告是确定的广告主以付费的方式运用网络媒体劝说公众的一种信息传播活动。网络广告目前在英文中尚无专有名词，一般称之为"Net AD"(Internet Adversting)

或"Web AD"。

世界上最早的网络广告诞生于 1994 年 10 月 4 日，美国著名的 WIRED 杂志网络版的主页上出现了"AT&T"等 14 个客户的旗帜广告。仅仅过了三年，美国网络广告的全年营业额达到了 9.065 亿美元。1997 年 1 月，"中国通环球信息网"开办网络广告代理业务，并提出在 Internet 上"我们为您垫钱做广告"，同年 7 月，搜狐主页上出现了中国国内第一个网络广告。1998 年 7 月，国中网 '98 世界杯中文网站借力"世界杯"获得了 200 万元广告收入，1999 年 1 月，成立不久的新浪网向世界发布了它们拿到 IBM 公司 30 万美金的广告订单的消息。这充分说明了网络广告后生可畏，大有不凡之势。

(2) 网络广告，是指商品经营者或服务提供者，运用专业的广告横幅、文本链接、多媒体等手段，在互联网上登载或发布广告推销自己的商品或介绍自己的服务，并通过网络传递到互联网用户的一种高科技的宣传方式。

2. 网络广告的特点

与电视、广播、报纸、期刊等大众传播媒介发布的传统广告相比，网络广告具有显著特点或优势：

(1) 网络广告传播范围广、传播速度快，具有灵活性和实时性。在互联网上发布广告，其所面对的客户对象是规模庞大的网络用户群体。据 2011 年中国互联网普及率调查显示，截止 2011 年 12 月底，我国网民数量达到 5.13 亿，全年新增网民 5580 万。网络广告可以跨越地域和时空，在瞬息之间传遍世界各地。

(2) 成本低而效率高。传统广告从设计、制作到发布，经营者必须付出高昂的费用。广告发布后很难更改，即使可以更改，也必须付出很大的代价；而在互联网上做广告成本低廉，且能按照实际需要随时变更广告内容。由于网络广告能以图、文、声、像等形式传递产品和服务的详细信息，因此，用户或消费者能在网上预订商品或服务，即时交易并结算。这会大大增强网络广告的实效。

(3) 交互性强。交互性是互联网最大的优势，它不同于传统媒体的信息单向传播，而是信息互动传播，即用户或消费者可以获取他们有用的广告信息，厂商或经营者也可以随时得到用户的反馈信息。

(4) 针对性强。网络广告的受众者是最年轻、最具活力、受教育程度最高、购买力最强的消费群体。网络广告可以帮助广告主直接面对最有可能的潜在用户，并且在互联网上可通过权威公正的访客流量统计系统，精确统计出网络广告被多少个用户浏览过，以及这些用户查阅的时间和地域分布，从而有助于广告经营者正确评估广告效果，调整广告投放策略。

(5) 表现形式的丰富性。网络广告可以结合声音、动画、影片、三维空间等多媒体形式，感官冲击力强，尤其是在兼容宽带模式下，其形式更加丰富多彩，并且网络技术的发展突飞猛进，使网络广告的形式也将更具表现力和吸引力。

(6) 即时的监控性和可统计性。通过 Internet 发布的广告可以通过服务器记录(Server Log)或是用户的 Cookie 等统计出每条广告被多少用户访问过，以及这些用户浏览这些广告的时间、地理分布等。一些专业的广告监测公司可以在这方面做得更细致，实现对网络广告的即时监控。

(7) 网络广告具有可重复性和可检索性。网络广告可以将文字、声音和画面完整地结合在一起，供用户主动检索、重复观看。与之相反，电视广告却是让观众被动地接受广告的内容：不想收看广告的人必须无奈接受之；而打算收看某广告的人则必须留意播出时间，防止错过播放时段。同时，互联网也提供了极为便利的检索工具，使广告发布者及时了解广告被浏览的情况，获悉广告的效果。

3. 网络广告常见的几种形式

(1) 旗帜广告(Banner)。旗帜广告也可以译成横幅广告、网幅广告等，是互联网广告的基本形式。它是一个表现商家广告内容的图片，通常大小为 468*60 像素，或 233*30 像素，一般是使用 GIF 格式的动态图像文件，可以使用静态 JPG 图形，也可用多帧图像拼接为动画图像，也可是 Flash 形式。它分为：静态广告、空隙广告、弹出式广告、背景式广告、交换性广告、动画广告、插播广告等形式。

(2) 按钮广告。按钮广告是从旗帜广告演变过来的一种形式，是表现为图标的广告，通常广告主用它来宣传其商标或品牌等特定标志。按钮广告是一种与标题广告类似，但是面积比较小，而且有不同的大小与版面位置可以选择，最早是浏览器网景公司用来提供使用者下载软件之用，后来这样的规格就成为一种标准。

(3) 电子邮件广告。电子邮件广告(E-mail Advertising)是指通过互联网将广告发到用户电子邮箱的网络广告形式，它针对性强，传播面广，信息量大，其形式类似于直邮广告，电子邮件广告具有针对性强、费用低廉的特点，且广告内容不受限制。

(4) BBS(电子公告板)广告。电子公告板(BBS)广告是指在虚拟网络社区的 BBS 上发布。一般使用 BBS 动态图片广告，主要在留言板上端右侧出现，有些公告板的留言本身就是广告。

(5) 聊天室广告。聊天室广告是以聊天广播系统为载体发布的广告，其特点是比单一网站拥有更为广泛的受众群并吸引其注意力。

(6) 互动游戏式广告。互动游戏式广告即在一段页面游戏开始、中间、结束的时候出现的广告，并且可以根据广告主的产品要求，为之量身定做一个属于自己产品的互动游戏广告。

(7) 竞赛和推广式广告。竞赛和推广式广告即广告主可以与网站一起合办他们共同感兴趣的网上竞赛或网上推广活动。

(8) 插页式广告。插页式广告(Interstitial Ads)，又名"弹跳广告"，广告主选择自己喜欢的网站或栏目，在该网站或栏目出现之前插入一个新窗口显示广告。

(9) 富媒体广告。在互联网发展的初期，因为带宽的原因，网站的内容以文本和少量的低质量的 GIF、JPG 图片为主，我们通常所说的网络广告也主要是指 Banner。随着技术的进步以及消费市场的成熟，出现了具备声音、图像、文字等多媒体组合的媒介形式，人们普遍把这些媒介形式的组合叫做富媒体(Rich Media)，以此技术设计的广告叫做富媒体广告。富媒体广告是指由 2D 及 3D 的 Video、Audio、HTML、Flash、DHTML、JAVA 等组成效果，这种广告技术与形式在网络上的应用需要相对较多的频宽。富媒体能够提高广告的互动性，提供更广泛的创意空间。最新的网络媒体技术，甚至允许用户在广告界面上直接留下数据，从而有效地促进了用户与广告的交互。

(10) 墙纸式广告。墙纸式广告(Wallpaper)，即把广告主所要表现的广告内容体现在墙纸上，并安排放在具有墙纸内容的网站上，以供感兴趣的人进行下载。

(11) 粘贴纸式广告。粘贴纸式广告即随所浏览的网页滚动条的移动而移动，因而始终出现在所阅读的页面上。

(12) 鼠标陷阱广告。鼠标陷阱广告即在用户浏览网页的过程中出现一个新的广告窗口，只能用鼠标关闭。

4.3.2　网络广告发展和监管中存在的问题及其解决方案

1. 网络广告发展和监管中存在的问题

目前，我国还没有针对网络广告管理的全国性法律或行政法规，虽然少数省份如北京、浙江等已制定了适用于本地区的网络广告管理办法，但绝大多数地区仍只能沿用 1995 年实施的《广告法》，但面对网络广告带来的一系列新鲜问题，《广告法》已显得力不从心。网络广告带来的难以解决的问题主要集中在以下几个方面：

(1) 目前网络广告发布还处于一种自发无序状态。由于网络广告市场准入的管理缺乏规制，导致网络广告主、经营者、发布者的主体资格模糊，他们的权利义务关系不明确；网络广告的监管机关、审查机关和自律组织缺位。这种局面造成了我国目前网络广告发布处于一种自发无序状态。其产生的直接后果是：有的网站发布虚假广告，欺骗、误导消费者；有的网站发布法律、法规禁止或限制发布的商品或服务的广告；有的网站在广告经营中存在着损害其他经营者的不正当竞争行为；有些特殊商品的网络广告发布前未经有关部门审查；等等。

(2) 网络广告内容的真实性、合法性值得质疑，其诚信度值得关注。网络广告是经营者推销商品或介绍服务的手段，其性质属于电子商务的范畴。由于我国目前缺乏对网络广告的规制，导致网络广告内容的真实性、合法性缺乏保障，表现为各种各样的不实广告充斥网上，利用网络广告欺骗用户的行为时有发生；网络广告市场混乱，有的企业在互联网上开设网站后，利用网站进行虚假宣传；甚至有的经营者伪造企业名称，或者冒用其他企业名义发布虚假广告，欺骗、误导消费者。这些违法广告行为导致消费者对网络广告的厌烦心理，使网络广告的诚信度大大降低，严重阻碍了网络广告市场的健康发展。

(3) 违法网络广告的证据难以确定。一是由于互联网不受时间、地域的限制，使得如何界定违法网络广告行为发生地和确定管辖权，成为一大技术难题；二是由于网上电子文本可以任意修改，不留痕迹，且电子证据易丢失，导致对违法广告证据确定难、查处难；三是由于我国尚无专门对网络广告进行规范的法律法规，加之网络经营行为的特殊性，给广告监管机关依法监管带来困难；四是由于网络是虚拟的空间，违法广告经营者常常隐瞒其真实的经营地址和名称，导致广告监管机关查处违法者难，追究其法律责任更难。

(4) 网络广告的性质难以确定。我国《广告法》第 2 条规定："本法所称广告，是指商品经营者或者服务提供者承担费用，通过一定媒介和形式直接或间接地介绍自己所推销的商品或者所提供的服务的商业广告。"可见，认定某一信息发布行为是否是广告行为，就看其是否符合广告行为的特征。传统意义上的广告总是以固定的形式、时间或版面发布，广告管理机构以及消费者容易识别。然而，由于互联网络的一些新技术和新特点，在其上面出现了很多与传统广告形式不同但同样也具有介绍或推销商品和服务功能的"广告"，即平常所说的"隐性广告"，这些隐性广告包括 BBS 中的隐性广告、关键词搜索中的隐性广告和以网络新闻等形式发布的隐性广告等。这些难以识别、与以往截然不同的广告是否属于《广告法》调整的范畴，有时难以界定。

(5) 网络广告主体定位问题。在传统广告中，各主体的界限比较明确，《广告法》对广告的调整是建立在三分广告主体并赋予各自责任义务的基础上。但网络广告打破了这样一套规则，在网络广告中，主体的界限与定位是非常模糊的，有的是合二为一，有的甚至是合三为一。ISP 多是集广告经营者与广告发布者两种角色于一身，宣传企业自身产品或服务的网站则将广告主、广告经营者和广告发布者三种角色集于一身，甚至任何拥有网络使用权的人都可以在网上发布广告。在主体定位不明确的情况下，《广告法》中关于各方权利义务关系的规范就难以适用于网络广告中。因此以法律手段来规范网络广告首先面临的问题就是重新界定广告主体的问题。

(6) 违法广告充斥网络，对网络广告难以监管。正如有人所说的"在网络中，没有人知道你是一条狗"一样，在网络世界中，人人都可以发布广告信息。由于网络广告本身数量的庞大和法律上的调控乏力，使得要求广告监管部门按照《广告法》对网络广告进行逐一审查已变得不太现实。加之网络公司内部一般没有专门的机构负责广告的承接、设计和发布，没有相应的广告管理制度，因此，对网络广告的管理基本处于无序状态，损害消费者合法权益的违法广告因此层出不穷，且有时更难以识别。

(7) 网络广告的虚假与欺诈问题。传统广告中的虚假与欺诈问题本已比较严重，广告数量的庞大性，范围的广泛性，内容的丰富性，形式的多样性和真假的难辨性致使对广告的监管就很困难，虚假与欺诈现象非常普遍，消费者对之无可奈何。网络广告出现的同时也伴随着虚假与欺诈现象，而且甚至更严重。有调查表明，用户对网络广告的评价中，认为其最大的劣势就是可信度太低。这致使人们普遍不太信任网络广告，这也是目前网络广告业深入发展的一个首要障碍。网络广告中虚假与欺诈现象之所以如此普遍，最重要的原因是法律与制度设计上的缺陷所造成的。

(8) 网络广告中的不正当竞争问题。网络广告中的不正当竞争同样符合这一规定，具体到网络环境下又有不同的形式：利用加框的超链接技术。采用 Frame 加框技术分割网页视窗，将他人网站呈现在自己网站上，当浏览者点击超链接时，他人网站上的内容会出现在此网站某一区域，而此网站页面上的广告则始终呈现在浏览者面前，而且地址栏中网址仍是原网站的，让浏览者误以为链接的内容是网站自身的一部分。这种做法直接降低了被链接网站的广告的浏览量，等于避开了该网站的广告直接进入相关内容，构成了广告侵权，是网络广告经营中的不正当竞争。但现行《广告法》只对传统商业性不正当竞争进行规制，对于网络广告中的不正当竞争尚没有明确的规定。另外，有些不知名的网站有意模仿或抄袭知名网站的内容或页面布局，以使浏览者混淆，误认为此网站为某知名网站，这是一种明显的搭便车行为，除了可能侵犯网站版权之外，也是一种通过混淆视听达到提高点击率目的的不正当竞争行为。

(9) 网络广告中隐私权问题。网络广告中侵犯隐私权的现象时有发生，通常是采取某些技术手段收集个人信息，然后针对用户特点发布广告。最常见的是采用 Cookies 技术保存用户在网站上留下的痕迹，诸如浏览路径，交易记录，问卷内容等。更有甚者，一些网站通过一些合法或非法途径收集用户个人信息，然后和广告商合作，根据 Cookies 中用户拜访的内容，设定广告播放的内容及频率，或让用户重复利用同一幅广告，做到"一对一"式的针对性非常强的推销，让用户看到厂商希望其看到的信息。还有一种情况就是通过各种正当或不正当的途径收集大量用户个人信息后，将其作为商品出售给广告业务经营者。

(10) 网络广告垃圾问题。目前网络建设只与电信部门有关，与工商行政管理机关无关。这是机构和权限设置上的不足。目前电子邮件往往是电子邮件垃圾的代名词。因其管理的混乱、法制的不健全和商家一味为经济利益所驱使而使得滥发垃圾邮件现象比较严重，电子邮件广告这种广告方式似乎走入死胡同。滥发垃圾邮件给用户和商家都带来了很大的损失。另外，在上网浏览时，大多数人都可能遭遇插播广告，有的必须点击若干次之后才可退出，而有的根本无法退出，只能强行关机，重新启动。这些广告在一定程度上对用户造成了广告骚扰，妨碍了用户对网络的使用，急需立法加以规范。还有强制性广告，强迫用户阅读的广告与用户自愿阅读相背离，也违反了《广告法》的基本精神，理应加以制止。

(11) 网络广告中的隐性广告问题。我国《广告法》明确规定广告应当具备可识别性，能够使消费者辨明其为广告，大众传播媒介不得以新闻报道形式发布广告，通过大众传播媒介发布广告应当有广告标记，不得使消费者产生误解。网络广告作为广告的一种形式，同样应符合这些规定，然而网络广告中采取隐蔽形式发布广告以规避法律和欺骗消费者的现象非常普遍，主要有以下几种形式：以新闻形式发布的广告。有些网站故意打《广告法》的擦边球，有意混淆新闻信息与广告的界限，打着新闻的幌子发布广告，以新闻之名行广告之实，已违背法律规定，只是目前没有切实可行的规范措施。同时，隐蔽广告现象的存在，它们利用关键词技术将包含关键字(词)的源代码置入网站整个程序中，关键字(词)一般为企业知名产品名称，企业名称或驰名商标等。当用搜索引擎以该关键词搜索时，网站与该驰名商标、产品等一同出现。这种广告以更加隐蔽的形式发布，更难查明和处置。

(12) 网络广告的管辖问题。网络广告的无地域性，任何一网络广告都可在全球看到，而且很多网络广告本身就是面向全球市场，那么首先遇到的问题就是各国法律的冲突。此地的法律与彼处的法律对网络广告的态度可能不尽相同，甚至完全相反，在一国合法的网络可能在另一国非法。那么在不同国家因网络广告纠纷提起的诉讼可能判决结果完全相反。执行问题上，即便一国法院判决国外一方败诉，但是往往无法执行。正是这种法律管辖与适用的国际性冲突使得一些商家有意规避法律，使得网络广告很难通过一国的法律来解决，往往需要通过国家间的协作来共同解决，甚至可以由国际性机构制定统一的具有约束力的规则。

2. 国外对网络广告进行管理的经验

基于上述存在的问题，急需要加强对网络广告的规范管理问题。面对网络广告监管的难点，有必要看看国外一些发达国家是怎么样克服这些难点，实现对网络广告的有效监管的。

(1) 美国是网络广告的发源地，作为世界上最大的网络广告市场，它在网络广告的监管上做出了许多努力，也取得了一些成效，值得我们借鉴学习。美国国会在网络广告方面先后制定出台了《电子信箱保护法》、《未经请求电子商业广告信筛选法案》、《反对垃圾邮件修正案草案》等一系列专门法律。美国还专门成立了因特网广告管理署(LAB)，建立了全国统一的网络广告监管中心。

一些其他组织也致力于网络广告市场的健康发展,美国证券商协会(NASD)就要求其会员所有同证券交易有关的广告必须得到事先批准,针对网络与电子媒介广告,NASD 提醒会员,他们对电子方式进行的通讯应承担与其他通讯方式相同的责任,利用因特网进行通讯可被视为广告的一种形式,受广告规则约束,这虽然只是自律性的规范,但对广告的界定也很有启发意义。

(2) 欧盟制定的《电子商务法》中对电子邮件广告规定了"自由退出"原则,即没有预定的 EMAIL 广告是允许的,但收信者可加以拒绝。在德国,《电子信息通讯法》构筑了电子信息通讯方面的框架,规定企业在网上做广告,必须标明企业的登记号、增值税号、地址、EMAIL 地址。对 EMAIL 广告,要明确注明广告的制作商,要避免所有有争议的内容。

3. 我国对网络广告进行监督管理

(1) 对网络广告进行监督管理立法与司法实践的探索。截止到目前为止,我国针对网络广告进行管理还没有全国性的法律法规,已经出台并在实践中已经实施的只有《北京市网络广告管理暂行办法》(以下称《暂行办法》)。该《暂行办法》中将网络广告定义为"互联网信息服务提供者通过互联网在网站或网页上以旗帜、按钮、文字链接、电子邮件等形式发布的广告"。这里的"互联网信息服务提供者"包括经营性和非经营性互联网信息服务提供者。并依法对网络广告实行两级管理,即北京市工商行政管理局负责本市网络广告监督管理,并在 HD315 网站建立"网络广告管理中心";区、县分局(含直属分局)负责对辖区内互联网信息服务提供者发布的网络广告进行监督管理。

(2)《暂行办法》对网络广告管理的具体规定:

第一,确定了网络广告经营者的主体资格。根据《暂行办法》第五条规定,"本市行政区域内经营性互联网信息服务提供者为他人设计、制作、发布网络广告的应当到北京市工商行政管理局申请办理广告经营登记,取得《广告经营许可证》后到原注册登记机关办理企业法人经营范围的变更登记。非经营性互联网信息服务提供者不得为他人设计、制作、发布网络广告。在网站发布自己的商品和服务的广告,其广告所推销商品或提供服务应当符合本企业经营范围"。外商投资的经营性互联网信息服务提供者申请办理网络广告登记的,参照设立外商投资广告企业的有关规定和本办法执行。

第二,规定了网络广告经营申请的条件。根据《暂行办法》第六条规定,经营性互联网信息服务提供者申请办理网络广告经营登记,应当符合下列条件:

- 企业法人营业执照具有从事互联网信息服务的经营范围;
- 在北京市工商行政管理局指定的网站(HD315)备案;
- 具有相应的广告经营管理机构和取得从业资格的广告经营管理人员及广告审查人员;
- 具有相应的网络广告设计、制作及管理技术和设备。

第三,办理网络广告经营许可证需提交的证明文件。根据《暂行办法》第七条规定,符合上述条件,申请办理网络广告经营许可证,应提交下列证明文件:

- 在 HD315.gov.cn 网站上办理备案登记后,贴有备案标识的网站首页打印件;
- 广告经营资格申请登记表(一式两份);
- 营业执照复印件(加盖发照机关备案章);

- 网站域名的注册证明(有效复印件);
- 广告管理制度(承接、登记、审查、档案、财务)及广告监测措施;
- 《广告专业岗位资格培训证书》2 份(有效复印件);
- 《广告审查员证》2 份(有效复印件);
- 广告价目表。

第四,规定了经营性互联网信息服务提供者的义务。具体包括:

- 已取得《广告经营许可证》的广告经营单位和发布单位经营网络广告的,应根据上述规定办理备案登记和网站域名的注册登记。取得网络广告经营资格的互联网信息服务提供者,应当在其网站备案栏中注明《广告经营许可证》号码。
- 经营性互联网信息服务提供者设计、制作、发布网络广告应当依据法律、行政法规查验广告主有关证明文件,核实网络广告内容。对内容不实或者证明文件不全的网络广告,不得设计、制作和发布。
- 互联网信息服务经营者,应将制作完成并经过审查的网络广告上传至"网络广告管理中心",同时附加网站注册得到的电子标识、企业所属审查员的代码,以及广告发布的计划。"网络广告管理中心"将根据广告发布计划将该网络广告发送至目标网站,并于计划执行完毕后,将该广告的相关资料自动返还给提交广告的网站。
- 对于已具有集中发布网络广告性质的网站或"网站联盟"性质的网络广告运作联合体,其广告发布部分的数据库应与"网络广告管理中心"实现联网。
- 经营性互联网信息服务提供者应将发布的网络广告及相关资料保存留档一年,并不得隐匿、更改,在广告监督管理机关依法检查时予以提供。
- 经营性互联网信息服务提供者的网络广告收入应当单独立账,并使用广告业专用发票。
- 互联网信息服务提供者在网站上发布药品、医疗器械、农药、兽药、医疗、种子、种畜等商品的广告,以及法律、法规规定应当进行审查的其他广告,必须在发布前取得有关行政主管部门的审查批准文件,并严格按照审查批准文件的内容发布广告;审查批准文号应当列为广告内容同时发布。
- 互联网信息服务提供者在网站上发布出国留学咨询、社会办学、经营性文艺演出、专利技术、职业中介等广告,应当按照有关法律、法规、规章规定取得相关证明文件并按照出证的内容发布广告。
- 互联网信息服务提供者不得在网站上发布烟草、性生活用品、法律、行政法规规定禁止生产、销售的商品或者提供的服务,以及禁止发布广告的商品或者服务的广告。
- 互联网信息服务提供者应当将发布的广告与其他信息相区别,不得以新闻报道形式发布广告。
- 从上述规定可以看出,目前在网络广告管理中对经营者的约束性条款较多。

第五,网络广告监管者对网络广告进行管理的相关规定:

- 对文件齐备、符合规定的,管理机关自受理之日起七个工作日内核发《广告经营许可证》;对于已取得《广告经营许可证》的广告经营单位和发布单位经营网络广告的,应根据上述规定办理备案登记和网站域名的注册登记。
- 各级工商行政管理机关广告监督管理部门应将网络广告列入重点广告监测范围,建立监测登记汇总制度。发现违法广告及时下载取证，保证网络广告监测及时到位。

● 对取得广告发布资格的互联网信息服务提供者，北京市工商行政管理局将通过 HD315 网站向社会公告其名称、注册标识及广告经营许可证号，以供广大消费者认选，并方便消费者投诉、申诉、举报。

● 违反本办法规定的，工商行政管理机关将依照《广告法》、《条例》等法律、法规的规定进行处罚。

该《暂行办法》尽管还有许多不完善和缺陷，但毕竟作为我国网络广告管理中第一个较为完整的法规，在实践中对于规范网络广告经营者行为、维护网络广告市场秩序起着重要的作用；更为重要的是它为其他地方广告管理机关进行广告管理有着重要的示范作用，并为制定全国性的网络广告管理法律法规奠定了基础。

4．对今后加强网络广告管理的思考

(1) 提高监测水平。由于网络广告是有别于传统广告的高科技媒体，它对管理人员的知识素质以及技术、设备等有较高的要求。因此，工商部门一方面要加强对现有人员进行必要的网络知识、网上执法方面的业务知识培训，提高工作人员的业务素质和工作技能。另一方面，还要重视对网络技术人才的引进，并配备先进的计算机网络设备，开发专门的广告动态监测系统，提高广告监测水平。可以效仿美国的因特网广告管理署，以国家总局为主，并在县级以上工商部门成立网络广告监管机构，具体负责受理有关投诉或举报，并展开调查，对违法违规广告进行监管。

(2) 健全法律法规。对于网络广告的监管，立法是解决问题的有效途径之一，必须尽快制定相关法律法规，使网络广告逐步走上规范化、法制化道路。就我国而言，首先可以对《广告法》进行适当修改、补充及解释，扩大其适用范围。同时依据《广告法》的原则，针对网络广告制定《网络广告管理办法》，重点解决一系列问题，诸如明确网络广告的定义与分类，以确定网络广告治理的范围；明确网络广告监管机关的管辖权限；明确界定网络服务提供者的监控义务和法律责任等。

(3) 改革监管模式。网络广告的特点，决定了用传统的广告监管模式去监管网络广告是行不通的。比如在网络广告经营主体的准入问题上，传统经济生活中，不是所有的市场主体都能做广告，只有具备一定的人员和技术才能制作和发布广告，工商部门通过审查是否符合广告经营需具备的条件来控制准入，并进行管理。但在网络上，几乎所有的网站都有广告。在现阶段的监管技术和条件下，可以考虑将网络广告经营者市场准入的控制和对 ISP 的市场准入联系在一起，即要求 ISP 提供给工商部门进行备案登记的信息中，必须包含与广告有关的各项内容，如已取得从业资格的广告经营管理人员资料等，这种资格认证方式，既可以降低行政成本，又易于被 ISP 接受。

(4) 把握取证环节。鉴于网络信息的不固定性，及时对查获的违法证据予以固定就显得尤为重要。当证据是网页上的固定信息时，可以及时到企业经营场所进行现场取证，让当事人自己进入企业网站，浏览其网站发布内容，对涉嫌违法广告部分当场让当事人下载打印，由当事人本人确认内容为自身企业发布，并签字盖章，从而固定证据，并制作现场检查笔录。当证据是其他格式如 FLASH、音频等，无法用简单保存打印进行固定时，可以通过第三方公证的方式，直接到公证机构，由公证人员对涉嫌违法内容进行保全证据公证，

从而固定证据，再进行进一步的调查。

(5) 加大处罚力度。根据《广告法》的规定，对广告的处罚一般是以广告费用为基数处以罚款，而且大多是五倍以下。对于网络广告来说，这并没有太大的威慑作用，这是由于网络广告的费用本身就不是很高，导致即使按五倍罚款来计算，也并不多。针对这一情况，一是要出台针对网络广告具体罚则的规定，使得处罚既能有效震慑违法行为又能有法可依；二是要灵活运用法律法规，比如网络虚假广告，就可以按照《反不正当竞争法》中虚假宣传相关规定进行处罚，"可以根据情节处以一万元以上二十万元以下的罚款。"

(6) 提高行业自律。借鉴国外发达国家的经验，加强行业自律，充分发挥行业协会的作用。由于网络广告是一种新兴事物，目前尚没有专门性的法律法规，也没有统一的行业标准，而行业协会可以较为准确、全面地反映行业成员的意见、建议和要求，为政府决策提供一定的根据。政府管理与行业自律相结合，特别是 ISP、ICP 的自律，是一种较为有效和缓和的规制方法。这里的自律包含两层意思，一是 ISP、ICP 自身遵守广告法和相关法律法规，抵制不正当竞争和虚假广告；二是 ISP、ICP 应当在经营范围内，监管好所托管的主页，一旦发现恶意广告行为，就立即予以纠正。

【本章思考题】

1．试述我国户外广告管理的对象和内容。

2．试述户外广告发展和管理上存在的问题及其解决办法。

3．户外广告的登记范围及登记事项有哪些？

4．试述申请户外广告登记的条件和程序。

5．简述印刷品广告的含义、种类及其特点。

6．我国印刷品广告管理的对象及其原则是什么？

7．试述固定印刷品广告的申请程序和发布标准。

8．网络广告的特点和主要形式有哪些？

9．试述当前我国网络广告管理中存在的问题及其解决办法。

第 5 章　广告道德规范

【内容摘要】

本章共分为两个部分：第一部分为广告道德规范概述部分，主要涉及道德、道德规范、广告道德规范的基本概念；道德规范与法律规范的关系；我国广告中违反道德规范的现象及对广告活动主体道德规范的具体要求等相关内容；第二部分为公益广告规范部分，主要涉及公益广告的概念及特点；公益广告在发展中存在的问题及对公益广告进行管理的具体规定和要求等内容。

【学习目标】

通过对本章的学习，使学生在学习了解广告道德规范、公益广告等基本概念的基础上，研究我国广告违反广告活动道德规范的现象和公益广告发展中存在的问题，重点学习有关广告活动道德规范的要求和对公益广告进行管理的相关规定。具体应当：

(1) 了解道德规范的含义及其特点等内容；

(2) 重点了解广告道德规范的含义及其要求；

(3) 学习了解广告的道德规范与法律规范的关系；

(4) 学习了解当前广告违反道德规范的现象及其治理；

(5) 重点掌握《广告道德活动规范》对广告主体的具体要求；

(6) 学习有关公益广告的概念及特点；

(7) 重点了解公益广告与商业广告相比的特点；

(8) 重点掌握我国如何对公益广告进行规范的相关内容。

【重要知识点】

在本章学习中应掌握的概念及其知识点有：道德、道德的认识功能、道德的调节功能、道德的评价功能、道德的教育功能、道德的平衡功能、道德规范、广告道德规范、公益广告等。

5.1　广告道德规范概述

5.1.1　广告道德规范的概念

1. 道德与道德规范

(1) 道德的内涵。人们通常意义上讲的道德，是指社会上个人的思想品德和行为规范。

其实，道德的真正含义是调节一定社会人们相互关系的道德意志、道德行为、道德规范的总称。它是通过社会舆论和内心信念调节人们之间关系的思想行为的准则。道德是一种社会意识形态，是人们共同生活及其行为的准则与规范，具有以下功能：

第一，认识功能。道德是人们求真求善的导师，它教导人们认识自己，对家庭、对他人、对社会、对国家负责任和尽义务，教导人们正确地认识社会道德生活的规律和原则，从而正确地选择自己的行为和生活道路。

第二，调节功能。道德是社会矛盾的调节器，它通过社会舆论、风俗习惯、内心信念等特有形式，以自己的善恶标准去调节社会上人们的行为，指导和纠正人们的行为，使人与人之间、个人与社会之间关系臻于完善与和谐。

第三，教育功能。道德是人们前进的引路人，它培养人们良好的道德意识、道德品质和道德行为，树立正确的义务、荣誉、正义和幸福等观念，使受教育者成为道德纯洁、理想高尚的人。

第四，评价功能。道德是评价公正的法官，通过道德评价这一巨大的社会力量和人们内在的意志力量，使社会形成一种不同于法律而又与法律密切相关的社会公平评价机制，使人们对公平的认识和追求有更新的内涵。

第五，平衡功能。道德既调节人与人之间的关系，也是平衡人与自然之间的关系，它要求人们端正对自然的态度，调节自身的行为，教育人们应当以造福于而不贻祸于子孙后代的高度责任感，从社会的全局利益和长远利益出发来处理人与自然、社会发展与保护环境的关系。

(2) 道德规范是一定社会或阶级用以调整人们之间利益关系的行为准则，也是评价人们行为善恶的标准。一定社会为了调整人们之间以及个人与社会之间的关系，要求人们遵循的行为准则。它是人们的道德行为和道德关系普遍规律的反映，是一定社会或阶级对人们行为的基本要求的概括，是人们的社会关系在道德生活中的体现。道德规范有以下特点：

第一，道德规范源于人们的道德生活和社会实践，又高于人们的道德生活和社会实践。历史上不同时代、不同阶级的道德规范，都是从相应的时代要求和阶级利益出发，经过概括而形成的，并用以指导人们的道德生活和道德行为。

第二，道德规范是判断善和恶、荣和辱、正当和不正当、正义和非正义、诚实和虚伪、权利和义务等道德准则。人们能够按照道德规范的要求行为，就是善行；违反道德规范的行为，就是恶行。

第三，道德规范是由一定的社会物质条件和社会关系所决定的，同时又是一定社会或一定阶级的人们自觉行为的产物。道德规范是随着社会的发展而不断发展的，具有历史性和继承性。在阶级社会和有阶级存在的社会，道德规范的形成、发展及其在实践中的贯彻，同现实社会的阶级关系和阶级斗争有密切的关系。

2. 广告道德规范的概念

(1) 广告活动道德规范是广告活动的基本道德准则，是道德规范在广告活动领域内的具体表现，是规范广告活动的基本准则，是要求广告主、广告经营者和广告发布者等广告活动主体在从事广告活动过程中，应当遵循的基本社会公德和职业道德。具体来说：

第一，衡量广告质量的一个重要因素，就是要看这则广告是否具有鲜明的文化性、民族性、思想性和艺术性。好的广告所具备的上述特征都内化着一个社会道德规范的基本要求；同时，广告在树立良好社会道德风尚、促进社会主义精神文明建设等方面，发挥着社会教育、文化传播、舆论导向等多方面功能。

第二，广告道德属于职业道德的范畴，是从事一定正当职业的人们，在工作或劳动过程中处理个人与社会及个人与他人关系时应遵循的，与其职业特点相适应的思想和行为准则。广告行业及其从业者应当根据广告行业自身的特点，制定本行业人员应当自觉遵守的行业规范，规定本行业人员在实施行业行为时"应该做些什么，不应该做些什么；应该怎样做，不应该怎样做"。

(2) 广告道德规范有以下特点：

第一，不同社会制度下的广告道德具有不同的内容。广告道德的形成受一定社会制度条件下的社会道德的影响。它体现一定社会经济关系所决定的社会道德和社会职业道德的基本原则和要求。

第二，广告道德的形成有其自身的规律与特点。广告道德是在广告活动中逐渐形成的，它是充分反映广告活动规律、反映广告行业特点与要求的一种道德形式和道德准则。因而在不同的社会制度下，广告道德还具有共同性的一面。例如，对欺骗性广告，各国都有消费者组织和法规、条例等进行约束、管理和制裁。

第三，广告道德包括广告活动中所发生的全部人员之间关系的准则和规范的总和。包括广告主与广告经营单位、广告经营单位之间、广告主与消费者、广告经营单位与消费者的关系等等。其中，最重要的是广告主与消费者之间的关系，这是最大量也是最主要的广告道德问题。

(3) 广告道德规范的地位与作用。内容包括：

第一，广告道德规范的地位表现在以下几方面：

● 广告道德规范是广告管理体制的重要方面。广告道德规范虽然不属于机构设置、职权划分的范畴，但它属于广告运行制度、运行机制和广告管理方式的范围，这是其重要的内容。广告管理学形成于西方国家，它们原本没有德治传统，只有法制特征；但是近些年来，西方各国也越来越重视道德的作用，把广告人员的职业道德作为广告法规的重要内容。我国有着长期的"德治"传统，借鉴历史经验，在广告管理中施行德与法并重应成为我国广告管理的一个特色。

● 广告道德规范与广告法律法规虽同属行为规范的范畴，两者都可以调节人们之间的关系，保持必要的社会秩序，但是道德与法律的作用方式有明显的不同。法律是以强制的手段起作用，道德以善恶、荣辱、美丑观念为标准，通过社会舆论、内心观念和传统习惯起作用。道德是人类生活中一种不成文的法律，虽不是强制手段，但约束力也很强，规定着人们对社会、对他人应承担的责任与义务。社会舆论对不道德广告行为的谴责而引起的后果，对企业来说往往是致命的。因而，大量的广告道德问题还需要依靠社会舆论的力量来调整解决。广告道德规范与广告法律法规的作用是互相促进、互相配合、相互补充和相互渗透的。因而，在广告管理中，不仅要依靠法律的力量，而且很大部分还要依靠广告道德的约束，进行广告道德监督，以形成巨大的社会力量，来调整和解决广告活动中的不道德广告行为。

● 从现代的广告管理来看，广告道德规范和广告制度规范也有着密切的联系。各项广告制度既是全部广告管理的基础，也是广告道德建设的基础。而广告道德规范的优劣，又促进或阻碍广告制度的巩固和发展。这两个方面相互联系、相互制约、相互促进。广告制度规范是政治基础，政治保证；广告道德规范是思想基础，思想保证。广告制度，人们必须遵守，不得违反，否则就要受到行政处罚，轻则纪律处分，重则法律制裁。从这个意义上说，广告制度是靠强制力来推行；广告道德规范则是人们自觉的因素和内在动力，靠说服教育去实施。两者相互配合，不能互相代替。可见，广告道德规范是广告运行机制、广告管理方式的重要内容，因而是广告管理体制的重要方面。

第二，广告道德规范的作用表现在：

● 对广告活动的调节、指引和评价作用。对于广告活动自身的发展，广告道德规范的作用在于通过对广告活动的调节、指引和评价作用的发挥，调整规范广告活动，促使广告主自觉遵守法律和行业自律规则，维护广告业发展、运行的正常秩序，维护广告业良好的外部形象。

● 对广告法律规范的补充作用。广告法律规范为广告活动设定了最低的行为边界，广告活动主体的行为不能逾越法律的界限和框架，否则应承担相应的法律责任，受到广告监管机关的制裁。但是，广告法律规范的局限性在于它无法调整大量地处于法律边界线内却似乎合法的广告行为。这些广告行为只能靠广告道德来规范。

● 对具体广告执法的参照作用。广告监督管理部门在对广告实施监督的过程中，主要以法律为依据。在具体的执法过程中，对法律规范未明确的方面，广告执法可以参考广告道德规范。有些法律规定较为笼统的规定，可以根据社会对某一广告的反映情况，即以社会公众的集体道德评判来参照执法。

● 对社会道德建设的影响作用。广告道德规范是社会道德规范的有机组成部分之一。广告业自身是一个与社会主义精神文明建设高度相关的特殊产业。广告在传达商品和服务相关信息的同时，对其受众的思想观念也会产生一定的影响。其中，公益广告对精神文明的影响更大。

5.1.2　广告道德规范的要求及当前广告活动存在的问题

1. 广告道德规范的要求

(1) 广告应当遵循诚实守信原则，拒绝虚假、误导广告。诚信原则是企业经营的基本要求和准则，也是广告的生命所在。广告是企业对自身产品或劳务的推介，直接反映了企业的经营理念和企业文化，只有真实反映企业本来面貌的广告才是有生命力的；广告要取信于人，就必须以真实的信息去打动人，去影响消费者。传达诚实可信的信息是广告活动中最基本的道德规范。美国广告业巨子大卫·奥格威在《一个广告人的自白》中总结了创作高水平广告的十一条规律，其中，"讲事实"是最根本的一条。他认为消费者对事实感兴趣，需要广告者给他们提供全部的真实信息；经营者通过广告弄虚作假或许能暂时蒙蔽消费者，给企业带来暂时的利益，但假象一旦被揭穿，企业便马上信誉扫地，从根本上丧失市场。广告立法、广告行业自律规范，都将广告的真实性视为首要的原则。《国际商业广告从业准则》中规定，"广告只应陈述真理，不应虚伪或利用双关语及略语之手法，以歪曲事实，广告不应含有夸大的宣传，致使顾客在购买后有受骗及失望之感"。在我国绝不能允许广告成为欺诈的代名词，国家要制定相关的法律法规，加强对广告的导向、规范、监督，对敢于以身试法者予以坚决打击，以保证广告的真实性和客观性，维护广大消费者的利益，保障正常的市场经济秩序。

(2) 广告应当体现公平竞争与遵纪守法原则。公平竞争在广告行业内尤为重要，直接关系到整个市场竞争的公平度。强调和确立公平竞争，就为规范广告行为，充分发挥广告在社会主义市场经济中的积极作用提供了有力保障。遵纪守法，强调的是认真学法、用法、守法、依法、执法，其主旨在于培养广告从业人员的法制意识、纪律观念，抵制广告活动中的不道德行为，引导、规范广告从业人员认真做到遵守法令，有法必依，遵守纪律，合法经营。

(3) 广告内容应当健康文明，表现形式艺术、优美。广告从内容到形式，必须有益于社会主义精神文明建设，必须体现社会伦理要求和中华民族的传统美德，具有富于积极意义的文化精神；必须承担起应尽的社会责任与义务，把高尚的社会风尚和美好的道德追求同正当的物质利益追求有机地结合起来。广告的内容要健康文明，这就意味着要有益于社会生活中正确的人生观，价值观的形成与确立。现代广告发展的新趋势是对"美"的重视，即着重从美学角度，而不是从推销商品的功利角度来制作广告。这样的广告以优美的形象、意境去吸引消费者、感染消费者，使消费者产生美感，不知不觉地把广告产品与"美感"联系起来，结果心甘情愿地去购买这种产品。

(4) 广告应当尊重社会风俗习惯。风俗习惯是一种在长期历史发展中逐渐形成的社会现象和世代相传的文化现象，它属于传统的范畴。在什么时间、什么地方、用什么形式做广告，都要尊重当地的风俗习惯。广告与风俗习惯相冲突是不道德的，也必然产生负效应。风俗习惯还涉及道德禁忌问题。道德禁忌可分为文字禁忌、数字禁忌、图形禁忌、颜色禁忌等等。有的禁忌是具有普遍性的，如对猫头鹰的贬斥；但有的禁忌是不同文化背景所特有的，相同的事物在不同文化背景下甚至会有相反的看法。从尊重社会的风俗习惯的角度出发，广告应当采取不同的策略回避道德禁忌；广告宣传中另一需要注意的禁忌是性别歧视，广告中的性别歧视、特别是对女性的歧视是既违反禁忌又违反法律。《广告法》明确规定，广告不得有"含有民族、种族、宗教、性别歧视的内容"。

2. 当前我国广告活动中违反道德规范的广告现象

(1) 广告不真实、欺骗误导社会公众，违背社会基本道德规范。广告给人的最基本印象就是"无欺骗不广告"、"无谎不广告"。现行的广告中，注重推销效果，可以隐瞒或回避应当告知公众的信息，从而形成欺骗误导广告。例子不胜枚举，麦当劳一则电视广告表现在各种场景中的人一边工作、玩乐，一边吃麦当劳汉堡，同时不断地重复着一句话"I love it! 我喜欢"，但麦当劳的广告中从来不提它的产品包含着"三高"成分，对消费者的身体健康有着潜在的危险。无可否认，广告中的确存在着说谎，而任何人都讨厌被欺骗，但这里有必要将不可接受的说谎与可接受的说谎加以区别。现实中，人们凭经验中也可以分辨出这两种不同的说谎，一种是恶意的，损人利己的，突破了最低道德标准的说谎；一种是非恶意的，或至少是一种惯常的行为、在人们可接受范围之内的，没有超出最低道德标准的说谎。在现实生活和生产实践中，没有人能做到在任何时间和任何情况下都不说谎，人们也知道无法以这样的高标准来相互要求，因此，人们不是谴责任何说谎，而是谴责某种超出了最低道德标准的说谎，这种说谎已经越过了道德的边界，进入到法律的范围。所谓法律，简单地说就是以暴力形式强制人们遵守的最低道德标准，如不可杀人、抢劫、偷盗、作伪证，等等。

因此，如果明知其产品由于其成分和功能构造的特点，具有无可避免地直接危害其消费者的健康或经济利益的特性，却隐瞒不报的，这就是非法性说谎，因为它已经超出了最低的道德标准底线。著名广告人大卫·奥格威在论及广告是否说谎时说："我决不做不想让自己的家人看的广告"。其意思在于，他保证自己做的广告肯定能够符合一般人的惯常行为方式和道德标准，而对更高的要求，他则无法承诺。现实中的多数广告，其说谎程度与我们各自生活中的行为状态颇为类似，因此大家习以为常，比如上面提到的麦当劳广告，一般公众并没有对它表示特别的反感，虽然他们越来越多地知道该产品有"垃圾食品"的嫌疑，但因为他们自己有判断力和自主决定权，因此他们倾向于默认该广告的说谎属于可接受的范围之内。但对麦当劳广告在儿童节目中的插播却不能接受，因为儿童还不具备适当的判断力和自主选择权，将某种表面可爱的产品推荐给他们却不告诉他们其中包含的危险，这就是蓄意欺骗，从而也就超出了最低道德底线，属于违法行为。

(2) 广告鼓励奢侈靡费的生活方式。人们从根本上是难以抗拒生活的奢侈的，丹尼尔·贝尔所说的"需要"与"欲求"之间的界限其实很难区分。如果喝水是需要，喝茶、咖啡也应是需要。搓衣板、棒槌是需要，洗衣机也应是需要。没有人可以满足于需要而不提出自己不断高涨的欲求。正是因为人能够不断地提出、满足和发展自己的欲求才成其为人的。其实在广告鼓励奢侈靡费的问题上，人们潜意识中最担心的问题并不是欲望的高涨和贪婪的无法遏制，而是由此而造成的节俭和谦让等传统道德的破坏，以及由此可能导致的社会不稳定乃至崩溃的前景，其中尤其是少年儿童的道德败坏。合法的广告符合社会的最低道德标准要求，在该问题上就是可以鼓励人们购买和消费各种商品，甚至鼓吹以高标准的消费为荣耀，但是广告却不能以直接损害社会的公共利益为代价来谋取自己的利益，尤其是不能以社会的未来希望——儿童的精神与身体的健康成长为代价来谋取私利，否则它就滑向了违法的边缘而将遭到谴责。比如，有的儿童电视广告中大量充斥着这样的广告用语："我有，你有吗？"给儿童的感觉是别人有的我也要有，以此刺激其消费攀比心理。又如某奶制品广告，画面上是一个孩子吃着雪糕，这时响起画外音："……有那么好吃吗"？孩子回答道："不信你尝尝"，并将手中的食品递过去，可马上又缩了回来，转而送入自己口中。这则广告暗含着这样一种信息：好东西要独占独享。此种广告助长了孩子们的自私心理和以自我为中心的不良习惯，而与传统文化所颂扬的节俭与谦让的道德取向形成了强烈的反差，给人一种直接颠覆生活的理想和做人的基本价值的印象，其反道德的卑劣性理所当然地引起人们的强烈反感与排斥。

(3) 低俗的商品宣传艺术形式降低国民的文化品味。在广告中将大众的理解力看得过于幼稚，一见广告上出现一些不太精致优雅的场景就不免大惊小怪，忧心忡忡，非强力弹压而后才能感到尽了责任。比如这两年被公认为比较典型的鄙俗广告"脑白金"系列创意，"今年过节不收礼，收礼只收脑白金！"活生生一副庸俗猥琐、出尔反尔的嘴脸，因而遭到各界人士的一致痛批和鄙视。可见，对广告的雅俗的度应当把握好。甭管你伪装得多么巧妙，都可以一眼看穿。而那些买了这种产品的人，也未必就是趣味低俗，大多可能是出于简化选择过程的考虑，买一个最被熟知的，又符合一般世俗心理的产品算了，在世俗生活的范围内如此行事似乎也没有错。广告的说词除了在上述儿童广告的制作与接受范围内有一些意义以外，其余不必过于担心。

(4) 广告使用有伤风化的语言或形象从事推销。有一则洗衣粉广告用了极其暧昧的广告词："你泡了吗？你漂了吗？你干了吗？"一家公司的床垫广告如此写道："你愿意和我睡吗？"极尽擦边、挑逗之能事，因而引起了公众的极大不满。最终迫于公众的压力，这些广告都只好灰溜溜收场。广告的邪恶性在此暴露无疑，而公众的谴责则合情合理。如果能从以下几个观察点注意辨析，则对上述问题的澄清将更有利。性诉求广告的伦理判断往往涉及文化的两个纬度：一是民族传统心理的积淀，二是技术的发展和生产方式的转变所导致的生活趣味的变迁，中国传统思想认为"身体发肤受之父母，不敢毁伤"，但现代社会中谁又忍心对爱美女士的整容热情多加指责呢？我国服装从清代之严密包裹转到现代的自然袒露其性感特征，我们不也感到几多美轮美奂吗？对某些商品与性心理的特殊关联性应该给予现实的认定，而这也是对现代人的生活感觉的肯定，比如时装、化妆品和某些药品的生产与销售，就与对性感的肯定与强调有着天然的联系，而成功的性诉求并不会令人产生反感，比如三源丰乳霜的"做女人挺好"；洁尔阴的"难言之隐，一洗了之"等广告，既指明了产品的功能特征，又含蓄优美，堪称性诉求广告的典范。而那些遭人诟病的性诉求广告在许多情况下，恰恰是超出了特定商品的范围，牵强附会乃至无中生有地硬要把性拉扯其中，因而就难免给人格调低下而又欲盖弥彰的嫌疑。

(5) 广告滥用所包含的道德问题。具体有以下表现：

第一，含混的广告。这是企业进行欺骗的最高雅的方式之一，也就是说，关于某一产品或服务的信息表述违反了清晰性原则。广告的含混有很多办法，一种常用的办法就是使用含糊的词汇，它让人产生很多联想。比如"有助于保持水分"中有助于，就是此类的典型，女士们常常为这些含混词语而被迷的神魂颠倒。

第二，隐瞒事实的广告。这是违反了实事求是的原则，是一种不讲实话的行为。如，很多广告会以夸张的行为来吹嘘其产品的效果，但不会说其他产品可产生同样的效果，作为消费者，我们需要了解其他产品就得靠我们自己了。比如，一些饮料广告会在夏天播出，夸张地使用冰人的效果，这是有选择地夸张了事实，同时，在夏天饮用冰水会使不同地区的人产生一些生理疾病，这就出现了道德问题。

第三，劣广告驱逐好广告。一些夸张产品性能的广告，会诱导人们去购买无益的东西，导致消费过度，同时迫使以吹捧的广告相互对立，从而导致广告效率下降；出现劣广告驱逐好广告的现象，最终导致消费者丧失信心。

第四，心理诱惑的广告。这类广告依据人的情感和情感需要而不是理性来进行广告规劝，这是运用人类千百万年演化而来隐藏在最深层脑皮层的反应来进行的。这类广告道德问题尤其需要关注。比如权力、性、名誉、赞美等等诸如此类的心理满足，而产品是不可能提供广告承诺的东西。许多倾向于对消费者心理警觉层面之下，会使消费者成为条件反射的动物而不是有理性的人。也就是说这种广告完成了对人的操纵。

(6) 恶俗广告拷问营销道德底线。从网友的投票中可以发现，保健类产品的广告最不得人心，"脑白金"、"盖中盖"等保健品广告都名列前茅，"脑白金"广告位居榜首。有7%(17496 票)的网友受不了这个广告。随其后的是"洗洗更健康"的妇炎洁的广告，有6%(15145 票)的网友受不了这个广告。而"急支糖浆"广告被很多网友指为是"不知所云"

而位列第三。"金嗓子"广告、"北京新兴医院"广告依次位居四五名。下面是网友"晒"出的 2007 年度十大恶俗广告：

- 第 10 名：征途网络—疯女篇——奖项：2007 年最无聊广告奖；
- 第 9 名：清扬去屑洗发露——奖项：2007 年最具霸气广告奖；
- 第 8 名：娃哈哈优酸乳——奖项：2007 年最性别歧视广告奖；
- 第 7 名：金嗓子喉片——奖项：2007 年最白痴广告奖；
- 第 6 名：胃必治——单项奖：2007 年最崇洋媚外广告奖；
- 第 5 名：白大夫——奖项：2007 年最不孝顺广告奖；
- 第 4 名：涪陵榨菜——奖项：2007 年最虚伪广告奖；
- 第 3 名：薇姿双重润白精华素——奖项：2007 年最恐怖广告奖；
- 第 2 名：汰渍洗衣粉系列——奖项：2007 年最没创意广告奖；
- 第 1 名：妇炎洁——奖项：2007 年最恶俗广告奖。

5.1.3　广告道德规范的具体内容

针对广告中屡屡出现的恶俗、低俗、不良导向等违反社会道德准则等广告表现形式，需要在法律规范的同时，尽快制定有关道德规范的标准。1997 年 12 月 26 日，国家工商行政管理总局印发了《广告道德活动规范》，对广告主、广告经营者、广告发布者和各类市场中介机构参与广告活动的道德规范进行了具体的界定；中国广告协会业制定了《广告宣传精神文明自律规则》，在广告行业中开展"争创广告行业精神文明单位"活动，表明社会已经越来越关注广告活动的道德规范问题了。我国广告道德规范内容具体如下：

1．广告主的广告活动道德规范

(1) 广告主应当自觉维护消费者的合法权益，本着诚实信用的原则，真实科学地介绍自己的产品和服务。

(2) 广告主应当自觉遵守国家广告管理法律法规和其他有关规定，与其他广告主进行公平、正当的竞争，不得以不正当的方式和途径干扰、损害他人合法的广告活动。

(3) 广告主发布商业广告，应当自觉遵守和维护社会公共秩序和社会良好风尚，不应以哗众取宠、故弄玄虚、低级趣味等方式，片面追求广告的感官刺激和轰动效应，对社会造成不良影响。

(4) 广告主应当按照国家有关规定，积极参加各类公益事业，响应政府主管部门的号召，参与公益广告活动，树立良好的企业形象。

(5) 广告主应当在国家法律、法规的规范内，按照市场经济规律，根据服务质量，选择广告经营者的服务，自觉抵制各种损害企业利益的人情、关系广告业务。

(6) 广告主实行广告服务招标，应当尊重投标者的劳动成果，自觉履行招标承诺，自觉抵制和纠正以虚假招标形式引诱投标者投标，以及窃用投标者的广告策划和创意的不公平交易行为。

(7) 广告主应当自觉抵制和纠正下列不正当的广告宣传：

- 依据科学上没有定论的结论来否定他人的产品和服务，借以突出自己的产品和服务；
- 片面宣传或夸大同类产品或服务的某种缺陷，以对比、联想等方式影射他人；

● 未经有关部门认定假冒商标的情况下，在各种声明、启事中涉及他人的商标；

● 擅自使用他人知名商品和服务标志作为陪衬宣传自己的产品和服务，不正当地利用和享用他人的商品声誉和商业信誉；

● 使用不规范的行业用语或消费者无法熟知的专业术语表示商品的质量、制作成分、性能、用途、产地以及采用的技术、设备等；

● 使用含糊不明，易使消费者产生歧义的承诺；

● 使用不合法、不科学、不公正的评比结果和奖项；

● 采用隐去主要事实、断章取义、偷换概念的手法使用有关数据、统计资料、调查结果、文摘和引用语，误导消费者。

2．广告经营者广告活动道德规范

(1) 广告经营者在广告创意、设计、制作中应当依照有关广告管理法律、法规的要求，运用恰当的艺术表现形式表达广告内容，避免怪诞、离奇等不符合社会主义精神文明要求的广告创意。

(2) 广告经营者在广告创意中使用妇女和儿童形象应当正确恰当，有利于树立健康文明的女性形象，有利于维护未成年人的身心健康和培养儿童良好的思想品德。

(3) 广告经营者在广告创作中应当坚持创新与借鉴相结合，汲取中华民族优秀传统文化，汲取其他国家和地区广告创作经验，自觉抵制和反对抄袭他人作品的行为。

(4) 广告经营者为同类产品广告主同时或先后提供广告代理服务，应当保守各广告主的商业秘密，不得为自身业务发展的需要泄露广告主的商业秘密。

(5) 广告经营者应当注重广告在社会主义精神文明建设中的作用，坚持商业广告创意设计中的社会主义思想文化导向，积极参与公益广告活动，倡导正确的道德观念和社会风尚。

(6) 广告经营者应当注重提高经营管理水平和服务质量，依靠不断提高服务质量和商业信誉与广告主建立稳定的业务关系，自觉抵制和纠正下列不正当竞争行为：

● 利用物质引诱或胁迫等不正当手段获取其他广告经营者的商业秘密；

● 采用给予广告主经办人好处或竞相压价等手段争夺广告客户；

● 采用暗中给予媒介经办人财物等不正当手段争取有利或紧俏的时间和版面。

3．广告发布者的广告活动道德规范

(1) 广告发布者发布商业广告应当考虑民族传统、群众消费习惯以及广告受众的区别等社会因素，合理安排发布时段、版面，依照各类广告的发布标准和社会主义精神文明建设的要求，认真履行广告审查义务。

(2) 广告发布者应当严格遵守国家关于禁止有偿新闻的有关规定，坚持正确的经营观念，杜绝新闻形式的广告。

(3) 广告发布者应当严格执行国家有关广告服务价格的管理规定，根据媒介的发行量、收视率等科学依据制订合理的收费方法和收费标准。广告经营者采用招标等特殊方式确定广告价格的，招标方案和办法应当合法、公正，不得利用不正当手段哄抬广告服务价格。

(4) 广告发布者应当自觉执行国家关于公益广告宣传的有关规定，发挥公益广告宣传社会主义精神文明的积极作用，促进社会主义精神文明建设，树立良好的社会道德风尚。

(5) 广告发布者在经营活动中应自觉抵制和纠正下列行为：

● 以不正当理由拒绝广告经营者正常客户代理业务，并强制该广告经营者必须通过其有特殊利益关系的代理公司进行代理；

● 违背广告主、广告经营者的意愿搭售时间、版面或附加其他不合理的交易条件；

● 对不同客户实行不同的收费标准，强制要求客户预付广告费，不按规定的标准返还代理费。

4．各类市场中介机构参与广告活动的道德规范

(1) 从事各类广告出证活动的社会团体和商业调查、技术检测、标志认证等市场中介机构，必须具备合法资格，其广告出证行为必须遵循诚实信用原则，出证内容必须真实、合法，不得助长不正当竞争和不公平交易行为。

(2) 各类市场中介机构以广告形式公布其推荐、介绍、调查、检测、认证结果的，应将其从事该项活动的依据，采用的方法、方式等向社会公布，自觉接受社会监督。

(3) 各类市场中介机构应当保证广告出证行为的客观、公正性，自觉抵制和纠正以牟利为主要目的的广告出证活动，杜绝以收费多少排名、排序，并用于广告误导消费的现象。

对于违反上述《广告活动道德规范》的要求，情节严重、构成违法的，工商行政管理机关依照广告管理法律、法规和国家有关规定予以行政处罚；情节轻微的，工商行政管理机关应对其进行批评、教育，监督改正。

5.2　公益广告规范

5.2.1　公益广告的概念及特点

1．公益广告的含义

(1) 究竟什么是公益广告？目前理论界也没有定论。不同的观点在对公益广告进行定义时，也是从各自的角度进行界定的。梳理了一下，对公益广告的定义有以下种类：

● 公益广告，是指为公众切身利益服务的广告。如防火防盗、卫生交通、环境保持等内容的广告，均属于为公众谋福利的广告。

● 公益广告，是指不以营利为目的而为社会提供服务的广告。它具有社会的效益性、主题的现实性和表现的号召性等三大特点。

● 公益广告，是指为慈善事业向社会筹集资金、争取捐赠以及各种社会公益机构所开展的诸如禁烟、戒酒、救灾、安全、计划生育、防艾滋病的广告宣传活动。

● 公益广告，是指企业或社会团体表示它对社会的功能和责任，表明自己追求的不仅是从经营中获利，而是通过参与如何解决社会问题和环境问题向消费者阐明这一意图的广告。

● 公益广告，是指为社会公众制作发布的，不以营利为目的，它通过某种观念的传达，呼吁关注社会性问题，以合乎社会公益的准则去规范自己的行为，支持或倡导某种社会事业和社会风尚。

● 公益广告，是指企业及各社会团体诉求公共服务内容的广告。公益广告机构从事的

范围相当广泛，举凡社会、福祉、教育甚至谋求国际间相互了解的活动都囊括在内。

● 公益广告，是指通过广告的形式呼唤公众对某一社会性问题引起注意，或者对公众进行教育，以便提高公众的素质，更好地从事工作和学习。

● 公益广告，又称"公共服务广告"，是指不以营利为目的，而为公共利益服务的广告，它的发布常常是针对有关社会问题，借以宣传一种想法或意见，推动这一问题的解决。

● 公益广告，是指不是以营利为目的，而是为形成良好的公益生活秩序和基本的公共道德准则，并直接为公众近期利益和长期利益服务的广告形态。从这一内涵来看，公益广告的关键是不以营利为目的，不仅是直接目的，而且包括间接目的。

● 公益广告，是指由政府部门、社会公共机构、企业、媒体等单位、团体或组织发布的不以营利为目的，谋求社会公共利益的广告。

● 公益广告，是指不以营利为直接目的，采用艺术性的表现手法，向社会公众传播对其有益的社会观念的广告活动，以促使其态度和行为上的改变。公益广告的形式活泼短小，表现手法多样，易为受众所接受。

● 公益广告，是指为公益行动、公益事业提供服务的，它是以推广有利于社会的道德观念、行为规范和思想意识为目的的广告传播活动，等等。

(2) 综合上述观点，可以将公益广告定义为，出于实现公共利益的目的，对公益活动、公益事业、公益观念等进行传播的广告。它是以推广有利于社会的道德观念、行为规范和思想意识为目的的广告传播活动，是企业或社会团体向消费者阐明它对社会的功能和责任，表明自己追求的不仅仅是从经营中获利，而是过问和参与如何解决社会问题和环境问题这一意图的广告，不以营利为目的而是为社会公众切身利益和社会风尚服务的广告。

2．公益广告的特点

相比商业广告，公益广告在内容和形式上具有以下特点：

(1) 观念性。公益广告从其内容上看，通常均具有强烈的观念倾向性，它所传播的观念必然是全社会应当倡导的、符合公众利益的主流性的思想倾向。几乎所有的公益广告均体现出明确的价值导向。公益广告通过提醒、规劝等向公众传播有益社会文明和社会进步的思想观念、行为方式和道德准则，从而优化社会风气，促进社会文明和进步。

(2) 公益性。公益广告与商业广告相比具有其鲜明的公益性，这是由它的特性决定了其对社会道德的传播，也就是说，社会责任是公益广告与生俱来的。公益广告通过它自己独特的方式来履行这种社会责任，唤醒人们心底的道德规范。有时一些商业广告中也会夹杂一些公益的元素，但仅仅是推销商品或服务的辅助手段，而公益广告则是纯粹出于公益的目的，因此，在公益广告中，要对涉及商品的内容严加限制，防止公益广告的商业化。

(3) 时代性。公益广告往往取材于社会，针对社会的热点、难点问题，而得出普遍性的规律或正面的观点加以传播、倡导。因此，许多公益广告都具有鲜明的时代色彩。

(4) 非营利性。商业广告最显著的特征就是一切以营利为核心，而公益广告从其定义和所要实现的目标来看，是不以营利为目的，而是为公共利益的实现服务的广告。

(5) 多样性。公益广告的多样性也可称之为广泛性，体现在其创作的主题、内容，发布的媒体形式以及参与的主题的多样性上。从创作的内容上看，可以涉及时代性的主题、永恒性的主题、民族性的主题。从发布的媒体上看，既可以用传统的大众媒体，也可以普遍采用户外媒体、印刷媒体、网络媒体等。从公益广告参与或发起的主体看，除企业之外，公益广告参与或发起的主体还可以是社会公共机构、社会团体或组织、政府部门等，甚至可以是公民个人，大大宽泛于商业广告。

5.2.2　我国公益广告活动的发展及存在的问题

1. 我国公益广告活动的发展

(1) 现如今我们身边的广告形式愈加令人眼花缭乱，商业广告几乎占据了广告领域的全部位置，而且伴随商家的大量投放、媒体的频繁刊载，商业广告聚焦了社会群众的大多数目光。在大力宣扬物质消费就是价值体现的时代，宣扬伦理道德的公益广告就显得尤为重要了。

虽然公益广告在我国还处在发育阶段，但它已溶入了人民大众的生活之中。它在两个文明建设中，发挥着巨大的作用。通过南方雪灾、汶川地震、对抗甲型流感等事件，不难看出，每当我们的社会生活处在一种变化、变革或遇到突如其来的灾难的时候，作为社会公益事业重要组成部分的广告媒体(广播电视、报纸杂志以及各类户外媒体)就立即采取行动。他们以公益广告这种当代人类社会特有的传播手段向最广泛的社会大众提供免费服务。

在广告形式纷繁多样的环境下，公益广告不再像以前那样古板和单一。在形式上，它也选择了按照商业广告运作模式——策划、创意、制作、刊发，大大提高了创意含量和可看性，更容易为群众所接受和记忆。在内容上，除了永恒不变的提倡道德行为规范的大主旨，融入了更多人性化、艺术化因素，从节约环保、打造低碳生活到反腐倡廉，覆盖面越来越广泛，也使其越来越符合我国国情的发展。

(2) 当前我国公益广告主要体现的主题有：

第一，呼唤诚信。中华民族的传统美德之一就是诚实守信，然而在社会经济发展下，商家为了追求利益却缺失了诚信，各种造假屡见不鲜。围绕着诚信问题，在广告大赛上出现过这样一则公益广告，主题为"诚信攻略"：

● 画面一：一个小女孩在玩躲避球，字幕"第一关躲避'诈'弹"；

● 画面二：小女孩在小心翼翼穿过绳网，字幕"第二关小心落'网'"；

● 画面三：小女孩拿着弹弓射向对面墙上的盗版、作弊、欺诈、食言、假钞等靶子，字幕一"第三关坚决打击"；字幕二"攻击还在进行中……"。

这则公益广告针对的就是现今社会的诚信问题，一是唤醒商家的道德伦理的诚信，二是告诉人们面对虚假不能放纵、默认，诚信是人与人相处模式的道德规范，应站起来与之反抗，这样商家才会有所节制。诚信以对，如果把诚信两字拆开便可得知其中道理，成人方可诚信，换而言之，诚信方可成人。

第二，弘扬尊老爱幼、保护弱势群体的社会风尚。央视有这样一则公益广告，画面是一家人在照全家福，旁白"一、二、三，好了，下一张"。这时儿女们纷纷接到电话说有事要离开，老人说"我知道了，等你们忙完了也来得及"。接着儿女们一个一个地离开了，只剩下老人孤独一人在拍照。旁白"我们在父母眼里是心头肉，父母在我们眼里呢？"独自拍照的老人笑着面对镜头，看上去是那么的凄凉，字幕"在父母心里天下没有什么比孩子更重要的事了，可你们呢？"接着孩子们一个接一个的回来，字幕"我们为什么非要那么忙，就不能给父母留点时间吗？"结尾"尊老、爱老是中华民族的传统美德"。这则公益广告体现了伦理道德中的孝道，告诉年轻人多给父母留点时间，他们处处为你们着想。父母是孩子学习的榜样，你的一言一行全部影响着你的孩子，你对父母好，孩子也会对你好，这也是一种传承。

还有关注弱势群体的公益广告。作品采用版式结构为主，以多个矩形为基本结构，所拍七张照片都是穷苦孩子和穷苦大众的生活照片，有上课的，有玩耍的，有捡东西的，有哭泣的。以"关爱弱势群体"为诉求背景，通过几幅画面把观众带入一个又一个真正需要帮助的人的生活中，从而引起观众的共鸣。相比之下还有很多人生活在水深火热之中，我们不要再抱怨社会的不公平，人生的不如意，看看那些比自己还要惨的人，也许只要我们少买一件衣服，就能帮助一个小孩改变他的一生。现今社会趋于老龄化和社会发展的不平衡，造成老年群体和弱势群体不断增多，使得尊老爱幼、保护弱势群体变成现今公益广告宣传的主题，弘扬尊老爱幼、保护弱势群体成为社会风尚。

第三，呼唤公共道德。谈及公共道德，记得在报纸上看过这样一则广告报道，文案是中英文对照的。标题"礼仪之邦的尴尬"，文案"……这句话只写给中国人看！"

第一则广告背景图案是一个港湾，中央的旗杆飘着美国国旗，确切地点是美国珍珠港，广告的主标题是"垃圾桶在此！"副标题是"在美国珍珠港这句话只写给中国人看！"

第二则广告的背景是一座宏伟的教堂，它的名字是巴黎圣母院，广告的标题为"请保持安静"，副标题是"在巴黎圣母院这句话只写给中国人看！"

最后一则广告的背景是一群庙宇似的建筑物，主标题是"便后请冲水"，副标题是"在泰国这句话只写给中国人看！"

看完这些广告会想到什么呢？曾经的礼仪之邦现在却成了别人的笑话，在外国人眼里我们竟是如此的不讲卫生和公共秩序的人，中国人引以为豪的古文明呢？引以为豪的礼仪呢？是在谁的手里丢失了，爱护公共设施，唤起公共道德是中国公益广告的社会责任。

第四，倡导环保观念。从随处可见的环保类广告标语，如"树木拥有绿色，地球才有脉搏"，"来时给你一阵芳香，走时还我一身洁净"，"森林是氧气的制造工厂"，"花开堪赏直须赏，莫要折花空赏枝"等，可以感受到现在环保已经成为生活活动的主题了，2009 年的一部《2012——世界末日》，体现了在被人类破坏的自然环境下，大自然对人类的反击，我们只有一个地球，一个家，禁不起我们的任意摧残，虽然大自然不会像人类一样在被打时会喊痛，吃坏了东西时会喊不舒服，但不喊并不代表它不痛、没有不舒服，它也会反抗，像现在的全球变暖，气候的不正常，都是它的抗议。哈药六厂的一则公益广告，广告语"假如每天只能喝一杯水，假如每三天只能刷一次牙，假如每七天人才能洗一次脸，假如十五天才能洗一次头发，假如人三十天才能洗一次澡，如果你不想这样生活，请时刻注意节约用水"。

随便在网上搜索一下，公益广告的主题还有："创建文明城市"、"禁烟"、"公民义务献血"、"希望工程"、"说普通话"、"保护文化遗产"、"保护动物"、"关爱他人"、"禁毒"、"交通安全"、"青年志愿者行动"、"关爱艾滋病患者"、"反腐倡廉"、"生命意义"、"下岗再就业"、"尊师重教"、"关注心理健康"、"食品安全"，等等。

2. 我国公益广告管理存在的问题

当前我国公益广告在发展中还存在如下几方面的突出问题。

(1) 公益广告的界定不明确。公益广告虽然被广泛提及，但什么是"公益广告"却一直没有确切的定论。我国《现代广告词典》对公益广告的定义为："不以营利为目的而为社会提供服务的广告，具有社会的效益性、主题的现实性和表现的号召性三大特点"。在实践操作上，我国的报纸、广播电视等传统媒体，在实际发布公益广告中对公益广告概念的理解过于宽泛，基本上将商业广告之外发布的广告信息等均视为公益广告，包括党和国家方针政策的宣传、政务信息、城市形象宣传片、行业信息等，在表现形式上更是不一而足，诸如一般广告、口号、MTV、滚动字幕等均包括在内，有的甚至连"公益广告"的基本概念都没有搞清。正是有关部门对公益广告缺乏权威的定义和规范，使得媒体在发布、实践中无所适从。

(2) 公益广告的主管部门不明确。我国现行的公益广告管理体制，基本上由中央宣传部、文明办、国家工商总局、广电总局、新闻出版总局五家党政部门共同管理，各部门在各自的职能范围内对公益广告活动进行指导、监督。这种管理体制有一定的合理性，但管理职能分散在各个部门，一直未能形成一个统筹协调的专门机构，大到公益广告的指导思想、统筹规划的制定，小到公益广告的认定、发布，受理选题申报及制定发布计划等工作细节由谁来负责都不明确。另外，如果违反规定，有没有相应的惩罚措施等等，都亟待明确相关法律主体，并体现权利义务的一致性。法律主体不明、职责不清，就无法建立起一套行之有效的工作机制，也就无法推动我国公益广告事业健康快速发展。

(3) 媒体的责任不明确。根据国家有关部门的要求，媒体发布公益广告的比例不少于商业广告量的 3%。但如何使这些要求真正落到实处，有些问题必须加以明确和厘清。一是发布主体问题，也就是说，谁有资格发布公益广告？是政府部门、企事业单位、社会团体或个人，还是只有媒体经营者自己？二是费用问题。或许有人会说，既然国家规定媒体有发布公益广告的义务，这个费用自然应该由媒体来承担。我们知道，任何一件公益广告的面世，其中包括了设计、制作及发布等相关费用，作为广告经营实体，媒体拿出一定比例的版面和时段来发布公益广告是应该的，但要将公益广告的设计、制作等费用也由媒体承担的话，显然对媒体要求过于苛刻。三是 3% 的量化及比例分配问题。要满足公益广告占商业广告量的 3%，就必须对媒体的公益广告总体容量(版面或时段)进行测算，再根据需求按一定比例分配，这项工作是由主管部门来统筹，还是让媒体自主选择？这些问题不明确，媒体在发布公益广告时必然困难重重，并最终使媒体成为社会诟病的替罪羊。

(4) 公益广告创意总体上还不尽如人意。虽然在一些广告节和广告评比中的获奖作品中也不乏有优秀的公益广告，但大多数情况下也只能在广告大赛上看到具有创意的公益广告。这些作品除了一部分在广告专业刊物上发表外，大部分并没有通过大众媒体与公众见面，这不能不说是一种资源浪费。

(5) 公益广告制作水平低，传播平台少。公益广告虽然画面优美，语言感染力强，但制作水平较低，传播平台少，并不像商业广告那样大成本地投入，传播平台也不愿传播这种没有广告收入的公益广告，因此，我们也只能从有限的几个台看到有限的几则公益广告。这正是公益广告传播效果没有商业广告效果来得好的主要原因。

(6) 公益广告运作机制需要不断完善。缺乏良好的运行机制是影响公益广告进一步发展的主要问题之一。现在的部分公益广告都是由企业赞助的，广告一般都有企业署名，多多少少带有些营利性质，让人容易产生厌烦和对其公益性的质疑心理。目前还没有建立完全捐赠的不带任何营利目的的公共广告运作机制，这是今后公益广告发展应该着力解决的。

5.2.3　我国公益广告的监督管理

1. 我国公益广告规范管理的进程及立法管理的必要性

(1) 我国公益广告规范管理的进程。随着我国广告事业的蓬勃发展，对广告行为进行规范化、制度化管理的法律法规逐渐得以完善，有关公益广告管理的法律法规也相应有所体现，但与商业广告相比，管理步伐明显滞缓。大概可以分为三个阶段：

第一阶段是起步阶段，时间为 1979—1988 年。尽管我国真正意义上的公益广告迟至 1986 年才出现，但相关规范则可上溯至 70 年代末，基本与广告业的发端同步。以 1979 年 1 月 4 日《天津日报》刊登天津牙膏厂广告为标志，1979 年被称为中国广告元年，该年 11 月，中共中央宣传部发出《关于报刊、广播、电视台刊播外国商品广告的通知》，提出"广告宣传要着重介绍四化建设中可借鉴参考的生产资料，消费品除烟酒外，也可以刊登"，并要求"调动各方面的积极因素，更好地开展外商广告业务"。从该文件的发布者为中央宣传部而非国家行政管理部门可以看出，当时虽然还没有"公益广告"的概念，但已认识到广告具有一定的思想性和导向性，必须加以引导。1982 年，国务院颁布了《广告管理暂行条例》，国家工商总局据此颁布了《广告管理暂行条例实施细则》。1987 年 10 月，国务院正式颁布《广告管理条例》，1988 年国家工商总局颁布相关施行细则，该条例是暂行条例的修订版，对广告行为进行了规范，但并未对广告予以明确的定义，可以视为所有广告(包括政治广告、商业广告、公益广告等)的规范性法规。

第二阶段是发展阶段，时间为 1988—1997 年。这段时间是我国广告业腾飞的阶段，商业广告得到了极大的发展。1994 年 10 月，《中华人民共和国广告法》实施，对商业广告进行了明确的规范："本法所称广告，是指商品经营者或者服务提供者承担费用，通过一定媒介和形式直接或者间接地介绍自己所推销的商品或者所提供的服务的商业广告。"公益广告的宣传管理主要还处于由党委、政府部门会同新闻媒体的研讨探索阶段。如 1994 年，中央电视台组织开展了"第一届电视公益广告研讨会"，1996 年，国家工商总局在全国范围开展"中华好风尚"主题公益广告月活动。1996 年，中广协在京会员向全体会员发出《广告业要为精神文明建设做贡献》的倡议书，呼吁广告界"积极参与公益广告事业，发挥行业优势，制作和发布更多、更好的公益广告"。1997 年，国家工商总局召开了公益广告座谈会，就公益广告宣传、管理等有关问题进行了研讨。

第三阶段是规范阶段，时间为 1997 年至今。随着广告业的发展，公益广告越来越为社会所关注，1997 年 8 月，中共中央宣传部、国家工商行政管理局、广播电影电视部、新闻出版署联合下发《关于做好公益广告宣传的通知》，首次以政府规范性文件的形式对媒体发布公益广告提出具体要求。1998 年 6 月，国家工商总局下发了《关于加强公益广告宣传管理的通知》；1999 年 10 月，中央文明办、国家工商总局联合下发《关于进一步做好公益广告工作有关问题的通知》；2002 年 12 月，中央宣传部、中央文明办、国家工商总局、国家广电总局、新闻出版总署五部委联合下发了《关于进一步做好公益广告宣传的通知》，五年内连发 4 份规范性文件，足见国家有关部委对公益广告的重视，为我国公益广告事业规范化管理提供了有力的依据。另外，一些地方政府也对促进和规范公益广告管理进行了有效的探索。值得一提的是，大连市人民政府于 2001 年 10 月颁布了《大连市公益广告管理规定》，是国内较早以法规形式对公益广告进行规范管理的城市。

(2) 公益广告立法的必要性。为什么要强调公益广告的立法呢？有没有必要立法？这是一个首要的问题。美日欧等国都没有涉及公益广告立法的问题，为何单独在我国就存在这种情况？仔细分析其中原因，我们发现一个很重要的事实，即美国等西方发达国家已经建立起一套完整有效的市场运作机制，而我们国家却没有很好地理顺政府、企业及媒体之间的关系，三者之间还存在各自为政、相互脱节的现象。如前所述，到目前为止，我们国家层面的公益广告法律法规依据的是中央宣传部、国家工商总局等五部委下发的《关于进一步做好公益广告宣传的通知》(以下简称《通知》)。应该说，该文件是到目前为止我国在公益广告管理方面最权威的一个规范性文本，但由于该文件不具备法律的强制性，比如对公益广告的认定、资金投入以及监管方面都缺乏必要的法律保障，以致多年来，我国公益广告事业发展缓慢，与社会需求存在较大的差距，因此，急需要加快公益广告管理立法。

2. 我国规范公益广告管理的具体活动及相关规定

(1) 国家工商管理总局曾组织开展公益广告月活动。改革开放以来，我国的公益广告事业有了较快的发展，在宣传党的方针政策、引导社会舆论、传播精神文明方面，发挥了积极作用。1996 年和 1997 年，国家工商行政管理局先后组织开展了"中华好风尚"和"自强创辉煌"主题公益广告月活动；1998 年，中央精神文明建设指导委员会办公室和国家工商行政管理局，以贯彻党的十五大精神，服务中央工作大局为中心，共同组织开展了题材广泛的公益广告宣传活动，扩大和增强了公益广告的社会影响和宣传效果。在三年的公益广告活动中，全国报纸、广播、电视、杂志、户外等广告媒介共发布公益广告五万余件；有 344 件优秀公益广告作品获得全国奖，285 家单位和 235 名个人被评为全国公益广告活动先进单位、先进个人或受到表彰，产生了很好的社会影响。同时，也要看到，我国公益广告活动开展时间比较短，尚未形成可以持续、稳定发展的运行机制，规模、效益水平与精神文明建设的要求相比，都还存在一定差距。

(2) 为了推动公益广告活动走向长期化、法制化，国家工商局发出通知，宣布了从 1998 年起不再组织主题公益广告月活动，同时将继续组织公益广告政府奖评定工作，对优秀公益广告作品和表现突出的单位和个人予以奖励和表彰。各类主题的公益广告都可以参加年度公益广告政府奖的评选。通知要求，为了使公益广告内容导向更符合当地实际情况，各地可以倡导一些针对性较强的主题。要动员有实力的广告主、广告经营者、广告发布者，制作、发布公益广告。在新闻媒介的黄金时间或版面，要有公益广告；在城市的繁华地段或主要交通要道，要有一定比例的户外公益广告。通知强调，公益广告活动情况要作为评定广告企业资质等级的重要指标。有些地方进行公益广告作品冠名权拍卖，其收入一定要用于公益广告事业，不得以营利为目的或挪作他用。要严格区分公益广告和商业广告的界限，防止公益广告成为变相的商业广告。为了使公益广告长期健康发展，国家工商总局做出了具体的规定：

第一，公益广告活动要紧密配合党和政府的中心工作，配合中央对精神文明建设提出的目标和要求。各地文明办和工商行政管理局要进一步加强配合，做好公益广告活动的组织协调和监督管理工作。各地文明办要紧紧围绕中央的重大决策，围绕当地党委政府的中心工作，围绕精神文明建设的重点任务，对公益广告的宣传内容、宣传重点提出年度和季度的指导性意见。各地工商行政管理局要继续做好公益广告活动的组织工作，同时依法加强对公益广告发布情况的监督管理。两部门要密切合作，认真做好公益广告内容的政治思想导向的引导工作，坚决防止不良政治思想倾向对公益广告产生影响和危害。

第二，要重视对已经制作和发布的公益广告的宣传工作，各地可以选择适合当前公益广告宣传要求的作品，有计划地组织安排展播、展登。对适合社会广泛宣传的平面公益广告作品，可以制成招贴广告，扩大宣传效果。要通过各种形式的宣传活动，有效利用已有公益广告作品，解决有些地方公益广告作品闲置的问题。

第三，各地要按照中央宣传部、国家工商行政管理局、原广播电影电视部、新闻出版署《关于做好公益广告宣传的通知》(工商广字〔1997〕第 211 号)的规定，定期检查媒介单位按照规定比例刊播公益广告的情况，对未按规定执行的，要及时督促改正，同时，要按照该通知有关规定，严格区分公益广告和商业广告的界限，防止公益广告成为变相的商业广告。

第四，各地在组织开展公益广告活动中，可以就建立我国公益广告良性循环运行机制的问题，开展调研和探索。要注意掌握好有关政策界限，公益广告活动不能以营利为目的，公益广告活动收益必须用于发展公益广告事业，不得挪作他用。

第五，从 1999 年起，将每年度举行的全国优秀公益广告作品评选活动，改为每两年举行一次，使参加送评的作品相对集中，同时把更多的精力用于组织公益广告宣传活动，提高评选工作和获奖作品的水平。有关评选活动的具体安排，届时另行通知。

3．对广告媒介进行公益广告宣传的具体规定

(1) 广告媒介单位要统筹合理安排好公益广告的制作和发布。广播、电视媒介每套节目用于发布公益广告的时间应不少于全年发布商业广告时间的 3%；平均每天在十九点至二十一点时段每套节目发布公益广告的时间应不少于该时段发布商业广告时间的 3%；报纸、期刊媒介每年刊出公益广告的版面应不少于发布商业广告版面的 3%；发布商业广告的互联网站也要按照商业广告 3%的比例发布公益广告。

(2) 发布公益广告时，应当认真审核内容，凡违反国家法律、法规等有关规定和社会主义道德规范要求的，一律不得发布；企业出资设计、制作、发布的公益广告，可以标注企业名称和商标标识，但不得标注商品(服务)名称以及其他与企业商品(服务)有关的内容；法律、法规、规章对商品(服务)的广告宣传作出的禁止或者限制性规定，应严格遵守。

(3) 电视公益广告画面上标注企业名称和商标标识，显示时间不得超过 5 秒，使用标版形式标注企业名称和商标标识的时间不得超过 3 秒。报纸、期刊、户外公益广告标注企业名称和商标标识的面积不得超过报纸、期刊、户外广告面积的 1/5。

(4) 实行公益广告发布备案和检查制度。各媒介单位每季度要将发布公益广告的情况送当地工商行政管理局备案。当地工商行政管理局要对各媒介公益广告刊播情况进行定期或不定期的检查并会同有关部门统一规划，指导广告主、广告经营者、广告发布者在户外、店堂、地铁车站、交通工具发布公益广告。

4．我国公益广告及监管的思考

我国公益广告事业发展缓慢的根本原因，是没有形成一个很好的公益广告社会运行机

制。要推动我国公益广告事业快速发展，一方面，政府部门要加大投入，建立健全公益广告法律法规；另一方面，要加快建立公益广告市场化运作模式，大力推动企业、社会团体和个人在公益广告事业中发挥核心作用。

(1) 制定和完善《公益广告条例》。具体要求是：

第一，将公益广告的几个基本原则，如公益广告的定义、主管部门、媒体基本义务、罚则等以法律的形式确定下来。根据目前我国广告管理的现状，宜由党委宣传部(文明办)作为公益广告的主管部门，明确赋予其对全市公益广告工作进行统筹规划、综合协调的职能，包括制定公益广告年度发布计划、审查公益广告的形式与内容，统一组织安排发布公益广告、组织举办公益广告大赛等。工商行政管理、新闻出版、广播电影电视等相关部门在各自的法律职能范围内行使监管及执法职权。

第二，根据《条例》制定实施细则。对公益广告的认定和分类、年度选题及发布计划、标识管理、资金渠道、分配比例等进行细化，便于操作，特别是涉及成本费用的媒体义务方面，明确规定媒体在3%范围内的公益广告为免费发布，其他设计、制作费用则由广告主承担；同时，鉴于政府有关职能部门(财政拨款单位)仍然是我国公益广告主要发布主体的现状，《条例》规定其制作的公益广告免费发布量不得少于60%的比例是比较合理的。

(2) 成立公益广告委员会。就公益广告运行体制而言，我国进行公益广告立法，对规范财政拨款单位发布公益广告以及媒体发布公益广告的义务方面具有重要意义和作用，但对建立起以企业为主体、市场化运作的公益广告运行机制却无实质性推动作用。美日欧等国家公益广告事业较为发达，其中很重要的一个因素，是这些国家的非政府组织(NGO)比较发达，在很大程度上替代了某些政府部门的职能。这方面日本的做法非常值得我们借鉴，它有如下几个特点：有专门的机构；有完善的运作机制；确保公益性。我国可以借鉴日本的经验，由"中广协"牵头发起，成立公益广告委员会(AC)，各省市也可仿照成立，采取会员制方式，吸引一批优秀企业加入。由AC组织制作的公益广告在媒体免费发布可计入3%范围之内。

(3) 建立健全公益广告激励机制。我国公益广告事业的发展总体来说是不平衡的，其中最为突出的一点，是政府在公益广告事业中的角色错位，没有从推动建立公益广告发展的体制机制上入手，而是热衷于组织一些具体的公益活动和公益广告的创作发布等具体工作。这种情况直接导致两个后果，一是政府部门组织制作发布的公益广告，耗费大量的资金和人力，效果也不见得好；二是一些热心于公益事业的企业、社会团体和个人却找不到制作发布公益广告的有效渠道，造成大量社会公益资源的浪费。要改变这种状况，政府就要转换角色，致力于推动建立起公益广告市场运作的激励机制，使两者在公益广告方面实现"无缝对接"。一是畅通企业、社会团体和个人发布公益广告的渠道。鼓励企业、社会团体或个人捐赠或出资创作优秀的公益广告，可通过向主管部门申报选题的方式，在媒体免费发布公益广告，对发布公益广告数量多、质量高、影响好的企业，以政府名义进行表彰并给予一定的奖励。同时鼓励企业出资以冠名的方式(名称占版面比例、播放时长等须符合相关规定)发布公益广告。二是制定完善企业信用评估、税收政策。对热心公益广告事业的企业，可通过由有关部门建立类似"企业责任指数评价体系"的办法，对社会公益指数达到某一标准的企业，在税收方面给予一定的优惠。三是建立社会参与机制。由主管部门设立全国性或地区性的公益广告大赛，吸引全社会力量广泛参与，对获奖者以政府名义颁发荣誉证书和资金奖励，并对优秀作品组织媒体广泛发布。

【本章思考题】

1．简述道德规范的含义及其特点。

2．试述广告道德规范的特征、作用和主要内容。

3．试述广告的道德规范与法律规范的关系。

4．当前我国广告违反道德规范的现象有哪些？

5．《广告道德活动规范》对广告发布者的规范有哪些？

6．简述公益广告的概念及特点。

7．公益广告与商业广告相比有什么特点？

8．我国应如何对公益广告进行规范管理？

第6章　广告法律责任制度

【内容摘要】

本章共分为四个部分：第一部分为广告法律责任制度概述，其内容主要涉及广告法律责任、广告违法行为及共同广告违法行为与数种广告违法行为等；第二部分为广告违法行为的行政责任制度，其内容主要涉及广告违法行政责任的概念、处罚原则、情节、种类与方法及各类广告违法行为的行政处罚等；第三部分为广告违法行为的民事法律责任和刑事法律责任，其内容主要涉及广告违法行为民事法律责任与刑事法律责任的概念、构成要件、广告活动中的民事侵权与刑事犯罪的种类及应承担的民事法律责任与刑事法律责任等；第四部分为广告行政复议与行政诉讼，其内容主要涉及行政复议与行政诉讼这两种行政处罚当事人维护自身合法权益的维权方式及实施细则等。

【学习目标】

通过对本章的学习，主要使学生学习并了解我国广告管理法律法规对广告违法行为及其应承担的行政、民事及刑事责任的法律规定以及行政处罚当事人以行政复议与行政诉讼的方式维护自身权益的法律规定。具体应当：

(1) 了解广告违法行为的含义及构成要件；

(2) 了解广告违法行为的种类及表现形式；

(3) 重点掌握共同广告违法行为和数种广告违法行为的概念及处罚；

(4) 了解我国广告违法行政责任的概念、处罚原则及情节；

(5) 重点掌握广告违法行政责任种类与方法及各类广告违法行为的行政处罚；

(6) 了解广告违法行为民事法律责任含义、构成要件及责任形式；

(7) 重点掌握广告违法行为民事赔偿问题；

(8) 了解广告犯罪行为及应承担的刑事法律责任；

(9) 重点掌握行政复议与行政诉讼的关系问题。

【重要知识点】

在本章学习中应掌握的概念及其知识点有：广告法律责任、广告违法行为、共同广告违法行为与数种广告违法行为、广告行为行政责任、行政处罚法定原则与公正公开原则、法规竞合、虚假与违禁广告、广告行为民事责任、广告共同损害赔偿、广告行为刑事责任、广告行政复议与广告行政诉讼等。

6.1　广告法律责任制度概述

6.1.1　广告法律责任的概念及归责问题

1．广告法律责任的概念

(1) 广告法律责任，是指广告行为人由于其广告违法行为、违约行为或者由于法律规定而应承受的某种不利的法律后果。广告法律责任的特点有以下两点：一是承担广告法律责任的最终依据是国家相关法律、广告法律及法规；二是广告法律责任的承担是以国家强制力为后盾的。

(2) 广告法律责任的分类。依据不同的标准可以对广告法律责任进行如下分类：

第一，根据广告行为侵犯的社会关系可以分为：

● 行政法律责任，行为人违反国家广告管理法律规范，破坏广告管理秩序而形成了法律责任。

● 民事法律责任，行为人在广告活动中直接违反民事法律规范，或因违约以及其他侵权行为而产生的责任。

● 刑事法律责任，行为人在广告活动严重违法，触犯刑法时，应该受到刑法制裁的责任。

第二，根据法律责任的成因可以分为：

● 违法责任，行为人违反有关法律而形成的责任，主要是刑事、行政法律责任。

● 违约责任，行为人违反合同的民事责任的简称，即合同当事人一方不履行合同义务或履行合同义务不符合合同约定所应承担的民事责任。

● 侵权责任，行为人实施违法行为，侵害他人合法权益而形成的法律责任。

第三，根据行为人责任承担的形式可以分为：

● 财产责任，即财产的给付或剥夺，这类责任通常发生在非法经营不当获利或者给他人的财产造成损失时承担。

● 非财产责任，即财产责任以外的责任承担形式，主要是对名誉、资格、自由等的限制或取消，以及其他形式的责任承担，如：行政责任中的责令改正、停止发布；民事责任中的赔礼道歉、停止侵害等，刑事责任中的管制、拘役、有期徒刑等。

第四，根据行为人责任承担的范围可以分为：

● 单独责任，是指广告主、广告经营者、广告发布者单独实施的广告违法行为，责任承担主体单一，违法情节相对简单。

● 共同责任，是指两个或两个以上的广告主、广告经营者、广告发布者共同实施的违法行为。这种共同实施的违法行为并不以事先谋划或具有不同分工为限。即即使没有事先的共同故意，也可以构成共同违法行为，也要承担共同的法律责任。

2．广告法律责任的归责

(1) 所谓法律归责，是指由国家机关或国家授权的机关，在违法行为发生之后，依法对行为人是否承担责任、承担何种责任、在什么程度上承担责任以及承担责任的方式方法等进行判断或确认。具体到广告法律责任的归责，是指由国家机关或国家授权的机关依法对广告行为人的法律责任进行判断与认定。

(2) 我国广告法律责任的归责原则。我国广告法律责任的归责原则是指判断、决定、监督和执行广告法律责任的国家机关依法对广告违法行为的法律责任进行判断和确定的原则。它决定了广告法律责任的构成要件、责任分配、举证责任的负担、免责条件等。这些责任包括：

第一，责任法定原则。它是广告法律责任的首要原则，此原则的内容是：确定广告行为的法律责任，应该由法律规定，不允许在法律之外自行创设责任，广告行为是否应该承担法律责任、应该承担何种责任应当由法律予以规定；法律规定责任承担的法定事由、责任性质、承担范围以及承担方式、责任承担的指向对象和罚责的执行者也都是由法律规定。

第二，过错责任为主原则。此原则的内容是：行为人是否违法、是否应该承担法律责任，首先要看法定构成，确定过错方。违法行为的构成和责任承担以当事人存在过错为前提条件，它以过错行为人为责任的承担主体，以过错的种类和程度为责任承担的性质和程度的依据。

第三，社会正义原则。社会正义是法律的价值追求，是法律的终极目标。此原则的内容是：对任何违法行为都应依法追究相应的责任，责任的追究应当与违法行为及其损害后果相当，在责任的承担方式和手段上应注意社会公益和公序良俗的维护，不得以对一权益的侵害来实现对另一权益的维护。

第四，效益与适当原则。此处所谓效益，既指经济效益，也包括社会效益。法律责任的效益原则要求责任人在承担责任的时候，应当进行成本收益分析，优化社会资源的配置利用，提高效率。适当性指承担责任的最优选择性，如果承担责任可以通过多种方式实现，在有自由裁量权的情况下，应该选择最能实现的目标选择。

6.1.2　广告违法行为的概念和构成要件

1. 广告违法行为的概念

广告违法行为，就是指违反我国广告管理的法律、法规和规章，且造成社会危害的行为。广告违法行为具有以下特征：

(1) 广告违法行为是有社会危害性的行为。广告违法行为是一种反社会的任意行为，其社会危害性是广告违法行为最本质的特征。

(2) 广告违法行为是违反我国广告法律、法规和规章的行为，这是广告违法行为的法律特征。广告违法行为的违法性以其社会危害性为基础和前提，但是仅有社会危害性而无违法性，也不能认定为广告违法行为。广告违法行为应同时具备社会危害性和违法性。

(3) 广告违法行为是依照我国广告法律、法规和规章应当受到处罚的行为。这一特征说明，在认定广告违法行为时，还要依照我国广告法律、法规和规章，看其行为是否应当受到处罚。只有应当受到处罚的行为，才能认定是广告违法行为。广告违法行为在某些情况下可以给予处罚，但免于处罚的情形并不改变违法行为的性质。

(4) 广告违法行为是有过错的行为。广告违法行为的实施者具有主观上的过错。过错包括故意或过失。故意过错指广告主或者广告经营者、广告发布者有意识地进行广告违法活动，即明知自己的行为会产生危害社会的后果，并希望或放任这种后果的发生。过失过错有两种情形，一种是指广告主或广告经营者、广告发布者不了解和没有意识到自己广告行为的违法性，以致发生了广告违法行为；第二种是指广告客户或广告经营者虽然预见到自己的行为可能导致危害社会的违法的后果，但轻信可以避免，因此仍实施了这种行为，以致发生了这种后果的。

2. 广告违法行为的构成要件

(1) 一般法律责任的构成要件。违法违约的法律责任是由一定条件引起的，这种条件就是法律责任的构成要件。根据法律规定，法律责任的构成要件一般包括：

第一，法律责任的主体，是指具有法定责任能力的自然人、法人及其他社会组织。这里法律责任主体与违法或违约行为主体并不完全一致，有些行为主体不具备承担法律责任的能力，如年龄不到法定年龄行为人按法律规定不承担违法违约责任，其违法违约行为的法律责任由其法定监护人承担。

第二，法律责任的客体，是指违法或违约行为人实施的行为侵害了法律规定所调整的社会关系。

第三，法律责任的主观方面，是指违法或违约行为人主观上存在过错，包括故意和过失。

第四，法律责任的客观方面，是指违法或违约行为造成的损害事实存在。

上述四个方面必须同时具备，特别是违法或违约行为与损害事实造成的后果存在着必然的联系方可构成法律责任。

(2) 广告违法行为的构成要件。广告违法行为的构成要件，指构成广告违法行为必须具备的各种条件。一般包括以下四个方面：

第一，广告违法行为的主体。它是指从事广告活动的自然人、法人或其他经济组织，包括广告主、广告经营者、广告发布者，也可能是国家广告行政管理、监管机关及其工作人员。这些主体必须是具有行为能力和责任承担能力的。如果一个童星，虽然很出名，但还没有达到法定责任年龄，他就不具备违法行为主体的资格，不承担刑事责任，其民事责任应该由其监护人承担。

第二，广告违法行为的主观方面。它指广告违法行为人在主观上有过错。仅仅在客观上造成不符合法律要求的行为而无主观上的过错，不能认定是广告违法行为。判定广告行为人主观上的过错可以从以下方面认可：

● 一是行为人了解掌握广告管理法律法规及相关法律法规的程度，如知法犯法或应当掌握而未掌握导致的违法行为发生，应承担法律责任。

● 二是行为人应当掌握的专业知识、技能和智力水平。有上述能力水平而故意或疏忽实施了违法广告的，应承担法律责任。

● 三是从其在广告活动中履行义务的情况来看，如没有按要求查验相关文件、证明材料的，由此造成的违法广告行为，应承担法律责任。

第三，广告违法行为的客体。广告违法行为侵害的客体是我国法律所保护的社会关系。这些社会关系包括广告管理关系、广告经营关系、广告竞争关系等。广告违法行为对这些依法形成的各种广告法律关系构成了侵害。

第四，广告违法行为的客观方面。它是指广告违法行为违反了广告法律、法规和规章的而造成损害事实及后果，且广告违法或违约行为与损害事实之间存在因果关系，如虚假广告、各类违禁广告、广告同业间不正当竞争行为所造成的各种不法侵害等。

广告违法行为必须同时具备以上四个要件，否则不能成立。

3. 广告违法行为的种类和表现形式

(1) 广告违法行为可以分为以下几种：

第一，广告违法行为按其行为性质，可以分为行政违法、民事违法和刑事犯罪，具体为：

● 广告活动中的行政违法，是指广告违法行为违反了国家对广告活动的管理规定。行政违法在广告违法行为中占很大比例。

● 广告活动中的民事违法，是指广告活动中债的不履行和侵权行为。债的不履行主要是指广告合同的当事人不履行或不完全、不适当履行广告合同约定的义务；广告中的侵权行为是指广告活动或广告内容侵害了他人人身权、财产权的行为，主要包括侵害他人的生命、健康、姓名、肖像、名誉等人身权利，以及侵害他人专利、商标、著作权等财产权利。(这里的人身权和财产权的划分是相对的，两者间的界限并非绝对。如知名人物的肖像权也可以认为是一种财产权，而专利、商标、著作权中也包含着人身权的内容。)

● 广告活动中的刑事犯罪行为，是指广告违法行为已触犯我国刑法，应受刑法制裁的行为。

第二，广告违法行为按其违法的表现和特点，可以分为实体违法行为和程序违法行为。广告实体违法行为，是指广告行为违反了广告法律的实体性规定。程序性违法行为，是指广告行为违反了广告法律的程序性规定，例如违反广告审查、出证和登记等程序上的规定。

第三，广告违法行为按照违法程度和社会危害性的不同，可以分为轻微违法、一般违法和严重违法行为。这一划分对有关司法、行政机关对广告违法行为的责任追究具有直接意义。

(2) 广告违法行为的表现形式多种多样，概括起来主要有以下形式：

● 发布虚假广告，欺骗和误导消费者；

● 广告内容有广告法律、行政法规禁止的情形；

● 广告内容不清楚，实用资料不真实、不准确；

● 广告中侵犯他人专利和注册商标；

● 广告中有贬低他人生产经营的商品或提供服务的内容；

● 以新闻报道形式刊播广告；

● 发布广告法律、行政法规规定应当在广告发布前经有关行政主管部门审查批准而未经审查批准的广告；

● 利用广播、电视、电影、报纸、期刊发布烟草广告；

● 广告主提供虚假证明；

● 伪造、编造或转让广告审查决定文件；

● 在广告活动中，进行不正当竞争；

- 未经工商行政管理机关批准或登记，擅自经营广告业务；
- 超越经营范围经营广告业务；
- 非法设置户外广告；
- 广告主发布超越其经营范围的广告；
- 广告审查机关对违法的广告内容作出审查批准决定；
- 广告监督管理机关和广告审查机关的工作人员玩忽职守、滥用职权、徇私舞弊。

6.1.3　共同广告违法行为和数种广告违法行为

1. 共同广告违法行为

(1) 共同广告违法行为，是指两个或者两个以上的广告主或者广告经营者、广告发布者共同实施的广告违法行为。共同广告违法行为有以下两个特征：一是各个广告违法者在客观上都有共同的广告违法行为。各个广告违法者可能有不同的分工，但都是围绕同一广告违法目的进行的，他们行为的总和，是广告违法结果发生的原因，他们的行为和广告违法结果之间都有因果关系。二是各个广告违法者在主观上都有共同的违法故意。也就是说，每个广告违法者都知道自己不是孤立地实施某一广告违法行为，而是同别人一起有意识地实施违法活动。以上两个特征必须同时具备，才能构成共同广告违法行为。

(2) 共同广告违法行为一般有以下种类：

第一，事先没有串通的共同违法行为，即共同广告违法者事先未有商议，共同违法故意是在广告违法活动中形成的。

第二，事先进行串通的共同违法行为，即共同广告违法者事先有商议，共同违法故意是在广告违法活动开始前就形成了，属于事先有计划和准备的，危害性大。

第三，共同广告违法行为者种类。根据共同广告违法行为中的不同作用，将行为者分为两类：一是主要广告违法者，起领导、组织、策划、指挥和决定作用的；二是次要的广告违法者，提供条件、提出建议、事先串通、事后隐匿、毁灭证据、提供伪证等。

(3) 对共同广告违法行为的处罚，要区别其过错的程度和情节的严重程度，分别处罚。对于在共同广告违法行为中起领导、组织、策划、指挥和决定作用的主要广告违法者应当从重处罚；而对于在共同广告违法行为中属于提供条件、提出建议、事先串通、事后隐匿、毁灭证据、提供伪证等的次要的广告违法者，比照主要广告违法者的处罚适当从轻；对于情节特别恶劣的，也可比照主要广告违法者的处罚加重处罚。共同广告违法行为给他人造成损失的，各个共同广告违法者共同承担赔偿责任。

2. 数种广告违法行为

(1) 数种广告违法行为，是指一个广告主、广告经营者或广告发布者实施了两种以上的广告行为。确认数种广告违法行为要符合违法行为的构成要件，广告者或广告经营者、广告发布者要有两个以上的故意或过失，实施了两个以上的违法行为。数种广告违法行为分为同一种类的数种广告违法行为和不同种类的数种广告违法行为。前者指广告主或广告经营者、广告发布者实施了两个以上的同一性质的广告违法行为。后者是指广告主或广告经营者实施了两种以上不同性质的广告违法行为，如某广告主在发布了一则虚假广告后，又发布了贬低同类产品的违法广告。

(2) 在对数种广告违法行为进行处罚时应当注意:

第一,对于不同种类的广告违法行为的处罚,实行分别处罚、合并执行的原则。即对广告主或广告经营者实施的每项违法行为逐项作出处罚,然后将每项处罚相加,一并执行。

第二,对于同一种类的广告违法行为的处罚,分为两个情况:凡造成违法广告发布的,适用于分别处罚、合并执行的原则;未造成违法广告发布的,适用于单一广告违法行为的从重情节的处罚。

第三,处罚数种广告违法行为时,还应注意区分以下几种情形:

● 法规竞合的情况。广告主或广告经营者、广告发布者基于一个过错,实施了一种广告违法行为,发生了单一的违法结果,但该项广告违法行为却同时触犯了多个法律或法规的有关规定,在这种同一违法行为违反多个法律法规的情况下,对该种违法行为的处罚就应适用"特别法优于一般法"、"效力等级高的法优于效力等级低的法"的原则来处理法规竞合的情况。如某一广告违法行为既违反了《反不正当竞争法》,又违反了《广告法》,对其的处罚应优先适用《广告法》。同时,在同一违法行为违反同一法律或法规中的数个条款的情况下,就发生了同一法律、法规之中的法条竞合。对此则应按照"特别条款优于普通条款"、"重法优于轻法"的原则,选择依照特别条款或规定处罚较重的条款进行处罚。

● 持续广告违法行为的情况。这是指广告违法行为在一定的时间内处于持续的状态。该行为貌似数种广告违法目的,两者之间相区别的关键之处在于持续广告违法行为是为了实现同一违法目的,如广告客户在一段时间内,多次发布同一违法内容的广告,就属于持续广告违法行为,应作为一个广告违法行为来处理。

● 牵连广告违法行为。广告客户或广告经营者在实施一个广告违法行为时,其违法的方式或结果又违反了法律、法规的其他规定。构成牵连广告违法行为的要件是:违法目的只有一个;必须实施了两个以上的违法行为,并违反了法律、法规规定的不同条款;两个或两个以上的违法行为的目的或结果有牵连关系。牵连广告违法行为从表现形式上看是数种违法行为,但其行为之间存在直接的牵连关系。对该种广告违法行为进行处罚时,应处罚直接的违法行为。为实现违法目的而实施的违法方法或结果,应作为与直接违法行为有牵连的违法行为,不再单独处罚。如广告主为了发布虚假广告,采取伪造证明的手法,意图使虚假广告蒙混过关。对这一牵连广告违法行为进行处罚时,应直接处罚广告主发布虚假广告的违法行为,伪造广告证明的行为不单独另行处罚。不作为单独违法行为处罚,并不意味放纵不管,在处罚直接违法行为时,牵连违法行为是决定处罚轻重的一个重要情节。

6.2　广告违法行为的行政责任制度

6.2.1　广告违法行为行政责任的概念和处罚原则

1. 广告违法行为行政责任的概念

(1) 广告违法行为的行政责任,是指广告主或广告经营者、广告发布者因不履行广告管理法律法规规定的义务或实施了广告管理法律法规所禁止的行为时应承担行政法律责任(后果)。

(2) 对于违反广告管理法律法规的广告主、广告经营者和广告发布者，主要由工商行政管理机关对应承担行政法律责任的单位或个人依法给予行政处罚。

工商行政管理机关在查明广告违法事实，查清广告违法种类、情节和危害大小的基础上，在法律法规规定的处罚幅度内，实施相应的行政处罚。

2. 广告违法行为行政处罚的原则

(1) 处罚法定原则。行政处罚是国家罚权的重要内容，是国家经常使用的强制手段和方法，涉及与影响公民、法人和其他组织多方面的权利和利益。为了防止行政处罚的随意性，防止滥用处罚权，在对广告违法行为进行行政追究时，首先应当贯彻的就是处罚法定原则。处罚法定是依法行政的要求和体现。在实施行政处罚时，主要是依据以《广告法》、《广告管理条例及实施细则》为核心的广告管理法律法规体系。

(2) 公正公开原则。公正原则就是国家的广告监督管理机关对公民、法人或其他组织的行政处罚与其所承担的违法责任相适应的原则。广告监督管理机关应首先查明违法广告的事实、情节、性质及危害，然后在此基础上依据相关法律规定、按照法定程序给予公平的处罚。公开原则要求关于行政处罚的有关规定必须向社会公开(即规则在先、游戏在后)。未经公开的规定不能作为行政处罚的依据。

(3) 处罚与教育相结合原则。对广告违法行为处罚的目的在于对违法者及其他广告活动参与者进行教育和警戒，处罚本身包含着深刻的法制教育的内涵，而并非为处罚而处罚。工商行政管理机关在处罚时要注意说服教育，说明处罚的原因、依据，使受罚者认识到自己行为的违法性及给社会造成的不良影响的后果，自觉接受处罚。在处罚的过程中，应当掌握处罚的"度"。有些情节轻微、认识态度较好的，可以免于处罚，只予以批评教育；对于必须处罚的，要慎重处罚。

6.2.2　广告行政处罚情节、处罚种类及方法

1. 广告行政处罚情节

(1) 广告行政处罚情节概念。广告违法行为行政处罚的情节，简称广告行政处罚情节，是指广告监督管理机关对广告违法行为者实施行政处罚时，作为决定处罚轻重或减免处罚所依据的各种情况。作出行政处罚的依据具体有以下三种情况：

第一，广告违法程度，主要根据违法广告的性质、次数、涉案金额等情况判断其违法程度。

第二，社会危害程度，主要根据社会对违法广告的反映、对消费者或竞争对手的损害程度、对社会公共秩序及公序良俗的破坏程度等情形判断其违法程度。

第三，主观恶意程度，主要根据广告违法行为者违法的具体情况，如初犯与屡犯、无视广告监管机关的警告、态度恶劣、伪造证据、拒绝提供调查材料等情形判断其违法程度。

(2) 广告行政处罚的具体情节包括：

第一，从重处罚。从重处罚就是在法律法规规定的处罚方式与处罚程度内，对违法者施以较重的处罚方式和较高的处罚程度。属于从重处罚的具体情节包括：

- 广告内容涉及政治问题，有损国家尊严和利益的；
- 广告内容虚假，严重损害消费者人身、财产安全或导致社会反响较大的；

- 利用广告贬低竞争对手，致使对方损失严重的；
- 发布国家法律、行政法规禁止发布的商品或服务广告的；
- 违反广告发布法定程序且广告内容同时违法的；
- 在广告活动中多次违法违规并受过处罚仍屡教不改的。

第二，从轻或减轻处罚。从轻处罚就是在法律法规规定的处罚方式与处罚程度内，对违法者施以较轻的处罚方式和较低的处罚程度。减轻处罚就是对广告违法者处以低于法律法规规定的最低处罚限度的处罚。属于从轻或减轻处罚的具体情节包括：

- 单纯的广告违禁行为。比如：广告陈述事项虽有一定的依据，但在广告中使用了绝对化用语的；广告中使用排序、推荐、上榜、抽查检验、统计、公布市场调查结果等违禁内容，但是广告主能够提供省级以上政府或较为权威的行业组织出具的相关证明的，等等。
- 单纯的未标注应当在广告中标注内容的违法行为。比如：药品广告中未按要求标注广告批准文号、忠告语等内容，但广告主确已取得了广告批准文号的；广告中涉及专利内容却未标明专利号和专利种类，但广告主确已取得专利广告证明文件的，等等。
- 单纯的程序违法的行为。比如：未经广告行政审查机关审查批准而擅自发布药品、医疗器械、农药、兽药广告的；含有药品、医疗器械等八大类商品内容的印刷品广告、户外广告需要事先经过审批、登记而未按要求登记擅自发布、经指出后能及时补办手续的，等等。

第三，免于处罚。免于处罚就是对广告违法者予以批评教育，宣告其有违法行为但免除对其进行处罚。一般来说，广告违法行为轻微并及时进行纠正，没有造成危害后果的，可以不予行政处罚。

2. 广告行政处罚的种类和方法

(1) 广告行政处罚的种类。根据《广告法》、《行政处罚法》等法律规定，对广告违法行为给予的行政处罚主要有以下种类：

- 警告，即广告监督管理机关对广告行政违法行为者施以的谴责与告诫，其目的在于对违法行为人形成心理压力和不利于其违法行为继续下去的社会舆论环境。警告属于较轻的一种处罚形式，主要是促使违法行为人认识自身行为的违法性及对他人和社会的危害性，从而自觉纠正违法行为并不再继续违法。
- 责令停止发布广告，即广告监督管理机关依法责令广告主、广告经营者、广告发布者停止发布有违法内容的广告，以便进行检查和纠正违法行为。
- 责令公开更正，即广告监督管理机关依法责令广告主、广告经营者、广告发布者对其已经发布的违法广告以等额的广告费用在相应的范围内进行公开纠正或改正，以消除违法广告对消费者及社会造成的不良影响。
- 责令改正，即广告监督管理机关依法责令广告主、广告经营者、广告发布者对广告内容进行改正，包括对广告违法内容的删除和应当在广告内容中注明的字样的增加等。
- 没收广告费用，即广告监督管理机关依法对广告经营者、广告发布者从事违法广告活动收取的广告费用予以没收，此罚种不适用于广告主。
- 没收非法所得，即广告监督管理机关依法没收因违法广告活动所取得的违法收入，此罚种不适用于广告主。

● 罚款，即广告监督管理机关对违反广告法律、行政法规的广告主、广告经营者、广告发布者，强制其在一定期限内向国家缴纳一定数量的金钱，剥夺其一定的财产权的制裁方法，该方法在广告行政处罚中一般不单独使用。

● 停止广告业务，即广告监督管理机关对违反广告法律、行政法规情节严重的广告经营者、广告发布者停止其广告业务活动，暂扣或吊销《广告经营许可证》，剥夺其广告经营资格，此罚种不适用于广告主。

(2) 广告行政处罚的方法。确定广告行政处罚方法必须搞清楚下列问题：

第一，关于违法广告当事人的确定问题。违法广告当事人一般包括广告主、广告经营者和广告发布者。有时还会涉及其他的行为主体。因而，认定违法广告当事人，是实施广告行政处罚的前提。在违法广告当事人认定上应当注意以下几方面的问题：

● 关于广告主的确认。判断行为人是否是广告主，主要是从广告主应当是广告宣传的产品或服务的生产者、提供者或经销者，广告费用的出资者，广告宣传的受益者等三个角度来判断的。

● 广告中同时标明生产商和经销商的，应当注意区分不同情况来判断谁是广告主。如果双方属于买断式销售关系，一般将销售商视为广告主；非买断式销售关系的，生产商与销售商均视为广告主；对于销售商定牌生产的商品，一般将销售商视为广告主。如果在第一种或第三种情况下，生产商也是广告费用的承担者，则也应将生产商视为广告主。生产商在未与经销商达成协议的情况下，在对自己的产品或服务的宣传中，擅自将经销商的名称在广告中标明的，不宜将经销商列为广告主。

● 违法广告的制作者未必成为违法广告的当事人。广告设计、制作者与广告主或与广告主有委托代理关系的广告公司之间实质上是加工承揽的民事合同关系。在违法广告中，在广告的制作者和广告代理者、广告发布者相分离的情况下，一般不将广告制作者作为违法广告的当事人。

● 广告经营者、广告发布者在未取得相应的广告经营许可证和资格的情况下，实际从事了违法广告的经营，在对其处罚中，应将其视为广告经营者、广告发布者。

第二，广告费用及违法所得的计算问题。在广告行政法律责任追究中经常适用的是没收广告费用和处以广告费用数倍罚款的处罚。因此，广告费用的计算问题尤为重要，应当注意以下问题：

● 广告主的广告费用为广告经营者和广告发布者的广告费用之和，按其承担的广告设计、制作、代理、发布等费用的总额来计算的。

● 广告经营者的广告费用是为广告主提供的广告设计、制作、代理费用的全部金额；在该广告活动中附带提供其他服务的，应将其服务费与其他费用一并计算。

● 广告发布者的广告费用是用以进行广告发布费用的全部金额；在该广告活动中附带提供其他服务的，应将其服务费与广告费合并计算。

● 对已发布的违法广告，广告经营者、广告发布者尚未收到广告费用，或者声称未收费的，按照广告发布的实际情况计算广告费，其标准以广告主和广告经营者、广告发布者签订的书面合同约定的标准确定；未签订书面合同的，或者合同未明确收费标准的，按照广告经营者、广告发布者向广告监管机关备案或对外公布的广告收费标准确定；未向广告监管机关备案的，比照违法当事人同类广告的收费标准确认。

● 在查处广告违法案件中，对当事人违反《广告法》规定，双方不签订书面合同，不将收费标准向广告监管机关备案的，依法从重处罚。

● 全权总代理式的广告费用无法分割计算的，广告代理费可以按照广告费用的15%计算。

● 可以根据广告主、广告经营者和广告发布者之间的账务往来情况确定广告费用的实际金额。

第三，广告非法所得的计算问题。根据《国家工商行政管理局关于广告经营违法案件非法所得计算方法问题的通知》，在计算《广告非法所得》时应当注意以下规定：

● 广告经营者承办或代理内容违法的广告，以全部广告费用作为非法所得；其他广告违法行为，以全部广告费用减去设计、制作等直接成本费用之差作为非法所得。

● 未经工商行政管理机关核准登记或超出核准登记的经营范围从事广告经营活动的单位或个人，非法承办或代理的广告内容同时违法的，以全部广告费作为非法所得；广告内容不违法的，以全部广告费收入减去设计、制作等直接成本费用之差作为非法所得。

● 擅自提高广告业务代理费标准和户外广告场地费、建筑物占用费收费标准的，以擅自提高的费用标准与国家规定的费用标准之差计算非法所得。

● 违法经营广告业务的单位或个人在工商行政管理机关作出处罚决定之前已缴纳的税款，在计算非法所得时应予以扣除，未交纳的不予扣除。

6.2.3　对几种典型的违法广告的行政处罚

1. 虚假广告与违禁广告的行政处罚

(1) 虚假广告的行政处罚。虚假广告是广告违法行为中危害性最大，也是最为常见的一种违法行为，因此也是广告监管机关监管查处的重点。根据《广告法》第三十七条规定："利用广告对商品或者服务作虚假宣传的，由广告监督管理机关责令广告主停止发布、并以等额广告费用在相应范围内公开更正消除影响，并处广告费用一倍以上五倍以下的罚款；对负有责任的广告经营者、广告发布者没收广告费用，并处广告费用一倍以上五倍以下的罚款；情节严重的，依法停止其广告业务。构成犯罪的，依法追究刑事责任。"

(2) 违禁广告的行政处罚。违禁广告主要是指广告主、广告经营者、广告发布者的广告内容违反《广告法》第七条第二款规定发布具有禁止性内容的广告(即禁止在广告中出现的九种情形)，根据《广告法》第三十九条规定："由广告监督管理机关责令负有责任的广告主、广告经营者、广告发布者停止发布、公开更正，没收广告费用，并处广告费用一倍以上五倍以下的罚款；情节严重的，依法停止其广告业务。构成犯罪的，依法追究刑事责任。"

2. 无照经营、超越经营范围或国家许可范围的行政处罚

(1) 无证经营，是指广告经营者或广告发布者未经工商行政管理部门核发《营业证照》，擅自承办广告业务的行为。根据广告管理有关规定，广告公司、广告兼营单位、经营广告业务的个体工商户和广告制作单位，均应当在工商行政管理机关申请登记、领取《营业执照》和《广告经营许可证》，尤其是后者。未经登记、或者申请登记未获批准的，不能承办广告业务。

(2) 超越经营范围，是指广告经营者或广告客户超越工商行政管理机关核准《营业证照》所明确规定的营业范围而经营广告业务的行为。《广告法》第二十二条规定，"广告主自行或者委托他人设计、制作、发布广告，所推销的商品或者所提供的服务应当符合广告主的经营范围。"在广告活动中，企业单位超越了核准登记的经营范围、事业法人单位超越国家赋予的职权或业务权限、公民个人超越其权利能力和行为能力、所有的企事业单位及个人超越了法律法规及政策允许的范围，均属于广告违法行为。

(3) 按照《广告管理条例施行细则》第十九条规定，对于无照经营的，按照《无照经营查处取缔办法》进行处罚。该办法第十四条规定："对于无照经营行为，由工商行政管理部门依法予以取缔，没收违法所得；触犯刑律的，依照刑法关于非法经营罪、重大责任事故罪、重大劳动安全事故罪、危险物品肇事罪或者其他罪的规定，依法追究刑事责任；尚不够刑事处罚的，并处两万元以下的罚款；无照经营行为规模较大、社会危害严重的，并处两万元以上二十万元以下的罚款；无照经营行为危害人体健康、存在重大安全隐患、威胁公共安全、破坏环境资源的，没收专门用于从事无照经营的工具、设备、原材料、产品(商品)等财物，并处五万元以上五十万元以下的罚款。对无照经营行为的处罚，法律、法规另有规定的，从其规定。"

(4) 按照《广告管理条例施行细则》第十九条规定，对于超越经营范围经营广告业务的，按照企业登记管理相关法律法规进行处罚。《企业法人登记管理条例》第三十条规定："擅自改变主要登记事项或者超出核准登记的经营范围从事经营活动的，登记主管机关可以根据情况分别给予警告、罚款、没收非法所得、停业整顿、扣缴、吊销《企业法人营业执照》的处罚。"《公司登记管理条例》第七十一条规定："公司超出核准登记的经营范围从事经营活动的，由公司登记机关责令改正，并可处以一万元以上十万元以下的罚款；情节严重的，吊销营业执照。"对于广告主申请发布的广告超出其经营范围或国家许可的范围，可根据《广告管理条例施行细则》第二十条规定，视其情节予以通报批评、处以五千元以下的罚款。

(5) 国内企业在境外发布广告及外国企业(组织)、外籍人员在境内承揽和发布广告的，应当委托在中国注册的具有广告经营资格的企业进行代理。违反上述规定的，处以违法所得额三倍以下的罚款，最高不得超过三万元；没有违法所得的，处以一万元以下罚款。

3. 广告经营中的垄断行为和不正当竞争行为的行政处罚

(1) 广告经营过程中的垄断行为，是指广告活动的当事人或经济组织对广告市场运行过程或这一过程的某些环节进行的排他性控制，即对其他的合法广告经营活动进行排斥、控制。其具体行为表现如下：

第一，两个或两个以上的广告经营者签定限制竞争的协议。它包括：签订分割广告市场的协议，规定各自不进入对方占领的市场或进入后互不竞争；一致同意共同对付外来竞争或规定其他竞争者进入市场的条件等。

第二，在市场上占优势的企业，以不正当竞争行为谋取独占地位。包括无正当理由拒绝与某一类广告经营者以外的其他广告经营者交易；强迫对方接受不合理的交易条件，搞歧视性价格，对不同的广告经营者实行不同的收费标准。

(2) 广告经营过程中的不正当竞争行为，是指以欺骗性的、有害的竞争方法与同类广告经营者进行竞争的行为。其具体表现如下：

第一，编造、散布有损于竞争对手的不真实的消息。

第二，采用贿赂或变相贿赂等非法手段招揽广告。

第三，违反国家广告收费标准规定，采用改变广告代理收费标准的手段争抢客户。

(3) 我国相关法律法规对广告经营中的垄断行为和不正当竞争行为进行了限制。《广告法》第二十一条规定："广告主、广告经营者、广告发布者不得在广告活动中进行任何形式的不正当竞争。"《广告管理条例》第四条规定："在广告经营活动中，禁止垄断和不正当竞争行为。"对在广告活动中进行垄断或不正当竞争的，根据《广告管理条例施行细则》第十八条规定："违反《管理条例》第四条规定的，视其情节予以通报批评、没收非法所得、处五千元以下罚款或责令停业整顿。"

4. 新闻形式广告和广告语言文字违法行为的行政处罚

(1) 以新闻形式发布广告的行政处罚。新闻是无偿的，发布新闻不收取费用；而广告则是有偿的，是由广告主或广告经营者向广告发布者支付费用的。新闻单位以新闻报道的形式介绍企业、产品、服务等都不得收取费用，否则认定违法。《广告法》第十三条规定："大众传播媒介不得以新闻报道形式发布广告。通过大众传播媒介发布的广告应当有广告标记，与其他非广告信息相区别，不得使消费者产生误解。"《广告管理条例》第九条规定："新闻单位刊播广告，应当有明确的标志。新闻单位不得以新闻报道形式刊播广告，收取费用；新闻记者不得借采访名义招揽广告。"

根据《广告法》第四十条第二款的规定："发布广告违反本法第十三条规定的，由广告监督管理机关责令广告发布者改正，处以一千元以上一万元以下的罚款。"《广告管理条例实施细则》第二十二条规定："新闻单位违反《广告管理条例》第九条规定的，视其情节予以通报批评、没收非法所得、处一万元以下罚款。"

(2) 广告语言文字违法的行政处罚。我国《广告语言文字管理暂行规定》第四条规定："广告使用的语言文字应当符合社会主义精神文明建设的要求，不得含有不良文化内容。"第十四条规定，违反上述规定的，"由广告监督管理机关责令停止发布广告，对负有责任的广告主、广告经营者、广告发布者视其情节予以通报批评，处以违法所得额三倍以下的罚款，但最高不超过三万元；没有违法所得的，处以一万元以下的罚款"。违反《广告语言文字管理暂行规定》其他条款的，由广告监督管理机关责令限期改正，逾期未能改正的，对负有责任的广告主、广告经营者、广告发布者处以一万元以下罚款。

5. 广告证明违反规定的行政处罚

在我国广告管理中，广告证明制度要求在从事广告活动时，广告主申请发布广告需提交相关证明；广告经营者在发布广告之前应当查验相关证明；主管部门须如实出具广告证明文件。违反广告证明制度相关规定的情形及行政处罚如下：

(1) 代理、发布无合法证明或证明不全的广告。在广告活动中，必须按照广告证明制度的要求，出具和查验相关证明文件。目前我国广告中存在大量的虚假、违法违禁广告，很大程度上与对广告证明文件查验不实有关。《广告管理条例》第十二条规定："广告经营者承办或者代理广告业务，应当查验证明，审查广告内容。对违反本条例规定的广告，不得刊播、设置、张贴。"根据《广告管理条例施行细则》第二十五条规定："广告经营者违反《广告管理条例》第十二条规定的，视其情节予以通报批评、没收非法所得、处三千元以下罚款；由此造成虚假广告的，必须负责发布更正广告，给用户和消费者造成损害的，负连带赔偿责任。"在对此类案件进行处罚时，应当注意：

第一，如果是广告发布者直接承揽的并在自己的媒体上发布广告，没有依法查验证明的，其法律后果应当由该发布者完全承担。

第二，广告发布者发布了由广告经营者代理的无合法证明或证明不全的广告，除了追究广告发布者的责任外，还要追究广告经营者的责任。

(2) 伪造、涂改、盗用或擅自复制广告证明。伪造广告证明是指广告主假造、制作广告证明文件；涂改广告证明是指广告主对广告证明文件证明的内容进行改制，变换其内容，以适合其需要；盗用广告证明是指广告主将不属于自己所有的广告证明据为己有，非法使用；擅自复制广告证明是指广告主非法复制法律规定不能自行复制的广告证明。根据《广告法》第四十四条规定："伪造、变造或者转让广告审查决定文件的，由广告监督管理机关没收违法所得，并处一万元以上十万元以下的罚款。构成犯罪的，依法追究刑事责任。"《广告管理条例实施细则》第二十四条规定："广告客户违反《广告管理条例》第十一条规定，伪造、涂改、盗用或者非法复制广告证明的，予以通报批评、处五千元以下罚款。"

(3) 出具非法或虚假广告证明。广告证明一般分为两类：一是资格证明，即证明申请发布广告的广告主主体资格的证明文件；二是广告内容真实性与合法性的证明。前者是国家企业登记机关依法办理的，如《企业法人营业执照》或《营业执照》等；后者则是广告管理及审查机关出具的证明文件。广告主或广告客户违反规定的，根据《广告法》第四十四条规定："广告主提供虚假证明文件的，由广告监督管理机关处以一万元以上十万元以下的罚款。"

为广告主或广告客户出具非法或虚假证明，是指《广告法》没有授权的机关或国家工作人员利用职责之便，擅自为广告主出具无效的、虚假的证明。对于出具非法或虚假广告证明，工商行政管理机关要依法予以严惩。凡因出具非法或虚假证明而给他人造成损害的，要承担连带赔偿责任。《广告法》第四十五条规定："广告审查机关对违法的广告内容作出审查批准决定的，对直接负责的主管人员和其他直接责任人员，由其所在单位、上级机关、行政监察部门依法给予行政处分。"第四十六条规定："广告监督管理机关和广告审查机关的工作人员玩忽职守、滥用职权、徇私舞弊的，给予行政处分。构成犯罪的，依法追究刑事责任。"《广告管理条例施行细则》第二十四条规定："为广告客户出具非法或虚假证明的，予以通报批评、处五千元以下罚款，并负连带责任。"

6. 广告经营违法的行政处罚

经营广告业务与其他业务不同，除了要求办理《企业法人营业执照》外，最核心的就是要取得《广告经营许可证》。未取得《广告经营许可证》或未按相关管理规定而擅自经营广告业务的，为广告经营违法行为。根据《广告经营许可证管理办法》(国家工商行政管理总局令 第16号)，广告监管机关对广告经营违法行为按照如下规定处罚：

(1) 未取得《广告经营许可证》从事广告经营活动的，依据国务院《无照经营查处取缔办法》的有关规定予以处罚。

(2) 提交虚假文件或采取其他欺骗手段取得《广告经营许可证》的，予以警告，处以五千元以上一万元以下罚款，情节严重的，撤销《广告经营许可证》。被广告监督管理机关依照本项规定撤销《广告经营许可证》的，一年内不得重新申领。

(3)《广告经营许可证》登记事项发生变化未按本办法规定办理变更手续的，责令改正，处以一万元以下罚款。

(4) 广告经营单位未将《广告经营许可证》正本置放在经营场所醒目位置的，责令限期改正；逾期不改的，处以三千元以下罚款。

(5) 伪造、涂改、出租、出借、倒卖或者以其他方式转让《广告经营许可证》的，处以三千元以上一万元以下罚款。

(6) 广告经营单位不按规定参加广告经营资格检查、报送广告经营资格检查材料的，无正当理由不接受广告监督管理机关日常监督管理的，或者在检查中隐瞒真实情况或提交虚假材料的，责令改正，处以一万元以下罚款。

7. 特定内容广告违法的行政处罚

(1) 涉及商品的性能、产地、质量、使用统计数据、专利产品、专利方法等内容的广告，必须按照《广告法》第九至十一条的要求，违反上述法条规定的，根据《广告法》第四十条的规定，由广告监督管理机关责令负有责任的广告主、广告经营者、广告发布者停止发布、公开更正，没收广告费用，可以并处广告费用一倍以上五倍以下的罚款。

(2) 涉及贬低其他生产经营者的商品或服务内容的方法，必须按照《广告法》第十二条的要求；违反上述法条规定的，根据《广告法》第四十条的规定，由广告监督管理机关责令负有责任的广告主、广告经营者、广告发布者停止发布、公开更正，没收广告费用，可以并处广告费用一倍以上五倍以下的罚款。

(3) 药品、医疗器械、农药、食品、化妆品广告。广告法对于药品、医疗器械、农药、食品、化妆品等商品广告有非常具体的规定，既有限制性条款，又有禁止性条款。违反了这些规定的，按照《广告法》第四十一条的规定，由广告监督管理机关责令负有责任的广告主、广告经营者、广告发布者改正或者停止发布，没收广告费用，可以并处广告费用一倍以上五倍以下的罚款；情节严重的，依法停止其广告业务。对于《广告法》无具体处罚条款的，由广告监督管理机关责令广告主停止发布，视其情节通报批评，处以违法所得额三倍以下的罚款；擅自变更或篡改经审批的保健食品广告的，药品监督管理部门责令申请人改正，给予警告；情节严重的，收回该保健食品广告的批准文号。

(4) 酒类广告。对于酒类广告的处罚规定较多：

第一，《酒类广告管理办法》第四条第二款规定，广告主自行或者委托他人设计、制作、发布酒类广告应当具有或者提供真实、合法、有效的证明文件，任何单位和个人不得伪造、变造有关证明文件发布广告。违反上述规定的，依照《广告法》第三十七条的规定，由广告监督管理机关责令广告主停止发布、并以等额广告费用在相应范围内公开更正消除影响，并视其情节处广告费用一倍以上五倍以下的罚款；对负有责任的广告经营者、广告发布者没收广告费用，并处广告费用一倍以上五倍以下的罚款；情节严重的，依法停止其广告业务；构成犯罪的，依法追究刑事责任。

第二，《酒类广告管理办法》第五条规定："对内容不实或者证明文件不全的酒类广告，广告经营者不得经营，广告发布者不得发布。"违反上述规定的，依照《广告管理条例施行细则》第二十五条的规定，视其情节予以通报批评、没收非法所得、处三千元以下罚款；造成虚假广告的，必须发布更正广告，给用户及消费者造成损失的负有连带赔偿责任。

第三，《酒类广告管理办法》第六条规定："酒类广告应当符合卫生许可的事项，并不得使用医疗用语或者易与药品相混淆的用语。"违反上述规定的，依照《广告法》第四十一条的规定，由广告监督管理机关责令负有责任的广告主、广告经营者、广告发布者改正或者停止发布，没收广告费用，可以并处广告费用一倍以上五倍以下的罚款；情节严重的，依法停止其广告业务。

第四，《酒类广告管理办法》第七条、第八条、第九条对酒类广告内容、形式、播放时间等做了具体的规定。违反上述规定的，依照《广告法》第三十九条的规定，由广告监督管理机关责令负有责任的广告主、广告经营者、广告发布者停止发布、公开更正，没收广告费用，并处广告费用一倍以上五倍以下的罚款；情节严重的，依法停止其广告业务。构成犯罪的，依法追究刑事责任。

第五，《广告法》第十九条规定，对于酒类广告使用医疗用语或者易与药品混淆用语的，依照《广告法》第四十三条的规定，由广告监督管理机关责令负有责任的广告主、广告经营者、广告发布者停止发布，没收广告费用，并处广告费用一倍以上五倍以下的罚款。

(5) 烟草广告。《广告法》对烟草广告有着较为严格的限制：

第一，《广告法》第十八条规定："禁止利用广播、电影、电视、报纸、期刊发布烟草广告。禁止在各类等候室、影剧院、会议厅堂、体育比赛场馆等公共场所设置烟草广告。烟草广告中必须标明'吸烟有害健康'。"违反上述规定的，依照《广告法》第四十二条的规定，利用广播、电影、电视、报纸、期刊发布烟草广告，或者在公共场所设置烟草广告的，由广告监督管理机关责令负有责任的广告主、广告经营者、广告发布者停止发布，没收广告费用，可以并处广告费用一倍以上五倍以下的罚款。

第二，《烟草广告管理暂行办法》第五、六、十条，分别就烟草广告的审批制度、烟草广告中不得含有的情形、烟草广告必须要有的忠告语等做了具体的规定。违反上述规定的，按该办法第十二条规定，由广告监督管理机关责令停止发布，对负有责任的广告主、广告经营者、广告发布者可以并处一万元以下的罚款。

(6) 医疗广告。发布虚假医疗广告的，依照《广告法》第三十七条的规定，由广告监督管理机关责令广告主停止发布、并以等额广告费用在相应范围内公开更正消除影响，并处广告费用一倍以上五倍以下的罚款；对负有责任的广告经营者、广告发布者没收广告费用，并处广告费用一倍以上五倍以下的罚款；情节严重的，依法停止其广告业务。构成犯罪的，依法追究刑事责任。卫生行政部门可以吊销医疗机构的《医疗广告证明》。对于伪造、变造、提供假证明的，依照《广告法》第四十四条之规定，由广告监督管理机关没收违法所得，并处一万元以上十万元以下的罚款。构成犯罪的，依法追究刑事责任。

(7) 房地产广告。凡未按《广告法》和国家有关规定履行法律业务的，造成房地产违法广告发布的广告主、广告经营者、广告发布者，应当按照《广告法》的规定承担法律责任；《广告法》中没有具体规定的，依照《房地产广告发布暂行规定》第二十一条规定，由广告监督管理机关责令停止发布，视其情节予以通报批评，处以违法所得额三倍以下的罚款，但最高不超过三万元，没有违法所得的，处以一万元以下的罚款。

8. 特定媒介广告违法的行政处罚

(1) 户外广告。根据《户外广告登记管理办法》的规定:

第一,未经登记擅自发布户外广告的单位和个人,由工商行政管理机关没收违法所得,并处以三万元以下的罚款,限期补办登记手续。逾期不补办登记手续的,责令停止发布。

第二,提交虚假文件或者采取其他欺骗手段取得《户外广告登记证》的,由登记机关责令改正,并处以三万元以下的罚款;情节严重的,撤销登记证。

第三,违反《户外广告登记管理办法》第十条规定,擅自改变规格发布户外广告的,由登记机关责令改正。不按照核准登记的发布期限、形式、数量或者内容发布户外广告的,责令改正,处以五千元以下的罚款;情节严重的,责令改正,处以三万元以下的罚款。

第四,已经登记的户外广告,未按第十五条规定在右下角清晰标明户外广告登记证号的,由登记管理机关责令改正,处以一千元以下的罚款。

第五,违反《户外广告登记管理办法》第十六条规定,伪造、涂改、出租、出借、倒卖或者以其他形式转让《户外广告登记证》的,由登记管理机关缴销《户外广告登记证》,处以三万元以下的罚款。

(2) 印刷品广告违法行为按照下列规定进行处罚:

第一,违反《印刷品广告管理办法》有关规定,依照《中华人民共和国广告法》、《广告管理条例》等有关法律、行政法规以及《广告管理条例施行细则》的规定予以处罚。

第二,《中华人民共和国广告法》、《广告管理条例》等有关法律、行政法规以及《广告管理条例施行细则》没有规定的,由工商行政管理机关责令停止违法行为,视情节处以违法所得额三倍以下的罚款,但最高不超过三万元,没有违法所得的,处以一万元以下的罚款。

第三,对非法散发、张贴印刷品广告的个人,由工商行政管理机关责令停止违法行为,处以五十元以下的罚款。

第四,固定形式印刷品广告经营者情况发生变化,不具备《印刷品广告管理办法》第八条规定条件的,由原登记机关撤回《固定形式印刷品广告登记证》。固定形式印刷品广告违反《印刷品广告管理办法》第三条规定,情节严重的,原登记机关可以依照《广告法》第三十七条、第三十九条、第四十一条规定停止违法行为人的固定形式印刷品广告业务,缴销《固定形式印刷品广告登记证》。

6.3　广告违法行为的民事责任和刑事责任

6.3.1　广告违法行为的民事责任

1. 广告违法行为民事责任的概念及构成要件

(1) 民事责任,即民事法律责任的简称,是指民事主体在民事活动中,因实施了民事违法行为,根据民法所承担的对其不利的民事法律后果或者基于法律特别规定而应承担的民事法律责任。民事责任属于法律责任的一种,是民事主体因违反民事义务所应承担的民事法律后果,它主要是一种民事救济手段,旨在使受害人被侵犯的权益得以恢复,是保障民事权利和民事义务实现的重要措施。

(2) 广告违法行为的民事责任，是指广告主、广告经营者、广告发布者因进行广告违法活动，欺骗和误导消费者，使其购买商品或接受服务的合法权益受到损害，或有其他侵权行为时应承担的民事法律责任。

(3) 广告违法行为民事责任的构成要件有以下四点：

第一，必须有违反我国广告法律、行政法规的行为存在，即广告主、广告经营者、广告发布者有广告违法行为。

第二，必须有损害事实的存在。损害包括物质损害和非物质损害，物质损害即财产的损害，是指受损害后的财产减少或妨碍现有的财产增值；非物质损害，多指对消费者名誉权、肖像权等人身和精神方面的损害。

第三，损害事实与广告违法行为之间必须有因果关系。即损害事实直接由广告违法行为造成。

第四，广告违法行为人必须有过错。即广告主、广告经营者、广告发布者在主观上有故意或过失。

以上四个要素必须同时具备，广告违法行为人才承担民事责任。

2. 广告违法行为民事责任的法律规定

广告违法行为人对自己的违法行为应依法承担民事责任，除《民法通则》、《消费者权益保护法》等法律的规定外，《广告法》还作了专门的规定，具体内容如下：

(1) 《广告法》第三十八条第一款规定，发布虚假广告，欺骗和误导消费者，使购买商品或者接受服务的消费者的合法权益受到损害的，由广告主依法承担民事责任；广告经营者、广告发布者明知或者应知广告虚假仍设计、制作、发布的，应当依法承担连带责任。

(2) 《广告法》第三十八条第二款规定，广告经营者、广告发布者不能提供广告主的真实名称、地址，应当承担全部民事责任。

(3) 《广告法》第三十八条第三款规定，社会团体或者其他组织，在虚假广告中向消费者推荐商品或者服务，使消费者的合法权益受到损害的，应当承担连带责任。

(4) 《广告法》第四十七条规定，广告主、广告经营者、广告发布者违反本法规定，有下列侵权行为之一的，依法承担民事责任：

- 在广告中损害未成年人或者残疾人的身心健康的；
- 假冒他人专利的；
- 贬低其他生产经营者商品或者服务的；
- 广告中未经同意使用他人名义、形象的；
- 其他侵犯他人合法民事权益的。

(5) 《广告管理条例施行细则》也在第十七条第一款、第十七条第二款、第二十五条中，分别规定了违反本条例的，除了进行行政处罚外，给用户和消费者造成损害的，承担赔偿责任或负连带赔偿责任。

3. 广告违法行为民事责任的形式

承担民事责任的方式，也就是对广告违法行为所采取的民事制裁措施。承担民事责任的方式如何，是由民事责任所担负的职能和被损害的情况决定的。一定的责任方式，也是与侵权情况和责任范围相适应的。各种广告违法行为的民事责任方式在实际处理中既可单独适用一种，也可同时适用多种。根据我国《民法通则》、《广告法》等法律、法规的规定，广告违法行为的民事责任方式主要有：

(1) 停止侵害、排除妨碍、消除危险。具体形式为：

第一，停止侵害，是指行为人正在实施侵害行为，受害人有权请求其停止实施或请求人民法院制止实施，以避免损害后果的发生或扩大的措施。如广告主发布广告，其广告内容有贬低某企业的产品或声誉的，则某企业可以请求行为人停止侵害或请求法院强制要求该广告主停止侵害。

第二，排除妨碍，是指权利人行使其权利受到他人不法阻碍或妨害时，有权请求加害人排除或请求人民法院强制排除，以保障权利正常行使的措施。如某公司设置一户外广告，该广告妨碍了某校正常的道路通行，则该校有权利请求该公司拆除户外广告、排除妨碍。

第三，消除危险，是指消除造成他人人身或财产损害的可能性，只要某广告违法行为对他人人身或财产具有造成某种损害的可能，该权利人即有权请求行为人消除或请求人民法院强制其消除，避免发生损害后果。

以上三种责任方式都是以防止或消除损害为目的的，属于防止性的责任方式。它们既适用于侵害公民、法人财产权的情况，也适用于侵害人身权的情况，是常见的责任形式。其中停止侵害和消除危险，对各种广告违法行为，侵害他人专利权、商标权、人格权、名誉权等有重要的意义。

(2) 返还财产，恢复原状。具体形式为：

第一，返还财产，是指国家、集体或其他人财产被不法侵占而有返还可能时，财产所有人或合法占有人即可请求返还原财产，以恢复到权利人合法占有状态的保护措施。

第二，恢复原状，是指财产被不法损坏或现状被改变而有复原的可能时，受害人有权请求恢复原状，以恢复到财产未受损坏或未改变时之原有状态。

(3) 修理、重作、更换和支付违约金。具体形式为：

第一，修理、重作、更换是指产品不合质量要求时，权利人有权请求进行修补缺陷，重新制作或予以更换的补救责任措施。修理、重作、更换适用于产品瑕疵的不同情况。在广告作品制作完成后，广告客户认为制作者或委托代理者所提供的广告作品与约定的要求存在差异时，可以要求修理、重作、更换等。

第二，支付违约金，是指当事人依照法律规定或约定，在违约行为发生后，由违约方向对方支付一定数量金钱的责任形式。违约金是违反广告合同民事责任的重要形式，其特点就在于它既有赔偿性又有惩罚性。广告合同制度要求广告行为必须有书面合同，一旦有违约情况，受害一方可以要求侵害方支付违约金。违约金的给付，是以存在违约的事实并且违约人有过失为前提的。

(4) 赔偿损失。赔偿损失，是指广告违法行为给消费者造成财产损失时，应补偿给受害人以相应数额的财产的责任方式。它是广告违法行为的民事责任的主要方式，是保护消费者合法权益的重要手段。它既适用于造成有形财产损失的责任，也适用于造成精神损害的责任。广告主、广告经营者、广告发布者之间违反广告合同的责任、赔偿损失数额的确定，一般以被偿权利人所受的实际损失为原则。当广告主、广告经营全部损失时，可以根据损害发生的原因及受害人经济状况等情节，给予适当的减免。

(5) 消除影响、恢复名誉、赔礼道歉。具体形式为：

第一，消除影响、恢复名誉，是指公民或法人的人格权受到不法侵害时，有权请求广告违法行为人在造成影响的范围区域，以公开形式承认侵害过错，澄清事实，以恢复未受损害时社会对其品行、才能和信誉的良好评价。这种非财产责任方式，不具有经济补偿的性质，是一种非财产责任方式。如广告中未经同意而使用他人名义、形象的，受害人有权请求消除影响、恢复名誉。

第二，赔礼道歉，是指公民或法人的人格权受到广告违法行为的侵害。其情节轻微者，权利人可请求广告违法行为人当面承认错误，表示歉意，以保护其人格尊严的责任方式。它是将道德责任法律化，是一种非财产责任方式。

以上非财产责任方式，一般适用广告违法行为人对人身权(主要是对人格权)的侵害，但对专利权、商标权或违反广告合同情况轻微的也可适用。

4．广告违法行为损害赔偿的原则

根据《广告法》第三十八条的规定，发布虚假广告，欺骗和误导消费者，使购买商品或者接受服务的消费者的合法权益受到损害的，应依法承担民事责任。赔偿损失是一种主要的民事责任方式。因此，正确确定损害赔偿的标准、原则有着重要的意义。广告违法行为损害赔偿应遵循以下原则：

(1) 财产损失全部赔偿的原则。对因广告违法行为给受害人造成财产上的损失应予全部赔偿，这是由民事责任的性质决定的。民事责任主要是财产责任，其目的在于对造成的损害给予经济上的补偿，使受害人的损失得以偿还，因此要以补偿全部损失为原则。财产损失包括财产的直接减少和可能得到的利益的丧失。可得利益，是指按照合理预见的原则，当事人已经预见或应当预见到的必然能够得到的预期收益。

(2) 对于人身损害引起的财产损失赔偿原则。人身损害是一种非财产的损害，它包括对人的生命、健康以及人格权的损害。这些损害有时只引起无形损害，即精神损害，而有时会伴随引起财产损失。凡因人身损害而造成财产损失，则应赔偿全部损失。如赔偿医疗费、住院费、营养费、护理费、误工工资、交通费等。凡致人残疾，除赔偿上述费用外，还应赔偿生活补助费。

(3) 对于精神损害，实行财产责任与非财产责任并用的原则。《广告法》第二十五条规定："广告主或广告经营者在广告中使用他人名义、形象的，应当事先取得他人的书面同意；使用无民事行为能力人、限制民事行为能力人名义、形象的，应当事先取得其监护人的书面同意。"根据《民法通则》规定："公民的姓名权、肖像权、名誉权、荣誉权受到侵害的，有权要求停止侵害，恢复名誉，消除影响，赔礼道歉，并可以要求赔偿损失。"广告违法行为给受害人造成精神损害，根据受害人的请求，行为人应承担财产责任和非财产责任。

5．广告共同损害赔偿

(1) 共同损害赔偿的概念。在民事赔偿制度中分为单独损害赔偿和共同损害赔偿。顾名思义，所谓单独损害赔偿，是指一个违法行为人对他人造成损害时，依法由该行为人独自承担赔偿责任。而共同损害赔偿，则是指由两个或两个以上的违法行为人对他人造成损害时，依法由全体行为人共同承担赔偿责任。在共同赔偿中，关键在于要依法划定责任的轻重来确定承担主要责任的行为人和负有连带责任的责任人。

(2) 广告违法行为的共同损害赔偿，是指两个或两个以上广告主体共同给消费者或其他经营者造成损害的，应当由全体违法行为人共同承担的赔偿责任。如广告主制造虚假广告，广告经营者、广告发布者不严格审查，制作、发布虚假广告，致使消费者权益遭到损害等。在处理广告违法行为的共同损害赔偿案件时，广告监督管理机关可以根据各个违法行为人的过错及责任的大小来确定各自的赔偿责任与赔偿数额的大小。如果共同行为人中有个别违法行为人无力赔偿所应赔偿的数额时，可以依法责令其他共同违法行为人中有赔偿能力的一方或几方代赔无赔偿能力方应当赔偿受害人的数额，然后代赔人再向被代赔人主张权利。

(3) 广告共同损害赔偿的法律规定。《广告法》及《广告管理条例》等广告管理法律法规都对共同赔偿问题作了具体规定：

第一，《广告法》第三十八条第一款规定，发布虚假广告，欺骗和误导消费者，使购买商品或者接受服务的消费者的合法权益受到损害的，由广告主依法承担民事责任；广告经营者、广告发布者明知或者应知广告虚假仍设计、制作、发布的，应当依法承担连带责任。

第二，《广告法》第三十八条第二款规定，广告经营者、广告发布者不能提供广告主的真实名称、地址，应当承担全部民事责任。

第三，《广告法》第三十八条第三款规定，社会团体或者其他组织，在虚假广告中向消费者推荐商品或者服务，使消费者的合法权益受到损害的，应当承担连带责任。

第四，《广告管理条例施行细则》第十七条第二款规定，广告经营者帮助广告客户弄虚作假的，给用户和消费者造成损害的，负连带赔偿责任。

第五，《广告管理条例施行细则》第二十五条规定，广告经营者承办或者代理广告业务，未履行职责查验证明文件和审查广告内容而发布广告的，并给用户和消费者造成损害的，负连带赔偿责任。

6. 应承担民事责任广告违法行为以及应承担的民事责任

(1) 广告活动中侵权行为的种类及应承担的民事责任。广告活动中的侵权行为，是指广告主、广告经营者、广告发布者违反广告法律、行政法规的规定，不法侵害公民、法人的民事权利的行为。它可以分为以下几类：

第一，侵犯他人财产所有权。在广告活动中，广告主、广告经营者、广告发布者利用广告对商品或服务作虚假宣传，欺骗或误导消费者，刺激消费者购买商品或者接受服务，从而使消费者的合法财产遭受损失。这是广告活动中的一种常见的侵权行为，广告主、广告经营者、广告发布者应依法赔偿消费者的财产损失。

第二，假冒他人专利。专利权是公民、法人对其发明创造所应享有的专有权，受法律保护。在广告活动中，既不允许在未取得专利的情况下在广告中谎称取得专利权，也不允许使用已经终止、撤销、无效的专利做广告。凡在广告活动中假冒他人专利的，即构成侵害他人专利权的行为，应依法承担侵权的民事责任。

第三，侵害公民身心健康。侵害公民身心健康是指侵害公民的健康权和生命权的违法行为。侵害公民身体造成伤害的，即为侵害公民的健康权；造成死亡的，即为侵害公民的生命权。根据《民法通则》规定，侵害公民身体，造成伤害的，应当赔偿医疗费以及因误工减少的收入、残疾者生活补助费等费用；造成死亡的，还应支付丧葬费、死者生前抚养的人必要的生活费等费用。《广告法》对未成年人和残疾人的身心健康还予以特殊保护，第四十七条规定："凡在广告中损害未成年人或者残疾人的身体健康的，广告主、广告经营者、广告发布者必须依法承担民事责任。"

第四，侵害他人人格权。《民法通则》中规定，公民享有肖像权，未经本人同意，不得以营利为目的使用公民的肖像权，否则为侵权行为。《广告法》第四十七条第三款规定，"在广告中贬低其他生产经营的商品或者服务的"，属于侵犯他人名誉权的行为，即构成侵权行为。广告主、广告经营者，广告发布者应当依法承担民事责任。《广告法》第四十七条第四款规定，"广告中未经同意使用他人名义、形象的"，即构成侵权行为。广告主、广告经营者、广告发布者应当依法承担民事责任。

(2) 广告活动中的违反合同的表现及应承担的民事责任。违反合同的民事责任，是由违反合同的行为引起的。违反合同行为，是指当事人在有效合同成立后不履行合同义务或者发现合同义务不符合约定条件的行为。

第一，广告活动中的违反合同的表现。广告中违反广告合同的行为主要表现在合同当事人在订立有效合同以后，没有履行自己的义务。具体表现在：

● 不履行行为，是指广告合同当事人完全不履行已到履行期的合同义务的行为。有两种情况：一是无正当理由拒绝履行；二是由于主观、客观的情况导致不能履行。

● 不完全履行行为，是指广告合同当事人对广告合同内容履行在量或质上有欠缺，也就是债务人虽有履行行为，但没有完全按照合同规定的全部内容履行的行为。

● 延迟履行行为，是指广告当事人只能在合同约定的履行期限以后履行合同的行为。

● 拒绝履行行为，是指广告当事人一方无任何正当理由或法律依据而单方面拒绝履行广告合同的行为。

第二，违反广告合同的民事责任。根据《合同法》第一百零七条规定："当事人一方不履行合同义务或者履行合同义务不符合约定的，应当承担继续履行、采取补救措施或者赔偿损失等违约责任。"广告活动中违反广告合同的民事责任的形式有：

● 赔偿责任。赔偿责任是违反广告民事责任的最重要的责任形式，是指由法律规定的一方当事人违反广告合同造成另一方损失时，应对此损失承担赔偿责任。构成违反广告合同的赔偿责任的要件，除须违反广告合同行为和债务人有过错外，还须因违反广告合同造成对方损失。如果违反广告合同并未造成对方损失，即使是故意违反广告合同，也不发生赔偿责任。赔偿损失的目的，就在于弥补债权人因对方不履行债务所受到的损失。《合同法》第一百一十三条规定："当事人一方不履行合同或者履行合同不符合约定，给对方造成损失的，损失赔偿额应当相当于因违约所造成的损失，包括合同履行可以获得的利益，但不得超过合同一方订立合同时预见到或者应当预见到的因违反合同可能造成的损失。当事人可以约定因违约产生的损失赔偿额的计算方法。"《消费者权益保护法》第四十九条规定，经营者提供商品或者服务有欺诈行为的，应当按照消费者的要求增加赔偿其受到的损失，增加赔偿的金额为消费者购买商品的价格或者接受服务的费用的一倍。这是我国第一个适用惩罚性赔偿的法例。《合同法》第一百一十三条第二款对此也做出明确规范。

● 支付违约金。支付违约金是违反广告合同责任中最常见的责任形式。它是指一方当事人违反广告合同，依法律规定或合同约定应给对方支付一定数额金钱的责任形式。违约金可以分为法定违约金和约定违约金两种形式。法定违约金的数额由有关法律确定，约定违约金的数额一般由当事人自行约定。只要有违约的事实，就应支付违约金。根据《合同法》第一百一十四条规定："当事人可以约定一方违约时应当根据违约情况向对方支付一定数额的违约金。约定的违约金低于造成的损失的，当事人可以请求人民法院或者仲裁机构予以增加；约定的违约金过分高于造成的损失的，当事人可以请求人民法院或者仲裁机构予以适当减少。"

● 继续履行。继续履行是指违反广告合同的当事人不论是否已经支付违约金或者赔偿损失，都必须依据对方的要求，在自己能够履行合同的条件下，对原广告合同未履行的部分继续履行的责任形式。继续履行责任，是合同实际履行原则的一种体现。因此当事人一方违反广告合同，在承担赔偿或者违约金责任的同时，只要对方有继续履行的要求，并且自己有履行能力，就应当继续履行原广告合同中未履行部分。继续履行责任，与一般的履行行为不同，它是法律规定对违反广告合同行为人的一种强制形式，不论责任人是否愿意，只要权利人有继续履行的要求，并且有实际履行的可能，就必须继续履行，否则，将依法强制履行。

6.3.2　广告违法行为的刑事责任

1. 广告违法行为刑事责任的概念及构成要件

(1) 刑事责任，是指犯罪行为应当承担的法律责任，即对犯罪分子依照刑事法律的规定追究的法律责任。根据《中华人民共和国刑法》(以下简称《刑法》)规定，一切危害国家主权和领土完整，危害无产阶级专政制度，破坏社会主义革命和社会主义建设，破坏社会秩序，侵犯全民所有制的财产或者劳动群众集体所有制的财产，侵犯公民私人所有的财产，侵犯公民的人身权利、民主权利和其他权利，以及其他危害社会的行为，依据法律应当受到刑法处罚的，都是犯罪。

(2) 广告违法行为刑事责任，是指广告主或广告经营者所实施的广告行为，不仅违反了广告管理的法律法规的规定，而且触犯了刑法、构成犯罪，依照《刑法》的规定，应当承担的法律责任。

(3) 广告违法行为刑事责任的构成要件有以下四点：

第一，广告违法行为刑事责任的主体要件，是指侵害社会关系的犯罪行为的行为实施者，在我国《刑法》中是以自然人犯罪和单位犯罪两种形式表现的。在广告犯罪行为中表现为广告主、广告经营者、广告发布者及国家机关工作人员。

第二，广告违法行为刑事责任的主观要件，是指行为人是在什么心理状态下来实施侵犯社会关系的犯罪行为的。在广告犯罪行为中表现为广告主、广告经营者、广告发布者及国家机关工作人员在主观上必须有过错，有故意或过失两种情形。

第三，广告违法行为刑事责任的客体要件，是指行为人侵害的《刑法》规定的社会关系。在广告犯罪行为中表现为违反《刑法》规定的条款。

第四，广告违法行为刑事责任的客观要件，是指行为人行为的外在表现，它是以行为人如何侵犯犯罪客体和侵犯客体的严重程度来表现出来的。与民事责任不同的是，民事责任的划定基本的要件之一是要有损害结果的存在，而刑事责任不一定要有损害结果的发生。

以上四个要素必须同时具备，广告违法行为人才承担刑事责任。

2．广告违法行为刑事责任的法律规定

广告违法行为人对自己的违法行为应依法承担刑事责任，除《刑法》的规定外，广告管理法律法规还作了专门的规定，具体内容如下：

(1)《广告管理条例》第十八条规定，广告客户或者广告经营者违反本条例规定，情节严重，构成犯罪的，由司法机关依法追究刑事责任。

(2)《广告法》第三十七条规定，违反本法规定，利用广告对商品或者服务作虚假宣传，情节严重，构成犯罪的，依法追究刑事责任。

(3)《广告法》第三十九条规定，发布广告违反本法第七条第二款规定，在广告中出现了禁止出现的九种情形，情节严重，构成犯罪的，依法追究刑事责任。

(4)《广告法》第四十六条规定，广告监督管理机关和广告审查机关的工作人员玩忽职守、滥用职权、徇私舞弊，情节严重，构成犯罪的，依法追究刑事责任。

3．广告违法行为刑事责任的法律规定

根据我国《刑法》及《广告管理法律法规》的规定，广告活动中违法行为情节严重，构成犯罪的，应依法追究刑事责任种类有：

(1) 破坏社会主义经济秩序罪，是指违反国家财政经济管理法规，破坏国家经济管理活动，使社会主义国民经济遭受严重损害的行为。在此类犯罪中，涉及广告的犯罪行为主要是假冒广告罪和假冒商标罪。

第一，假冒广告罪，是指违反《广告法》第三十七条规定，利用广告对商品或者服务作虚假宣传的行为，情节严重，构成犯罪的，应依法追究刑事责任。

第二，假冒商标罪，是指违反《商标法》相关规定，未经注册商标所有人许可，以营利为目的，在同一种商品上使用与注册商标相同的商标，利用广告假冒其他企业注册商标，情节严重，构成犯罪的行为。

(2) 侵犯财产罪，是指行为人以非法占有为目的，攫取公私财物，或者故意毁坏公私财物的行为。在此类犯罪中，涉及广告的犯罪行为主要是诈骗罪。诈骗罪是指以非法占有为目的，利用虚假广告，骗取数额较大的公私财物的行为。如有些根本不具备办学能力的学校及培训机构，利用虚假招生广告骗取报名人学费，数额较大而构成犯罪。

(3) 妨害社会管理秩序罪，是指妨害国家机关对社会的管理活动，破坏社会秩序，情节严重的行为。在此类犯罪中，涉及广告的犯罪行为主要有利用征婚广告对应征妇女进行调戏、侮辱，构成流氓罪；伪造、复制虚假广告证明或其他有关证件，构成妨害公文、证件、印章罪等，都应当依法承担刑事责任。

(4) 侵犯公民人身权利、民主权利罪，是指故意或者过失地侵犯他人的人身和与人身直接有关的权利以及他人依法享有的民主权利的行为。在此类犯罪中，涉及广告的犯罪行为主要有利用广告散布故意捏造的某种虚构的事实，损害或贬低他人人格，破坏他人名誉，情节严重而构成侮辱、诽谤罪的行为。

(5) 对广告监督管理机关和广告审查机关工作人员违法的处理。根据《广告法》第四十六条规定："广告监督管理机关和广告审查机关的工作人员玩忽职守、滥用职权、徇私舞弊的，给予行政处分。构成犯罪的，依法追究刑事责任。"在此类犯罪中，涉及广告的犯罪行为主要是渎职罪，即国家机关工作人员滥用职权、玩忽职守或者是利用职权徇私舞弊，违背公务职责的公正性、廉洁性和勤勉性等要求，妨碍了国家机关正常的职能活动的行为。

(6) 其他涉及刑事犯罪的广告问题。对于情节严重、构成犯罪的，应及时移交司法部门追究其刑事责任，不能用行政处罚代替刑事处罚。最高人民检察院和公安部 2001 年 4 月 18 日发布实施的《关于经济犯罪案件追诉标准的规定》中对各类经济犯罪案件制定了具体的追诉标准。对于虚假广告的追诉标准规定为，广告主、广告经营者、广告发布者违反国家规定，利用广告对商品或者服务作虚假宣传，涉嫌下列情形之一的，应予追诉：

- 违法所得数额在十万元以上的(含十万元)；
- 给消费者造成的直接经济损失数额在五十万元以上的(含五十万元)；
- 虽未达到上述数额标准，但因利用广告作虚假宣传，受过行政处罚二次以上，又利用广告作虚假宣传的；
- 造成人身伤残或者其他严重后果的。

6.4　广告行政复议与行政诉讼

6.4.1　广告行政复议制度

1. 广告行政复议的概念、性质与特征

(1) 行政复议，是指公民、法人或其他组织认为行政机关的具体行政行为侵犯其合法权益而依法向上一级行政机关或法律、法规规定的其他机关提出申诉，由受理机关对具体行政行为进行复查、认定、评价并作出决定的一种行政法律活动。我国现行的行政复议制度是作为行政诉讼的配套制度于 1990 年建立的。1990 年 12 月国务院颁布《行政复议条例》；1994 年发布修正该条例的决定；1999 年 4 月 29 日第九届全国人民代表大会常务委员会第九次会议通过并颁布了《中华人民共和国行政复议法》(以下简称《行政复议法》)，标志着我国建立起独立的国家行政复议制度。

(2) 广告行政复议，是指公民、法人或其他组织认为广告监管机关的某项行政行为侵犯其合法权益而依法向上一级广告监管机关或法律、法规规定的其他机关提出申诉，由受理机关在当事人参与的情况下，依法对该行政行为进行复查、认定、评价并作出决定的一种行政法律活动。

(3) 广告行政复议的性质和特征。广告行政复议与一般的行政复议一样，具有以下性质和特征：

第一，广告行政复议是权利救济制度。行政复议的内容和目的，是通过处理行政争议，对受到行政侵害的公民、法人和其他组织合法的权益提供法律救济。

第二，行政复议是行政监督制度。行政复议的根据是上级行政机关对下级行政机关的层级监督权。这种层级监督权具有维持、撤销或者改变下级行政机关决定的内容。

第三，行政复议是一种行政行为制度。行政复议是行政机关行使行政管理权的单方职权行为，可以直接规定公民、法人和其他组织的权利义务。因此行政机关的复议行为应当遵守行政活动的基本制度，应当具备具体行政行为的成立条件和合法条件。

第四，行政复议是行政裁判制度。行政复议的活动方式是处理行政复议，应当遵守保证公正处理的复议程序。

因为在广告监管活动中，拥有行政执法权的工商行政管理机关在行使行政权力时因各种原因与管理对象一定会产生争议。这种行政争议能否及时解决，既关系到管理对象的合法权益是否被侵害或保护的问题，也涉及国家对广告行为的管理和广告市场秩序能否执行和维护的问题。因此，广告行政复议是解决广告监管中的行政争议的一项重要的法律制度，在实践中，应当按照合法、公正、公开、及时和便民的原则具体实施这一制度。

2. 申请广告行政复议的范围

(1) 我国《行政复议法》对行政复议范围的规定。《行政复议法》第六条规定，有下列情形之一的，公民、法人或者其他组织可以依照本法申请行政复议：

- 对行政机关作出的警告、罚款、没收违法所得、没收非法财物、责令停产停业、暂扣或者吊销许可证、暂扣或者吊销执照、行政拘留等行政处罚决定不服的；
- 对行政机关作出的限制人身自由或者查封、扣押、冻结财产等行政强制措施决定不服的；
- 对行政机关作出的有关许可证、执照、资质证、资格证等证书变更、中止、撤销的决定不服的；
- 对行政机关作出的关于确认土地、矿藏、水流、森林、山岭、草原、荒地、滩涂、海域等自然资源的所有权或者使用权的决定不服的；
- 认为行政机关侵犯合法的经营自主权的；
- 认为行政机关变更或者废止农业承包合同，侵犯其合法权益的；
- 认为行政机关违法集资、征收财物、摊派费用或者违法要求履行其他义务的；
- 认为符合法定条件，申请行政机关颁发许可证、执照、资质证、资格证等证书，或者申请行政机关审批、登记有关事项，行政机关没有依法办理的；
- 申请行政机关履行保护人身权利、财产权利、受教育权利的法定职责，行政机关没有依法履行的；
- 申请行政机关依法发放抚恤金、社会保险金或者最低生活保障费，行政机关没有依法发放的；
- 认为行政机关的其他具体行政行为侵犯其合法权益的。

(2) 广告行政复议的范围。根据《行政复议法》的规定，对广告监督管理机关的下列行为可以依法申请行政复议：

- 对广告监管机关作出的警告、罚款、没收违法所得、没收非法财物、责令停产停业、暂扣或者吊销许可证、暂扣或者吊销执照、行政拘留等行政处罚决定不服的；
- 对广告监管机关作出的有关许可证、执照、资质证、资格证等证书变更、中止、撤销的决定不服的；
- 认为广告监管机关侵犯其合法的经营自主权的；
- 认为广告监管机关违法，要求履行义务的；
- 认为符合经营广告法定条件，申请广告监管机关颁发许可证、营业执照等证书，广告监管机关没有依法办理；

- 认为广告监管机关侵犯其人身权、财产权的；
- 法律法规规定的可以提出申请行政复议的其他行为。

3. 申请广告行政复议的条件和要求

(1) 申请广告行政复议的条件。申请广告行政处罚复议必须具有法定条件，否则申请复议无效，复议的上级机关也不予受理。申请广告行政复议须具有下列条件：

- 申请复议人是认为广告监管机关的行政行为侵犯其合法权益的广告主、广告经营者、广告发布者。
- 有明确的被申请人(对象)，主要是指作出广告行政行为的广告监督管理机关。
- 有具体的复议请求和事实依据，如果没有具体的复议请求和事实依据，广告行政复议机关是不受理的。
- 属于申请复议的范围，主要符合《行政复议法》第六条确定的范围，超出申请复议的范围，广告行政复议机关不予受理。
- 属于申请复议机关的管辖，主要是指复议申请只能向作出行政处罚的上一级广告监督管理机关提出。
- 申请复议必须有提请复议的真实意思和行为，主要是指申请者申请复议的主动性。如果申请复议是由于误解或胁迫所致，申请复议无效；如果只有申请复议的意思而没有表示这种真实意思的具体行为，申请复议无效；申请人可以以书面的形式向广告行政复议机关提交复议申请书，也可以口头申请复议。
- 复议申请必须在法定的期限提出。《行政复议法》第九条规定："公民、法人或者其他组织认为具体行政行为侵犯其合法权益的，可以自知道该具体行政行为之日起六十日内提出行政复议申请；但是法律规定的申请期限超过六十日的除外。因不可抗拒力或者其他正当理由耽误法定申请期限的，申请期限自障碍消除之日起继续计算。"如果超过法定期限，复议机关则不予受理申请；当事人仍坚持复议的，则按申诉处理。
- 广告主、广告经营者、广告发布者已向人民法院起诉且人民法院已经受理的，不得申请复议。

(2) 广告行政复议申请书的内容包括：

第一，申请人向复议机关申请复议时提交复议申请书，应当载明以下内容：

- 申请人的姓名、性别、年龄、职业、住址等或法人及其他组织的名称、地址、法定代表人姓名等；
- 被申请人的名称、地址；
- 申请复议的要求和理由；
- 提出申请复议的日期。

第二，申请人申请复议的理由主要包括：

- 广告监管机关的行政行为在认定事实上有错误；
- 广告监管机关的行政行为在适用法律上有错误；
- 广告监管机关违反了法律规定的行政程序；
- 作出行政行为的广告监管机关超越职权范围；
- 广告监管机关的行政行为侵害其合法权益；

● 作出行政处罚决定的广告监管机关违反了广告法律、行政法规的查处范围。

4. 广告行政复议的审理、决定和执行

(1) 广告行政复议审理中的举证责任问题。行政复议中的举证责任，是指在行政复议中应当由谁承担提供证据来证明案件待证事实的责任。现行《行政复议法》第二十三条规定："被申请人应当自收到申请书副本或者申请笔录复印件之日起十日内，提出书面答复，并提交当初作出具体行政行为的证据、依据和其他有关材料；被申请人不履行这一义务的法律后果是具体行政行为的被撤销。"法律规定了被申请人的举证责任应当是在复议程序开始阶段对申请人的答复程序中履行，而不得在行政复议过程中收集证据。被申请人不得自行向申请人或其他有关组织和个人收集证据。

(2) 广告行政复议的决定和执行。法律规定：

第一，广告行政复议机关应当自收到行政复议申请书之日起十五日内对复议申请进行审查，符合规定的应予以受理；对不符合规定条件的行政复议申请，决定不予受理，并书面告知申请人及理由；对于复议申请书内容不符合规定要求的，把复议申请书发还申请人，限期补正，过期不补的，则视为未申请；对符合行政复议法规定，但是不属于本机关受理的行政复议申请，应当告知申请人向有关行政复议机关提出。

第二，广告行政复议机关受理复议申请后，对被申请复议的具体广告行政管理行为在法律、法规、行政规章和具有普遍约束力的决定、命令适用是否准确、事实认定是否清楚、是否符合权限与程序等方面进行审查。

第三，广告行政复议机关应自受理申请之日起六十日内作出复议决定，但是法律规定的行政复议期限少于六十日的除外。情况复杂，不能在规定期限作出决定的，可以适当延长，但是延长期限最多不超过三十日，也就是最迟要在九十日内作出复议决定。广告行政复议决定一般有以下几种：

● 具体广告行政行为认定事实清楚，证据确凿，适用依据正确，程序合法，内容适当的，决定维持。

● 被申请人不履行法定职责的(如举证问题)，决定其在一定期限履行。

● 具体广告行政行为有下列情形之一的，决定撤销、变更或确认该行政行为违法；决定撤销或确认该行政行为违法的，可责令被申请人限期重新作出广告行政行为：

➢ 主要事实认定不清、证据不足的；

➢ 适用法律法规依据错误或不适的；

➢ 广告行政行为违反法定程序的；

➢ 广告行政机关超越或滥用职权的；

➢ 具体广告行政行为明显不当的。

● 被申请人不按照《行政复议法》第二十三条规定的"被申请人应当自收到申请书副本或者申请笔录复印件之日起十日内，提出书面答复，并提交当初作出具体行政行为的证据、依据和其他有关材料"执行的，视为该广告行政行为没有证据、依据，决定撤销该广告行政行为。

第四，广告行政复议机关作出行政复议决定，可以依法同时决定行政赔偿的问题。根据《国家赔偿法》第九条第二款规定："申请国家赔偿可以先向赔偿义务机关提出，也可以在申请行政复议时一并提出。"如果对不予赔偿或赔偿数额有异议的，申请人可以将复议机关和赔偿机关一并作为共同被告提起行政诉讼。

第五，广告行政复议机关作出行政复议决定，应当制定广告行政复议决定书，它是广告行政复议机关根据申请人的申请，依法对被申请人做出的原具体行政行为重新审理后作出裁决所使用的公务文书或书面决定。广告行政复议决定书应载明以下事项：

● 申请人的姓名、性别、年龄、职业、住址等有关情况或法人及其他组织的全称、法定代表人的姓名、住址。如符合规定，有第三人申请参加复议的，也要写明第三者的有关情况。

● 被申请人的全称，法定代表人的姓名、职务、地址等有关情况。如果属于两个或两个以上的行政机关共同作出的具体行政行为，它们是共同的被申请人，也应列出有关情况。

● 申请行政复议的主要事实和理由。

● 广告行政复议机关认定的事实、理由和适用的法律、法规依据。

● 广告行政复议裁决的结论，即前面所提到的广告行政复议决定的四种情形。

● 诉权和起诉期限。

● 作出广告行政复议决定的日期，等等。

同时，应当在广告行政复议决定书上加盖行政复议机关的印章。广告行政复议决定书一经送达即刻发生法律效力。

第六，广告行政复议机关应当在法定的期限向人民法院提起诉讼。广告行政复议决定一旦送出就具有法律效力；行政复议期间原广告行政行为不停止执行，当事人如对复议决定不服，可在收到复议决定书之日起十五日内向人民法院提起诉讼。当事人逾期不起诉又不履行复议决定的，作出处罚决定的机关可以申请人民法院强制执行。

6.4.2　广告行政诉讼制度

1. 广告行政诉讼的概念和特征

(1) 行政诉讼是指公民、法人或其他组织认为行政机关的具体行政行为侵犯其合法权益而以该机关为被告依法起诉，由人民法院依法审理并作出裁决的司法活动。行政诉讼是法院应公民、法人或者其他组织的请求，通过审查行政行为合法性的方式，解决特定范围内行政争议的活动。在我国，行政诉讼与刑事诉讼、民事诉讼并称为三大诉讼，是国家诉讼制度的基本形式之一。依据我国 1989 年 4 月 4 日第七届全国人民代表大会第二次会议通过的《中华人民共和国行政诉讼法》(以下简称《行政诉讼法》)第二条之规定：公民、法人或者其他组织认为行政机关和行政机关工作人员的具体行政行为侵犯其合法权益，有权依照本法向人民法院提起诉讼(俗称民告官)。

(2) 广告行政诉讼，是指公民、法人或者其他组织认为广告监管机关和广告监管机关工作人员的广告行政行为侵犯其合法权益，向人民法院提起诉讼，由人民法院作出裁判的活动和制度。它有以下特点：

第一，广告行政诉讼的双方当事人有一方必须是广告监管机关；

第二，广告行政诉讼的原告是认为自身权益受到广告监管机关具体行政行为侵犯的公民、法人或者其他组织；

第三，广告行政诉讼的原告和被告的法律地位平等，在诉讼中具有同等的权利与义务；

第四，广告行政诉讼的客体只能是广告监管机关的具体行政行为。

2. 广告行政诉讼的范围

(1) 我国行政诉讼法对行政诉讼范围的规定。我国《行政诉讼法》第十一条规定，人民法院受理公民、法人和其他组织对下列具体行政行为不服提起的诉讼：

- 对拘留、罚款、吊销许可证和执照、责令停产停业、没收财物等行政处罚不服的；
- 对限制人身自由或者对财产的查封、扣押、冻结等行政强制措施不服的；
- 认为行政机关侵犯法律规定的经营自主权的；
- 认为符合法定条件申请行政机关颁发许可证和执照，行政机关拒绝颁发或者不予答复的；
- 申请行政机关履行保护人身权、财产权的法定职责，行政机关拒绝履行或者不予答复的；
- 认为行政机关没有依法发给抚恤金的；
- 认为行政机关违法要求履行义务的；
- 认为行政机关侵犯其他人身权、财产权的；
- 除前款规定外，人民法院受理法律、法规规定可以提起诉讼的其他行政案件。

(2) 根据《行政诉讼法》的规定，对广告监督管理机关的下列行为可以依法申请行政诉讼：

- 罚款、吊销广告许可证等行政行为；
- 认为符合法定经营广告业务的条件申请广告监管机关颁发许可证和执照，广告监管机关拒绝颁发或者不予答复的行为；
- 认为广告监管机关侵犯法律规定的广告经营自主权的行为；
- 认为广告监管机关违法要求履行义务的行为；
- 认为广告监管机关侵犯其人身权、财产权的行为；
- 法律、法规规定其他可以提起诉讼的广告行政行为。

3. 广告行政诉讼提起的条件与案件受理

(1) 广告主、广告经营者、广告发布者提起广告行政诉讼必须具有下列条件：

第一，原告适格，原告必须是认为广告监管机关的行政行为侵犯其合法权益的广告主、广告经营者、广告发布者；

第二，有明确的被告(可以是作出广告行政行为的机关，也可以是行政复议机关)；

第三，有具体的诉讼请求和事实依据(事项)；

第四，属于人民法院受理的范围和受诉人民法院管辖。

(2) 广告行政诉讼案件的受理。人民法院对于符合上述条件的广告行政诉讼案件应当依法受理；对于欠缺起诉条件的，可要求当事人补齐有关证据、材料，待符合条件后，再予以受理；对不具备起诉条件的，人民法院不予受理。根据《广告法》第四十八条规定，广告当事人对行政处罚决定不服的，可以提起行政诉讼，主要有三种情况：

第一，当事人对广告行政处罚决定不服的，可以在接到处罚通知之日起十五日内直接向人民法院起诉。

第二，当事人对广告行政复议决定不服的，可以在接到行政复议决定之日起十五日内向人民法院起诉。

第三，广告行政复议机关逾期不作出复议决定的，当事人可以在复议期满之日起十五日内向人民法院起诉。

当事人逾期不申请复议也不向人民法院起诉，又不履行处罚决定的，作出处罚决定的广告行政机关可以申请人民法院强制执行。

4．广告监管机关在广告行政诉讼中的权利和义务

(1) 广告监督管理机关在广告行政诉讼中具有如下权利：

第一，不停止处罚决定的执行。处罚决定不因提起诉讼而停止执行。但下列两种情况之一的，应停止执行处罚决定：作为被告的广告监督管理机关认为需要停止执行的，或者原告申请停止执行，人民法院认为处罚决定的执行会造成难以弥补的损失，并且停止执行不会损害社会公共利益，而裁定停止执行的。

第二，辩论的权利。广告监督管理机关在广告行政诉讼中，有权就所争议的问题，陈述自己的意见和理由，进行答辩和反驳。辩论的形式有书面辩论和法庭辩论。

第三，申辩回避权。广告监督管理机关认为审查案件的审判人员以及书记员、翻译人员或者鉴定人员是案件的当事人或当事人的近亲属，或者是与本案有利害关系的，或者与本案当事人有其他关系的，有权向法庭申请其回避。

第四，委托代理人代理诉讼，在广告行政诉讼中，广告监督管理机关有委托诉讼代理人进行诉讼的权利。委托的诉讼代理人可以是本机关或者本系统的工作人员，也可以是律师或其他人员。

第五，申请法院证据保全。广告行政诉讼案件起诉后，若出现了证据可能灭失或者以后难以取得的情况，广告监督管理机关有权向人民法院申请证据保全。

第六，改变原处罚决定。在人民法院对广告行政诉讼案件宣布判决之前，广告监督管理机关可以改变原行政行为，原告同意改变的，可以申请撤诉，但是否准许，应由人民法院裁定。

第七，上诉权和申诉权。广告监督管理机关不服一审人民法院判决的，有权向上一级人民法院起诉，要求复审一审判决的准确性和合法性。对于二审人民法院作出的发生法律效力的判决不服的，可以向原审人民法院或者上一级人民法院提出申诉。但二审人民法院的判决不停止执行。

第八，申请法院强制执行权。对于人民法院判决维持广告监督机关广告行政行为，原告没有履行法院判决的，广告监督管理机关可以向人民法院申请强制执行。

(2) 工商行政管理机关在广告行政诉讼中具有下列义务：

第一，应诉。行政诉讼的原告向人民法院起诉后，作为被告的广告监督管理机关应当应诉，不应诉的，不影响人民法院的依法审理。

第二，提供答辩状。在收到应诉通知书后 10 日内，广告监督管理机关应向人民法院作出书面答辩，并将作出处罚决定的全部材料移送法院。不做答辩状的，不影响人民法院审理。

第三，举证。在广告行政诉讼中，广告监督管理机关有举证责任，向法院提供证明可

以作出有关行政行为时所依据的证据和依据，在诉讼期间，广告监督管理机关不得自行向原告和证人收集证据。

第四，遵守诉讼程序。广告监督管理机关在整个诉讼过程中应当遵守法律规定的诉讼程序，服从法庭的指挥，使诉讼案按法定的程序进行。

第五，履行人民法院的判决。对于人民法院变更或者撤销原广告监督管理机关广告行政行为的判决、裁定，在其发生法律效力后，广告监督管理机关应当自觉履行。否则，人民法院将强制执行。

第六，承担诉讼费用。广告监督管理机关在广告行政诉讼案件中败诉的，应当承担诉讼费用。

5. 广告行政诉讼案件的审理和判决

(1) 广告行政诉讼案件的审理。人民法院审理广告行政诉讼案件实行两审终审制。人民法院应当在立案之日起五日内，将起诉状副本发送至被告。被告应当在收到起诉状副本之日起十日内向人民法院提交作出具体行政行为的有关材料，并提出答辩状。人民法院应当在收到答辩状之日起五日内，将答辩状副本发送至原告。人民法院由审判员组成合议庭或由审判员、陪审员组成合议庭审理广告行政诉讼案件。原告无故不到的视为申请撤诉；被告无故不到，可以缺席判决。人民法院审理广告行政诉讼案件，不适用调解。

(2) 广告行政诉讼案件的判决。人民法院审理上诉案件，根据不同的情况分别作出以下判决：

第一，原广告行政行为认定事实清楚，适用法律、法规正确的，符合法律程序的，判决维持原处罚决定。

第二，原广告行政行为认定事实清楚，但适用法律、法规有错误的，依法改判；原广告行政行为认定事实不清，证据不足，或者由于违反法定程序可能影响案件正确判决的，裁定撤销原判，发回原审人民法院重审，也可以查清事实后改判。当事人对重审案件的判决、裁定，可以上诉。

第三，被告不履行或延迟履行法定职责的，可以判决其在一定期限内履行。

第四，原广告行政处罚显失公正的，可以判决变更原处罚。

人民法院判决被告重新作出具体行政行为的，被告不得以同一的事实和理由作出与原具体行政行为基本相同的具体行政行为。当事人不服人民法院一审判决的，有权在判决书送达之日起十五日内向上一级人民法院提起上诉。当事人不服人民法院一审裁定的，有权在裁定书送达之日起十日内向上一级人民法院提起上诉。逾期不提起上诉的，人民法院的一审判决或者裁定发生法律效力。人民法院对上诉案件，认为事实清楚的，可以实行书面审理，并应当在收到上诉状之日起两个月内作出终审判决。

6. 发生效力的广告行政处罚决定及执行

根据《广告法》第四十八条第三款规定，"当事人逾期不申请复议也不向人民法院起诉，又不履行处罚决定的，作出处罚决定的机关可以申请人民法院强制执行。"广告行政处罚决定在下列情况下发生法律效力：

(1) 广告监督管理机关作出广告行政处罚后，当事人在法定期限内未申请复议也未向法院起诉的，处罚决定在法定期限届满后即发生法律效力。

(2) 复议的广告监督管理机关作出复议决定的，在复议决定书送达复议申请人后，即发生法律效力。诉讼期间，复议决定不停止执行。

(3) 对已发生效力的广告行政处罚决定，当事人应当自觉履行。当事人不履行的，作出处罚决定的机关可以申请人民法院强制执行，或者依法强制执行。

【本章思考题】

1．试述广告法律关系的特征及广告法律的渊源。

2．如何理解广告法律责任及广告违法行为？

3．如何理解广告违法行为的行政处罚？

4．我国广告法律法规及行政规章对广告违法行为的处罚是如何规定的？

5．试述广告活动中民事违法行为的种类及应承担的民事责任。

6．发布虚假广告应承担什么样的刑事责任？

7．如何理解广告行政诉讼的问题？

第 7 章 商标及商标管理概述

【内容摘要】

本章内容主要分为三个部分：商标概述，主要讲授商标的基本概念、功能及其分类，商标与其他用在商品或服务上的各种标记的关系；商标构成的基本要件，主要讲授商标构成要素的可视性原理、商标标志显著性原理及商标标志合法性原理；商标管理概述，主要讲授商标管理的内涵及其意义，我国商标管理机构的构成及其职能，我国商标法的基本内容、调整对象、任务目标及其作用等。

【学习目标】

通过对本章节的学习，使学生在掌握商标基本概念及其相关原理的基础上，全面了解与掌握商标构成的法律规定，初步了解《中华人民共和国商标法》的基本结构及其内容，为后面具体学习商标管理的相关内容奠定较为扎实的理论基础。具体应当：

(1) 理解和掌握商标的概念及其功能；

(2) 了解商标不同分类的依据及其不同概念之间的区别；

(3) 重点掌握商标与其他标记的区别；

(4) 重点学习和掌握商标构成基本要件的内容；

(5) 了解商标管理的概念及我国商标管理机构和职责；

(6) 重点学习和了解《中华人民共和国商标法》的基本内容及其结构。

【重要知识点】

在本章学习中应掌握的概念及知识点有：商标，商品商标与服务商标，联合商标、防御商标与证明商标，驰名商标、著名商标与知名商标，商标与商品名称，商标与商品装潢，商标与商号，商标与特殊标志，商标与地理标志，商标构成要素的可视性，商标的固有显著性和获得显著性，商标显著性丧失与退化，商标标志合法性，商标法。

7.1 商 标 概 述

7.1.1 商标的内涵

在学习商标管理相关内容之前，首先应当搞清楚商标的基本内涵和相关理论。

1. 商标的概念

商标不是从来就有的，它是随着商品经济的发展而产生的。在激烈的市场竞争环境下，商品的生产经营者或服务的提供者必须将自己的产品或服务与竞争对手区别开来，而产品或服务的标识及其归属所带来的权益的运用越来越成为一种重要的手段，从古至今无一例外。

　　那么如何科学地界定商标的内涵呢？目前各个国家的法律及一些学者对商标内涵的定义并不完全相同，这里就不一一赘述了。但是，各种各样不同的定义有一个共性的特征，即都认为商标具有区别商品或服务来源的功能。

　　根据《中华人民共和国商标法》(以下简称《商标法》)的相关规定，商标是指能将自己的商品(或服务)与他人的商品(或服务)区别开来的可视性标志(包括文字、图形、字母、数字、三维标志和颜色组合以及上述要素的组合)。

　　从上述有关商标含义的界定中可以看出，商标具有区别于其他标记的特征表现在：

　　(1) 商标的使用主体是商品的生产经营者或服务的提供者。商标是生产经营者或服务的提供者为区别于竞争对手而在自己的商品或所提供的服务中使用的特定的标识，它不同于有关事业单位、官方机构及其他主体因目的不同而使用的其他标识。

　　(2) 商标是用于商品或服务上的标记。商标与商品或服务密不可分，其使用方式是可以将商标标识附在商品或商品的包装及容器上，或在涉及到商品及服务的合同中使用，或在广告中使用，等等。而有些标识如《商标法》中规定的不能用作商标的像国徽、军徽等特定标识则不能使用在商品或服务上。

　　(3) 商标是区别于商品或服务来源的标记。商标的最基本功能在于对商品或服务的来源的区别，以便于消费者或用户通过商标来辨认、确定商品或服务的提供者。而现实中也有很多带有区别性的标识，但不一定都是区别商品或服务来源的。而有些虽然带有区别商品或服务性质但并不是商标。比如：在一些商品上经常使用的"3C"认证标识(China Compulsory Certification，英文缩写 CCC)，是我国政府为保护消费者人身安全和国家安全、加强产品质量管理、依照法律法规实施的一种产品合格评定制度所设定的标志，并不用来区别商品或服务来源。

　　(4) 商标的构成也可是文字、图形、字母、数字、三维标志和颜色等要素的组合。根据《知识产权协定》的相关规定，各个国家基本都认可的是将可视性标识作为商标注册的条件。商标由文字、图形、字母、数字、三维标志和颜色等要素组合而成，可以通过视觉效果向人们传递有关商品及其来源的信息。这些要素的显著性要强，以便人们识记、便于区别。

　　2. 商标的功能

　　商标在商品生产经营、服务提供过程中的功能主要体现在以下几方面：

　　(1) 商标可以区别商品或服务的来源。识别商品来源的功能，或者说商标具有识别性，这是商标的基本的和首要功能。商标能够表明商品或服务的出处，是"表彰商品之出产者或者品质、种类，以供购买人识别的标记"。它既不同于政府、慈善机构、军队等部门使用的非营利性标志，也不同于一般普通的标记，只有当该标记与特定的使用者联系在一起时，才成为具有法律意义的商标。商标的标识性功能是商标的本质所在，也是商标注册、商标保护等商标管理的基础。

　　(2) 商标用来标明商品或服务的质量。我国《商标法》第七条规定，商标使用人应当对其使用商标的商品质量负责。各级工商行政管理部门应当通过商标管理，制止欺骗消费者的行为。《商标法》第四十五条和第四十八条分别对使用注册商标和未注册商标的商品出现"粗制滥造，以次充好，欺骗消费者的"，由各级工商行政管理部门根据不同情况进行处罚。由此可见，对商品质量的保证和指示是商标的重要功能之一。消费者可以通过商标而选择那些质量稳定可靠的商品；商品或服务的提供者必须用质量来维护商标的信誉；质量有问题的，消费者可以依据商标寻找生产经营者并依法追究其法律责任。

(3) 经营者可以利用商标对商品或服务进行广告宣传。现代的商业宣传往往以商标为中心，通过商标发布商品信息、推介商品。商标突出醒目，简明易记，能吸引消费者的注意力，加深其对商品的印象。商品吸引了消费者，消费者借助商标选择商品，商标的作用便显而易见。在现实中，商标成为无声的推销员，更显出商标的优势。商标的广告宣传作用主要有三个方面：吸引购买者之注意；创造对于广告商品之欲望；唤起大众之记忆。在实践中，越来越多的企业对使用商标的商品进行宣传，希望使商标成为家喻户晓的标记，使消费者对某些商标加深记忆、产生好感，进而达到促销的目的。

(4) 商标还可以促进经济繁荣。品牌专家李茂堂认为："商标乃开发市场的先锋，促进工商企业进步的媒介。"商标因具有广告宣传作用，可以使企业产品迅速为社会所了解，促进企业的生产和经营。在对外贸易中，商标的大量宣传，有助于企业的产品迅速占领海外市场，促进产品的出口。而且国家可以通过商标的注册管理、使用管理来加强对商标使用的监管，保护商标专有权人的利益和其他消费者的利益，进而维护社会经济秩序的稳定和繁荣。

(5) 商标可以作为财产的一种形态。一方面商标可以增加商品的附加值，为企业带来超额的利润，因此，商标也就成为企业资产的一部分，一般将其作为无形资产；另一方面，由于商标专有权可以独立使用，商标专有人可以使用、转让及处置商标，这些利用方式类似于民事主体对有形财产的利用；再者，商标专用权是一种企业可以长期利用、其价值不断变化的财产。在一些国家的会计制度中，商标通常被作为企业的一项重要的无形资产。一些国际资产评估机构也经常对一些著名的商标品牌进行价值评估，表 7-1 即为一例。

表 7-1　2011 年 BRANDZ 全球最具价值品牌百强排行榜榜单(前 20)

排名	英文品牌名	中文名	地区	行业	品牌价值(百万美元)
1	Apple	苹果	北美	科技	153 285
2	Google	谷歌	北美	科技	111 498
3	IBM	IBM	北美	科技	100 849
4	McDonald's	麦当劳	北美	快餐	81 016
5	Microsoft	微软	北美	科技	78 243
6	Coca-Cola	可口可乐	北美	软饮料	73 752
7	AT&T	AT&T	北美	电信	69 916
8	Marlboro	万宝路	北美	烟草	67 522
9	China Mobile	中国移动	亚洲	移动运营商	57 326
10	GE	通用电气	北美	综合集团	50 318
11	ICBC	中国工商银行	亚洲	金融机构	44 440
12	Vodafone	沃达丰	欧洲	移动运营商	43 647
13	Verizon	Verizon	北美	移动运营商	42 828
14	Amazon	亚马逊	北美	零售	37 628
15	Walmart	沃尔玛	北美	零售	37 277
16	Wells Fargo	富国银行	北美	金融机构	36 876
17	UPS	联合包裹	北美	服务	35 737
18	HP	惠普	北美	科技	35 404
19	Deutsche Telekom	德国电信	欧洲	电信	29 774
20	Visa	Visa	北美	金融机构	28 553

7.1.2　商标的分类

商标在实际使用及其管理中，根据不同的目的及标准可以进行多种分类，现介绍几种主要的分类。

1. 商品商标与服务商标

(1) 商品商标是生产经营者在生产、制造、加工、挑拣或经销的商品上所使用的商标。

(2) 服务商标是指提供服务的经营者所使用的区别标志，即提供服务的人在其向社会公众提供的服务项目上所使用的标志。

(3) 服务商标与商品商标的主要区别在于前者表示的是无形的服务项目，后者表示的是有形的商品。两者的具体区别如下：

第一，两者使用的对象不同。商品商标用在商品上主要区别商品的来源；服务商标用在服务项目上以区别服务来源，标明服务质量的特点。

第二，两者注册的条件不同。商品商标实行自愿注册与非自愿注册的原则。绝大多数商品实行自愿注册，但少数商品实行强制注册，主要用于关系到人民生命健康的商品；而服务商标全部由使用人自愿注册。

第三，两者使用的方式不同。商品商标以直接附着在商品上进行出售或进行广告宣传；而服务商标只能通过服务行为或广告宣传等方式予以使用。

2. 制造商标与销售商标

(1) 制造商标是商品制造者所使用的商标，其功能在于不仅能区别生产厂家，而且能在销售经营中突出表示制造者。

(2) 销售商标是商品经销者所使用的商标，用以表示它所销售的商品是精心挑选的，其目的在于宣传商业企业的经营，便于同其他经销者的同类商品展开商业竞争。

目前绝大部分产品的商标属于制造商标，但也有一些有影响的经销者使用自己的商标，如"沃尔玛"、"家乐福"等在经营中部分使用了自有品牌。上海华联超市创建的"勤俭"牌商品、摩托罗拉 C115 手机在出厂时贴上苏宁 15 周年纪念徽标后在苏宁连锁店发售等，标志着国内知名经销商开始运用自主品牌之路。

3. 个体商标、共有商标与集体商标

(1) 个体商标是指仅有一个权利主体的商标，多数情况下，我们所提到或看到的商标都是个体商标。

(2) 共有商标是指由多个权利人共有的商标。《商标法》第五条规定，两个以上的自然人、法人或者其他组织可以共同向商标局申请注册同一商标，共同享有和行使该商标专用权。

(3) 集体商标是指以团体、协会或者其他组织名义注册，供该组织成员在商事活动中使用，以表明使用者在该组织中的成员资格的标志。集体商标也是标明商品来源的一种标记，但它不是标示某一特定厂家，而是代表由若干个企业组成的集体组织。集体商标的申请人一般为工商业团体、协会或其他组织，个人不能申请注册集体商标。在使用集体商标时，它表示商品或服务来源于某种组织。在申请注册集体商标，申请人必须提交该商标的使用规则，产品要按一定的质量标准进行"统一"。

使用集体商标的好处在于：可以表明某种商品或服务具有共同的特征，由同一个组织成员所生产经营或提供，且有利于帮助企业扩大规模经济效益，扩大市场份额，发挥集团的优势，保护团体和成员的共同利益。

4. 联合商标、防御商标与证明商标

(1) 联合商标是指某一个商标所有者，在相同的商品上注册几个近似的商标，或在同一类别的不同商品上注册几个相同或近似的商标，这些相互近似的商标称为联合商标。这些商标中首先注册的或者主要使用的为主商标，其余的则为联合商标。联合商标使用目的一般都是为了更好地保护自己的商标不被他人模仿和抄袭，避免以后可能产生的隐患。如：娃哈哈公司为其正商标——娃哈哈注册了联合商标，如哈娃哈、哈哈娃等；某企业注册有"宝宝大白兔"奶糖商标，为了防止他人仿冒自己的注册商标，该企业又注册了"好宝宝大白兔"、"小宝宝大白兔"、"大宝宝大白兔"等商标。

(2) 防御商标是指不以使用为目的，而在与其注册商标(通常为驰名商标或显著性很强的创意商标)指定商品非类似的商品上注册的相同商标。如日本电器制造商索尼(SONY)电器公司，在自行车、食品等许多与电器并不类似的商品上注册了"索尼"(SONY)商标，以防止他人使用，有损"索尼"声誉。取得防御商标注册后，原商标(正商标或称主商标)的专用权范围得以扩大。如他人在非类似商品上使用该商标，则不为侵犯防御商标的权利，而为侵犯原注册商标(正商标)的专用权。只要正商标在使用，防御商标也视为使用，这样防御商标不会因为不使用而被撤销。

之所以要进行防御商标的注册，一个重要的原因还是因为一些不讲信义的制造商或销售商将他人驰名商标使用在那些与商标所有人的商品全然无关或关系甚微的商品上，利用驰名商标为自己的商品打开销路，并因而损害驰名商标和消费者的利益。例如"柯达"(KODAK)商标是美国柯达公司在照相机、胶卷和摄影器材上注册的商标，并且是人们比较熟悉的驰名商标。一家印度公司以"柯达自行车公司"为名称从事经营活动，并申请将"柯达"商标注册在自行车商品上。实际上，该印度公司是假借"柯达"之名，来实现自己的不正当的目的。

(3) 证明商标，又称保证商标，是指由对某种商品或者服务具有检测和监督能力的组织所控制，而由该组织以外的单位或者个人使用于其商品或者服务，用以证明该商品或者服务的原产地、原料、制造方法、质量、精确度或者其他特定品质的商标。证明商标不是用来标示商品或者服务来源于某个经营者的，而是用以证明商品或者服务的原产地、原料、制造方法、质量、精确度或者其他特定品质的标记。如国际羊毛局注册并负责管理的"纯羊毛标志"等。与商品商标、服务商标不同，证明商标的所有与使用分属不同的主体。证明商标与普通商标的区别在于：

第一，证明商标表明商品或服务具有某种特定品质，普通商标表明商品或服务出自某一经营者。

第二，证明商标的注册人必须是依法成立，具有法人资格，且对商品和服务的特定品质具有检测和监督能力的组织，普通商标的注册申请人只须是依法登记的经营者。

第三，证明商标申请注册时必须按照《集体商标、证明商标注册和管理办法》规定，提交管理规则，普通商标只须按《商标法》及《商标法实施条例》规定提交申请。

第四，证明商标的注册人不能在自己经营的商品或服务上使用该证明商标，普通商标必须在自己经营的商品或服务上使用自己的注册商标。

第五，证明商标准许他人使用必须依《集体商标、证明商标注册和管理办法》的规定履行手续，发给《准用证》；普通商标许可他人使用必须签订许可合同。

第六，证明商标与普通商标都可以转让。但证明商标的受让人必须是依法成立，具有法人资格和具有检测和监督能力的组织；普通商标的受让者包括依法登记的个体工商户、合伙人。

第七，证明商标失效两年内商标局不得核准与之相同或近似的商标注册，普通商标则只需一年商标局就可以核准与之相同或近似的商标注册。

5. 驰名商标、著名商标与知名商标

(1) 驰名商标是中国国家工商行政管理局商标局，根据企业的申请，官方认定的一种商标类型，在我国国内为公众广为知晓并享有较高声誉。对驰名商标的保护不仅仅局限于相同或者类似商品或服务，就不相同或者不相类似的商品申请注册或者使用时，都将不予注册并禁止使用，因此，驰名商标被赋予了比较广泛的排他性权利。而且"驰名商标"持有企业的公司名以及网址域名都会受到不同于普通商标的格外法律保护。到目前为止，获得中国"驰名商标"认定的商标共有 1624 个，其中外资品牌占 98 个。

(2) 著名商标指在一定地域范围内(如省级地域)较有知名度的商标。多出现在我国以省、直辖市一级名义的商标评选中使用，并常在地方法规中出现。

(3) 知名商标，是指在较小地域范围内(如地市县级地域)有知名度的商标。它是在我国较常出现的对某些商标的一种褒称，多出现在我国以地、市、县一级名义的商标评选中使用，并常在地方立法或地方行政立法中出现。

(4) 驰名商标、著名商标和知名商标的区别。驰名商标、著名商标和知名商标作为"名商标"，三者之间有许多相同之处，也存在显著区别，主要体现在以下几方面：

第一，认定机构不相同。驰名商标由国家工商总局商标局或人民法院按司法程序认定，著名商标由省工商部门认定，知名商标则一般由地(市)工商部门进行认定。

第二，认定标准不相同。驰名商标必须是为全国相关公众所知悉，著名商标和知名商标则至少要为本省或本地(市)相关公众所知悉。

第三，对商标是否注册的要求不相同。驰名商标可能是注册商标，也可能是非注册商标，而著名商标和知名商标则必须是注册商标。

第四，三者之间是可以相互转化的，因为每一个商标的声誉和知名度是随着时间的推移或商标使用人使用情况的变化而不断变化的，知名商标、著名商标可以逐步演化成驰名商标，而驰名商标也有可能淡化成著名商标甚至是普通商标。

7.1.3　商标与相关标记的关系

商标是用来区分商品或服务差别的，但事实上，用在商品或服务上的还有一些其他的标记，比如商品名称、商品装潢、商务标语、商号、特殊标志、地理标志等。商品或服务上的这些印记，有些与商标的某些特征相近似，但是却有着本质的区别；有些标志与标识可以申请成为商标，有些则不行；有些可以拥有专有权而有些则没有。本节所讲的问题就是要辨析清楚商标与上述标记的关系，从而避免非法律意义的标记与法律意义上的商标的混淆。

1. 商标与商品名称

商标是一种专用识别标志，而商品名称则是同一种商品的统称，是用以区别其他类别商品而用在本商品上的称谓。一般来说，商品名称可以分为通用名称和特有名称。

(1) 商品的通用名称是对同一类商品的一般称呼，如汽车、电视机、手机等，它可以区别不同种类的商品，却不能区分同种商品不同的生产者或经营者，也不能代表商品的质量，因而明显区别于商标。现实中人们习惯将商标与商品名称连在一起表述，但是，商品通用名称是不用注册的、不受法律保护、一般人都能够用的名称。商品通用名称不能作为商标注册，但经过使用而取得显著特征、便于识别的，则可以作为商标注册。

(2) 商品的特有名称是能够标明产地、性能、特点的某一特定商品的名称，如泸州老窖、茅台酒、五粮液酒、两面针牙膏、川贝枇杷止咳露。知名商品的特有名称由于是由特定的企业最先使用，并在使用过程中使该名称产生商业信誉，具有识别作用。此时，知名商品的特有名称与商标就无本质区别，权利人对知名商品的特有名称享有专有使用的权利。

已经取得注册的商标，不宜作为通用名称而使用，否则可能会丧失显著性而失去商标权，如尼龙、阿司匹林、凡士林由驰名商标退化为通用名称。

《商标法》不允许将他人的注册商标作为自己的商品名称使用，以免产生商标淡化的后果。擅自使用特有商品名称或者与知名商品相似的名称和他人的知名商品相混淆，使消费者误以为是该知名商品，实质上是一种侵权行为。如：某公司的"伊康美宝"牌"妇炎洁"洗液，"妇炎洁"本来是商品名称，但经过公司的经营与运作已经成为知名商品的特有名称。而另一公司推出的"佑美"牌"妇炎洁"，将已经成名的"妇炎洁"作为一般通用商品名称使用，被江西省宜春市中级法院判侵权成立。

2. 商标与商品装潢

(1) 商品装潢是为了说明或美化商品、吸引消费者购买而对商品包装进行的装饰。商品装潢与商标两者极易被混淆，二者的共同点是：都用于商品表现或包装上，对商品起一定的装饰作用。但是，商品装潢是以图案、绘画、色彩或文字来装饰、美化、宣传商品的附着物或包装物。

(2) 商品装潢与商标两者之间存在着明显的区别，主要表现在：

第一，两者使用的目的不同。使用商标是为了区分商品，即把不同企业的同一种或类似商品区别开来；装潢的使用目的就是为了保护商品、美化商品和宣传商品，引起人们对商品的美感和需求欲望。

第二，两者构图设计不同。商标构图力求简洁、明快，突出其显著特征，以达到区别的目的；商品装潢构图的立意在于介绍、渲染和美化商品内容，浓墨重彩以吸引消费者。

第三，两者选材要求不同。商标选材不得与商品相同，如不能用"牛"文字与图案用在"牛"类商品上；而商品装潢不受限制。

第四，两者专用性不同。商标一旦注册就拥有专有性，未经许可不能使用；且注册过的商标未经主管机关核准是不能更改的；而商品装潢是非专用的，不用注册，任何人都可以用且随时可以改变。但有些包装图案作为商标经过注册的就享有专有权。

第五，两者表达的内容不同。商标表示的形式为文字、图形、记号或其组合，并且需有显著特征便于识别，商标必须使用在商品或商品的包装、容器上，并行销于市场，商品上所使用的商标必须与所注册的商标一致，不得更改。商品装潢的立意在于介绍、渲染和美化商品内容，装潢的内容必须与商品的内容相一致。

第六，两者表达的稳定性不同。商标一经核准注册，即由注册人专有，且不经过变更注册是不得任意改变的；而装潢则是可以随时根据市场变化加以变动和改进，从而迅速适合消费者的要求。

第七，两者适用法律不同。根据《商标法实施条例》第五十条第一款的规定，"在同一种或者类似商品上，将与他人注册商标相同或者近似的标志作为商品名称或者商品装潢使用，误导公众的"；"属于《商标法》第五十二条第二款所称侵犯注册商标专用权的行为"。而根据《关于禁止仿冒知名商品特有的名称、包装、装潢的不正当竞争行为的若干规定》(1995 年 7 月 6 日国家工商管理局公布)、《反不正当竞争法》(1993 年 9 月 2 日公布)第五条第二款的规定，"擅自使用知名商品特有的名称、包装、装潢或者使用与知名商品近似的名称、包装、装潢，造成和他人的知名商品相混淆，使购买者误认为是该知名商品的属于'不正当竞争行为'"。这些行为都要承担相应的法律责任。

3. 商标与商号

(1) 商号，即厂商字号，或企业名称，是商事主体在进行商事活动中用于将自己与其他商事主体相区分的识别性标记。商号作为企业特定化的标志，是企业具有法律人格的表现。

(2) 商标与商号的区别主要有以下几方面：

第一，两者的功能不同。商标区分特定商品或服务，商号区分特定的经营者。

第二，构成要素及条件不同。商标应具有显著特征，便于识别，不得与其他已注册在先的相同或类似商品上所使用的商标近似，要求严格。商号则一般为文字形式，没商标那么严格。

第三，所产生的权利不同。商标注册后，商标注册人享有商标的专有权，受《商标法》保护，不受地域限制。商号注册登记后，在登记的行政管辖区内(一定地域)享有专有权，受《民法通则》、《企业名称登记管理规定》等法律保护。法人或其他组织、个体工商户有权使用和依法转让自己的商号。

(3) 对商标与商号的管理。商标与商号的权利冲突往往表现在侵权方擅自使用知名企业的商标、企业名称、包装装潢等。但目前商号注册是在县级以上各工商局分散注册的，而商标则由国家商标局负责。商标和商号虽同属于国家工商系统管理，但属于两种注册体制。对商标与商号的管理，主要应注意以下几种行为：

第一，商标与商号冲突。在权利冲突中法律保护的是在先权利。如属于不谋而合(时间同时)就属于合理冲突，法律上是允许的。如是主观故意，则涉及在先权利保护问题。《商标法》规定，申请商标注册不应损害他人在先的权利，包括名称权、企业字号权。若以他人商标作企业名称的就构成侵权；若以别人名称申请商标注册则不予批准。

第二，对于将他人商标的文字部分登记为企业商号使用的，目前《商标法》、《商标法实施条例》中没有明确的侵权规定。2002 年 10 月 12 日，《最高人民法院关于审理商标民事纠纷案件使用法律若干问题的解释》弥补了这一法律上的空白。该解释第一条对类似的问题做了明确的规定和司法解释。

第三，注册商标、知名企业名称登记在先，而搭便车、傍名牌在后。对于以他人商标作为企业名称的，要看商标的驰名或知名度。如果是驰名商标则依据《商标法》、《反不正当竞争法》解决；如只有一定的知名度，则根据地方规章解决；将他人企业名称作为自己企业名称的，则依靠企业登记管理办法和《反不正当竞争法》解决。对权力遭到侵犯的企业，可以根据《商标法》的规定来维护自己的权益。

4. 商标与商务标语

(1) 商务标语是经营者为了推销商品或者宣传服务项目而使用的宣传广告短语。它常常和商标同时出现，与商标有密切的联系，但是商务标语不具有识别经营对象的功能，只能就商品的特点、服务态度，用简洁的语句来赞美。商务标语一般不能为独家占有使用，而且还会时常调整改变。也有些商务标语具有特殊的创造性、文学性，可以成为《著作权法》的保护对象。

(2) 商务标语与商标的区别。商务标语不是商标，也无需注册；商务标语的内容多涉及商品或服务的质量，且可以适当夸张，这在商标是不允许的；商务标语虽具有一定区分功能，但不及商标的区分功能强；商务标语不能由原创人独占使用，商标则以商标权人的独占使用为特征；商务标语稳定性差，常常因时因地改变，而商标则不能随意变更；具有独创性和文学艺术价值的商务标语可以受《著作权法》保护，并可依据《反不正当竞争法》禁止他人抄袭，但不受《商标法》保护。

5. 商标与特殊标志

(1) 特殊标志是指经国务院批准举办的全国性和国际性的文化、体育、科学文化研究及其社会公益活动所使用的，由文字、图形组成的名称及缩写、会徽、吉祥物等标志。特殊标志登记申请、使用和保护的形式，特殊标志的组成要素等都与注册商标有非常类似的特点。从某种角度上说，特殊标志是特殊类型的商标。国家工商行政管理局商标局也同样主管全国性特殊标志的管理工作。

(2) 特殊标志与商标的区别主要有以下几方面：

第一，权利所有人的对象不同。特殊标志的权利所有人是指经国务院批准举办的全国性和国际性的文化、体育、科学文化研究及其他社会公益活动的组织者或筹备者。而注册商标的权利所有人是商品的生产者或经营者。

第二，使用的目的不同。特殊标志的使用目的是将所募集的资金，用于特殊标志所服务的社会公益事业，取之于民，用之于民。而注册商标的使用目的是商品的生产者或经营者为了出售自己的商品，为了营利，并区别于其他商品生产者或经营者的商品，吸引消费者。

第三，使用及保护的范围不同。特殊标志可以使用在与其公益活动相关的所有商品或服务项目上。而注册商标限定使用在核定使用的商品项目上，并在该范围内受到保护。

第四，时效性不同。特殊标志的有效期为四年；需要延长期限的，由国务院工商行政管理局商标局根据实际情况和需要决定。而注册商标的有效期为十年，期满后可以续展注册，每次续展注册的有效期为十年，而且可以无限期地重复续展。

第五，适用的法律不同。我国的《特殊标志管理条例》(1996 年 7 月 13 日国务院公布)是管理特殊标志的基本行政法规。而我国的《商标法》(2001 年 10 月 27 日第二次修订版)是管理商标的基本法律。在特殊标志所有人授权许可并签订书面许可使用合同的情况下，特殊标志使用人可以将被许可的特殊标志与使用人的注册商标使用在同一商品或服务上。

6. 商标与地理标志

(1) 地理标志与商标都是表示商品来源的专用标记，其目的在于帮助消费者认牌购物，避免误认。世界贸易组织在有关贸易的知识产权协议中，对地理标志的定义为：地理标志是鉴别原产于一成员国领土或该领土的一个地区或一地点的产品的标志，标志产品的质量、声誉或其他确定的特性应主要决定于其原产地。地理标志也是知识产权的一种。地理标志是指标示某商品来源于某地区，该商品的特定质量、信誉或者其他特征主要由该地区的自然因素或者人文因素所决定的标志。

至今为止，我国原产地地理标志保护产品已经超过 1200 个，受保护产品产值超过 8000 亿元。目前已实施原产地地理标志产品保护的产品中，不但有国内产品，也有国外产品，保护产品涉及白酒、葡萄酒、黄酒、茶叶、水果、花卉、工艺品、调味品、中药材、水产品等多个类别，国内产地范围涵盖全国 30 个省、自治区、直辖市。

(2) 地理标志与商标的区别主要有以下几方面：

第一，就功能而言，商标表示商品出自"何人"，地理标志则表示商品出自"何地"，与特定的某类生产经营者相联系。

第二，就权利主体而言，商标的权利主体是一个人或企业，法律保护商标权人独占性地使用其注册商标，禁止并依法制裁任何第三人未经许可使用他人注册商标的行为。地理标志的权利主体应当为特定区域内生产经营者而非任何一个单一主体。个人或单独一个企业不能自行注册和使用地理标识商标，一般要通过协会去申请注册和自行管理。协会拥有地理标识商标，代表这个地方去进行监督管理。

第三，就构成要素而言，商标构成中不得含有直接描述产品的产地、原料、功能、用途等的文字或图形，否则该商标就不能成为具有识别性的有效标记；地理标志的构成要素则是叙述性的，它直接以地理名称或符号来说明产品的地理来源，暗示产品所具有的特定质量和优良品质。

第四，就权利内容而言，商标可以许可给他人使用，商标权也可以转让他人所有。但地理标志不可转让，只能由该地区的人共同使用(如阳澄湖大闸蟹、西湖龙井等)，凡是一定地域范围内的经营者，只要其提供的产品源于该地理场所并符合确定的质量标准，都有权使用该标记。

7.2　商标构成的基本要件

7.2.1　商标构成要素的可视性

1. 可视性标记

商标的构成要素一般有文字、图形、字母、数字、三维标记、颜色组合等。使用这些要素的目的是为了使一商标与另一商标区别开来。由于人们辨别商标的最基本的方法主要是通过视觉感知，因此，许多国家的商标法都规定"商标应当是可视性标志"。

根据我国《商标法》第八条规定，"任何能够将自然人、法人或者其他组织的商品与他人的商品区别开的可视性标志，包括文字、图形、字母、数字、三维标志和颜色组合，以及上述要素的组合，均可以作为商标申请注册。"很明显，我国《商标法》已经将可视性作为商标注册的一个条件。

2．可视性标记的类别

可视性标记一般由平面标记和立体标记两部分组成，由此形成平面商标和立体商标。

(1) 平面商标。平面商标是只由两维要素组成的视觉商标。它是一种最基本的商标形态，绝大部分视觉商标都是平面商标。平面商标一般由文字、平面图形、字母、数字、颜色组合，或者上述要素的组合。根据平面商标的构成要素又可以将其划分为：

第一，文字商标。以文字做商标的范围很广，可以是中国文字也可以是外国文字。文字商标可臆造词汇，如"柯达"、"施乐"、"尼康"，也可以选用普通词汇，如"苹果"、"绿叶"等。从这一点上说，文字商标分为臆造商标、暗示商标、描述性商标。根据《商标法》的相关规定，文字中的姓氏、地名、字母、数字作为商标使用会受到一些限制，除非经过使用特定化，且不妨碍他人正常使用，否则难以作为商标注册和使用。

作为构成商标的文字，可以是汉字(简体或繁体汉字，异体汉字不能使用)、汉语拼音、少数民族文字、英文及其他国家的文字或字母、数字及不同文字之间的组合。作为构成商标的字母，是指拼音文字或注音符号的最小书写单位，包括拼音文字、外文字母(如英文字母、拉丁字母)等。原《商标法》把仅以字母构成的商标归在文字商标之列，而在 2001 年修订后的《商标法》把字母作为商标的构成要素之一，这样规定更符合实际，也便于商标主管部门对商标注册申请依法审查核准。

第二，图形商标。图形的取材范围非常广泛，可由几何图形、想象物的图形等创造性题材或者动物、植物、日月星辰等自然题材为基础而设计的图案所构成。图形商标形象生动、立意明朗，不仅具有识别作用还可使人赏心悦目。但由于图形商标不便于呼叫，因而被单独使用者较少，多为与文字相结合构成组合商标。

第三，字母商标。字母商标是指用拼音文字或注音符号的最小书写单位，包括拼音文字、外文字母(如英文字母、拉丁字母)等所构成的商标。

第四，数字商标。数字商标是指用阿拉伯数字、罗马数字或者是中文大写数字所构成的商标。由于容易与商品或服务的型号混淆，数字商标的注册长期受到限制，但也有个别数字由于长期使用，获得了较高的显著性和知名度，最后被接受注册，如著名的 4711 香水。这种商标虽然不一定表示什么意思，但其特点是不落俗套，别具一格，也逐渐被一些人所认识，同样可以收到较好的效果，还有如"555"、" 999"等。作为商标构成要素的数字，也在 2001 年修订后的《商标法》中有所规定：构成商标的数字，既可以是阿拉伯数字也可以是中文大写数字。

第五，颜色商标。颜色商标，即本身不需任何具体的文字和图像，而是由颜色及颜色组合构成的商标。在实际操作中，颜色商标由于很难起到商标应具备的识别作用，在我国的申请量极少。在国外，颜色商标的数量也很少。由于单一颜色不具有可识别性，因此，保护颜色组合商标是《与贸易有关的知识产权协议》的最低要求。我国《商标法》第八条规定"颜色组合"可以作为商标申请注册。颜色组合商标是指通过特定的意图或顺序将两种或两种以上的色彩组合而成的商标。对颜色组合商标的保护仅限于提交注册的组合本身。颜色组合商标所选用的色彩必须具体限定；提供色样，不能笼统地描述为"蓝色、橙色"。由文字、图案和颜色组合而成的商标不属于颜色组合商标，只是一般的组合商标。

第六，组合商标。组合商标是指用"文字、图形、字母、数字、三维标志和颜色组合"等六要素中任何两种或两种以上的要素组合而成的商标。组合商标具有图文并茂、形象生动、引人注意、容易识别、便于呼叫等优点。但组合必须协调，表达的中心思想必须明确，不可用不相关或引起歧义的文字与图案搭配(如用牛的文字配合马的图案)，令消费者无法识别。这种中心思想不突出，缺乏显著性的组合商标，在申请人提交此类商标注册申请时，也难以获得核准注册。

消费者在选购商品时对商标通常都是整体识别的，因此，在进行侵权认定时一般不允许分割比较，但不排除对组合商标特别显著突出的文字或图形部分给予特别的注意。

(2) 立体商标。立体商标又叫三维商标，是指立体标志、商品外形或商品的实体包装物以立体形象呈现的商标，简单地说就是立体形状的商标。过去立体商标由于技术的限制多数都是静态的。在当前环境下，诸如 Flash 这样技术的使用，使立体商标更具有动感性。

按照构成的不同，立体商标有四种表现形式：

第一，与商品无关的装饰性外形。如"奔驰"车的标记是一个环，中间是一个三角星，这个图案本身并不表示汽车上的一个零部件，与车没有任何关系，只是用来说明这辆车是奔驰车。这类立体商标的特点是商标与商品或服务之间没有任何联系，仅仅是一个立体标志。

第二，带有文字和图形成分的商品或商品包装物形状。如带有凹形文字和图形的香皂，这些凹形的文字和图形与香皂的外形一起构成一个立体商标，又比如伊力老陈酒的酒瓶，瓶子上有凸起"伊力老陈酒"这几个字，这种有凸起文字的瓶形也可以成为一种立体商标，这类立体商标的特点是由两部分组成，一部分是商品外形包装物的外形，一部分是凸起或凹进的文字这两部分共同组成立体商标。

第三，商品包装物的外形。比如"酒鬼"的酒瓶是一个麻袋装满了烧陶器的泥巴，拿到窑里烧，麻袋烧掉了，剩下的泥巴烧成陶器的形状，这个酒瓶子的形状是一个很特殊的酒的包装物外形，可以成为另一种立体商标。在新疆，伊力特瓶子(不带凸起文字)的外形应该可以成为这种立体商标。这类商标的特点是仅由商品包装物的立体外形形成商标。

第四，商品本身外形。在国外注册这类商标的有：特殊形状的打火机外形；特殊形状手电筒的外形；欧盟有一家食品生产商生产一种三角形、网状的饼干，这种饼干的形状被欧盟内部市场协调局(相当于知识产权局)核准注册。这类商标的特点是仅由商品本身的立体外形形成商标。

7.2.2 商标标志的显著性

1. 商标显著性含义

(1) 商标显著性是指商标所具有的标示企业商品或服务出处并使之区别于其他企业之

商品或服务的属性。作为商标保护的"灵魂"和《商标法》正常运行的"枢纽"，商标显著性一直以来都受到理论和实务界的特别关注。

我国《商标法》第九条规定：申请注册的商标，应当有显著特征，便于识别，并不得与他人在先取得的合法权利相冲突。第十条规定了不能用作注册商标申请的具体情形。分别从正反两方面规定了商标显著性的条件。

(2) 商标标志的显著性程度与商标的关系：

第一，标志符号要素为自创无含义的单词或词组，或由动物卡通造型或通过特殊手法表现出的形态的，属于强商标。例如使用在冰箱上的"海尔"商标，使用在胶卷上的"KODAK商标"。

第二，标志符号要素为普通有含义的单词或词组，或者为某类商品上常见图形，或为自然界动物的常见形态的，属于弱商标。例如使用在"葡萄酒"上的"长城"商标，使用在"白酒"上的"草原"商标等。

第三，标志符号要素不具备显著性，则该符号构成不能称为商标，只是符号。主要表现在构成要素只是一般的字母、数字等。

2. 商标显著性判断

(1) 如何判断商标显著性？在商标管理的实践中，这一直是一个比较棘手的问题。法律理论上对评判标准也有争议：有观点认为，商标显著性要求从文字、图形的创意上应立意新颖、选材独特、形体简洁抽象，具有和其他商标相区别的特点；也有观点认为，商标的显著性是要求构成商标的要素应当具有足以使一般的商品购买者所信赖而区别于其他商品的来源和品质。

我们认为，商标的显著性一般是相对指定的商品和服务而言的，这一原则不言而喻。但判断某一标志是否具备显著性不能抽象地进行，而应该考虑其拟附着的商品或服务。

(2) 判断商标显著性的一般要求。商标标志所具有的观念或含义与标记对象即商品或服务不能有直接的相关性，或者只有很小的、间接的关联。同时，判断某一标志是否具有显著性的主体并非商标局的审查员或法官，而是相关市场上的普通消费者。普通消费者在日常购物时，如果将某一标志认同为商标，该标志就具备显著性。普通消费者通常将商标标志作为一个整体看待而不会审视标志的细部，他或她拥有合理的相关知识并具备合理的谨慎程度，而且其注意程度将随商品或者服务种类的不同而不同。作为商品经济发展的产物，商标制度完全取决于具体的市场，商标使用的背景决定一切。有些原本不显著的标志却成为显著性"商标"，如五粮液；而有些原本显著的标志却因使用不当丧失显著性，如凡士林。

显著性存在一个程度问题，凡是达到最低限度之显著性要求即具备固有显著性的标记都可以注册为商标。事实上商标显著性的程度往往远远超过这一标准。因此，在一般情况下，只要某一标志不存在明显的瑕疵，显著性是可以推定的。在实践中，"商标显著性的判断一般采用反证法，即排除某些不得作为商标使用、不得作为商标注册的标志。"从立法上看，各国商标法有关显著性规定的大部分内容都属于禁止性条款，即直接将那些不合格的标志排除在商标保护之外。同时，显著性是动态的、可变的，本来不具有显著性的标记可能会因为长久地使用而具备了显著性，反之，一个本来具备显著性的标记也会由于使用不当丧失显著性。这里就涉及显著性分类问题。

3. 商标显著性分类

一般在商标管理的实践中，人们将商标的显著性分为固有显著性和获得显著性两类。

(1) 固有显著性。固有显著性是指商标所使用的文字、图形、字母、数字、三维标记、颜色组合等要素立意新颖、简洁醒目、富有个性，与指定的商品没有直接的联系，能够起到区别商品出处的作用。如"美的"、"海尔"。

商标的固有显著性不仅体现在其符号要素的内容上，还体现在符号要素的表现形式上。以文字商标为例，其固有显著性不仅体现在字词组合上，还体现在其表现形式上即含有一定设计成分的字体或者组合形式，如特殊字体、手写体(含签名)等。一般而言，商标固有显著性越强，获得特殊保护的可能性越大。相反，如果仅使用商品的通用名称、图形或型号，仅直接表示商品的质量、原料、用途、重量、数量及其他要素的，不具有显著性，就不能被核准注册。如"牛皮"、"纯棉"、"防潮"等。因此，用于商标的文字、图形、字母、数字、三维标记、颜色组合应具有一定的特色，容易让消费者所辨认并区别于其他商品或服务。在具体的司法实践中，人们根据商标显著性程度将其分为三种：

第一，臆造商标。所谓臆造商标，是指构成商标的文字、单词或者字母组合等要素在词典上没有任何含义且本身没有描述任何事物。例如，"Exxon"(标准石油公司的商标)、Lenovo(联想)等。

第二，任意商标。所谓任意商标，是指构成商标的文字、单词或者字母组合等要素在词典上有固定含义，但与其指定的商品或者服务无关。例如："Yahoo！"，该词含义为人形兽，后指有野兽习性的可恶的人、人面兽心的人等。但使用在"互联网搜索引擎"上却无特定意义。

第三，暗示商标。所谓暗示商标，是指对其使用商品的性质或者质量具有影射或者暗示作用的商标。如"晚安"床垫、"野马"汽车等带有暗示性的标志，显著性较低。

我国《商标法》没有区分商标显著性的强弱，但在行政规章中出现了"商标的独创性"的表述(见已废止的《驰名商标认定和管理暂行规定》第十一条)。"独创性"作为法律词汇本是《著作权法》对作品的要求，即受《著作权法》保护的作品必须具有独创性。"显著性"则是《商标法》对一个标记可以用作商标注册的要求，即申请注册的商标应当具有显著性特征，便于识别。因此，在商标立法中采用"商标的显著性"的表述更为妥当，现行《驰名商标认定和保护规定》第十一条已修正为"显著性"。

商标的显著性可以进一步分为两个层次，一是商标标记本身所固有的显著性，即商标文字、图形或者图文组合或者表现形式以及立体商标构造的显著性；二是通过使用取得的显著性，即因商标知名度的提高使商标显著性获得提升。"商标的独创性"是指第一层含义上的商标显著性，有显著性的商标不一定具有独创性。

为了将显著性商标和非显著性商标区分开，许多国家在商标法中都规定了不具有显著性的标记：

一是商品的通用名称、图形和型号。商品通用名称、地名、图形和型号等具有普遍性缺乏显著性，特定名称除外。

二是叙述性商标。注册商标标志如果仅仅直接表示商品的质量、原料、用途、重量、数量、产地及其他特点的，则属于缺乏显著性而不能获准注册。

三是功能性三维标记。功能性三维标记是指商品自身的性质所产生的形状、为了获得技术效果而需要的形状。它属于同类商品共有的形状，不具有显著特征，出于公有领域，因此不能注册。如不能用椰子图形、棉花图形等作为此类商品的注册商标。

为了加强商标注册的管理，防止不适当的注册，我国《商标法》第十二条规定了下列三种情形不得注册：

- 仅由商品自身的性质产生的形状，如通用的电话机、打印机形状；
- 为获得技术效果而须有的商品形状，如剃须刀形状；
- 使商品具有实质性价值的形状，如轮胎形状、茶壶形状等。

(2) 获得显著性。获得显著性是属于抽象而不确定的法律概念，它是指这样的状况：有些缺乏显著性的商标通常是不可以注册的，但是该商标经过长期、连续的使用而产生了新的含义，具备了识别商品的能力时，此类标志应被视为具备了显著性特征，可以注册。

获得显著性规则在《巴黎公约》、《知识产权协定》中都有规定。我国原《商标法》中没用获得显著性的规定，但在实践中对这类商品商标申请予以核准，如："两面针"、"五粮液"、"黑又亮"等。2001 年《商标法》修正后，第十一条规定，经过使用取得显著特征，并便于识别的，可以作为商标注册。2000 年"商务通"申请注册时未获得核准；在复审中，商标评审委员会却通过了这一注册。

获取显著性规则目前在我国主要适用于《商标法》第十一条规定的三种情形：

第一，商品的通用名称、图形和型号。商品通用名称、地名、图形和型号等处于公有领域，任何经营者都有权将其使用在自己的商品上及交易过程中，具有普遍性缺乏显著性，一般不可以注册。除非它们在原有含义之外通过使用又取得了能够辨别其"来源"的其他含义时方可注册。

第二，叙述性商标。叙述性商标直接表示商品的质量、主要原料、用途、重量、数量、产地及其他特点的，则属于缺乏显著性而不能获准注册。但是，如果叙述性商标在市场上经过长期的使用已经获得了区别于其他商品来源的作用时，则可以注册。

第三，其他缺乏显著性的标志。单纯的字母、数字、广告用语等不具有显著性的标志，经过长期的商业使用而获得不同于原有含义的特性时，也可以注册。

(3) 显著性的退化和丧失。缺乏显著性的商标经过长期、连续的使用而获得显著性。但是有一些具有显著性的商标也可以经过长期、连续的使用而导致显著性退化或者完全丧失。这种退化与丧失的结果主要表现在：

第一，一个原来有效的商标逐渐演变为商品的通用名称而进入社会公有领域从而丧失商标专用权。这方面最著名的案例就是阿司匹林(Aspirin)，作为美国斯特林公司开发生产的世界著名品牌，由于长期使用而退化为一般的商品通用名称而被美国联邦法院裁定不能作为商标使用。

第二，商标显著性退化带来的严重法律后果便是导致商标的注销。根据《欧共体商标条例》第五十条第二款规定，"如果由于所有人的行为和不作为，致使商标成为商品或服务的通用名称"的，该商标应当被撤销，表明商标所有人应对自己的过错承担后果。

当然，如果不是由于商标所有人的行为而是由于其无法控制的其他原因而造成的，则不应撤销商标权。因此，在适用商标显著性退化原则时，应当确认两个事实：一是该商标是否演化为商品的通用名称；商标所有人对其使用和管理是否妥当，是否尽到了应有的注意。对于非商标所有人的行为是由于其无法控制的其他原因而造成显著性退化的，则应当采取挽救措施，避免商标被当做商品的通用名称而丧失商标权。

历史上也确有商标已经丧失显著性后来又通过商标所有人的努力而重新获取显著性的事例。美国"SINGER"牌缝纫机就有从显著性丧失、商标权被撤销到再次获取商标专有权的经历。

7.2.3　商标标志的合法性

该项条件要求注册商标的标识不得违反法律的规定，不得与他人的在先权利相冲突而侵害他人正当权益的情形发生。

1.　不得有《商标法》规定的禁用条款的情形

我国《商标法》第十条规定，不得作为商标注册、也不得作为注册商标使用的标记有以下情形：

● 同中华人民共和国的国家名称、国旗、国徽、军旗、勋章相同或者近似的，以及同中央国家机关所在地特定地点的名称或者标志性建筑物的名称、图形相同的；

● 同外国的国家名称、国旗、国徽、军旗相同或者近似的，但该国政府同意的除外；

● 同政府间国际组织的名称、旗帜、徽记相同或者近似的，但经该组织同意或者不易误导公众的除外；

● 与表明实施控制、予以保证的官方标志、检验印记相同或者近似的，但经授权的除外；

● 同"红十字"、"红新月"的名称、标志相同或者近似的；

● 带有民族歧视性的；

● 夸大宣传并带有欺骗性的；

● 有害于社会主义道德风尚或者有其他不良影响的。

县级以上行政区划的地名或者公众知晓的外国地名，不得作为商标。但是，地名具有其他含义或者作为集体商标、证明商标组成部分的除外；已经注册的使用地名的商标继续有效。

该项条款规定的具体含义：

(1) 县级以上行政区划的地名或者公众知晓的外国地名，不得作为商标，这是国际惯例，因为地名不具有显著性。

(2) 地名具有其他含义或者作为集体商标、证明商标组成部分的可以作为商标使用。这里的"其他含义"指：构成地名的词汇本身具有特殊的意义，如黄山、张家界、凤凰等；还有些地名作为商标已经多年，具有显著性可以识别，如贵州茅台、金华火腿等。

(3) 已经注册的使用地名的商标继续有效，主要指在1988年《商标法实施细则》规定的禁止使用地名作为商标之前已经注册使用的地名商标继续有效，如"北京"牌电视机。

2.　不得与他人在先取得的合法权相冲突

(1) 有关"他人在先取得的合法权"的法律规定。我国《商标法》第九条规定，申请注册的商标，应当有显著特征，便于识别，并不得与他人在先取得的合法权利相冲突。所谓他人在先取得的合法权，是指在注册商标申请人提出注册商标申请以前，他人已经依法取得或者依法享有并受法律保护的权利。这些权利包括：著作权、外观设计权、姓名权、肖像权、商号权、地理标志权等。

(2) 对于维护"他人在先取得的合法权"的法律规定。《商标法》所保护的在先权利是指在商标申请注册之前即已存在并合法有效的权利。同时，当出现不同主体在相同类似商品上同日申请相同或近似商标，以及以不正当手段抢先申请注册他人使用在先并有一定影响的商标等情形时，《商标法》亦对在先使用商标提供保护。因此，对商标的在先使用虽然不能形成严格意义上的权利，但在特定情形下也可成为《商标法》所保护的准权利。对于在先权利人而言，他们可以根据法律规定，通过异议程序或者撤销程序来阻止与自己权利相冲突的商标注册申请以维护自己的合法权益；对于商标管理者而言，对于发生与在先权利相冲突的注册申请不予以核准注册，已经核准注册的则予以撤销。

3. 不得侵犯他人的注册商标专用权

(1) 对于注册商标专用权的法律规定。《商标法》第三条规定："经商标局核准注册的商标为注册商标，商标注册人享有商标专用权，受法律保护。"

为了避免两个或两个以上的人在同种或者类似商品或服务上使用相同或者近似的商标引起的商标混同现象，我国《商标法》第二十八条明确规定："同他人在同一种商品或者类似商品上已经注册的或者初步审定的商标相同或者近似的，由商标局驳回申请，不予公告。"第二十九条规定："两个或者两个以上的商标注册申请人，在同一种商品或者类似商品上，以相同或者近似的商标申请注册的，初步审定并公告申请在先的商标；同一天申请的，初步审定并公告使用在先的商标，驳回其他人的申请，不予公告。"

(2) 在理解本条原则时要搞清的关键问题是：

第一，同种商品。所谓同种商品，即商品通用名称相同，或名称不同但实质上是同一商品，如"花雕"与"黄酒"。所谓相似商品，是指在用途、功能、原料、交易途径等方面相同或相类似，如服装与鞋子、水果与蔬菜、咖啡与可可等。

在判断商品类似时，可以参考《商品注册用商品和服务国际分类尼斯协定》。但通常可以参照两种方法，即就商标使用的两种物品本身加以考虑和根据个案的情形来观察。比如，咖啡与茶原则上并非同类商品，但涉及驰名商标时，则可认为两种商品属于同类物品。

第二，相同商标。所谓相同商标，是指两个商标在文字、图形、字母、数字、三维标记、颜色组合等要素上完全相同。所谓相似商标，是指两个商标在文字、图形、字母、数字、三维标记、颜色组合等要素上大体相同，容易使消费者造成误认，如康师傅与康帅傅、康顺傅；奥利奥与奥利粤、红河与沙河、果粒橙与果粒登、雪碧与雲碧等。

(3) 确定判断商标相同或近似的标准。判断商标相同或近似的前提条件是看两件或两件以上的商标是否用于或将用于同种或类似的商品或服务上。如果它们不准备在同种或类似的商品或服务上使用，则不必判断其是否相同或类似。判断商标近似比判断相同要困难。在判断商标是否近似时，我们通常从外观、读音和含义三个方面来判断。在这三个要素中，如有一个以上的要素相同或类似，原则上为近似商标。具体说来：

第一，外观相似是指商标在文字、图形、数字等视觉要素上近似，易使人在视觉上混淆。如虎头牌与猫头牌在图形上相似，秦川与秦山在文字上相似。

第二，读音相似是指商标的读音听起来相似，易使人在听觉上混淆，如哇哈哈与娃哈哈。

第三，含义相似是指商标的含义容易使人产生混淆，如长城与八达岭等。

(4) 在判断商标是否近似时可以参考以下要素：

第一，人的标准。因不同的人对商标类似的判断水平和关注度不同，不能以专家的注意为标准，而应当以一般消费者施以普通注意为基准。

第二，地的标准。消费者购买商品时往往关注商品的产地，因此对于来自相同产地的商品所使用的商标在判断近似与否上应严加判断。

第三，物的标准。消费者对物品价值高低不同的商品商标的关注度不同，应当对价值相对较低的商标判断较严一些。

第四，时的标准。在不同时代、不同季节，消费者对商标的关注程度也不一样，应考虑到时差。

(5) 在判断商标是否近似时还可以参考以下原则：

第一，通体观察和比较主要部分原则。在对商标进行判断时，应就商标的整体部分加以观察。如果商标的构成要素足以使人混同，则两商标近似。至于两商标之各部分是否一一相似并不重要，只要主要部分相同或类似即可判定为商标相似。商标的主要部分一般指最显著、最醒目、最容易引起人们注意的部分。

第二，隔离观察原则，是指在在判断商标是否近似时，将两个疑似近似的商标各置一处，有消费者在不同的时间分别观察，如果发生混同，则构成商标近似。

4. 不得恶意抢注

(1) 恶意抢注是指以获利等为目的、用不正当手段抢先注册他人在该领域或相关领域中已经使用并有一定影响的商标、域名或商号等权利的行为。

恶意抢注多发生在以"申请在先"为授权原则、能带来一定经济利益或精神利益的权利领域，故多发生于商标、域名及商号。

《商标法》第三十一条规定："不得以不正当手段抢先注册他人已经使用并有一定影响的商标。"因此，恶意抢注就是申请人利用不合理或不合法的方式，将他人已经使用但尚未注册的商标以自己的名义向商标局申请注册的行为。

(2) 构成恶意抢注的要件包括：

第一，申请人为了谋取不正当利益，这是主观要件。"恶意抢注"申请人是把他人已经使用的商标作为自己的商标提出申请，这种行为的本身，就已经侵占了他人的劳动成果，如果注册成功，无异于用合法的方式偷窃。更为严重的是一旦注册成功，恶意抢注申请人成为合法所有人之后，即会利用其注册商标的占用权，禁止他人使用原本属于自己的商标或利用其处分权对被抢注者高价转让或高价许可使用该商标。如果这些目的不能达到，则会提起侵权之诉或向工商行政管理商门举报并索取赔偿。

现实的问题是如何认定这一主观要件的成立呢？我们不可能深入到申请人的内心世界，去了解他们主观愿望是否为了不正当利益，而只能通过现象去剖析他的本质。那么可以通过哪些现象来进行分析呢？

一是看他注册成功后是否自己使用，即用在自己的产品上，这种产品是否和被抢注人的产品属同类或近似产品；

二是看是否对被抢注人高价转让或高价许可使用该商标；

三是看是否直接控告被抢注人侵权，并提出赔偿请求。通过这几方面的分析，如果"抢注"申请人注册商标，主要不是自己使用，甚至自己并没有产品，而后高价转让或向被抢注人提出赔偿请求，我们便可以准确认定他的主观目的，就是为了谋取不正当利益。

第二，申请人采取了不正当手段，这是行为要件。不正当手段，是指商标注册申请人以不合理或不合法的方式，在商标注册申请书和提供的相关材料中不真实地填报了有关事项，但是对于国家工商总局商标局而言，不可能对申请书和相关材料的真实性作出全面的审查。因此，认定不正当手段，只可能在异议程序或在以后的被抢注人申请撤销该商标的程序中，由被抢注人提出证据，证明申请人采取了不正当手段。哪些算是不正当手段呢？

一是申请人利用与他人同行的关系。中小型企业最容易成为被抢注的对象。因为中小型企业在向市场推出自己的产品时，往往并不是先注册商标再推出产品，更多的是当自己的产品有一定影响后才注册商标。

二是利用与他人曾经合作过的背景。作为合作者，他们是最清楚被抢注人的商标使用情况的，有的在合作期间，即偷偷地把合作者的商标注册为自己所有，有的则是在合作结束后，将合作者的商标抢先注册。

三是同一区域内了解内情的其他人。利用其不同的条件和自有的优势，如管理者、法律顾问、记者、商标代理人等，在进行新闻采访或进行管理等工作过程中了解到经营者商标使用的情况，并能预见抢注该商标所带来的利益而抢先注册。

上述所列几种不正当手段，共同之处在于他们剽窃他人已经使用但未来得及申请注册的商标，在他们所申请注册的商标上并未凝聚自己的智慧和创意，他们实质上采用了欺骗的手段，用合法的形式掩盖不合法或不合理的本质，违背了"诚实信用"原则。

第三，注册成功，这是客观要件或事实要件。只有注册成功，才会最终形成恶意抢注。如果在异议程序，被抢注人发现自己的商标被他人申请，即可提出异议，导致其注册不成功，当然就谈不上恶意抢注。事实上，在实践中，很大一部分经营者并不知道自己的商标已经被他人申请注册，即使在程序上有三个月的公告期，但这种公告并非所有经营者都能及时看见，往往直到抢注人成功注册后，被抢注人才知道原本属于自己的商标已被他人抢先注册了。那么要构成这一要件成立，至少有以下几个方面因素：

一是看被抢注的是否是有一定影响的商标。通常情况下，没有任何影响的商标是没有人会去抢注的。"有一定影响"是指在一定地域被一定的人群所认知的区别性标记。事实上，一旦商品或服务项目投放市场，由于广告的作用和交易的过程，商标的影响在公众心目中已经开始产生，其影响已经达到"一定"的程度，如一定的地域范围和一定的人群范围。怎样认定"有一定影响"呢？笔者认为，可以从该商品的广告投放、商品的销售额、市场占有率、消费者的知悉状态以及地域上的辐射面等方面进行综合考察。

二是看是否是已经使用并正在使用的商标。被抢注的商标应认为是被抢注人已经使用并正在使用的商标，即强调商标的连续性使用。如果被抢注人曾经使用过的商标而中途停止使用，他人申请注册，则不应该认定为"抢注"。衡量一个商标是否连续性使用的简单的方法就是看他的商品是否连续性地投放市场，当然，商标的使用晚于抢注人的注册，则不存在抢先注册的问题。这一时间点，应以申请人向商标局提出申请之日为准。

综上所述，认定一件商标是否构成"恶意抢注"，必须从它的构成要件上入手，只有在同时具备了上述几个构成要件后，我们才可能初步认定构成了"恶意抢注"。当然，最后的认定还必须辅以大量的证据来证明。

7.3　商标管理概述

7.3.1　商标管理的概念和意义

1．商标管理的概念

商标管理是指国家有关主管机关依法对商标的注册、使用、转让等行为进行监督检查等活动的总称。它有广义与狭义之分：

(1) 广义的商标管理是指国家主管机关和企业对商标注册和商标使用所依法进行的管理，既包括国家主管机关对商标的行政管理，也包括企业对商标的经营管理。

(2) 狭义的商标管理仅指国家主管机关对注册商标和未注册商标的行政管理。我国《商标法》规定的商标管理主要是指狭义的商标管理。

2．商标管理的意义

根据我国《商标法》第一章总则第一条之规定，建立商标管理制度，对工商企业商标活动进行管理具有以下几个方面的重要意义：

(1) 规范商标行为，发挥商标功能，保护消费者的利益。

(2) 增强企业和商标使用人的法制观念，维护商标注册人的合法利益，避免和减少侵犯商标专用权的案件。

(3) 监督商标使用人使用商标的商品或者服务的质量，以维护消费者的合法权益，保障社会经济秩序的正常运转。

(4) 制止假冒他人注册商标、冒充注册商标等不正当竞争行为，保护正当竞争和合法竞争，维护良好的市场竞争秩序。

(5) 有利于加强商标立法，完善商标法律制度。

7.3.2　商标管理机关及其职责

1．商标管理机关

(1) 商标管理机关的界定。商标管理机关是指国家主管商标工作的政府职能部门。从一般意义上来说，涉及商标管理的政府部门除了国家及各地方工商行政管理部门之外，还会涉及国家知识产权局、国家版权局等业务部门。我们这里所涉及我国商标管理机关的界定，根据《商标法》第二条之规定，"国务院工商行政管理部门商标局主管全国商标注册和管理的工作"；"国务院工商行政管理部门设立商标评审委员会，负责处理商标争议事宜"，由此明确了我国商标管理机关是国家工商行政管理局下设的商标局和商标评审委员会。

(2) 我国商标管理机关的具体构成。我国的商标管理实行集中注册和分级管理相结合的模式：

第一，国务院工商行政管理部门商标局主管全国商标注册和管理工作，负责从宏观上制定商标政策、商标法规、审定注册、指导协调地方工作；

第二，国务院工商行政管理部门设立商标评审委员会，负责处理商标争议事宜；

第三，各级工商行政管理部门对商标进行具体管理，负责本地方商标管理工作。

2．商标管理机关职责

(1) 国务院工商行政管理部门商标局职责。主要包括：

● 研究拟定商标注册和管理的规章制度及具体措施、办法，负责商品商标、服务商标、集体商标、证明商标等商标的注册工作，以及办理注册商标的变更、转让、续展、补证、注销等有关事宜；

● 负责办理商标异议裁定；

● 依法撤销注册商标；

● 依法组织查处商标侵权及假冒案件，指导本系统的商标办案工作，保护商标专用权；

● 协助办理商标侵权行政复议案件；

● 负责商标使用许可合同和商标的印制；

● 依法认定和保护驰名商标；

● 负责商标代理机构的管理；

● 负责商标信息的收集工作；

● 负责商标档案的建设和管理工作；

● 组织商标国际条约、协定在中国的具体实施及承办商标国际交流与合作的有关工作。

(2) 国务院工商行政管理部门商标评审委员会职责。商标评审委员会是国家工商行政管理总局按照《商标法》的有关规定设置的商标评审机构。按照《商标法》及其实施细则、新《商标评审规则》和 2002 年国家工商行政管理总局《各司(厅、局)职能配置、内设机构和人员编制规定》，商标评审委员会处理争议事宜，并依法作出裁决。其主要职责包括：

● 对商标局驳回的商标注册申请，应当事人请求进行复审；

● 对商标局作出的异议裁定、商标撤销裁定，应当事人请求进行复审；

● 对当事人提出的商标争议、撤销商标注册的申请进行审理，依法参与商标确权的诉讼程序。

商标评审委员会人员编制为四十人，其中主任一人，副主任__人。商标评审委员会的功能是解决商标争议事宜，所指范围较广，不仅包括商标注册人对已经注册一年之内的商标发生的权益之争，还包括：

● 对不服商标局驳回申请、不予公告的商标，进行复审；

● 对不服商标局的异议裁定的申请，进行复审；

● 对不服商标局驳回转让注册商标的申请，进行复审；

● 对不服商标局驳回续展注册商标的申请，进行复审；

● 对注册未满一年的商标有争议的作出裁定；

● 对违反《商标法》第九条限定注册的商标或是以欺骗手段或者其他不正当手段注册的商标，申请撤销的，作出裁定；

● 对不服商标局撤销其注册商标的决定，进行复审。

（3）地方各级工商行政管理部门职权。主要包括：

● 对辖区内注册商标和未注册商标的使用进行经常性管理；

● 制止、制裁商标侵权行为；

● 通过商标管理，监督商品质量，对粗制滥造、以次充好、欺骗消费者行为予以制止和行政处罚；

● 管理商标印制活动，对国家规定必须使用注册商标而未使用注册商标的行为及其他违反《商标法》规定的行为予以处理；

● 宣传商标法规；

● 指导商标使用人正确使用商标。

7.3.3　依法进行商标管理

我国在实施商标管理过程中，主要是国家工商行政管理部门依据《商标法》及其他相关的法律法规进行管理，其中《商标法》在法律法规体系中居于核心地位。

1. 商标法的概念、调整对象

（1）商标法的概念。商标法的概念有广义与狭义之分：

第一，广义商标法，是指因商标的构成、注册、使用、管理和保护所产生的社会关系的法律规范总称，通常是由所有调整商标法律关系的法律、法规、条例、细则和办法等构成的商标法律体系。

第二，狭义的商标法，特指 1982 年 8 月 23 日第五届全国人民代表大会常务委员会第二十四次会议通过的、1993 年 2 月 22 日第七届全国人民代表大会常务委员会第三十次会议第一次修正、2001 年 10 月 27 日第九届全国人民代表大会常务委员会第二十四次会议第二次修正通过而形成的《中华人民共和国商标法》。自此，1963 年 4 月 10 日国务院公布的《商标管理条例》同时废止；其他有关商标管理的规定，凡与商标法相抵触的，同时失效。

（2）商标法调整的对象。每一部法律都有自己调整的对象，即调整的法律关系。商标法调整的法律关系包括商标权人与国家商标管理机构、其他民事主体在商标注册、使用、管理以及商标权保护中的各种社会关系。这种法律关系既包括平等主体之间在有关商标权的转让、继承、使用许可等方面的民事法律关系，也包括在商标注册、管理等方面商标权人和使用人与国家商标管理机关之间的行政法律关系，在有关制裁商标侵权及假冒商标行为方面还包括一些刑事法律关系。当然，商标法主要以调整平等民事主体之间的关系为其本旨。具体调整对象包括：

第一，商标的管理关系，即商标管理机关与注册商标申请人之间就商标注册、使用、管理发生的关系。

第二，商标的使用关系，即商标注册人与他人之间因商标的转让、许可使用和争议所发生的关系。

第三，商标管理机关内部的关系，即国家工商行政管理机关与地方工商行政管理机关在商标管理中发生的关系。

第四，商标保护关系，即商标权人与被侵权人之间因保护商标专用权所发生的关系。

2. 商标法的内容和作用

(1) 商标法的内容。我国现有《商标法》共八章六十四条，对商标的申请注册、审核标准、商标使用、商标保护等方面做了详细的规定，主要包括以下内容：

第一，商标法的总则。《商标法》第一章"总则"部分，规定了商标法指定的宗旨；明确了商标注册、管理和处理争议的机关；界定了商标的类型及概念，商标申请的主体，注册商标的构成要素，不得作为商标使用的标志，不得作为商标注册的标记，驰名商标的认定和保护，地理标志的概念和保护，外国人或者外国企业在中国申请商标注册和办理其他商标的规定。

第二，商标注册的申请。《商标法》第二章"商标注册的申请"，规定了商标注册申请的要求：商标注册申请人应当按规定的商品分类表填报使用商标的商品类别和商品名称；商标注册申请人在不同类别的商品上申请注册同一商标的，应当按商品分类表提出注册申请；注册商标需要在同一类的其他商品上使用的，应当另行提出注册申请；注册商标需要改变其标志的，应当重新提出注册申请；注册商标需要变更注册人的名义、地址或者其他注册事项的，应当提出变更申请；商标申请的优先权原则；申请商标注册所申报的事项和所提供的材料应当真实、准确、完整。

第三，商标注册的审查和核准。《商标法》第三章"商标注册的审查和核准"，规定了注册商标审查程序，注册商标申请公告的要求，申请在先原则和使用在先原则，异议程序，授权程序，商标复审程序，不服商标评审委员会决定而向人民法院起诉的实效等内容。

第四，注册商标的续展、转让和使用许可。《商标法》第四章"注册商标的续展、转让和使用许可"，规定了注册商标的保护期续展办法，转让注册商标的程序和要求，商标使用许可的程序和要求等内容。

第五，注册商标争议的裁定。《商标法》第五章"注册商标争议的裁定"，详细规定了注册商标争议程序，列举了注册商标争议的情形，规定了注册商标争议的裁定程序等内容。

第六，商标使用的管理。《商标法》第六章"商标使用的管理"，规定了商标管理机关对注册商标和未注册商标的管理内容：不当使用注册商标的，由商标局责令限期改正或者撤销其注册商标；使用注册商标，其商品粗制滥造，以次充好，欺骗消费者的，由各级工商行政管理部门根据不同情况，责令限期改正，并可以予以通报或者处以罚款，或者由商标局撤销其注册商标；注册商标被撤销的或者期满不再续展的，自撤销或者注销之日起年内，商标局对与该商标相同或者近似的商标注册申请，不予核准；不当使用未注册商标的，由地方工商行政管理部门予以制止，限期改正，并可以予以通报或者处以罚款；对商标局撤销注册商标的决定，当事人不服的可以申请复审；对复审仍不服的，可向人民法院起诉。

第七，注册商标专用权的保护。《商标法》第七章"注册商标专用权的保护"，规定了注册商标的专用权的保护范围，侵犯注册商标专用权的表现形式，侵犯注册商标专用权引起纠纷的解决方式，县级以上工商行政管理部门查处侵犯他人注册商标专用权行为时的职权，侵犯商标专用权的赔偿数额的认定及处理方式，"即发侵权"的规定及财产保全和证据保全的措施，侵权人法律责任，工商行政管理部门内部监督制度等内容。

第八，附则。《商标法》第八章"附则"，规定了申请注册商标和办理其他商标事宜的收费问题及法律实施的时间和溯及力等问题。

《中华人民共和国商标法(2001 修订)》具体内容见本书附录,这里就不具体介绍了。

(2)《商标法》的作用。通过商标法来规范有关商标及其管理活动,主要要起到以下作用:

第一,加强商标管理。商标管理是国家商标主管部门根据《商标法》,对商标注册和商标使用等有关的行为进行监督、检查、协调、控制和服务的活动。《商标法》是我国进行商标管理的根本依据,通过规定商标保护的基本原则,商标注册的申请,商标注册的审查和核准,注册商标的续展、转让和使用许可,注册商标争议的裁定,商标使用的管理,注册商标专用权的保护等方面的内容,确立了我国商标基本制度,把商标管理纳入法制的轨道。

第二,保护商标专用权。这是商标制度的核心和基础,现行《商标法》基本上是围绕商标专用权的取得、权利内容、商标专用权的行使和保护进行规定的。商标专用权的形成是商品经济发展的产物。一个商标的形成需要创造性的劳动,还需要投入大量的资金进行宣传,总之,需要一定的资本。这种情况下,如果他人可以任意使用商标,一方面不利于区别不同商品或者服务的来源和性质,另一方面则构成了对商标原始所有财产的掠夺。

第三,保证商品和服务质量。商标作为区分不同商品或者服务的标志,与商品或者服务的质量存在必然的联系。对于消费者而言,他们在购买商品或者获得服务时,总是把特定的商标与相应的商品或者服务的质量相联系,商标起着指引消费者对商品或者服务质量的认定作用。通过商标管理,保证使用商标的商品或者服务的质量,可以避免消费者对商品者服务的质量产生误认,保障消费者的利益。对于商标使用者而言,商品或者服务的质量决定了商标的信誉,促使商品生产经营者或者服务提供者保障商品或者服务的质量,可以提高商标信誉,鼓励合理竞争。

【本章思考题】

1.简述商标的特征与功能。

2.简述商标与地理标志的关系。

3.《商标法》调整的对象及主要内容是什么?

4.如何理解商标的可视性特征?

5.如何理解商标的显著性特征?

6.《商标法》中有哪些禁止性条款?

7.如何判定商标的近似性?

8.什么是恶意抢注?

第8章　商标注册管理

【内容摘要】

本章内容主要涉及商标注册管理的全部内容。全章共分为四个部分：第一部分在介绍了目前为止世界上两种商标权获取的途径，而绝大多数国家法律是以注册作为获取商标权获取方式和商标注册的概念的基础上，重点讲授商标注册申请的三种主体及代理的含义及商标注册应当遵循的基本原则。第二部分介绍了商标注册时应当提交的文件及商标分类注册的具体要求和分类别介绍。第三部分讲授商标注册过程的管理，主要包括商标注册的审查、异议、核准与复审。第四部分讲授对于注册过程中产生的争议及注册不当结果的矫正，主要包括注册商标的无效撤销程序及争议程序等内容。

【学习目标】

通过对本章节的学习，使学生在掌握商标注册基本概念及其相关原理的基础上，全面了解与掌握商标主体及其应遵循的原则，了解《中华人民共和国商标法》关于申请注册应提交的文件等内容，掌握商标注册管理中的审查、异议处理、核准与复审等要求，以及处理注册过程中产生的争议及注册不当结果的矫正的规定。具体应当：

(1) 理解和掌握商标注册的概念及与商标权获取的关系；

(2) 了解有关法律对于商标注册主体及其代理的界定与要求；

(3) 了解《商标法》关于商标注册的程序性规定提交的文件要求；

(4) 重点掌握商标注册应遵循的原则；

(5) 重点学习和掌握商标注册的审查、异议、核准与复审等内容；

(6) 重点学习和了解对于注册过程中产生的争议及注册不当结果的矫正的有关规定。

【重要知识点】

在本章学习中应掌握的概念及其知识点有：商标注册；使用在先与注册在先；商标注册人；共同申请人；商标代理；商标注册中自愿注册、一申请一商标、先申请和同日申请先使用、优先权等原则；商标注册的形式审查与实质审查；商标异议、商标争议和商标注册无效撤销的关系；商标核准与复审等。

8.1　商标注册的主体及其原则

8.1.1　商标注册的一般含义

1. 商标权的获取与注册的关系

(1) 商标权取得的依据。商标权是商标所有人享有的权利，根据我国《商标法》的有关规定，这种权利既包括通过商标注册核准所享有的商标专有权，也包括虽未注册但同样受到保护的商标权利，如国外某驰名商标，虽没在我国注册但同样受到法律的保护。

一般情况下，商标权的获取主要与两种方式有关，即原始取得和继受取得。

第一，原始取得。所谓原始取得，即指根据相关法律规定，通过注册、使用等方式来获取商标权的方式。这种权利的获取不以他人对权利拥有为前提。

第二，继受取得。所谓继受取得，即指商标权的获取是建立在他人原有的权利基础之上的，一般是通过转让和继承两种方式获得。

从目前多数情况来看，通过原始方式获取即通过使用和注册获取商标权是主要方式。

(2) 商标权获取的方式。目前世界上商标权的获取的主要途径：

第一，使用获取。所谓使用获取商标权主要是指通过实际使用而取得商标权的方式。目前以使用在先为原则构建商标管理法律体系的国家主要有美国、菲律宾等少数国家。其基本原则是谁先使用商标谁就优先拥有商标权。即使使用与注册发生冲突时，首先保护的是最先使用商标的人。

第二，注册获取。所谓注册获取商标权主要是指获取商标权的唯一途径是通过申请注册，未注册的商标不受法律保护。商标首先使用者如果不通过注册，一旦被别人抢注就无法得到商标专有权。目前世界上大多数国家采用的是此原则。

尽管上述两种方式各自的优劣性都比较明显，特别是注册在先带来的抢注行为，许多国家在《商标法》中规定了商标抢注为违法行为来弥补注册在先的不足。

第三，驰名获取。所谓驰名获取是指驰名商标不管注册与否均受到法律保护的规定。因为驰名商标经过长期使用，在本国或相关国国内为消费者熟悉，抢注行为必然造成对驰名商标所有人正当权益的侵害。目前许多国家的法律形成了对驰名商标保护的相关规定。我国 2001 年修订的《商标法》第十三条规定："就相同或者类似商品申请注册的商标是复制、模仿或者翻译他人未在中国注册的驰名商标，容易导致混淆的，不予注册并禁止使用；就不相同或者不相类似商品申请注册的商标是复制、模仿或者翻译他人已经在中国注册的驰名商标，误导公众，致使该驰名商标注册人的利益可能受到损害的，不予注册并禁止使用。"由此可以看出，未在我国注册的驰名商标同样受到法律的保护。

2. 商标注册的概念及其作用

(1) 商标注册的概念。商标注册是指商标注册申请人以取得商标专有权为目的，将其正在使用或者准备使用的商标，按照本国或相关国家法律规定的条件和程序，向商标主管机关提出申请，由商标主管机构进行审查核准、予以注册的制度。

由上述内容可以看出，对于商标使用者而言，在以注册在先为原则的国家内，获取商标专有权的唯一途径就是通过商标注册。对于商标管理者而言，商标注册是对商标实施管理的重要内容及法律措施。

(2) 商标注册的作用。通过实施商标注册管理，主要是要取得以下作用：

第一，通过实施商标注册管理，有助于商标所有人确认和保护自己对商标的专有权，维护自身的合法权益。商标经过注册并得到核准确认后，事实上将商标专有权授予符合法律条件的注册申请人并享有专有性，禁止他人未经许可而在同种或类似商品或服务上使用与注册商标相同或近似的商标，确认了注册商标的商标权归属，保护商标权人的合法权益。

第二，通过实施商标注册管理，有助于商标管理机构对注册商标进行管理，维护正常的市场秩序。各级工商行政管理机关依据《商标法》的相关规定，对于注册商标的使用、转让及许可使用予以管理，对于商标的印制和商标的代理进行监管，从而防止对商标专有权的侵害，维护正常的生产经营秩序。

第三，通过实施商标注册管理，有助于消费者依据商标进行购买决策，维护消费者正当的消费者权益。商标管理机关根据《商标法》的有关规定，对于使用注册商标但存在商品以次充好、质量低劣、欺骗消费者等现象的，通过责令限期整改、予以通报并处于罚款、情节严重的将注销其商标，对于假冒他人注册商标的行为也将通过通报、处罚、甚至刑事制裁等措施，督促商品的生产经营者保证提供产品及服务的质量，有力地保障了消费者权益。

8.1.2　商标注册申请的主体

商标注册申请的主体主要是指商标注册申请者，也就是向商标管理机构提出注册申请的人或组织。在商标注册实践中，商标注册申请主体一般有下列几种情况：

1. 商标注册申请人一般概念

(1) 商标注册申请人的构成。在商标注册申请时，对于申请人的法律限制问题，各个国家的法律规定不同。有些国家只允许自然人和法人进行申请，有些国家则是除了自然人和法人之外，还可以允许有获取商标权能力并能承担相应责任的合伙组织来申请。

我国《商标法》2001 年修订之前不允许自然人作为商标注册申请人，必须是具有经营资格的法人或组织。在修订后的《商标法》第四条中规定，"自然人、法人或者其他组织对其生产、制造、加工、拣选或者经销的商品，需要取得商标专用权的，应当向商标局申请商品商标注册。自然人、法人或者其他组织对其提供的服务项目，需要取得商标专用权的，应当向商标局申请服务商标注册。"由此看来，我国在商标管理时，自然人、法人或其他组织都可以作为商标注册的申请者。这一规定既符合现实需要也符合国际惯例。

(2) 商标注册申请人应具备的条件。《商标法》在对商标注册申请人主体资格确认时作了如下规定：

第一，《商标法》所规定的自然人是指具有民事权利能力和民事行为能力的人，包括中国人、外国人和无国籍的人。

第二，《商标法》所规定的法人是指具有民事权利能力和民事行为能力，依法独立享有民事权利和承担民事责任的组织。它同时必须具有四个要件：一是依照法律程序成立；二是有必要的财产或经费；三是有自己的名称、组织机构及场所；四是能够独立承担民事责任等。

第三，《商标法》所规定的其他组织是指依法成立、有一定的组织机构和财产，但又不具备法人资格的组织，如个人合伙、合伙型联营企业、法人依法设立的分支机构等等。

2. 共同申请人

(1) 共同申请人的概念。所谓共同申请人，根据我国《商标法》(2001 修订)第五条规定，是指由两个或两个以上的自然人、法人和其他组织，以共同的名义向商标管理机关申请注册统一商标。

　　在原《商标法》中，原则上是不允许共同申请注册统一商标的，但在商标使用过程中经常会出现两个以上主体必须共同注册、使用统一商标的情况，如原企业法人分解为多个企业法人后，分立后的法人都要求使用同一商标；母公司与子公司之间要求使用统一商标的；过去因特殊原因只能以同一名义使用商标的现在可以分开来单独享有独立经营权的，分立后企业提出共享统一商标的要求等。因此，根据现实的需要，修订后的商标法增加了共同申请注册的条款。

　　(2) 共同申请人权利与义务。现行《商标法》虽然规定了商标的共有制度，但是对于共有人如何分享商标权、共有人之间的权利与义务的划分、共有人与第三人之间的法律关系等问题均未作明确的规定，使得在实际生活中，共同人在各自行使商标权的过程中，涉及商标权的转让、出质、许可、放弃等法律问题就成为空白点，这些都需要在今后的立法和现行法律修订中加以研究和完善的。

3. 外国商标注册申请人

　　(1) 外国商标注册申请人是指商标注册的申请人是外国人或外国企业。保护外国商标所有者正当的权益，是我国市场经济发展和开放程度加深的必然产物。但前提是，除了驰名商标之外，外国商标所有者要维护自身正当的权益首先必须按照不同国家的法律管理在商标使用国进行商标注册申请。凡是向我国商标管理机构申请注册并得到核准的商标，都会受到我国《商标法》的保护。

　　(2) 我国《商标法》对外国商标注册申请人注册商标的规定。关于外国人如何进行商标注册，各个国家多采用缔结公约或签订双边协议的方法来处理。根据我国《商标法》第十七条规定，外国人或者外国企业在中国申请商标注册的，应当按其所属国和中华人民共和国签订的协议或者共同参加的国际条约办理，或者按对等原则办理。同时，《商标法》第十八条规定，外国人或者外国企业在中国申请商标注册和办理其他商标事宜的，应当委托国家认可的具有商标代理资格的组织代理。根据上述两条款的规定可以看出，外国人或外国企业在我国申请商标注册必须遵循两个要求：

　　第一，要按照商标注册申请人所属国与我国政府签订的相关协议或者共同参加的国际条约或者按对等原则办理。目前在我国主要依据的是《巴黎公约》、《商标国际注册马德里协定》等公约。如果商标注册申请人所属国与我国既无协议，又不同属任何一个国家公约的，则需要按照对等原则办理，即商标注册申请人所属国同意接受我国公民的商标注册申请的，我国便可对等接受对方国民的商标注册申请。

　　第二，外国商标注册申请人必须委托我国认可的具有商标代理资格的组织代理商标注册事宜。我国法律对于中国商标注册申请人自愿决定自行申请注册或委托代理注册。但是，对于外国商标注册申请人则采用强制代理原则。这既是一项国际惯例，也有助于提高商标注册的效率。修订后的《商标法》将原《商标法》中对代理机构所规定的"国家指定"改为"国家认可的具有商标代理资格"，即规定了只要国家工商行政管理机关认定的商标事务所或商标代理机构均可以接受外国商标注册申请人的委托。这一修改也与《巴黎公约》中"外国申请人通过代理机构在他国申请商标注册是该公约允许各成员国在执行国民待遇原则时可以保留的事项但不适用于指定代理"的规定相符合。

4. 商标代理

(1) 所谓商标代理，是指商标代理机构接受委托人的委托，以委托人的名义办理商标注册申请及其他有关商标事宜，所产生的法律后果直接属于被代理人。根据我国《商标法》及有关行政法规的规定，对于申请商标注册、转让注册、续展注册、变更注册人名义或地址、补发商标注册证等有关事宜，对本国居民实施自愿原则，对外国人或外国企业则实行强制原则，即外国申请人应当委托国家认可的具有商标代理资格的组织办理。

(2) 我国法律对商标代理资格的有关规定。根据《商标代理管理办法》的规定，有 3 名以上专职商标代理人，且负责人或组建负责人已经取得《商标代理人资格证书》的，可以向国家工商行政管理局申请开展商标代理业务。经批准后向所在地工商行政管理机关申请登记，领取《企业法人营业执照》或《营业执照》，在办理企业登记后，报国家工商行政管理局领取《商标代理机构证书》。领取证书即日起依法开展商标代理业务。商标代理人是指具有商标局授予的商标代理人资格并取得《商标代理人执业证书》的人员。

(3) 商标代理人的主要业务范围包括：

● 代理商标申请人进行注册申请前的商标查询，确定其商标是否可以注册，代理商标所有人进行使用未注册商标进入市场前的查询，确定该商标是否侵犯他人的在先商标权。

● 代理商标申请注册、商标驳回复审、商标异议、异议答辩、异议复审、商标争议、争议答辩、商标注册不当或 3 年不使用撤销、撤销答辩等有关商标确权程序中的法律事务。

● 代理续展注册、转让注册、许可使用合同备案、变更注册人名称或地址、补发注册证等有关事务。

● 代理中国申请人到国外办理商标国际注册以及在申请注册过程中的各种法律事务。

● 代理商标权海关备案。

● 代理解决商标侵权纠纷，商标侵权投诉等法律事务。

● 代理外国申请人到中国申请商标注册及其他商标法律事务。

商标代理组织代理商标注册事务时，应当与委托人签订委托代理合同。在合同中按照合同要求约定各项事项。代理人因疏忽造成对第三方损害的应负连带责任。未经授权，代理人以自己的名义将被代理人的商标进行注册，被代理人提出异议的，不予注册并禁止使用。

8.1.3　商标申请注册的原则

1. 自愿申请原则

(1) 所谓自愿申请原则是指商标使用人是否申请商标注册完全自愿，可以使用注册商标，也可以使用未注册商标，不强制要求一定要使用注册商标。只要不使用法律规定的禁用标志。自愿注册原则是国际上商标注册的一项惯例，也是我国《商标法》的基本原则之一。未经注册，商标使用人不享有商标专有权，不得与他人的注册商标相冲突。

采用自愿注册原则可以满足企业在运用商标策略方面的不同需要，企业可以根据市场的变化来决定其商标注册行为。应该说，自愿注册原则更适合市场经济的需要，也有利于企业的发展与竞争。这一原则也符合我国国情。

(2) 自愿申请原则的例外。在实行自愿注册原则的同时，我国《商标法》对极少数商品仍然保留了强制注册的办法。《商标法》第六条规定，"国家规定必须使用注册商标的商品，必须申请商标注册，未经核准注册的，不得在市场销售"。这是一项强制性规定，在执行中具有刚性原则，商标使用人必须自觉遵守。目前根据我国法律法规的规定，必须使用注册商标的是烟草类商品。我国《烟草专卖法》(1991 年 6 月 29 日通过，1992 年 1 月 1 日施行)第二十条规定："卷烟、雪茄烟和有包装的烟丝必须申请商标注册，未经核准注册的，不得生产、销售。禁止生产、销售假冒他人注册商标的烟草制品。"我国《烟草专卖法实施条例》(1997 年 7 月 3 日施行)第二十四条规定："卷烟、雪茄烟和有包装的烟丝，应当使用注册商标；申请注册商标，应当持国务院烟草专卖行政主管部门的批准生产文件，依法申请注册。"

在 2001 年《药品管理法》修订以前，除了中药材和中药饮片以外的其他药品，都必须使用注册商标。未修订前的《药品管理法》(1984 年 9 月 20 日通过，1985 年 7 月 1 日施行)第四十一条规定："除中药材、中药饮片外，药品必须使用注册商标；未经核准注册的，不得在市场销售。注册商标必须在药品包装和标签上注明。"然而，在 2001 年《药品管理法》修订之后，这一规定已经从《药品管理法》中消失了。因此，可以认为，药品不是必须使用注册商标才能在市场上销售。

2. 一申请一商标原则

(1) 所谓一申请一商标原则，又称"一表一类"，是指在商标注册时，实行"一类商品一个商标一个申请"，即在一件商标注册申请中，申请人只能按照分类表在一类商品上申请注册一个商标，不能在不同类别的商品上申请注册同一商标，也不能在同一类别的商品上申请注册两个或者两个以上的商标。申请商标注册的，应当按规定的商品分类表填报使用商标的商品类别和商品名称。但应注意"一类商品一个商标一件申请"原则，对国内商标注册申请适用。对国际申请实行"一表多类"原则。

(2) 我国法律对一申请一商标原则的规定。1982 年通过《商标法》第十二条规定："同一申请人在不同类别的商品上使用同一商标的，应当按商品分类表分别提出注册申请。"第十三条规定："注册商标需要在同一类的其他商品上使用的，应当另行提出注册申请。"即要求同一人在一份申请中只能在一类商品上使用一件商标，而不能在两类以上的商品上申请同一商标。申请人如果打算将一件商标用在不同类别的两种商品上，就必须分别提出注册申请。这给申请人带来了很大的不便，也与《商标国际注册马德里协定》所规定的"一申请一商标原则"不符。

2001 年我国《商标法》对此做了修订。修订后的《商标法》第二十条规定："商标注册申请人在不同类别的商品上申请注册同一商标的，应当按商品分类表提出注册申请(1 份申请分类填)。"此规定的含义是：商标注册申请人所提交的一份申请只能针对一件商标，而不能在一份申请中就两个以上的商标提出注册。如果要注册两个以上的商标，则要提交两份申请。如果一个申请人希望将同一商标使用在不同种类的其他商品上，应当按商品分类表提出注册申请。

3. 先申请原则和同日申请先使用原则

(1) 申请在先原则，即指两个或者两个以上的申请人在同一种或类似商品及服务上，以相同或近似的商标申请注册的，给予最先申请者注册、对后注册的申请予以驳回的原则。

(2) 使用在先原则，即两个或者两个以上的申请人在同一种或者类似商品上，以相同或者近似的商标申请注册的，给予最先使用人予以注册的原则。由于使用在先原则会导致获得的商标权缺乏有效性与稳定性，而且确定使用在先费时费力，因此只有少数国家采用，而绝大多数国家采用申请在先原则。

(3) 我国法律对申请在先和使用在先两条原则的规定。我国《商标法》将申请在先和使用在先相结合。《商标法》第二十九条规定："两个或者两个以上的商标注册申请人，在同一种商品或者类似商品上，以相同或者近似的商标申请注册的，初步审定并公告申请在先的商标；同一天申请的，初步审定并公告使用在先的商标，驳回其他人的申请，不予公告。"

实行申请在先原则可能会诱发抢注商标。修改后的《商标法》新增设的第三十一条对商标抢注作了明确规定："申请商标注册不得损害他人现有的在先权利，也不得以不正当手段抢先注册他人已经使用并有一定影响的商标。"该条规定明确了"申请在先的原则"，同时在坚持申请在先的基础上，商标申请注册应当符合诚实信用原则，对违反该原则的行为进行了一定的限制：一是对在先权利进行保护，包括他人的知识产权及其他民事权利；二是对未注册的商标给予有条件的保护，即赋予先使用人制止抢注行为的权利。

4. 优先权原则

(1) 优先权原则的含义。优先权是《保护工业产权巴黎公约》(简称《巴黎公约》)规定的一个重要原则，是指商标申请人在《巴黎公约》任何一个成员国内第一次正式提出的申请，在六个月内，再向其他成员国提出申请时，后一个申请即享有第一次正式提出申请的日期的优先权。这对于希望同时在几个国家能够得到保护的申请人来说，能够享受到实际利益。这一原则称为优先权原则。

中国 1985 年 9 月正式为《巴黎公约》成员国，优先权原则是所有成员国必须履行的义务。我国给予其他成员国国民优先权待遇，我国申请人向其他成员国申请商标注册，也同样享有优先权待遇。例如，我国企业如果在《巴黎公约》任何成员国(包括《马德里协定》成员国)申请商标注册之后的半年内，又在相同的商品或服务上就同一商标向其他成员国申请注册，那么可以声明要求优先权。如果企业到非《巴黎公约》成员国申请商标注册，只要这些国家与我国签订有商标注册互惠，并且协议中规定有优先权条款的，也可以在申请时要求优先权。我国企业应充分利用商标申请中的优先权原则，在本国提出申请之后的六个月里，有足够的时间准备到其他成员国申请，这样可免遭他人抢先申请，而失去在国外取得商标注册的时机。

(2) 我国法律对商标注册优先权的规定。我国《商标法》第二十四、二十五条分别对优先权问题进行了规定，表现为：

第一，国际优先权。国际优先权是指商标注册申请人自其商标在外国第一次提出商标注册申请之日起六个月内，又在中国就相同商品以同一商标提出商标注册申请的，依照该商标申请人所属国同中国签订的协议或者共同参加的国际条约，或者按照相互承认优先权的原则，以其第一次提出注册申请的日期为中国商标注册申请日。

凡商标注册申请人要求优先权的，应当在提出商标注册申请时提出书面声明，并在 3 个月内提交第一次提出的商标注册申请文件的副本；未提出书面声明或逾期未提交文件副本的，视为未要求优先权。申请人所提交第一次提出商标注册申请文件的副本须经受理该申请的商标主管机关的证明，并注明申请日期和申请号。

第二，展览优先权。展览优先权是指商标在中国政府主办的或者承认的国际展览会展出的商品上首次使用的，自该商品展出之日起六个月内，该商标的注册申请人可以享有优先权。

申请人要求优先权的，应当在提出商标注册申请时提出书面声明，并在 3 个月内提交展出其商品的展览会名称、在展出商品上使用该商标的证据、展出日期等证明文件；未提出书面声明或逾期未提交文件副本的，视为未要求优先权。申请人所提交的副本须经受理该申请的证明文件须经国务院工商行政管理部门规定的机构认定，展出其商品的国际展览会如在我国境内举办的则不需要提供认证。

8.2　商标注册的文件和要求

8.2.1　申请商标注册应当提交的文件和费用

1．申请商标注册应提交的文件

(1) 商标注册申请书。申请人在申请商标注册时需要填写商标注册申请书，要求有：

● 一份申请只能填写一个商标，商标的名称应当与商标图样一致，但是一份申请可以包含多个类别的商品。

● 商品名称应按照商品分类表中的名称填写，如是新产品需要加以说明。

● 商标注册申请人的名称应当与营业执照上的名称一致。

● 申报书上的地址应当是申请人实际详细的地址。

● 委托商标代理组织代理申请的，应提交一份商标代理委托书。

(2) 商标图样。申请人应当提交的商标图样的要求：

● 每一件商标注册申请应向商标局提交一份商标注册申请书，另附五份商标图样。

● 如指定颜色的，应当提交着色图样五份和黑白稿一份。

● 图样必须清晰、用光洁耐用的纸张印制或用照片代替，长和宽应不大于 10 cm，不小于 5 cm。

● 以三维标志申请商标注册的，应在申请书中予以说明，并提交能够确定三维形状的图样。

● 以颜色组合申请商标注册的，应在申请书中予以说明，并提交文字说明。

● 商标为外文或包含外文的，应说明其含义。

(3) 证明文件。商标注册申请人应提交的证明文件有：

● 《商标法》规定必须使用注册商标的一些特殊行业或特殊商品的商标注册申请所需要的证明文件，如提交卷烟、雪茄烟和有包装烟丝的商标注册申请，应当附送国家烟草主管部门批准生产的证明文件。

● 办理集体商标和证明商标注册申请的，还应在申请书中予以说明，并提交集体商标、证明商标的申请人主体资格证明和商标使用管理规则。

● 申请商标如为人物肖像的，应当提交人物肖像人的授权证明并经公证机关公证。

● "商标说明"一栏填写内容：商标图样外文的含义、特殊字体的文字表述、立体/

颜色商标的说明。

● 商标注册申请书(附页)及其他共同申请人名义列表。

2．申请商标注册的费用标准

(1) 收缴商标注册费用的依据。根据我国《商标法》第六十三条的规定，申请商标注册和办理其他商标事宜的，应当缴纳费用，具体收费标准另定。根据该条规定，注册商标申请人向商标局提出注册商标申请，或者注册商标专用权人要求续展、变更注册商标事项，或者其他人对注册商标申请提出异议，要求撤销注册商标，等等，需要按照规定缴纳一定的费用。

(2) 收费标准。申请商标注册和办理其他商标事宜应当缴纳费用的具体标准，《商标法》没有具体规定，只是在第六十三条中规定了具体收费标准另行制定。按照政府各部门的职责分工，对于行政机关的行政事业性收费，一般是由收费机关商标物价管理部门和财政部门具体确定。办理商标事宜的收费标准即是由国家工商行政管理局提出，由国家物价、财政管理部门核定的。1995 年 12 月 21 日，国家计委、财政部发布计价格[1995] 2404 号《关于商标业务收费标准的通知》，废止了原国家物价局、财政部于 1992 年发布的《关于商标注册收费标准及其使用范围的通知》，并于 1996 年 1 月 1 日起执行。该通知规定的收费标准主要包括以下内容：

第一，受理商标注册费 1000 元(限定本类 10 个商品。10 个以上商品，每超过一个商品，每个商品加收 100 元)，补发商标注册证费 1000 元(含刊登遗失声明的费用)，受理转让注册商标费 1000 元，受理商标续展注册费 2000 元，受理注册延迟费 500 元，受理商标评审费 1500 元，商标评审延期费 500 元，变更费 500 元，出据商标证明费 100 元。

第二，根据财综字[1995]88 号财政部、国家计委《关于增加商标注册管理收费项目及有关问题的通知》，新增商标业务的收费标准核定为：受理集体商标注册费 3000 元，受理证明商标注册费 3000 元，商标异议费 1000 元，撤销商标费 3000 元，受理驰名商标认定费 5000 元，商标适用许可合同备案费 300 元。

第三，地方工商行政管理部门发放的《指定印制商标单位证书》工本费以及《指定印制商标单位证书》和《商标注册证》验证费，收费标准由省级物价部门会同同级财政部门制定。商标通过注册之后，不需要每年缴纳任何维护费用。

第四，国家工商行政管理局、商标局于 1996 年 1 月 15 日发布商标[1996]1 号《关于执行商标业务收费标准的通知》规定了按照国家计委、财政部计价格(1995)2404 号《关于商标业务收费标准的通知》缴纳商标规费的具体办法，1995 年 6 月 7 日，国家计划委员会发布了计司价格函[1995]50 号《关于调整商标查询费标准的通知》，对商标查询收费等有关问题作了规定，按照以下标准收取商标查询费：普通查询中文商标每件 60 元；普通查询外文商标每件 100 元；查询图形商标每件 120 元(现已规定不再查询图形)。

8.2.2 　申请商标注册的要求及分类规则

1.《商标法》对于填报商标注册申请文件的有关规定

商标注册申请文件在填报时必须符合《商标法》的规定，有以下具体要求：

(1) 申请商标注册的，应当按规定的商品分类表填报使用商标的商品类别和商品名称；

(2) 商标注册申请人在不同类别的商品上申请注册同一商标的，应当按商品分类表提出注册申请；

(3) 注册商标需要在同一类的其他商品上使用的，应当另行提出注册申请；

(4) 注册商标需要改变其标志的，应当重新提出注册申请；

(5) 注册商标需要变更注册人的名义、地址或者其他注册事项的，应当提出变更申请；

(6) 为申请商标注册所申报的事项和所提供的材料应当真实、准确、完整。

2. 最新的国际商标分类规则

类似商标和服务区分表基于尼斯分类第九版。

(1) 世界知识产权组织提供的《商标注册用商品和服务国际分类》(以下简称《国际分类》)第九版已于 2007 年 1 月 1 日起正式使用。以此为基础，商标局对 2002 年制定的《类似商品和服务区分表》(以下简称《区分表》)也作了相应的调整。

(2) 类似商品是指功能、用途、所用原料、销售渠道、消费对象等方面具有一定的共同性，如果使用相同、近似的商标，易使相关公众以为其存在特定联系、使消费者误以为是同一企业生产的商品。

(3) 《区分表》共分为商品第一类至第三十四类、共三十四个类别和服务第三十五类至第四十五类，共十一个类别两大部分。目录部分收录了各个类别的标题，各类似群号和类似群号名称，以便检索。申请人在申请商标注册时，应填写具体商品或服务项目，不得填写类别标题和类似群名称包括《区分表》正文部分中用方框框在内的类似群名称。

(4) 《区分表》中每一类别的标题原则上指出了归入该类的商品或服务的范围。各类注释援引了《国际分类》的注释，为正确确定商品和服务项目的类别提供了思路。

(5) 《区分表》所列商品和服务项目名称，包括《国际分类》及我国常用但未列入《国际分类》的商品和服务项目名称，两部分内容分段表示，后者在段前用※标注以示区别。

(6) 《区分表》和《国际分类》中使用的商标号和服务号排在服务项目名称后，未列入《国际分类》的我国常用商品和服务项目名称后也编排了顺序号，用 C 标注以示区别。

(7) 一个类似群内的商品和服务项目原则上是类似商品和服务。若该类似群内的商品和服务项目并不全部判为类似，则按照类似关系将商品和服务项目分为若干部分，用中文(一)、(二)……表示，同一部分的商品和服务项目原则上判为类似，不同部分间的商品和服务项目原则上不判为类似。对于某些特殊情况，该类似群后面用加注的形式详细说明。类似的商品和服务项目之间应交叉检索。

(8) 《区分表》采用层次代码结构。第一层是商品和服务类别，用中文第一类、第二类……表示，共 45 个类别，第二层是商品和服务类似群，代码采用四位数字，前两位数字表示商品和服务类别，后面两位数字表示类似群号，如"0304"即表示第三类商品的第 4 类似群；第三层是商品和服务项目，代码采用六位数字，前两位表示商品和服务类别，后面四位数字为商品或服务项目编码，如"120092"为第十二类第 92 号商品，六位数字前面加"C"的代码表示未列入《国际分类》的我国常用商品和服务项目，如"C120008"为国内第十二类第 8 号商品。第四层的代码用中文(一)、(二)……表示各类似群中的某一部分；第五层的代码在各类似群后面的"注"中出现，用 1、2……区分各条说明。

8.2.3 商标注册用商品和服务分类说明

1. 中国商品分类的历史沿革

众所周知，每一个注册商标都是指定用于某一商品或服务上的。离开商品或服务而独立存在的商标是不存在的。所以在办理商标注册申请时，正确表述所要指定的商品或服务及其所属类别，是商标申请人(代理人)首先会遇到的问题。许多不同的部门出于管理、统计等工作需要都要对商品进行分类。国家商标主管机关为了商标注册和管理的需要，也需要对商品进行分类。

商标注册和管理，应该说是一项庞大、复杂的系统工程，商品及服务分类是商标局的一项基础工作。我国目前已有注册商标七百多万件，如果没有一套科学的分类管理体系，要想检索、查询、调阅一个商标，就像大海捞针一样，几乎是不可能的。正是为了商标检索、审查、管理工作的需要，把某些具有共同属性的商品组合到一起，编为一个类，将所有商品及服务共划分为四十五个类别，形成了我们这里所要叙述的"商标注册用商品和服务分类"。商标局的查询检索系统是按照商品及服务的类别设立的；《商标公告》按照类别编排；申请人申请商标注册也要按照类别提出；商标局发给注册人的商标注册证上也必须注明商品或服务及其所属类别。商品分类又是作为申请商标注册办理手续及缴纳费用的基本单位，即一个商标在一个类别上申请注册办理一份手续，缴纳一份基本费用。以往，都是由各国的商标主管机关根据本国的国情及对商品的理解，制定各自的商品分类表，供商标主管机关及商标注册申请人使用。商品分类表不是一成不变的。它会随着商品的丰富及人们对商品的认识而逐步增加及修订。我国自 1923 年起，先后制定公布过五个商品分类表。到二十世纪五十年代，世界经济得到了较大的发展，国际间的交往更加频繁。一些国家认为，各国使用各自的商品分类表已不能适应有关商标事务的国际联系，给商标所有人到国外注册带来了麻烦，不利于商标事业的发展和经济发展。这些国家的商标主管机关认为，需要有一个国际统一的商标注册用商品分类表。在这种情况下产生了尼斯协定。

2. 商标注册用商品和服务国际分类的发展与现状

尼斯协定是一个有多国参加的国际公约，其全称是《商标注册用商品和服务国际分类尼斯协定》。该协定于 1957 年 6 月 15 日在法国南部城市尼斯签订，1961 年 4 月 8 日生效。我国于 1994 年 8 月 9 日加入了尼斯联盟。尼斯协定的宗旨是建立一个共同的商标注册用商品和服务国际分类体系，并保证其实施。目前，国际分类共包括四十五类，其中商品三十四类，服务项目十一类，共包含一万多个商品和服务项目。申请人所需填报的商品及服务一般说来都在其中了。不仅所有尼斯联盟成员国都使用此分类表，而且，非尼斯联盟成员国也可以使用该分类表。所不同的是，尼斯联盟成员可以参与分类表的修订，而非成员国则无权参与。目前世界上已有一百三十多个国家和地区采用此分类表。我国自 1988 年 11 月 1 日起采用国际分类，大大方便了商标申请人，更加规范了商标主管机关的管理，密切了国际间商标事务的联系。尤其是 1994 年我国加入尼斯协定以来，我国积极参与了对尼斯分类的修改与完善，已将多项有中国特色的商品加入尼斯分类中。尼斯分类表定期修订，一是增加新的商品，二是将已列入分类表的商品按照新的观点进行调整，以求商品更具有内在的统一性。尼斯分类第十版自 2012 年 1 月 1 日起实行。尼斯分类表包括两部分，一部分是按照类别排列的商品和服务分类表，一部分是按照字母顺序排列的商品和服务分类表，表的类别见下面内容。

3. 商品及服务分类遵循的原则

世界知识产权组织对商品及服务进行分类时，一般遵照下列原则，各国管理机关及申请人在遇到分类表上没有的商品及服务项目，需要进行分类时，也可按照以下标准划分：

(1) 商品大类。具体分为：

● 制成品原则上按其功能、用途进行分类，如果分类表没有规定分类的标准，该制成品即按字母排列的分类表内类似的其他制成品分在一类，也可以根据辅助的分类标准，即根据这些制成品的材料或其操作方式进行分类。

● 多功能的组合制成品(如钟和无线电收音机的组合产品)可以根据产品中各组成部分的功能或用途，把该产品分在与这些功能或用途相应的不同类别里，若类别表中没有规定这些标准，则可以采用第一条中所示的标准。

● 原料、未加工品或半成品原则上按其组成的原材料进行分类。

● 商品构成其他商品某一部分，原则上与其他商品分在一类，但这种同类商品在正常情况下不能用于其他用途。其他所有情况均按上述标准进行分类。

● 成品或半成品按其组成的原材料分类时，如果是由几种不同原材料制成，原则上按其主要原材料进行分类。

用于盛放商品的盒、箱之类的容器，原则上与该商品分在同一类。

(2) 服务大类。具体分为：

● 服务原则上按照服务分类类名及其注释所划分的行业进行分类，也可以按字母排列的分类表中类似的服务分在一类。

● 出租业的服务，原则上与通过出租物所实现的服务分在一类(如出租电话机，分在第三十八类)。

● 提供建议、信息或咨询的服务原则上与提供服务所涉及的事务归于同一类别，例如运输咨询(第三十九类)，商业管理咨询(第三十五类)，金融咨询(第三十六类)，美容咨询(第四十四类)。以电子方式(例如电话、计算机)提供建议、信息或咨询不影响这种服务的分类。

上述类别的具体安排是：服务原则上按照服务类类别标题及其注释所列出的行业进行分类，若未列出，则可以比照字母顺序分类表中其他的类似服务分类。出租服务，原则上与通过出租物所实现的服务分在同一类别；租赁服务与出租服务相似，应采用相同的分类原则。提供建议、信息或咨询的服务原则上与提供服务所涉及的事物归于同一类别。特许经营的服务原则上与特许人所提供的服务分在同一类别。

4. 商品及服务名称的填写

商品名称是整个商标注册工作的重要内容之一，它决定了注册商标保护的范围。因此，在申请商标注册时，必须指明具体的商品和服务名称。并且，一份申请书上填报的商品或服务只能限定在一个类别之内。商品名称力求具体、准确、规范，以便明确指定该商标的保护范围。在《类似商品和服务区分表》中，每个类别有注释，并将商品或服务项目分为不同群组，提出商标注册申请时不能填写注释部分和群组名。一般说来，一个商品在商品分类表中有正规名称时，应使用分类表中的规范名称。某些人们日常生活中约定俗成的商品称谓，在申请商标注册时是不允许使用的，如家用电器，因为它包括的范围过大，涉及商品分类表中至少五个类别的商品。使用《类似商品和服务区分表》中规范的商品及服务名称，有助于加快商标的注册进程，确保申请人及时获得商标专用权。

8.3　商标注册的审查、异议、核准与复审

对于商标注册申请都要进行商标注册前审查，这是必经的程序。只有经过这种审查才能决定是否给予注册，能否取得商标专用权。我国《商标法》第三章《商标注册的审查和核准》具体规定了注册商标申请中的审查和核准的标准与程序。

8.3.1　商标注册的审查

1. 商标注册的形式审查

(1) 商标注册的形式审查，是指对申请人提交的商标注册申请要件和手续是否合乎相关法律对商标注册申请的要求(如《商标注册申请书》填写的是否属实、正确、准确、清晰、完备、是否已交纳费用等)而做出的能否受理的审查。

(2) 商标注册的形式审查的内容包括以下方面：

第一，商标注册申请人主体资格的审查。主要是审查申请人的身份是否合法，即是否是《商标法》所规定的允许注册的自然人、法人和其他组织，需提交相关证明。如果是外国人或外国企业，还必须符合商标法所规定的特别要求。

第二，商标注册申请人的文件资料及其规范性。主要审查申请人应附送的证件、说明等是否完备；填写的地址是否正确、准确；申请人名义、章戳是否与营业执照一致；申请人要求核定的商品或者服务是否填写得具体、规范，分类是否准确，是否符合其经营范围；通过代理的代理人委托书是否合乎要求；商标及商标图样的质量、规格、数量是否合乎要求；商标注册申请的规费是否缴纳；书写要求是否合格。

第三，商标注册申请是否符合商标注册申请的相关原则。商标注册申请不得有与自愿申请原则、申请在先原则、一申请一商标原则、优先权原则相违背的情形。

第四，商标申请日期是否符合法律规定。商标注册的申请日期，以商标局收到申请文件的日期为准。根据《商标法实施条例》第十八条规定："申请手续齐备并按照规定填写申请文件的，商标局予以受理并书面通知申请人；申请手续不齐备或者未按照规定填写申请文件的，商标局不予受理，书面通知申请人并说明理由。""申请手续基本齐备或者申请文件基本符合规定，但是需要补正的，商标局通知申请人予以补正，限其自收到通知之日起三十日内，按照指定内容补正并交回商标局。在规定期限内补正并交回商标局的，保留申请日期；期满未补正的，视为放弃申请，商标局应当书面通知申请人。"第十九条规定："两个或者两个以上的申请人，在同一种商品或者类似商品上，分别以相同或者近似的商标在同一天申请注册的，各申请人应当自收到商标局通知之日起三十日内提交其申请注册前在先使用该商标的证据。同日使用或者均未使用的，各申请人可以自收到商标局通知之日起三十日内自行协商，并将书面协议报送商标局；不愿协商或

者协商不成的，商标局通知各申请人以抽签的方式确定一个申请人，驳回其他人的注册申请。商标局已经通知但申请人未参加抽签的，视为放弃申请，商标局应当书面通知未参加抽签的申请人。"

2．商标注册的实质审查

(1) 商标注册的实质审查，是商标注册主管机关在形式审查的基础上，对商标注册申请是否合乎《商标法》的规定所进行的检查。实质性审查主要体现在两个方面，一是拒绝商标注册的绝对理由的审查，即审查申请注册的商标是否违反禁用条款、是否具有显著特征；二是拒绝商标注册的相对理由的审查，即审查申请的商标与在先权利是否冲突，故也称新颖性审查。具体来说，商标注册的实质性审查涉及的问题主要有：

- 申请注册的商标是否具有显著性特征、便于识别；
- 作为商标的标志是否有违反禁用条款的；
- 申请注册的商标是否与他人在同一种商品或类似商品上已经注册的或初步审定的商标相同或近似；
- 申请注册的商标是否损害他人现有的在先权利，是否有恶意抢注行为及其后果；
- 申请注册的商标是否与撤销、注销不满一年的注册商标相同或近似。

(2) 商标注册的实质性审查后的结论。经过实质性审查一般有三种结论：

第一，符合《商标法》有关规定的，由商标局初步审定，并予公告。初步审定通过的尚不具有商标权，还需要在《商标公告》上公布。自公告之日起三个月内，任何人均可以提出异议。公告期满无异议的，予以核准注册，发给商标注册证。申请人对于经过初步审定但在异议期满之日前，可以申请放弃在部分指定商品上使用商标的注册申请；申请人放弃在部分指定商品上使用商标的注册申请的，商标局应当撤回原初步审定，终止审查程序，并重新公告。

第二，不符合《商标法》有关规定的或在部分指定商品上使用商标的注册申请不符合规定的，由商标局予以驳回或驳回在部分指定商品上使用商标的注册申请，书面通知申请人并说明理由。商标局认为商标注册申请内容可以修正的，发给审查意见书，限期在收到通知之日起十五日内予以修正；未作修正的、超期修正的或修正后仍不符合要求的则驳回申请，发给申请人驳回通知书。

第三，对驳回申请、不予公告的商标，商标局应当书面通知商标注册申请人。商标注册申请人不服的，可以自收到通知之日起十五日内向商标评审委员会申请复审，由商标评审委员会做出决定，并书面通知申请人。当事人对商标评审委员会的裁定不服的，可以自收到通知之日起三十日内向人民法院起诉。人民法院应当通知商标复审程序的对方当事人作为第三人参加诉讼。当事人在法定期限内对商标局做出的裁定不申请复审或者对商标评审委员会做出的裁定不向人民法院起诉的，裁定生效。

8.3.2　商标异议程序

1．商标异议的概念及有关法律规定

(1) 商标异议，是指对于初步审定的商标，任何人如有不同意见的，可以在初步审定公告之日起 3 个月的异议期内向商标局提出异议，即要求商标局不要核准该商标的注册。

　　商标异议是《商标法》及《商标法实施条例》中明确规定的对初步审定商标公开征求社会公众意见的法律程序，其目的在于监督商标局公正、公开地进行商标权的确认。这项制度的目的在于一是使商标注册程序处于公开的状态，接受社会公众的监督；二是提高审查效果，有助于发现和纠正审查中的失误，保证商标注册的质量，防止申请人获得不应有的商标权；三是有利于在先权利人(含在先注册商标权利人)的合法权益的维护。

　　(2) 有关商标异议的法律规定。根据《商标法》第三十条的规定："对初步审定的商标，自公告之日起三个月内，任何人均可以提出异议。公告期满无异议的，予以核准注册，发给商标注册证，并予公告。"根据《商标法实施条例》第二十二条第一款的规定："对商标局初步审定予以公告的商标提出异议的，异议人应当向商标局提交商标异议书一式两份。商标异议书应当写明被异议商标刊登《商标公告》的期号及初步审定号。商标异议书应当有明确的请求和事实依据，并附送有关证据材料。"

2. 符合商标异议申请的条件

　　(1) 有明确的被异议商标。这一条件要求在异议申请书中载明被异议商标初步审定号，否则就无从知晓异议人对哪个待定商标提出异议，商标局不予受理。

　　(2) 有具体的异议请求、理由和事实。异议请求包括撤销被异议商标在指定使用的全部或者部分商品上的初步审定。异议理由和事实通常包括被异议商标违反《商标法》禁用条款、侵犯驰名商标权益、侵犯在先权利、代理人或者代表人恶意注册、被异议商标含有容易误导公众的地理标志、被异议商标与异议人商标构成相同类似商品上的近似商标、以不正当手段抢注他人在先使用并有一定影响的商标等具体诉求。

　　(3) 必须在异议期内提出。异议期限为自初步审定公告之日起三个月内。异议申请日以递交日为准。依照《商标法实施条例》第十条的规定，异议人以邮寄方式提交异议申请的，异议申请日以邮戳为准。商标代理组织通常在一个信封内同时邮寄多份异议申请，但各异议申请日期都必须有相应的信封及邮戳日加以证明，无法实现在多份异议案卷中都保留有信封。因此，我们提倡一个信封一份异议申请。

　　(4) 属于商标局受理商标异议的范围。对于应当向商标评审委员会提出的评审申请的，商标局不予受理。

　　商标局应当听取异议人和被异议人陈述事实与理由后，经调查核实后方可作出裁定。若当事人不服裁定的，可在收到裁定通知之日起十五天内向商标评审委员会申请复审，由商标评审委员会作出裁定并书面通知异议人和被异议人。当事人仍不服裁定的，可在收到裁定通知之日起三十天内向人民法院提起诉讼。当事人在法定期限内对商标局做出的裁定不申请复审或者对商标评审委员会做出的裁定不向人民法院起诉的，裁定生效。

　　应当注意的是，异议成立，包括在部分指定商品上成立。异议在部分指定商品上成立的，在该部分指定商品上的商标注册申请不予核准。被异议的商标在异议裁定生效前已经刊发注册公告的，撤销原注册公告，经异议裁定核准注册的商标重新公告。经异议裁定核准注册的商标，自该商标异议期满之日起至裁定生效前，对他人在同一类商品或类似商品商用相同或近似商标的行为不具有追溯力。但是因该商标使用人的恶意给注册人造成损失的，应当给予赔偿。经异议裁定核准注册的商标，对其提出评审申请的期限自该商标异议裁定公告之日起算起。

8.3.3　商标核准注册与复审

1. 商标核准注册

(1) 商标核准注册，是指商标局对初步审定并公告的、在公告期满无异议的、或经商标评审委员会裁定异议不能成立的、或异议当事人对异议不成立裁定的结果不提出复审或不向人民法院起诉的商标，予以批准注册，即将核准的商标和核定适用的商品/服务在《商标注册簿》上登记、编号的行为。

在《商标注册簿》上登记的项目包括：注册号、注册商标、核定商品、商品类别、有效期、注册人名义等等。《商标注册簿》由商标管理机关作为核准注册的原始凭证予以保存。同时，商标一经注册，商标局要向商标注册人办理《商标注册证》，证明商标已经获得注册；还要在《商标公告》上刊登注册公告。

(2) 核准注册的时效性。《商标法》规定的核准注册日是商标注册申请人取得商标专有权的时间，注册人自核准之日起成为商标权人。《商标法》第三十四条规定，经裁定异议不能成立而核准注册的，商标注册申请人取得商标专用权的时间自初审公告三个月期满之日起计算。

2. 商标复审

(1) 商标复审，是指根据《商标法实施条例》第二十八条的规定，商标评审委员会有权审理商标注册复审案件、商标异议复审案件和商标撤销复审案件。商标复审是商标审查制度的重要内容，其目的在于对商标注册的质量进行监督，以保证商标授权的质量。

商标复审是由商标评审委员会进行的。这是与商标局平行的独立机构，隶属于国家工商行政管理总局。其职责在于：对不服商标局驳回其商标注册申请、不予初步审定公告的复审申请作出决定；对不服商标局异议裁定的复审申请作出决定；对不服商标局维持和撤销注册商标决定的复审申请作出裁定；对其他单位和个人撤销注册不当的商标的申请作出裁定；对注册商标有争议的申请作出裁定等。在商标注册的过程中，当事人如果对商标局作出的裁决不服的，可以向商标评审委员会提出复审的要求。

(2) 商标复审的类型。一般来说，商标复审主要包括对驳回商标注册申请的复审和对商标异议的复审等形式：

第一，对商标注册申请的复审。对商标注册申请的复审是指商标注册申请人对商标局驳回其商标注册申请、不予公告的决定不服，依据《商标法》第三十二条的规定向商标评审委员会申请复审，并由商标评审委员依法作出裁决。

第二，对商标异议的复审。对商标异议的复审是指当事人对商标局的商标异议裁定不服，依据《商标法》第三十三条的规定，向商标评审委员会申请复审，并由商标评审委员会审理裁决的案件。

第三，对商标撤销的复审。对商标撤销的复审是指当事人对商标局依照《商标法》的规定依职权主动撤销注册商标或对连续三年不使用商标的撤销请求做出是否撤销的决定不服的，可以向商标评审委员会申请复审，并由商标评审委员会审理裁决的案件。

针对当事人不服商标局对就商标有关事项所作处理决定而提出的复审请求、由商标评审委员会重新进行审查的法定程序。

8.4 商标注册无效的撤销程序及争议程序

为了提高商标注册的质量，对于一些不符合法律规定而取得的注册商标，许多国家都在《商标法》中规定了商标注册无效的撤销程序和注册商标的争议程序。这两类程序的规定，对于保护商标权人和消费者的利益，减少商标纠纷，具有非常重要的意义。下面将对这两类程序的启动条件和内容进行讲解。

8.4.1 商标注册无效的撤销及后果

1. 商标注册无效撤销的概念

(1) 商标注册无效撤销，是指商标不具备注册条件但取得注册时，商标局可以依职权撤销该注册商标，或由商标评审委员会根据第三人的请求撤销该注册商标的制度。

我国原《商标法》中没有规定注册商标无效撤销的程序问题。但是，由于商标管理实践中出现了越来越多的不当注册商标的案例因缺乏法律依据而造成事实上存在着权利冲突、注册商标质量不高等问题无法处理。2001 年修订后的《商标法》增加了此内容。《商标法》第四十一条规定，"已经注册的商标，违反本法第十条、第十一条、第十二条规定的，或者是以欺骗手段或者其他不正当手段取得注册的，由商标局撤销该注册商标；其他单位或者个人可以请求商标评审委员会裁定撤销该注册商标。已经注册的商标，违反本法第十三条、第十五条、第十六条、第三十一条规定的，自商标注册之日起五年内，商标所有人或者利害关系人可以请求商标评审委员会裁定撤销该注册商标"。

由此可见，对注册不当商标撤销包括两种情况：一是由商标局依职权撤销；二是由其他单位或者个人可以请求商标评审委员会裁定撤销。

通过设置这种程序，可以达到提高商标的质量；减少注册商标权利的冲突；确保注册商标作用权的效力；保护消费者的利益；维护商标专用权受让人的利益等作用。

(2) 商标注册无效的原因。判定注册商标是否有效必须依据法律规定。我国商标管理相关法律规定了构成商标注册无效的原因或条件有：

● 使用了《商标法》中不允许作为商标的标志，如《商标法》第十条之规定；

● 使用了《商标法》中不得作为商标注册的禁用标志，如《商标法》第十一条之规定；

● 使用了《商标法》中不得作为立体商标注册的标志，如《商标法》第十二条之规定；

● 以欺骗手段或者其他不正当手段取得注册的商标；

● 申请注册的商标是复制、模仿或者翻译他人已经在中国注册的驰名商标，如《商标法》第十三条、第四十一条第二款之规定；

● 未经授权，代理人或者代表人以自己的名义将被代理人或者被代表人的商标进行注册，被代理人或者被代表人提出异议成立的；

● 商标中含有地理标志，但该商品并非来源于该标志所表示的地区而造成误导公众的；

● 注册商标损害了他人现有的如外观设计权、公民的姓名与肖像权、著作权、商号权、地理标志等在先权利的；

● 已注册的商标属于恶意抢注等不公平竞争行为而取得的。

2. 商标注册无效撤销的程序

商标注册无效撤销的程序主要包括两种情况：一是由商标局依职权撤销；二是商标评审委员会裁定撤销。

(1) 商标局依照职权撤销注册不当商标的程序。根据《商标法》第四十一条第一款规定："已经注册的商标，违反本法第十条、第十一条、第十二条规定的，或者是以欺骗手段或者其他不正当手段取得注册的，由商标局撤销该注册商标。其他单位或者个人可以请求商标评审委员会裁定撤销该注册商标。"

商标注册人对商标局的撤销决定不服的，可以在自收到决定通知书之日起十五日内，向商标评审委员会送交一份《撤销注册不当商标复审申请书》申请复审。商标评审委员会作出复审后，书面通知申请人。

商标评审委员会在收到申请书后，经审查，符合受理条件的予以受理；不符合受理条件的不予受理，并书面通知申请人并说明理由；需要补正的，通知申请人自收到通知书之日起三十日内补正，经补正仍不符合规定的，不予受理，并书面通知申请人并说明理由；期满未补正的视为撤回申请，商标评审委员会应书面通知申请人。

商标评审委员会受理申请后，发现不符合受理条件的，予以驳回，并书面通知申请人并说明理由。商标评审委员会受理申请后，应及时将申请书副本送交对方当事人，限期自收到申请书副本之日起三十日内答辩；期满未答辩的，不影响评审。

当事人需要在评审申请或答辩后补充相关资料的，应当在申请书或答辩书中声明，并自提交申请书或答辩书之日起三个月内提交；期满未提交的，视为放弃补充相关证据材料。

商标评审委员会根据当事人请求或实际情况，可以决定对评审申请进行公开评审。但应当在公开评审前十五日书面通知当事人各项事项。当事人应当在通知书制定的期限内作出答复。申请人不答复也不参加公开评审的，视为撤回申请。商标评审委员会应当书面通知申请人。被申请人不答复也不参加公开评审的，商标评审委员会可以缺席评审。申请人在商标评审委员作出决定、裁定之前，可以申请撤回，同时评审程序结束。申请人撤回申请后，不得以相同的理由重新提出评审申请。如商标评审委员会已经作出决定、裁定，任何人不得以相同的事实和理由再次提出评审申请。

商标评审委员会经评审后认为应当撤销该注册不当的商标的，应作出撤销的裁定；认为应当撤销该注册不当的商标的，应作出维持该注册商标的裁定。

当事人对商标评审委员会的裁定不服的，可以自收到通知之日起三十日内向人民法院起诉。人民法院应当通知商标裁定程序的对方当事人作为第三人参加诉讼。

如果人民法院生效的判决维持商标评审委员会做出的撤销裁定的话，则撤销该注册商标；如果人民法院生效的判决撤销了商标评审委员会做出的撤销裁定的话，则由商标评审委员会重新作出维持该注册商标的裁定。

(2) 商标评审委员会裁定撤销注册不当商标的程序。根据《商标法》第四十一条第二款规定："已经注册的商标，违反本法第十三条、第十五条、第十六条、第三十一条规定的，自商标注册之日起五年内，商标所有人或者利害关系人可以请求商标评审委员会裁定撤销该注册商标。对恶意注册的，驰名商标所有人不受五年的时间限制。""除第四十一条前两款规定的情形外，对已经注册的商标有争议的，可以自该商标经核准注册之日起五年内，向商标评审委员会申请裁定。"当第三人请求商标评审委员会裁定撤销该注册商标的，应当将《撤销注册不当商标申请书》一式两份送交商标评审委员会申请裁定。"

商标评审委员会受理申请后,应及时将申请书副本送交对方当事人,限期自收到申请书副本之日起三十日内答辩;期满未答辩的,不影响评审。

商标评审委员会根据当事人请求或实际情况,可以决定对评审申请进行公开评审。

商标评审委员会经评审后认为应当撤销该注册不当的商标的,应作出撤销的裁定;认为应当撤销该注册不当的商标的,应作出维持该注册商标的裁定。

当事人对商标评审委员会的裁定不服的,可以自收到通知之日起三十日内向人民法院起诉。人民法院应当通知商标裁定程序的对方当事人作为第三人参加诉讼。

对于上述被撤销的商标由商标局予以公告,商标注册人应当在收到决定或者裁定通知之日起十五日内,将《商标注册证》交回商标局。

3. 注册商标无效的后果

对于注册商标无效的法律后果,《商标法实施条例》第四十条规定:"依照《商标法》第四十四条、第四十五条的规定被撤销的注册商标,由商标局予以公告;该注册商标专用权自商标局的撤销决定做出之日起终止。"有关撤销注册商标的决定或者裁定,对在撤销前人民法院作出并已执行的商标侵权案件的判决、裁定,工商行政管理部门作出并已执行的商标侵权案件的处理决定,以及已经履行的商标转让或者使用许可合同,不具有追溯力;但是,因商标注册人恶意给他人造成的损失,应当给予赔偿。

具体来说包括以下几方面:

(1) 被撤销的注册商标的专有权视为自始即不存在。违反法律规定而不当注册的商标、出现争议的不当商标,都可以由商标局或商标评审委员会撤销。撤销后,其商标专有权视为自始不存在,即撤销其注册商标专有权的决定或裁定具有溯及既往的效力,原来商标权人所获得的利益应当返还或者恢复原状。

(2) 特殊情况下,撤销注册商标专有权的决定或裁定不具有溯及既往的效力。有关撤销注册商标的决定或者裁定,对在撤销前人民法院作出并已执行的商标侵权案件的判决、裁定,工商行政管理部门作出并已执行的商标侵权案件的处理决定,以及已经履行的商标转让或者使用许可合同,不具有追溯力。

(3) 商标注册人恶意给他人造成的损失,应当给予赔偿。商标注册人如明知自己的商标是以欺骗的手段注册会面临被撤销但仍然有偿转让给他人造成在先权利的商标人的利益受损,商标注册人应对受害人适当进行赔偿。

8.4.2　注册商标争议程序

1. 注册商标争议的概念及条件

(1) 注册商标争议,是指对已经注册的商标存在争议,即两个注册商标所有人之间因两商标在相同或类似商品或服务上相同或近似所产生的商标权利的争端,或者驰名商标权利人因某注册商标与驰名商标相同或近似所产生的商标权利的争端。

我国《商标法》第四十一条规定:"对已经注册的商标有争议的,可以自该商标经核准注册之日起五年内,向商标评审委员会申请裁定。"

在实践中,如果申请注册的商标与他人有类似,商标权人或者在先申请人可以在商标初步审定并公告之日起三个月内提出商标异议；如果未有人提出异议，商标局就会核准注册。

(2) 注册商标争议提出的条件。只有具备下列条件提出的注册商标正义的申请才会被商标局受理：

● 申请争议的人必须是在先注册的商标权人；

● 申请人的注册商标的核准注册日必须先于被争议人之注册商标的核准注册日；

● 申请争议的时间为自被争议的商标的核准注册之日起五年内，超过此时间提出争议的不予受理；

● 被争议的商标的构成要素必须与争议商标的构成要素相同或近似；

● 争议所依据的事实和理由不属于商标注册无效的事由，也不得与核准注册前已经提出的异议并经裁定的事实和理由相同。

2. 注册商标争议程序的特点

注册商标争议程序与注册商标无效的撤销程序、商标异议程序相比有以下特点：

(1) 三者申请的主体不同。申请注册商标争议的人必须是在先注册的商标权人，而注册商标无效撤销的请求人可以是被请求撤销商标注册人之外的任何人，甚至可以直接由商标局依职权撤销。商标异议的请求人为任何人。

(2) 三者适用的对象不同。被争议和被撤销的商标都必须是已经注册的商标，而被异议的商标则是初步审定并公告但尚未被核准的商标。商标异议程序是被核准注册的必经程序，而对争议的裁定或撤销无效注册则不是必经程序。

(3) 三者启动程序的法定期限不同。对已经注册的商标提出争议的时效为自被争议商标核准注册之日起五年内。而提出商标异议的时效则为自该商标初步审定并公告之日起三个月内。提出注册商标无效的撤销的请求时效则因不同情况而有所不同。

(4) 三者受理的机关不同。注册商标争议必须向商标评审委员会提出并由它裁定。而商标异议应当向商标局提出，当事人若对商标局做出的商标异议裁定不服的，可以向商标评审委员会提请复审。对于注册商标无效的撤销，则既可以由商标局依职权决定，也可以由任何人向商标评审委员会提起请求并要求裁定；同时，对商标局的决定，商标注册人还可以向商标评审委员会提请复审。

(5) 三者申请的理由不同。注册商标争议的理由，是由于后注册的商标与用于同种或类似商品上先注册的商标相同或近似，且其理由不能与核准注册前已经提出过的异议并已裁定的事实和理由相同。而商标异议的理由则是因商标局初步审定并公告的商标违反了《商标法》的某一规定。对于注册商标无效的撤销的理由，是因为该注册商标违反了《商标法》第十条、第十一条、第十二条的规定；或者是注册申请人采用了欺骗手段或者其他不正当手段获得注册，以及违反了《商标法》第十三条、第十五条、第十六条、第三十一条的规定而取得注册的商标。

3. 注册商标争议裁定的程序

(1) 注册商标争议人向商标评审委员会提出争议裁定申请。商标注册人对于他人已注册的商标提出争议的，应当在该商标刊登注册公告之日起五年内，依照《商标法》及其实施细则规定，向商标评审委员会提出《注册商标争议裁定申请书》一式两份，提出争议理由。《注册商标争议裁定申请书》必须按国家工商管理总局规定的格式填写，内容包括：申请人已经核准注册商标的名称、注册号、核定使用该商标的商品名称及类别；被争议的注册商标的名称、注册号及刊登于《商标公告》的时间和期数；载明申请争议裁定的具体理由；申请人的名称、地址和申请时间。同时提交《注册商标争议裁定申请书》副本一份，并附证据若干份，并交纳评审费(交纳评审费 1500 元，代理费 3000 元)。

(2) 商标评审委员会对收到的申请进行形式审查，决定是否受理。一般审查的内容包括：一是注册商标争议人是否是商标注册人；二是注册商标争议人的申请是否在有效的法定期限内；三是注册商标争议人提出争议申请的理由是否符合法律规定；四是向商标评审委员会寄送的《注册商标争议裁定申请书》的格式与份数是否有效；五是注册商标争议人是否缴纳了评审费等等。对于前三项审查不符合规定的则作出不予以受理的决定；对于后两条不合格的，则要求注册商标争议人限期补正；无正当理由或逾期不予以补正的则不予以受理。

(3) 商标评审委员会进行实质性审查并进行裁定。商标评审委员会对于决定受理的申请，应当通知被争议商标注册人，并将《注册商标争议裁定申请书》一份交被争议人，并限期答辩。答辩以书面文件进行，必要时请争议当事人双方公开答辩。被争议人答辩与否不影响做出争议裁定的结果。商标评审委员会进行的实质性审查的主要内容是同种商品或类似商品上注册商标是否存在相同或近似的问题。商标评审委员会在充分听取当事人双方的理由和事实的基础上，依据事实和法律规定作出裁定。争议理由成立，撤销被争议的注册商标，移交商标局办理撤销手续并公告。争议理由不能成立的，则维持被争议人的商标专有权，并以书面形式送达争议双方当事人和商标局。对于裁定撤销被争议商标的，被争议商标所有人应于收到裁定书之日起十五日内向商标局交回《商标注册证》。

(4) 注册商标争议当事人对裁定结果的反应。若注册商标争议当事人对商标评审委员会做出的裁定不服的，可以自收到通知之日起三十日内向人民法院起诉。人民法院应当通知商标裁定程序的对方当事人作为第三人参加诉讼。若法院作出撤销商标的，被争议人在限期内交回《商标注册证》，由商标局办理相应的手续并予以公告。

【本章思考题】

1. 商标权获取的途径有哪些？
2. 商标注册申请有哪些原则？
3. 商标申请注册的程序是什么？
4. 商标人的业务范围有哪些？
5. 简述商标注册的形式审查和实质审查。
6. 如何理解商标异议？怎样处理商标异议？
7. 什么是注册商标的无效？
8. 注册商标争议与商标异议、注册商标的无效撤销有什么不同？
9. 注册商标无效的后果是什么？

第9章　商标使用与印制管理

【内容摘要】

本章内容主要涉及商标的使用及商标的印刷管理的全部内容。全章共分为三个部分：第一部分主要介绍商标使用管理主要是针对商品或服务在商标使用问题上有无违反相关的法律法规的规定进行管理，分为注册商标的使用管理和未注册商标的使用管理，重点讲授注册商标的使用管理。第二部分主要介绍集体商标、证明商标和驰名商标等几种特定商标使用管理方面的法律规定，重点讲授驰名商标的认定及保护问题。第三部分主要针对商标印刷过程中的规范问题，介绍对不符合法律规定的商标进行印制需承担的法律后果等内容。

【学习目标】

通过对本章节的学习，使学生掌握商标在使用过程中应受到的法律约束问题，明确注册商标与非注册商标使用管理的区别，特别应学习和掌握与集体商标、证明商标及驰名商标使用相关的法律规定，同时应当对商标印制的法律规定及法律责任等有所了解。具体应当：

(1) 理解和掌握《商标法》对注册商标使用管理的法律规定；

(2) 了解非注册商标使用的法律规定及约束；

(3) 了解集体商标与证明商标管理的具体内容；

(4) 驰名商标的概念及其保护驰名商标的意义；

(5) 重点掌握驰名商标的认定及其保护措施；

(6) 学习和了解商标印刷管理的有关规定。

【重要知识点】

在本章学习中应掌握的概念及其知识点有：商标使用管理，注册商标使用管理，非注册商标使用管理，集体商标与证明商标，驰名商标认定与保护，商标印制管理，商标标识出入库制度，商标印制存档制度，商标承印，商标拒印等。

9.1　商标使用管理

商标使用管理主要是针对商品或服务在商标使用问题上有无违反相关的法律法规的规定进行管理，分为注册商标的使用管理和未注册商标的使用管理。

9.1.1　注册商标使用管理

1. 注册商标使用管理的概念

(1) 注册商标是指商标注册申请人向国家工商行政管理总局商标局提出商标注册申请

并获得核准的文字、图形或其组合标志。注册商标的使用，包括商标注册人对商标的使用和被许可使用人对商标的使用，这里主要针对商标注册人对商标的使用。

(2) 注册商标使用的管理，是指商标管理机关对注册商标使用人在核定使用的商品上使用核准注册的商标的情况进行监督，同时对使用注册商标的商品或服务质量进行监督的行政管理行为。

2. 对注册商标使用管理的法律规定

我国《商标法》第六章第四十四至第五十条、《商标实施条例》第六章第三十七条至第四十八条的相关法律条文，形成了对注册商标使用的以下规定：

(1) 对违法使用注册商标行为的行政处理的规定。根据《商标法》第四十四条规定，"有下列行为之一的，由商标局责令限期改正或者撤销其注册商标"。这些行为包括：

第一，自行改变注册商标。商标注册是取得商标专用权的法律依据和必经的法定程序。依照《商标法》规定，使用注册商标，需要改变注册商标的文字、图形、字母、数字、三维标志和颜色组合以及上述要素的组合的，是对商标权客体的改变，应当重新提出商标注册申请。未提出重新注册申请而擅自改变注册商标，是《商标法》禁止的行为。在一个具体的注册商标的使用管理过程中，注册商标并不是完全不能改变，但这种改变不能对注册商标构成要素进行本质上的改变，也不能形成对他人商标专用权的侵犯。同时，涉及商标权客体的改变，应当重新提出商标注册申请，否则即应承担相应的法律责任。

第二，自行改变注册商标人名义、地址或者其他注册事项的，应当提出变更商标注册申请。如果不提出变更注册申请，既不利于商标主管机关及时掌握商标权人的实际情况，同时由于权利主体名义、地址或者其他注册事项变更也会影响商标权的有效性。在有的情况下，企业在企业登记主管部门办理了企业名称、地址等变更手续，但不及时到商标主管机关办理商标注册人名义或地址变更手续，一旦被他人假冒侵权，就很难受到法律保护。

第三，自行转让注册商标。法人、自然人和其他组织需要转让注册商标的，应当和受让人共同向商标局提出转让商标注册申请。转让注册商标经核准后，予以公告，受让人自公告之日起享有商标专用权。违反这些规定而自行转让的，应依本条处理。转让注册商标属于广义上的改变注册商标行为，即商标权主体发生了根本性改变。尽管商标权转让属于民事权利范畴，转让双方当事人可以通过协议方式来实现，但我国《商标法》规定了相关的程序，自行转让即是违法。

第四，连续三年停止使用的。对注册商标长期搁置不用，不但该商标不会产生价值，发挥不了商标功能和作用，而且还会影响到他人注册登记或使用，实际上有碍于他人申请注册与其相同或者近似的商标，商标的法律机制也就失去了存在的意义。这里所讲商标的使用即将商标用于商品、商品包装或容器以及商品交易文书上，用于广告宣传、展览以及其他业务，许可他人使用或是转让给他人使用都可以认为是使用。但是，因有不可抗拒的原因或者其他正当理由并经商标局认可的停止使用的除外。

对于有上列违法行为的，由商标局责成商标注册人在限定期限内改正。对自行改变或者自行转让的，限期改正或者收回转让，其中包括按照申请核准法定程序补办法律手续；拒不改正的，由商标局撤销其注册商标。具体处罚主要有两种形式：

一是限期改正。限期改正是商标局对于商标使用中的违法行为的制止。责令限期改正，即限定违法行为人在一定期限内改正其违法行为，使其行为符合《商标法》的规定。限期改正是一种较轻微的行政处罚。给予这种处罚，主要是为了教育违法行为人及时纠正其违法行为。在实施这种处罚时，可以采用决定通知书形式。

二是撤销注册商标。撤销注册商标是《商标法》中规定的一种严厉的行政处罚，直接涉及剥夺当事人的商标专用权，目的在于惩处严重违法行为。我国是实行商标注册原则的国家，注册商标的所有人享有该注册商标专用权。撤销了注册商标，该商标所有人就丧失了该商标专用权。因此，商标局在作出撤销注册商标的处理决定时，必须依照法定程序办理。当事人对商标局的处罚决定不服的，可以在规定的期限内，依法向商标评审委员会申请裁定；对裁定不服的，可以向人民法院提起诉讼。

(2) 对不顾商品质量、欺骗消费者的违法行为的行政处理的规定。根据《商标法》第七条的规定，商标使用人应当对其使用商标的商品质量负责，强调了注册商标使用人应当对使用注册商标的商品及服务的质量进行管理。这是因为商标具有下列基本功能：

第一，表明商品或服务的来源或出处。商标最初是作为手工业者表示自己的私有权而在自己的商品上标明的记号，后来发展到用以区别商品或服务的来源和出处。激烈的市场竞争中，经营者希望消费者能在众多的商品或服务提供者中选用自己的商品或由自己提供服务。但是，对广大的消费者来说，不可能都具有鉴别、区分商品或服务所必需的知识、经验和技能。因此，在商品或所提供的服务上作上标记，即使用商标，就能帮助消费者实现挑选商品或服务的愿望。

第二，促使商品生产者和经营者、服务提供者保证商品或服务的质量。商标必须附着于商品或所提供的服务上，即可表明该商品或服务项目的出处。对消费者来说，同一种商标下所提供的商品或服务应保证商品或服务的质量标准的同一性。一个不能保证商品或服务质量的商标不会对广大消费者产生吸引力，消费者不会争先恐后地去购买那些带有标明低质量、低档次的商标的商品或服务。因此，商品的生产者、经营者或服务项目的提供者首要的任务，是必须保证使用一个商标的商品或服务的质量具有同一的质量标准，才能使消费者可以根据商标所表明的商品质量去选购商品，挑选服务，并多吸引回头客。

第三，广告宣传上的双重性功能。商标凝结着商品的质量和信誉。商标本身就是一个无声的广告，它可以表明商品或服务的来源和出处，可以使消费者了解是哪个公司企业的商品或服务项目，其商品或服务的质量标准如何。商标还是广告宣传的核心。利用商标进行广告宣传是商品和服务广告的主要形式和重要内容。但是，商标的广告功能也容易导致负面影响。一是极易导致对消费者的欺骗，夸大优点，隐瞒问题和不足，使消费者受骗上当；二是过于强调商标的广告宣传功能，容易使商品的生产经营者和服务的提供者以为通过商标的广告宣传就可以占领市场，获取经济利益，而忽略了改进工艺，提高产品和服务质量的重要性，从而损害消费者的利益。

所以，在商标使用的管理工作中，从维护消费者的利益出发，监督产品质量，制止欺骗消费者的行为，是各级工商行政管理部门的一项重要任务。根据《商标法》第四十五条之规定，对于商品粗制滥造、以次充好、欺骗消费者的行为，由各级工商行政管理部门根据不同情节和后果，可以单独或者合并采取下列手段处罚：责令限期改正，予以通报，处以罚款，撤销注册商标。此外，对有毒、有害并且没有使用价值的商品，还应依法予以销毁。

(3) 对被撤销或者注销商标管理的规定。《商标法》规定了许多撤销或注销注册商标的情形，如自行改变注册商标和自行改变注册商标的注册人名称、地址或者其他注册事项以及商品粗制滥造，以次充好，欺骗消费者等行为，商标局可以撤销其注册商标；对于注册商标有效期满，宽展期已过仍未提出申请续展注册的注册商标，由商标局予以注销，等等。但是，为了防止发生商品出处的混淆，《商标法》还做了以下规定：

第一，注册商标被撤销的或者期满不再续展的，自撤销或者注销之日起一年内，商标局对与该商标相同或者近似的商标注册申请，不予核准。这是因为，当一些注册商标被撤销或注销时，尽管商标专用权已经终止，但并不等于该商标在市场上或消费者中彻底消失，原商标注册人生产的使用该注册商标的商品并不能立即退出市场，在流通领域还会存在一定时期。因此，如果立刻核准其他人注册与之相同或者近似的商标，就有可能使市场上同时出现带有相同或者近似的商标的商品，从而可能造成消费者的误认、误购。为了维护消费者的利益，对这些已被撤销或注销的商标，也要加强管理，避免市场上出现混同商标，发生商品出处的混淆。

第二，《商标法》规定了一年的过渡期。在这个过渡期内，不核准他人提出的相同或者近似商标的注册申请。过渡期后，原来带有注册商标的剩余商品应当基本上已销售完毕，商标局就可以对这样的申请核准了。需要注意的是，如被撤销的注册商标是连续三年停止使用的，则不受上述规定的限制。因为这种情况下被撤销的注册商标自身已连续三年没有使用，故而市场上应当不会有带这种商标的商品流通，也就不会产生消费者的误认、误购问题。

(4) 对强制注册商标管理的规定。我国《商标法》虽然总体上是实行自愿注册制度，但并不是所有商品使用的商标都实行自愿注册原则。具体规定是：

第一，对与人民生活关系极为密切并直接涉及人民健康的极少数商品，对于少数对国计民生关系极为重要的商品，法律要求强制性商标注册。《商标法》第六条明确规定，"国家规定必须使用注册商标的商品，必须申请商标注册，未经核准注册的，不得在市场销售。"由此可见，我国商标注册制度，在总的原则上是实行自愿注册制度，但对极少数商品又规定必须使用注册商标。这是根据国家经济发展状况和商标使用的实际情况所制定的法律规范，既符合我国的实际情况，也体现了法律对人民负责的精神。目前在我国必须使用注册商标的商品只是烟草制品。

第二，根据《商标法》第四十七条规定，凡违反《商标法》第六条规定的，由地方工商行政管理部门责令限期申请注册，可以并处罚款。强制使用注册商标，有利于对商标注册人实行监督，有利于对特殊商品进行严格的管理。同时也要求商标注册人对强制使用商标的商品负责。如果发现其商品粗制滥造，以次充好，欺骗消费者，则可以通过商标使用的管理对其违法行为给予必要的制裁。

对于必须使用注册商标的商品而没有使用商标或者使用商标而不注册的，地方工商行政管理部门可以行使行政执法权，责令其在规定的期限内申请注册，禁止其商品在市场上销售，停止广告宣传，封存或者收缴其商标标识，并可以根据情节处以罚款。

3. 商标使用管理的具体内容

综合《商标法》及《商标法实施条例》的规定，对注册商标使用进行管理的内容有：

(1) 检查注册商标是否按规定使用注册标记。我国《商标法》规定，使用注册商标的，应当标明"注册商标"字样或注册标记(⑱或®标记)；未注册商标则不能标明"注册商标"字样或注册标记(⑱或®标记)；使用注册商标应当规范，标识位置应当适中，注册标记一般应当在商品上标明，只有在商品上不便标明的，才按要求在商品包装上或说明书上及其他附着物上标明。

(2) 检查注册商标是否在核定的商品范围内使用商标。《商标法》规定，注册商标的专用权，以核准注册的商标和核定使用的商品或者服务为限。表明注册商标只有在核定使用的商品或者服务上使用，才具有法律效力；使用中的注册商标也只有与经商标局核准注册的商标完全相同时才受法律保护。

(3) 检查注册商标是否自行改变商标的文字、图形。"注册商标需要改变其标志的，应当重新提出注册申请"。商标注册人擅自改变注册商标标志的行为属违法行为。对于改变注册商标法律状态的行为，工商行政管理机关有权责令商标注册人限期改正；拒不改正的，由商标注册人所在地工商行政管理机关报请商标局撤销其注册商标。

(4) 检查注册商标是否自行转让商标。商标注册人转让其注册商标时，应与受让人共同向商标局提出申请，经商标局核准并予以公布后，其转让才合法有效。如果商标注册人不依法定程序而自行转让其注册商标，工商行政管理机关有权责令其改正；拒不改正的，由商标注册人所在地的工商行政管理机关报请商标局撤销其注册商标。

(5) 检查注册商标是否有连续三年停止使用的情况。我国《商标法》及其实施细则规定，连续三年停止使用注册商标的，任何人都可以向商标局申请撤销注册商标，商标局应当通知商标注册人在收到通知之日起三个月内提供该商标使用的证明或者不使用的正当理由，逾期不提供使用证明或者证明无效的，由商标局撤销其注册商标。

(6) 检查注册商标许可使用的当事人是否签订许可使用合同并向商标局备案。商标注册人违反规定的，工商行政管理机关有权责令限期改正，对拒不改正的，报请商标局撤销其注册商标，并收缴被许可人的商标标识。

(7) 检查是否存在非法印制或买卖注册商标标识的行为。如：存在非法印制或买卖商标标识的，工商行政管理机关可以责令立即停止销售；消除现存商品上的侵权商标；收缴直接专门用于商标侵权的模具、印板和其他作案工具；采取前项措施不足以制止侵权行为的，或者侵权商标与商品难以分离的，责令并监督销毁侵权物品及采取经济处罚等措施来制止侵权行为。

(8) 对已被注销或被撤销的注册商标管理。我国《商标法》规定，注册商标被撤销的或期满不再续展的，自撤销或者注销之日起一年内，商标局对与该商标相同或者近似的商标注册申请，不予核准。但是，如果在同一种或类似商品上申请注册连续三年停止使用而被撤销的注册商标相同或者近似的商标，则不受上述限制。

(9) 对《商标注册证》的管理。《商标注册证》是国家商标主管机关授予商标注册人的证明商标专用权的具有法律效力的证件。商标注册人应当正确使用和管理《商标注册证》，不得擅自涂改，也不得自行转接、转让或复制，更严禁伪造。《商标注册证》遗失或者破损的，应当向商标局申请补发。《商标注册证》遗失的，应当在《商标公告》上刊登遗失声明。破损的《商标注册证》，应当在提交补发申请时交回商标局。伪造或者变造《商标注册证》的，依照刑法关于伪造、变造国家机关证件罪或者其他罪的规定，依法追究刑事责任。

(10) 对使用注册商标的商品或者服务质量的管理。商标管理机关应对使用注册商标的商品或者服务的质量进行监督检查。如果使用注册商标，其商品粗制滥造，以次充好，欺骗消费者的，由各级工商行政管理部门分别按不同情况，责令限期改正，并可以予以通报或者处以非法经营额 20% 以下或者非法获利两倍以下的罚款，或者由商标局撤销其注册商标。

9.1.2　未注册商标使用管理

1. 未注册商标使用管理的概念及意义

(1) 未注册商标是指未经商标局核准注册而直接在商品上使用的商标。而未注册商标使用管理，是指国家商标行政管理部门指导、监督未注册商标使用人在商标的商业性使用中，依法使用其未注册商标，保证商品或服务质量的行政管理行为。未注册商标使用管理有以下具体含义：

第一，我国《商标法》未禁止未注册商标的使用。我国实行商标注册自愿原则，尽管商标法第四条规定，"自然人、法人或者其他组织对其生产、制造、加工、拣选或者经销的商品，需要取得商标专用权的，应当向商标局申请商品商标注册"；"自然人、法人或者其他组织对其提供的服务项目，需要取得商标专用权的，应当向商标局申请服务商标注册"。但是，现行《商标法》及其他法律规定并未禁止未注册商标的使用。

第二，在我国，未注册商标(除驰名商标之外)是不受法律保护的。未注册商标虽然也是商标的一部分，但是由于它未经注册、没有取得商标专用权，因而不受法律保护。由此造成在我国现有商标法律致力于保护注册商标专用权的背景下，未注册商标的使用始终处于不稳定、不安全的状态，随时可能卷入商标抢注、商标侵权等法律纠纷中。

第三，允许未注册商标使用的原因。国家允许使用未注册商标，是从有利于发展社会生产力考虑的。对于一些生产尚不稳定、产品尚未定型的商品和地产地销的小商品，不强行要求注册，便于他们扬长避短，迅速取得经济效益。因此采取自愿注册原则，允许未注册商标的存在和使用及其商品进入市场，这是符合我国经济发展需要，适应多层次生产力发展水平要求的。但是，这并不意味着国家对未注册商标的使用就放任不管。从保护注册商标专用权和维护消费者利益出发，国家商标管理部门仍然要对未注册商标的使用进行管理。

(2) 对未注册商标进行管理的意义。加强对未注册商标使用的管理，对于保护注册商标专用权和维护消费者利益，发展社会主义市场经济等方面都具有十分重要的意义。

第一，它有利于维护商标秩序正常化。加强管理的一个重要方面就是指导未注册商标使用人正确使用商标，以免因违反《商标法》的有关规定，破坏了市场经济秩序而受处罚，从而维护了商标秩序正常化。

第二，它有利于未注册商标使用人提高商标意识，积极申请注册。由于未注册商标不能有效地利用现代宣传手段参与竞争，不易取得消费者的信任感，使用的商标又经常处于不稳定、不安全状态，不是被别人使用或被抢先注册，就是因与他人注册商标相同或近似而被禁止使用，所以加强对未注册商标的管理能促使未注册商标使用人对未注册商标寻求法律保护，积极申请注册。

第三，它有利于抑制未注册商标使用人生产经营的短期行为。由于使用未注册商标易使商标使用人产生急功近利的短期行为，所以加强对未注册商标使用的管理，有助于从根本上解决这一问题。

2. 未注册商标使用管理的具体内容

根据我国《商标法》及其他相关规定，使用未注册商标必须遵循以下原则：

(1) 未注册商标使用人不得将其未注册的商标冒充注册商标。根据《商标法》第九条第二款规定："商标注册人有权标明'注册商标'或者注册标记，以表明所使用的商标为注册商标，受法律的保护；未注册商标在使用时若标称为注册商标，就是对消费者进行欺骗，有损商标管理的秩序，因此是法律所禁止的行为。对这种违法行为由工商行政管理部门禁止其广告宣传，封存或者收缴其商标标识，责令限期改正，并可以根据情节予以通报或者处以罚款。"

司法实践中，假冒注册商标一般主要有以下几种表现形式：

第一，未向商标局提出注册申请，或虽已向商标局提出注册申请但在未获得核准注册之前就在商标上加注了"注册商标"字样或注册标记。

第二，在未注册商标周围使用与注册标记类似的符号，或在未注册商标周围标注某些文字，所标注的文字会使普通消费者在施以一般注意力情况下误以为该商标是注册商标。

第三，商标注册人超出了核定使用的商品或服务范围使用注册商标，并标注"注册商标"字样或注册标记。

第四，注册商标因未办理商标续展注册手续被注销后，或注册商标因违法使用被撤销后，仍继续使用并标"注册商标"字样或注册标记。

凡经查实冒充注册商标的，由地方工商机关予以制止，限期改正，并可以予以通报或者处以非法经营额 20%以下或者非法获利两倍以下的罚款。

(2) 未注册商标使用不得违反《商标法》禁用条款规定。有关禁用条款的内容，各国商标法律都有不同的规定，大多数国家的禁用条款仅适用于商标注册实质审查程序。我国《商标法》在注册商标申请及核准过程中也规定了许多禁止性条款，本来是用于约束不符合规定进行商标注册的，这些禁止性条款同样适用于未注册商标的使用。具体包括：

第一，《商标法》第十条规定的"禁止作为商标使用标志的九种具体的规定情形"，同样适用于未注册商标的使用。在我国，禁用标志不仅得不到注册，也不得作为商标使用。

第二，《商标法》第十三条规定的"就相同或者类似商品申请注册的商标是复制、模仿或者翻译他人未在中国注册的驰名商标，容易导致混淆的，不予注册并禁止使用"和"就不相同或者不相类似商品申请注册的商标是复制、模仿或者翻译他人已经在中国注册的驰名商标，误导公众，致使该驰名商标注册人的利益可能受到损害的，不予注册并禁止使用"等规定同样适用于未注册商标的使用。

第三，《商标法》第五十二条第一款规定的"未经商标注册人的许可，在同一种商品或者类似商品上使用与其注册商标相同或者近似的商标的"，同样适用于未注册商标的使用。

凡经查实违反《商标法》禁用条款规定的，由地方工商机关予以制止，限期改正，并可以予以通报或者处以非法经营额 20%以下或者非法获利两倍以下的罚款。

(3) 使用未注册商标的商品不得粗制滥造、以次充好、欺骗消费者。使用未注册商标的商品和使用注册商标的商品一样要保证商品质量，体现出我国《商标法》在保护商标专用权的同时，把维护消费者利益放在重要地位的特点。对于使用未注册商标，其商品粗制滥造、以次充好、欺骗消费者的，因其行为与使用注册商标，其商品粗制滥造、以次充好、欺骗消费者的行为相同，所以基本上应与使用注册商标实施此种违法行为给予相同的处罚。

凡经查实使用未注册商标的商品粗制滥造、以次充好、欺骗消费者的，由各级工商行政管理部门予以制止，限期改正，并可以予以通报或者处以罚款。具体执行中，工商行政管理部门在执行这项法律规定时，主要在商品流通领域中进行，对于流通领域中出现商品粗制滥造、以次充好的，一般在取得国家有关法定质量检验机构检测证明后，再依照《商标法》的规定来处理，并根据不同情节和后果可作如下处理：对情节轻微的，进行批评教育，责令限期改正；对情节比较严重、在一定范围内造成不良影响的，责令检讨，予以通报；对情节恶劣，造成严重后果的，除给予通报外，并处以罚款；对有毒、有害并且没有使用价值的商品，予以销毁。

(4) 不得侵犯他人的在先权利。广义上讲，对未注册商标使用的管理除上述三项内容外，还应当包括不得侵犯他人的在先权利，包括：

第一，不得侵犯他人的商标权。在同一种或者类似商品上，未注册商标不得与注册商标相同或近似，这是未注册商标使用的基本前提。随着注册商标数量的增多，使用未注册商标与注册商标相同或近似的概率也越来越大。尤其在一些日用消费品如服装、化妆品、食品上，申请商标注册的驳回率很高，这表明在这些商品上使用未注册商标时，与注册商标发生冲突的概率也很大。因此，在商标保护采取注册原则的情况下，使用未注册商标弊大于利。工商部门应加强对未注册商标使用的监管，及时查处侵权行为。

第二，未注册商标也不能与他人的姓名权、肖像权、著作权、企业名称权、外观设计专利权等在先权利发生冲突。侵犯他人其他合法在先权利的，也将承担相应的民事责任或者行政责任。

9.1.3　商标使用管理的补救规定

如果当事人对商标管理机关的管理及其处罚不服，我国商标法也有一定的补救规定，即可以向商标评审委员会提出复审或向人民法院提起行政诉讼。设置此规定的目的也是为了防止行政权力的滥用。

1. 对撤销注册商标决定的复审和司法审查的规定

(1) 对撤销注册商标决定的复审和司法审查的法律规定。我国《商标法》第四十九条规定："对商标局撤销注册商标的决定，当事人不服的，可以自收到通知之日起十五日内向商标评审委员会申请复审，由商标评审委员会做出决定，并书面通知申请人。当事人对商标评审委员会的决定不服的，可以自收到通知之日起三十日内向人民法院起诉。"

商标权是一项重要的民事权利。撤销注册商标就是要剥夺这项权利，使商标专用权归于消灭。由于撤销注册商标的后果将直接影响到商标注册人的权益，所以必须慎重。为了维护商标注册人的正当权利，加强对撤销注册商标决定的监督，我国《商标法》确立了对撤销注册商标决定的复审和司法审查制度。

(2) 对撤销注册商标决定的复审制度。所谓商标复审，是指商标评审委员会应当事人的申请，对不服商标局关于商标确权或撤销的决定依法进行审议评核，做出复审决定的法律程序。商标复审在商标评审活动中占有重要的地位。商标法律对商标复审作出规定，有利于商标审查、管理与商标专用权的保护，有利于当事人通过严格的法律程序充分地主张自己的权利。撤销注册商标的复审是商标复审的一项重要内容。

具体来讲，当事人对商标局做出的撤销其注册商标的决定不服的，可以自收到决定通知之日起十五日内，将撤销商标复审申请书交送商标评审委员会申请复审。商标评审委员会根据被撤销注册商标的商标注册人申请复审的理由，依据本法的规定进行审议评核，做出复审决定，并用书面方式通知申请人，结束复审程序。

(3) 对撤销注册商标决定的司法审查制度。所谓对撤销注册商标决定的司法审查，是指由司法机关最终决定商标专用权存灭的一项法律制度。按照这一款的规定，当事人对商标评审委员会的决定不服的，可以自收到通知之日起三十日内向人民法院起诉。这是修改后《商标法》新增加的内容。对《商标法》作上述补充修改，主要是为了完善我国商标保护制度，并适应加入世界贸易组织的需要。

根据世界贸易组织《与贸易有关的知识产权协议》第六十二条的规定，有关获得和维持知识产权的程序中作出的终局行政决定，均应接受司法或者准司法当局的审查。为了适应加入世界贸易组织需要，我国已对外承诺在正式加入世界贸易组织时全面实施知识产权协议，因此有必要在《商标法》中增加有关司法审查的规定。这一制度的建立，有利于加强司法对行政的监督，使当事人可以通过严格的司法程序充分地主张自己的权利，获得足够的司法救济，从而有效地保障当事人的合法权利，确保商标确权的公正性。

2. 对工商行政管理部门罚款决定不服的行政诉讼及强制执行的规定

(1) 对工商行政管理部门罚款决定不服的行政诉讼及强制执行的法律规定。我国《商标法》第五十条规定："对工商行政管理部门根据《商标法》第四十五条、第四十七条、第四十八条的规定做出的罚款决定，当事人不服的，可以自收到通知之日起十五日内，向人民法院起诉；期满不起诉又不履行的，由有关工商行政管理部门申请人民法院强制执行。"

(2) 行政诉讼的提起。工商行政管理部门根据本法第四十五条、第四十七条、第四十八条的规定对商标违法行为的当事人做出的罚款决定，是行政机关依法进行行政管理的手段之一，是对有商标违法行为的当事人给予的一种行政处罚性质的经济制裁，目的是为了保障《商标法》的贯彻执行，保护商标专用权和维护消费者的利益。但是，如果工商行政管理部门滥用了行政执法权力，违法进行了处罚，就会侵犯到当事人的合法权利。根据我国《行政诉讼法》及《行政处罚法》的有关规定，当事人认为行政机关和行政机关工作人员的具体行政行为侵犯其合法权益时，可以向人民法院提出诉讼请求，要求人民法院行使国家审判权予以保护。本条规定的内容之一，就是赋予当事人对工商行政管理部门的罚款决定有提起行政诉讼的权利，即商标注册人或未注册商标使用人对罚款决定不服的，可以自收到决定通知书之日起十五日内，向作出罚款决定的工商行政管理部门所在地的人民法院起诉。这既是对当事人行使行政诉讼权利的一种法律保障，也是防止工商行政管理部门滥用罚款权力的一种法律制约。

(3) 强制执行的规定。我们知道，当事人自收到罚款决定书十五日期满不起诉的，就意味着当事人对罚款决定不持异议，因此应当按照罚款决定书的要求认真履行。如果期满不起诉又不履行的，为了保证法律执行的严肃性，维护商标管理机关的权威，作出罚款决定的工商行政管理部门要申请人民法院强制执行。这里将不服罚款决定的起诉期限规定为十五日内，主要是为了使正确的决定能得到迅速的生效执行，而错误的决定能及时受到起诉，并通过司法程序加以纠正。

9.2　特定商标的使用管理

在商标管理中，还存在诸如集体商标、证明商标、驰名商标等特定商标，它们在使用中除了具有《商标法》对一般商标的要求之外，还因为他们自身的特殊性而带有的不同特点，《商标法》对于这些特定商标的使用管理也有其特殊规定。

9.2.1　集体商标的使用管理

1. 集体商标使用管理的法规演变

集体商标与下一节所要讲的证明商标，一般在商标管理实践中，商标管理机关将它们作为专门的问题集中在一起进行管理。本书将两者分开来讲。我国有关集体商标和证明商标使用管理的法律法规演变大体上经历了以下阶段：

(1) 1995 年 4 月 23 日，我国在第三次修订的《商标法实施细则》第六条中首次将集体商标、证明商标纳入了法律的保护范畴。

(2) 1994 年 12 月 30 日，国家工商行政管理局首次发布了《集体商标、证明商标注册和管理办法》。

(3) 1998 年 12 月 3 日，国家工商行政管理局第一次修订发布了《集体商标、证明商标注册和管理办法》。

(4) 2001 年 10 月 27 日，我国在第三次修订的《商标法》第三条中明确地增加了对集体商标、证明商标的保护规定和界定。

(5) 2002 年 8 月 3 日，我国新制定的《中华人民共和国商标法实施条例》(以下简称《商标法实施条例》)中明确了申请保护集体商标、证明商标的细则。

(6) 2003 年 4 月 17 日，国家工商行政管理局第二次修订发布了《集体商标、证明商标注册和管理办法》。

2. 集体商标概述

根据《商标法》及《商标法实施条例》和《集体商标、证明商标注册和管理办法》的规定，对集体商标有以下几点认识：

(1) 集体商标的定义。《商标法》第三条对集体商标的定义为，本法所称集体商标，是指以团体、协会或者其他组织名义注册，供该组织成员在商事活动中使用，以表明使用者在该组织中的成员资格的标志。上述规定的具体内涵是：

第一，集体商标是指由工商业团体、协会或其他集体组织的成员所使用的商品商标或服务商标，用以表明商品的经营者或者服务的提供者属于同一组织。

第二，集体商标的作用是向用户表明使用该商标的企业具有共同的特点。

集体商标是"由众多的自然人和企业组成一个行业协会或行业组织共同申请并共同使

用的一件商标"，因其使用的特殊性，能够达到为产品节约成本、保护产业、创出品牌和规模效益的目的。申请注册集体商标最大好处是：在不改变单个成员身份的条件下，可以通过共同使用统一的商标把所有单个成员的生产经营能力有效组合起来，形成数量优势，显示规模效应。

（2）根据相关法律规定，集体商标的特征主要有：

第一，集体商标不属于单个自然人、法人或者其他组织，即属于由多个自然人、法人或者其他组织组成的社团组织，表明商品或服务来源于某一集体组织，这一集体可以是某一特定的行会、商会等工商业团体或其他集体组织，具体的商品或服务的提供者以集体成员的身份隐退在集体的背后，体现了商标的"共有"及"共用"的特点。

第二，集体商标是以各成员组成的集体名义申请注册和所有，由各成员共同使用的一项集体性权利，反映在集体商标的申请注册上。所以，要求只有具有法人资格的集体组织才可以提出申请，因为只有具有法人资格的集体组织才能以其集体的独立名义拥有商标权。

第三，集体商标反映在商标的使用上，体现在集体组织通常不使用该集体商标，而由该组织的成员共同使用；不是该组织的成员不能使用；每个成员都有平等使用的权力，成员间不存在隶属关系；同时又必须对其集体成员的使用进行监督，并对违反使用规则的成员进行处理。

第四，集体商标的注册、使用及管理都要制定统一的规则，详细说明成员的权利、义务和责任以及管理费用的数额和用途并将之公诸于众，集体成员应相互遵守并受到公众的监督。

第五，集体商标的所有权和使用权不得转让。

第六，当集体商标受到侵害而请求赔偿损失时，应包括集体组织成员所受的损失在内；

第七，当某成员退出该集体时，他就不能再使用该集体商标，当某一新成员加入时，他就可以因获得成员的身份而使用该集体商标了，这种成员身份是不可以转让的，以这种身份关系为基础的商标使用权也不得转让。

第八，地理标志可以作为集体商标注册。以地理标志作为集体商标注册的，其商品符合使用该地理标志条件的自然人、法人或者其他组织，可以要求参加以该地理标志作为集体商标注册的团体、协会或者其他组织，该团体、协会或者其他组织应当依据章程接纳其为会员；不要求参加以该地理标志作为集体商标注册的团体、协会或者其他组织的，也可以正当使用该地理标志，该团体、协会或者其他组织无权禁止。

（3）集体商标与普通商标的区别。上述特征在一定程度上反映了集体商标使用的某些规则，也反映了集体商标与普通商标有着根本性的区别，表现在：

● 集体商标与普通商标均表明商品或服务的经营者，但集体商标表明商品或服务来自某组织，普通商标则表明其来自某一经营者。

● 集体商标只能由某一组织申请注册，普通商标则可以由某一组织或个人申请注册。

● 申请集体商标注册时必须提交使用管理规则，申请普通商标则不必提交。

● 集体商标不能准许本组织以外的成员使用，普通商标可以准许本组织以外的成员使用。

● 集体商标准许其组织成员使用时不必签订许可合同，普通商标准许他人使用时必须签订商标许可书面合同。

● 集体商标失效后两年内商标局不得核准与之相同或近似的商标注册，普通商标的相应期限仅为一年。

3. 集体商标管理相关规定

根据《集体商标、证明商标注册和管理办法》规定，集体商标管理包括以下内容：

(1) 集体商标注册的注意事项有：

第一，《集体商标、证明商标注册和管理办法》使用的范围。本办法既适用于商品，也适用于服务。

第二，集体商标注册应提交的证明材料。根据《集体商标、证明商标注册和管理办法》第四条、第六条规定，申请集体商标注册的应当附送主体资格证明文件并应当详细说明该集体组织成员的名称和地址。

第三，《商标法实施条例》第六条规定，《商标法》第十六条规定的地理标志，可以依照商标法和本条例的规定，作为集体商标申请注册。

第四，以地理标志作为集体商标申请注册的特别规定：

● 以地理标志作为集体商标申请注册的，应当附送主体资格证明文件并应当详细说明其所具有的或者其委托的机构具有的专业技术人员、专业检测设备等情况，以表明其具有监督使用该地理标志商品的特定品质的能力；申请以地理标志作为集体商标注册的团体、协会或者其他组织，应当由来自该地理标志标示的地区范围内的成员组成。

● 申请以地理标志作为集体商标注册的，还应当附送管辖该地理标志所标示地区的人民政府或者行业主管部门的批准文件。外国人或者外国企业申请以地理标志作为集体商标注册的，申请人应当提供该地理标志以其名义在其原属国受法律保护的证明。

● 以地理标志作为证明商标注册的附加说明。根据《集体商标、证明商标注册和管理办法》第七条规定，以地理标志作为证明商标注册的，应当在申请书中说明下列内容：

➢ 该地理标志所标示的商品的特定质量、信誉或者其他特征；

➢ 该商品的特定质量、信誉或者其他特征与该地理标志所标示的地区的自然因素和人文因素的关系；

➢ 该地理标志所标示的地区的范围。

● 作为集体商标申请注册的地理标志，可以是该地理标志标示地区的名称，也可以是能够标示某商品来源于该地区的其他可视性标志。前款所称地区无须与该地区的现行行政区划名称、范围完全一致。

● 多个葡萄酒地理标志构成同音字或者同形字的，在这些地理标志能够彼此区分且不会误导公众的情况下，每个地理标志都可以作为集体商标申请注册。

● 使用他人作为集体商标注册的葡萄酒、烈性酒地理标志标示并非来源于该地理标志所标示地区的葡萄酒、烈性酒，即使同时标出了商品的真正来源地，或者使用的是翻译文字，或者伴有诸如某某"种"、某某"型"、某某"式"、某某"类"等表述的，适用《商标法》第十六条的规定："商标中有商品的地理标志，而该商品并非来源于该标志所标示的地区，误导公众的，不予注册并禁止使用；但是，已经善意取得注册的继续有效。"

(2) 集体商标注册审查与核准的规定包括：

第一，集体商标申请注册的审查。根据《商标审查标准》的规定，对集体商标注册申请的审查主要包括申请人主体资格的审查与集体商标使用管理规则的审查。

● 申请人主体资格的审查。包括：

➤ 申请人应当提交其依法成立的主体资格的证明文件。主体资格证明文件包括企业的营业执照，事业单位、社会团体依法成立的批准文件等。

➤ 申请人应当具有监督该集体商标所证明的特定商品品质的能力。申请人应当提交材料详细说明其拥有相应的专业技术人员及专业检测设备，或者其委托的机构拥有专业技术人员、专业检测设备等情况。

● 集体商标使用管理规则的审查。集体商标的初步审定公告的内容，应当包括该商标的使用管理规则的全文或者摘要。《集体商标、证明商标注册和管理办法》第十条规定，集体商标的使用管理规则应当包括：

➤ 使用集体商标的宗旨；

➤ 使用该集体商标的商品的品质；

➤ 使用该集体商标的手续；

➤ 使用该集体商标的权利、义务；

➤ 成员违反其使用管理规则应当承担的责任；

➤ 注册人对使用该集体商标商品的检验监督制度。

第二，《集体商标、证明商标注册和管理办法》第十三条规定，集体商标注册人对使用管理规则的任何修改，应报经商标局审查核准，并自公告之日起生效。

(3) 集体商标转让的规定包括：

第一，《集体商标、证明商标注册和管理办法》第十四条规定，集体商标注册人的成员发生变化的，注册人应当向商标局申请变更注册事项，由商标局公告。

第二，《集体商标、证明商标注册和管理办法》第十六条规定，申请转让集体商标的，受让人应当具备相应的主体资格，并符合《商标法》、《商标法实施条例》和《集体商标、证明商标注册和管理办法》的规定。集体商标发生移转的，权利继受人应当具备相应的主体资格，并符合《商标法》、《商标法实施条例》和《集体商标、证明商标注册和管理办法》的规定。

(4) 集体商标使用的规定包括：

第一，《集体商标、证明商标注册和管理办法》第十七条规定，集体商标注册人的集体成员，在履行该集体商标使用管理规则规定的手续后，可以使用该集体商标；集体商标不得许可非集体成员使用。

第二，《集体商标、证明商标注册和管理办法》第十九条规定，使用集体商标的，注册人应发给使用人《集体商标使用证》。

(5) 集体商标使用违规行为的法律责任有：

第一，集体商标注册人没有对该商标的使用进行有效管理或者控制，致使该商标使用的商品达不到其使用管理规则的要求，对消费者造成损害的，由工商行政管理部门责令限期改正；拒不改正的，处以违法所得三倍以下的罚款，但最高不超过三万元；没有违法所得的，处以一万元以下的罚款。

第二，违反《商标法实施条例》第六条、《集体商标、证明商标注册和管理办法》第十四条、第十七条规定的，由工商行政管理部门责令限期改正；拒不改正的，处以违法所得三倍以下的罚款，但最高不超过三万元；没有违法所得的，处以一万元以下的罚款。

9.2.2　证明商标的使用管理

1．证明商标使用管理的法规演变

证明商标使用管理的法规演变的内容与集体商标使用管理的法规演变的内容相同，故在此不再重复。

2．证明商标概述

根据《商标法》及《商标法实施条例》和《集体商标、证明商标注册和管理办法》的规定，对证明商标有以下几点认识：

(1) 关于证明商标的定义。《商标法》第三条对证明商标的定义为，本法所称证明商标，是指由对某种商品或者服务具有监督能力的组织所控制，而由该组织以外的单位或者个人使用其商品或者服务，用以证明该商品或者服务的原产地、原料、制造方法、质量或者其他特定品质的标志。证明商标有两种类型：

第一类是原产地证明商标，证明商品或服务本身出自某原产地，是一种地理标志，原产地名称在一定情况下也可以作为证明商标注册；第二类是品质证明商标，是证明商品或服务具有某种特定品质的标志。

由于证明商标用来保证所使用商品的特定品质，有利于企业向市场推销商品，也有利于消费者选择商品，保证商品的质量。特别是以地理标志作为注册证明商标的，可以有效保护我国名优土特产品。我国地域辽阔、地区差异性大，有许多具有原产地意义的特产；而且农副产品及手工艺品是我国的重要资源和传统出口商品。如果商品名称与地理标志混用或滥用，必然使原产品失去了原有的品质特色，就有可能使一些产品的特色削弱殆尽，使我国宝贵财富受到损失。因此，保护和规范证明商标的使用意义重大。

(2) 根据相关法律规定，证明商标的特征主要有：

● 地理标志、原产地名称在一定情况下也可以作为证明商标注册，因此，证明商标有原产地证明商标和品质证明商标两种类型。

● 证明商标应由某个具有检测和监督能力的组织注册和控制，由注册人以外的其他人使用，注册人自己不能使用该证明商标。

● 证明商标不是表示商品或服务来源于某个经营者，而是用以证明商品或服务本身出自某原产地，或具有某种特定品质的标志。

● 证明商标的准许使用程序是一个公平开放的程序，只要当事人提供的商品或服务达到证明商标所要求的标准，履行了必要的手续之后，就可以使用该证明商标，证明商标所有人无权拒绝。

● 证明商标是由多个人共同使用的商标，其注册、使用及管理必须制定统一的管理规则并将之公布于众，让社会各界共同监督，以保护商品与服务的特定品质，保障消费者利益。

● 在商标的转让上证明商标有着自己独特之处，其所有权可以转让给具有相应检测和监督能力的法人。

● 以地理标志作为证明商标注册的，其商品符合使用该地理标志条件的自然人、法人或者其他组织可以要求使用该证明商标，控制该证明商标的组织应当允许。

(3) 证明商标与普通商标的区别。上述特征在一定程度上反映了证明商标使用的某些规则，也反映了证明商标与普通商标有着根本性的区别，表现在：

● 证明商标表明商品或服务具有某种特定品质，普通商标表明商品或服务出自某一经营者。

● 证明商标的注册人必须是依法成立，具有法人资格，且对商品和服务的特定品质具有检测和监督能力的组织，普通商标的注册申请人只需是依法登记的经营者。

● 证明商标申请注册时必须按照《集体商标、证明商标注册和管理办法》规定，提交管理规则，普通商标只须按《商标法》及《商标法实施条例》规定提交申请。

● 证明商标的注册人不能在自己经营的商品或服务上使用该证明商标，普通商标必须在自己经营的商品或服务上使用自己的注册商标。

● 证明商标准许他人使用必须依《集体商标、证明商标注册和管理办法》的规定履行手续，发给《准用证》，普通商标许可他人使用必须签订许可合同。

● 证明商标与普通商标都可以转让。但证明商标的受让人必须是依法成立，具有法人资格且具有检测和监督能力的组织。普通商标的受让者包括依法登记的个体工商户、合伙人。

● 证明商标失效两年内商标局不得核准与之相同或近似的商标注册，普通商标则只需一年商标局就可以核准与之相同或近似的商标注册。

3. 证明商标管理相关规定

根据《集体商标、证明商标注册和管理办法》规定，证明商标管理包括以下内容：

(1) 证明商标注册的注意事项有：

第一，《集体商标、证明商标注册和管理办法》使用的范围。本办法既适用于商品，也适用于服务。

第二，《商标法实施条例》第六条规定，商标法第十六条规定的地理标志，可以依照商标法和本条例的规定，作为证明商标申请注册。

第三，证明商标注册应提交的证明材料。《集体商标、证明商标注册和管理办法》第五条规定，申请证明商标注册的，应当附送主体资格证明文件并应当详细说明其所具有的或者其委托的机构具有的专业技术人员、专业检测设备等情况，以表明其具有监督该证明商标所证明的特定商品品质的能力。

第四，以地理标志作为证明商标申请注册的特别规定：

● 申请以地理标志作为证明商标注册的，应当附送管辖该地理标志所标示地区的人民政府或者行业主管部门的批准文件。外国人或者外国企业申请以地理标志作为证明商标注册的，申请人应当提供该地理标志以其名义在其原属国受法律保护的证明。

● 以地理标志作为集体商标注册的附加说明。根据《集体商标、证明商标注册和管理办法》第七条规定，以地理标志作为证明商标注册的，应当在申请书中说明下列内容：

➢ 该地理标志所标示的商品的特定质量、信誉或者其他特征；

➢ 该商品的特定质量、信誉或者其他特征与该地理标志所标示的地区的自然因素和人文因素的关系；

　　➤ 该地理标志所标示的地区的范围。

　　● 作为证明商标申请注册的地理标志，可以是该地理标志标示地区的名称，也可以是能够标示某商品来源于该地区的其他可视性标志。前款所称地区无须与该地区的现行行政区划名称、范围完全一致。

　　● 多个葡萄酒地理标志构成同音字或者同形字的，在这些地理标志能够彼此区分且不误导公众的情况下，每个地理标志都可以作为证明商标申请注册。

　　● 使用他人作为证明商标注册的葡萄酒、烈性酒地理标志标示并非来源于该地理标志所标示地区的葡萄酒、烈性酒，即使同时标出了商品的真正来源地，或者使用的是翻译文字，或者伴有诸如某某"种"、某某"型"、某某"式"、某某"类"等表述的，适用《商标法》第十六条的规定："商标中有商品的地理标志，而该商品并非来源于该标志所标示的地区，误导公众的，不予注册并禁止使用；但是，已经善意取得注册的继续有效。"

　　(2) 证明商标注册审查与核准的规定包括：

　　第一，证明商标申请注册的审查。根据《商标审查标准》的规定，对证明商标注册申请的审查主要包括申请人主体资格的审查与证明商标使用管理规则的审查。

　　● 申请人主体资格的审查。包括：

　　➤ 申请人应当提交其依法成立的主体资格的证明文件。主体资格证明文件包括企业的营业执照，事业单位、社会团体依法成立的批准文件等。

　　➤ 申请人应当具有监督该证明商标所证明的特定商品品质的能力。申请人应当提交材料详细说明其拥有相应的专业技术人员及专业检测设备，或者其委托的机构拥有专业技术人员、专业检测设备等情况。

　　● 证明商标使用管理规则的审查。证明商标的初步审定公告的内容，应当包括该商标的使用管理规则的全文或者摘要。《集体商标、证明商标注册和管理办法》第十一条规定，证明商标的使用管理规则应当包括：

　　➤ 使用证明商标的宗旨；

　　➤ 该证明商标证明的商品的特定品质；

　　➤ 使用该证明商标的条件；

　　➤ 使用该证明商标的手续；

　　➤ 使用该证明商标的权利、义务；

　　➤ 使用人违反该使用管理规则应当承担的责任；

　　➤ 注册人对使用该证明商标商品的检验监督制度。

　　● 此外，商标局还将对证明商标是否违反《商标法》第十条第一款、第十一条、第二十八条和第二十九条规定进行审查。

　　第二，《集体商标、证明商标注册和管理办法》第十三条规定，证明商标注册人对使用管理规则的任何修改，应报经商标局审查核准，并自公告之日起生效。

　　(3) 证明商标转让的规定包括：

　　第一，《集体商标、证明商标注册和管理办法》第十五条规定，证明商标注册人准许他人使用其商标的，注册人应当在一年内报商标局备案，由商标局公告。

　　第二，《集体商标、证明商标注册和管理办法》第十六条规定，申请转让证明商标的，受让人应当具备相应的主体资格，并符合《商标法》、《商标法实施条例》和《集体商标、

证明商标注册和管理办法》的规定。证明商标发生移转的，权利继受人应当具备相应的主
体资格，并符合《商标法》、《商标法实施条例》和《集体商标、证明商标注册和管理办法》
的规定。

(4) 证明商标使用的规定包括：

第一，《集体商标、证明商标注册和管理办法》第十八条规定，凡符合证明商标使用管
理规则规定条件的，在履行该证明商标使用管理规则规定的手续后，可以使用该证明商标，
注册人不得拒绝办理手续；《商标法》实施条例第六条第二款中的正当使用该地理标志是
指正当使用该地理标志中的地名。

第二，《集体商标、证明商标注册和管理办法》第十九条规定，使用证明商标的，注册
人应发给使用人《证明商标使用证》。

第三，《集体商标、证明商标注册和管理办法》第二十条规定，证明商标的注册人不
得在自己提供的商品上使用该证明商标。

(5) 证明商标使用违规行为的法律责任有：

第一，证明商标注册人没有对该商标的使用进行有效管理或者控制，致使该商标使用
的商品达不到其使用管理规则的要求，对消费者造成损害的，由工商行政管理部门责令限
期改正；拒不改正的，处以违法所得三倍以下的罚款，但最高不超过三万元；没有违法所
得的，处以一万元以下的罚款。

第二，违反《商标法实施条例》第六条、《集体商标、证明商标注册和管理办法》第十
五条、第十八条、第二十条规定的，由工商行政管理部门责令限期改正；拒不改正的，处
以违法所得三倍以下的罚款，但最高不超过三万元；没有违法所得的，处以一万元以下的
罚款。

9.2.3　驰名商标的使用管理

1. 驰名商标的概念及保护驰名商标的意义

(1) 驰名商标的概念。根据我国《驰名商标认定和保护规定》第二条规定，"本规定中
的驰名商标是指在中国为相关公众广为知晓并享有较高声誉的商标"。这里的"相关公众"
是指与使用商标所标示的某类商品或者服务有关的消费者，生产前述商品或者提供服务的
其他经营者以及经销渠道中所涉及的销售者和相关人员等。

对驰名商标的含义可以从以下几方面理解：

第一，从理论上来讲，驰名商标并不是《商标法》上的特殊商标，而是法律为所有商
标提供的一种可能的特别保护。各国《商标法》中大多对驰名商标也没有明确的定义，一
般主要是指经过较长期的使用、享有较高的声誉，并为社会公众所熟知的商标。但是，由
于使用驰名商标的商品质量好、信誉度高，消费者由此而认可和信赖该产品，因此，驰名
商标不同于普通商标之处就在于其"驰名"及由此带来的附加收益。

第二，商标的驰名程度并不取决于权力机关的认定，而是是否"在中国为相关公众广
为知晓并享有较高声誉"。正所谓"金杯银杯，不如消费者口碑"。驰名商标的这种声誉及
影响，事实上存在着"时间和空间的限制"。从时间上看，商标不应具有永久性的驰名称号，
而应当根据其使用的实时来确定其是否驰名；从空间上看，驰名商标的影响程度必然存在

一个程度与范围的问题。

第三，商标是否属于驰名商标在法律上并无意义，只有当它与其他商标发生冲突时才有意义。从国际惯例上看，《巴黎公约》、《知识产权协定》等在涉及驰名商标规定时，都强调了在其他商标与驰名商标相冲突时才使用的原则。正如前面所讲的，驰名商标与知名品牌是有区别的。各种类型的知名品牌并不都是驰名商标，前者没有对应的特殊法律保护条款，它是否适用于驰名商标保护条款应视具体情况而定。

(2) 驰名商标保护的意义。由于驰名商标具有巨大的商业价值和影响力，许多国家都将其视为国家经济竞争综合实力的重要指标并加以保护。从我国经济与社会发展的实际来看，保护驰名商标有以下重要意义：

第一，依法保护驰名商标是维护市场公平的竞争秩序、促进市场经济健康有序发展的需要。现实中，商标驰名度越高，被侵权、假冒的可能性就越大。只有对驰名商标给予特殊的保护，才能有效制止和打击假冒驰名商标的侵权行为，保护公平竞争和良好的经济发展秩序。

第二，依法保护驰名商标是保护驰名商标权人合法权益的需要。驰名商标由于具有较高的知名度，致使使用了驰名商标的商标在市场上有着较高的市场份额和较高的盈利水平。不法经营者正是利用这一点，假冒驰名商标或者故意贬低、淡化驰名商标。

第三，依法保护驰名商标是保护消费者合法权益、正确引导消费的需要。消费者对驰名商标的认可度很高，对消费者的品牌认知和消费购买决策有着较大的影响。不法厂家就是通过仿冒、假冒驰名商标，混淆消费者认知，使消费者作出错误的判断及购买决策，从而导致消费者权益和利益的损失。

第四，依法保护驰名商标是提高我国国际竞争综合实力的保证。一个国家拥有世界驰名商标的多少，反映了国与国之间国际竞争力的强弱。我国虽成为世界制造大国但并非强国的一个重要标志就是无论是数量还是影响强度上都缺乏世界级的驰名商标。因此，我们不仅仅要保护所有的驰名商标，更主要的是要保护我们自己为数不多的驰名商标，为我国企业打造更多的、影响更大的驰名商标创造条件。

2. 我国驰名商标的认定

(1) 我国驰名商标的认定机构。根据国际惯例，驰名商标的认定机构应当是所在国法律规定的机构。目前，我国驰名商标的认定机构主要是：国家工商行政管理局及商标评审委员会，人民法院。

第一，国家工商行政管理局及商标评审委员会对驰名商标的认定。根据《商标法实施条例》第五条规定，在商标注册、商标评审过程中产生争议时，有关当事人认为其商标构成驰名商标的，可以相应向商标局或者商标评审委员会请求认定驰名商标，驳回违反《商标法》第十三条规定的商标注册申请或者撤销违反《商标法》第十三条规定的商标注册。有关当事人提出申请时，应当提交其商标构成驰名商标的证据材料。商标局、商标评审委员会根据当事人的请求，在查明事实的基础上，依照《商标法》第十四条的规定，认定其商标是否构成驰名商标。由此条规定可以看出，国家工商行政管理局及商标评审委员会对驰名商标有法定的认定权。

2003 年 4 月 17 日颁布的《驰名商标认定和保护规定》规定，驰名商标称号不再像以往那样由商标行政主管部门批次批量进行认定，而改为"个案认定"和"被动保护"的规则。

所谓"个案认定"，是指商标所有人在自己的商标被抢注、复制、模仿或者被登记为企业名称时，如果该企业能够证明自己的商标具有驰名商标的事实，则可以向商标局申请认定自己的商标为驰名商标，已撤销被他人抢注的注册商标或企业名称以保护自己的利益。也就是说，只有发生了商标侵权争议或权利冲突时，才有必要认定驰名商标。

所谓"被动保护"，是指只有发生了商标侵权争议或权利冲突时，才有必要认定驰名商标和请求将自己的商标作为驰名商标而给予特别的保护。也就是说只有发生了商标侵权争议或权利冲突时，认定驰名商标才有意义。

第二，人民法院对驰名商标的认定。法院具有驰名商标的认定权力，其依据是《巴黎公约》的规定，也是国际上通行的规则。2002 年以前，法院认定驰名商标的案件审理只是个案。2002 年 10 月 12 日，最高人民法院公布了《关于审理商标民事纠纷案件适用法律若干问题的解释》第二十二条规定："人民法院在审理商标纠纷案件中，根据当事人的请求和案件的具体情况，可以对涉及的注册商标是否驰名依法作出认定。认定驰名商标，应当依照《商标法》第十四条的规定进行。当事人对曾经被行政主管机关或者人民法院认定的驰名商标请求保护的，对方当事人对涉及的商标驰名不持异议，人民法院不再审查。提出异议的，人民法院依照《商标法》第十四条的规定审查。"明确规定了我国人民法院也有权认定驰名商标。

在我国，除了人民法院和国家工商行政管理局及商标评审委员会，其他任何组织和个人多不具备对驰名商标认定的权力和资格，也不得从事或变相从事驰名商标认定的各类活动。一些民间组织机构或网络评选出的所谓"驰名商标"或品牌排行等，都不具有法律效力，不受法律保护。

(2) 我国驰名商标的认定标准。驰名商标是否驰名，其核心问题在于其是否为购买者所"熟知"。从国际上看，《巴黎公约》对驰名商标的认定没有具体的标准。在实践中，《知识产权协定》、《驰名商标保护议案》、《关于保护驰名商标的规定的联合建议》等各种协定及议案，虽然内容不同，但有一个共同点，就是其主题都是如何证明商标在相关公众中的"驰名度"。具体情况可以参照这些协议与规定，这里就不一一列举了。

我国在司法实践中，参考了驰名商标认定涉及的国际公约标准及我国国情，在修订后的《商标法》中规定了驰名商标认定时应考虑的因素主要包括：

第一，相关公众对该商标的知晓程度。

第二，该商标使用的持续时间。

第三，该商标的任何宣传工作的持续时间、程度和地理范围。

第四，该商标作为驰名商标受保护的记录。

第五，该商标驰名的其他因素。

第六，可以作为证明商标驰名的证明材料。根据《驰名商标认定和保护规定》第三条规定，以下材料可以作为证明商标驰名的证据材料：

● 证明相关公众对该商标知晓程度的有关材料；

● 证明该商标使用持续时间的有关材料，包括该商标使用、注册的历史和范围的有关材料；

● 证明该商标的任何宣传工作的持续时间、程度和地理范围的有关材料,包括广告宣传和促销活动的方式、地域范围、宣传媒体的种类以及广告投放量等有关材料;

● 证明该商标作为驰名商标受保护记录的有关材料,包括该商标曾在中国或者其他国家和地区作为驰名商标受保护的有关材料;

● 证明该商标驰名的其他证据材料,包括使用该商标的主要商品近三年的产量、销售量、销售收入、利税、销售区域等有关材料。

(3) 我国驰名商标的认定程序。根据国家工商行政管理总局商标局《关于申请认定驰名商标若干问题的通知》的规定,认定驰名商标的程序是:

第一,申请认定驰名商标的条件。《关于申请认定驰名商标若干问题的通知》第二条规定,当商标权人受到以下权益损害时,可以申请驰名商标的认定:

● 他人将与申请人申请认定商标相同或者近似的标识在非类似商品或者服务上注册或者使用,可能损害申请人权益的;

● 他人将与申请人申请商标相同或者近似的文字作为企业名称的一部分登记或者使用,可能引起公众误认的;

● 申请人申请认定的商标在境外被他人恶意注册,可能对申请人在境外的业务发展造成损害的;

● 申请人申请认定商标的权益受到其他损害而难以解决的。

第二,申请认定驰名商标需提交的证明材料。根据《关于申请认定驰名商标若干问题的通知》的第二、三条规定,企业在申请认定驰名商标时,应提交《驰名商标认定申请报告》,在报告中须提供其商标权益受到损害的证据;同时应如实填写《驰名商标认定申请表》,并提供以下的证明材料:

● 驰名商标认定申请人的营业执照副本复印件;

● 驰名商标认定申请人委托商标代理机构代理的,应提供申请人签章的委托书,或者申请人与商标代理机构签订的委托协议(合同);

● 使用该商标的主要商品或服务近三年来主要经济指标(应提供加盖申请人财务专用章以及当地财政与税务部门专用章的各年度财务报表或其他报表复印件,行业证明材料应由国家级行业协会或者国家级行业行政主管部门出具);

● 使用该商标的主要商品或服务在国内外的销售或经营情况及区域(应提供相关的主要的销售发票或销售合同复印件);

● 该商标在国内外的注册情况(应将该商标在所有商品或服务类别以及在所有国家或地区的注册情况列明,并提供相应的商标注册证复印件);

● 该商标近年来的广告发布情况(应提供相关的主要的广告合同与广告图片复印件);

● 该商标最早使用及连续使用时间(应提供使用该商标的商品或服务的最早销售发票或合同或该商标最早的广告或商标注册证复印件);

● 有关该商标驰名的其他证明文件(如省著名商标复印件等)。

企业申请认定驰名商标,可以自行准备申请材料,也可以委托国家工商行政管理局批准的商标代理机构代理。凡委托不具备商标代理资格的机构或个人提交的驰名商标认定申请材料,各省级工商局不予受理。接受企业委托办理申请认定驰名商标有关事宜的商标代理机构,除收取适当的代理费外,不得向委托人收取其他任何费用。

第三，商标主管部门对申请的认定。《关于申请认定驰名商标若干问题的通知》规定各省级工商局应严格按照《驰名商标认定和管理暂行规定》及通知精神，加强对本辖区内企业申请认定驰名商标工作的指导和管理，加大对驰名商标认定目的及作用的宣传力度。对企业申请认定驰名商标中的违法违纪行为，如提供虚假证明材料或者以其他不正当手段欺骗行政管理机关等行为，应依据有关法律、法规严肃查处。同时，也要制定相应的监督制约机制。对于参与驰名商标认定工作的有关人员滥用职权、徇私舞弊、谋取不当得利、违法办理驰名商标认定有关事项的，依法给予行政处分；构成犯罪的，依法追究其刑事责任。

(4) 我国驰名商标认定的法律效力。根据《驰名商标认定和保护规定》，经商标局或商标评审委员会认定的驰名商标只对商标个案有效。根据该规定之第九条和第十二条的规定，驰名商标的认定在下列情况下具有法律效力：

第一，未被认定为驰名商标的，自认定结果作出之日起一年内，当事人不得以同一商标就相同事实和理由再次提出认定请求。

第二，当事人要求依据《商标法》第十三条对其商标予以保护时，可以提供该商标曾被我国有关主管机关作为驰名商标予以保护的记录。

所受理的案件与已被作为驰名商标予以保护的案件的保护范围基本相同，且对方当事人对该商标驰名无异议，或者虽有异议，但不能提供该商标不驰名的证据材料的，受理案件的工商行政管理部门可以依据该保护记录的结论，对案件作出裁定或者处理。

所受理的案件与已被作为驰名商标予以保护的案件的保护范围不同，或者对方当事人对该商标驰名有异议，且提供该商标不驰名的证据材料的，应当由商标局或者商标评审委员会对该驰名商标材料重新进行审查并作出认定。

3. 我国驰名商标的保护

(1) 我国驰名商标保护的法律规定。我国 2001 年修订的《商标法》颁布之前，没有明确的保护驰名商标的特别规定。但是在司法实践中都给予驰名商标特别的保护，也出台过相应的行政法规，但是与实践中大量涌现的商标侵权纠纷和名牌商标保护的要求相差甚远。2001 年，在《商标法》修订中专门增加了对驰名商标保护的条款，其保护范围也越来越与国际接轨。因此，我国《商标法》(2001) 及后来颁布的《商标法实施条例》、《驰名商标认定与保护规定》等行政法规构成了我国驰名商标保护的法律体系。具体规定有：

第一，《商标法》关于不予注册和禁止使用条款。《商标法》第十三条规定，"就相同或者类似商品申请注册的商标是复制、模仿或者翻译他人未在中国注册的驰名商标，容易导致混淆的，不予注册并禁止使用"，"就不相同或者不相类似商品申请注册的商标是复制、模仿或者翻译他人已经在中国注册的驰名商标，误导公众，致使该驰名商标注册人的利益可能受到损害的，不予注册并禁止使用"。

第二，《商标法》关于驰名商标认定标准的规定。《商标法》第十四条规定，认定驰名商标应当考虑下列因素：相关公众对该商标的知晓程度；该商标使用的持续时间；该商标的任何宣传工作的持续时间、程度和地理范围；该商标作为驰名商标受保护的记录；该商标驰名的其他因素。

第三，《商标法》关于驰名商标保护的责任的规定。《商标法》第四十一条第二款规定："已经注册的商标，违反本法第十三条、第十五条、第十六条、第三十一条规定的，自商标注册之日起五年内，商标所有人或者利害关系人可以请求商标评审委员会裁定撤销该注册商标。对恶意注册的，驰名商标所有人不受五年的时间限制。"

第四，《商标法实施条例》关于驰名商标保护的责任的规定。《商标法》第四十五条规定，使用商标违反《商标法》第十三条规定的，有关当事人可以请求工商行政管理部门禁止使用。当事人提出申请时，应当提交其商标构成驰名商标的证据材料。经商标局依照《商标法》第十四条的规定认定为驰名商标的，由工商行政管理部门责令侵权人停止违反《商标法》第十三条规定使用该驰名商标的行为，收缴、销毁其商标标识；商标标识与商品难以分离的，一并收缴、销毁。

第五，《驰名商标认定与保护规定》对驰名商标保护的具体规定：

● 规定了当事人对于违反《商标法》第十三条规定的，可以通过向商标局提出异议，向商标评审委员会请求裁定撤销该注册商标，可以向案件发生地的市(地、州)以上工商行政管理部门提出禁止使用的书面请求等保护措施。

● 规定商标主管部门在驰名商标保护中的职责。工商行政管理部门在商标管理工作中收到保护驰名商标的申请后，应当对案件是否属于《商标法》第十三条规定的两种情形进行审查。对认为属于符合两种情形的案件，市(地、州)工商行政管理部门应当自受理当事人请求之日起十五个工作日内，将全部案件材料报送所在地省(自治区、直辖市)工商行政管理部门，并向当事人出具受理案件通知书；省(自治区、直辖市)工商行政管理部门应当自受理当事人请求之日起十五个工作日内，将全部案件材料报送商标局。当事人所在地省级工商行政管理部门认为所发生的案件属于上述情形的，也可以报送商标局。对认为不属于上述情形的案件，应当依据《商标法》及实施条例的有关规定及时作出处理。

● 省(自治区、直辖市)工商行政管理部门应当对本辖区内市(地、州)工商行政管理部门报送的有关驰名商标保护的案件材料进行审查。对认为属于本规定第六条第一款情形的案件，应当自收到本辖区内市(地、州)工商行政管理部门报送的案件材料之日起十五个工作日内报送商标局。对认为不属于本规定第六条第一款情形的案件，应当将有关材料退回原受案机关，由其依据《商标法》及其实施条例的有关规定及时作出处理。

● 商标局应当自收到有关案件材料之日起六个月内作出认定，并将认定结果通知案件发生地的省(自治区、直辖市)工商行政管理部门，抄送当事人所在地的省(自治区、直辖市)工商行政管理部门。除有关证明商标驰名的材料外，商标局应当将其他案件材料退回案件发生地所在省(自治区、直辖市)工商行政管理部门。

● 未被认定为驰名商标的，自认定结果作出之日起一年内，当事人不得以同一商标就相同事实和理由再次提出认定请求。

● 商标局、商标评审委员会在认定驰名商标时，应当综合考虑《商标法》第十四条规定的各项因素，但不以该商标必须满足该条规定的全部因素为前提。

● 商标局、商标评审委员会以及地方工商行政管理部门在保护驰名商标时，应当考虑该商标的显著性和驰名程度。

● 当事人要求依据《商标法》第十三条对其商标予以保护时，可以提供该商标曾被我国有关主管机关作为驰名商标予以保护的记录。所受理的案件与已被作为驰名商标予以保护的案件的保护范围基本相同，且对方当事人对该商标驰名无异议，或者虽有异议，但不能提供该商标不驰名的证据材料的，受理案件的工商行政管理部门可以依据该保护记录的结论，对案件作出裁定或者处理。所受理的案件与已被作为驰名商标予以保护的案件的保护范围不同，或者对方当事人对该商标驰名有异议，且提供该商标不驰名的证据材料的，应当由商标局或者商标评审委员会对该驰名商标材料重新进行审查并作出认定。

● 当事人认为他人将其驰名商标作为企业名称登记，可能欺骗公众或者对公众造成误解的，可以向企业名称登记主管机关申请撤销该企业名称登记，企业名称登记主管机关应当依照《企业名称登记管理规定》处理。

(2) 我国驰名商标保护的主要内容。根据上述有关法律规定可以看出，我国驰名商标保护的内容大体上可以概括为以下几个方面：

第一，对未在中国注册的驰名商标给予保护。我国现行《商标法》规定，驰名商标无论注册与否都受到法律的保护；最高人民法院《关于审理商标民事纠纷案件适用法律若干问题的解释》第二条规定，依据《商标法》第十三条第一款的规定，复制、模仿、翻译他人未在中国注册的驰名商标或其主要部分，在相同或者类似商品上作为商标使用，容易导致混淆的，应当承担停止侵害的民事法律责任。

第二，对注册的驰名商标给予较大范围的保护。我国现行《商标法》将驰名商标的保护范围扩大到"不相同或不相类似商品上"，也就是只要复制、模仿、翻译他人未在中国注册的驰名商标或其主要部分，误导公众，使该驰名商标所有人的利益可能受到损害的，不予注册并禁止使用。最高人民法院《关于审理商标民事纠纷案件适用法律若干问题的解释》第一条第二款规定，复制、模仿、翻译他人注册的驰名商标或其主要部分在不相同或者不相类似商品上作为商标使用，误导公众，致使该驰名商标注册人的利益可能受到损害的，属于《商标法》第五十二条第五款规定的给他人注册商标专用权造成其他损害的行为的就属于侵权行为，应承担相应的法律责任。

第三，对驰名商标规定了特殊的请求保护的期限。《商标法》第四十一条第二款规定，已经注册的商标，与驰名商标产生冲突的，自商标注册之日起五年内，驰名商标所有人或者利害关系人可以请求商标评审委员会裁定撤销该注册商标。对恶意注册的，驰名商标所有人不受五年的时间限制。

第四，关于将驰名商标用作企业名称的规定。《驰名商标认定与保护规定》第十三条规定，当事人认为他人将其驰名商标作为企业名称登记，可能欺骗公众或者对公众造成误解的，可以向企业名称登记主管机关申请撤销该企业名称登记，企业名称登记主管机关应当依照《企业名称登记管理规定》处理。本条规定加强了对驰名商标的保护程度与范围。

9.3　商标印制管理

商标印制管理制度是我国商标管理制度的重要组成部分，它以《商标法》、《商标法实施条例》为指导，以国家工商行政管理局发布的《商标印制管理办法》为主干，构成了我国商标保护体系中独特的环节。

9.3.1　商标印制管理的基本理论

1. 商标印制管理概念及对象

(1) 商标印制管理，是指商标管理机关依法对商标印制行为进行监督和检查，并对非法印制商标标识的行为予以查处的活动的总称。商标印制管理，主要依据的是《商标法》、《商标法实施条例》、《商标印制管理办法》等相关法律法规的有关规定。

(2) 商标印制管理的对象。商标印制管理的对象就是商标印制行为。对于"商标印制"，《商标印制管理办法》第十八条规定："本办法中的'商标印制'是指印刷、制作带有商标的包装物、标签、封签、说明书、合格证等商标标识的行为。"由此可见，商标印制的范围是很广的，可以说除在商品上直接使用商标以外，几乎所有制作带有商标的物品的行为都属于"商标印制"的范畴，也都是商标印制管理的范畴。

2. 商标印制管理意义

商标使用于商品不外乎通过两种方式，一种是直接使用在商品上，如汽车、摩托车等；另一种就是使用在商品包装、标签等商标标识上。由于商品的外观越来越为人们所重视，商品使用包装的情况也越来越普遍，因而目前大部分商标的使用都是通过商标标识来实现的，也正因为如此，制作商标标识往往成为假冒商标的第一个步骤。为了实现假冒商标的隐蔽性，减少被查处的风险，假冒商标商品的生产与假冒商标标识的制作常常是分别进行的，即标识的制作由专业的标识制作企业进行。正是因为商标标识与商品的关系如此密切，人们将假冒商标标识的制作称为假冒注册商标的源头。如果能对商标印制加强管理，提高商标印制企业的商标法律意识，就可以有效地打击假冒注册商标活动，减少侵权行为的发生。

9.3.2　商标印制管理制度

1. 我国商标印制管理规定的调整

(1) 我国商标印制管理法规的演变。在我国，商标印制管理主要是依据《商标法》所指定的一系列相关法律法规而开展的。国家工商行政管理总局依据 1983 年版《商标法》及其历次修订后的《商标法》和《商标管理实施条例》等，曾经先后制定了《商标印制管理暂行办法(1985)》、《商标印制管理办法(1996)》，修订了《商标印制管理办法(1998)》，目前执行的是 2004 年修订的《商标印制管理办法》。这一演变过程主要是针对我国市场经济改革与社会发展变化带来的原有法律法规不适应的调整而进行的。

(2) 新的《商标印制管理办法》较之以往的管理办法，有了较大的变化和调整。对《商标印制管理办法》修改，主要做了以下调整：

第一，删除了有关行政审批的规定，对商标印制业务管理人员的培训、考核以及商标印制单位资格的取得的规定予以删除。

第二，增加了与《印刷业管理条例》相衔接的内容，对擅自设立商标印刷企业或者擅自从事商标印刷经营的行为转适用《印刷业管理条例》进行处罚。

第三，增加了执行《商标法》和《商标法实施条例》的内容。如果商标印制单位不执行本规章的规定，就在客观上为侵权人提供了便利条件，应当承担侵权责任。

第四，保留了有关监管的内容。按照国务院有关行政审批取消后加强后续监管的要求，保留了对商标印制单位印制行为的规定。

2. 商标印制管理的具体内容

商标印制管理的具体内容主要包括：

(1) 核查制度。商标印制单位在承接商标印制业务时，商标印制业务人员应当严格核查委托人提供的有关证明及商标图样，凡手续齐全的、符合法律规定条件的，方可承印，否则应当拒印。

(2) 商标印制存档制度。商标标识印制完毕，商标印制单位应当在15天内提取标识样品，连同《商标印制业务登记表》、《商标注册证》复印件、商标使用许可合同复印件、商标印制授权书复印件等一并造册存档。商标印制档案及商标标识出入库台账应当存档备查，存查期为两年。

(3) 商标标识出入库制度。"商标标识"是指与商品配套一同进入流通领域的带有商标的有形载体，包括注册商标标识和未注册商标标识。商标印制单位应当建立商标标识出入库制度，商标标识出入库应当登记台账。该制度可以保障印制商标出入正确，不发生疏漏，以避免违法印制的商标进入市场。

(4) 废次商标标识销毁制度。废次标识应当集中进行销毁，不得流入社会。这一制度可以有效地杜绝废次商标标识被人利用的现象，保护商标使用人的合法利益。

9.3.3　商标印制的承印与拒印

1. 商标承印

(1) 商标承印的含义。所谓商标承印，是指商标印制单位依法对商标使用人交付的有关证明及商标图样进行审查，认为其符合法律规定的条件时，方可承印。具体规定有：

第一，商标印制委托人委托商标印制单位印制商标的，应当出示营业执照或者合法的营业证明或者身份证明。

第二，商标印制委托人委托印制注册商标的，应当出示《商标注册证》或者由注册人所在地县级工商行政管理局签章的《商标注册证》复印件，并另行提供一份复印件。

第三，签订商标使用许可合同使用他人注册商标，被许可人需印制商标的，还应当出示商标使用许可合同文本并提供一份复印件。

第四，商标注册人单独授权被许可人印制商标的，除出示由注册人所在地县级工商行政管理局签章的《商标注册证》复印件外，还应当出示授权书并提供一份复印件。

(2) 印制商标委托人需要提供的身份证明及其他相关资料。分为印制注册商标和未注册商标两种情况：

第一，委托印制注册商标的，商标印制委托人提供的有关证明及商标图样应当符合下列要求：

● 所印制的商标样稿应当与《商标注册证》上的商标图样相同。

● 被许可人印制商标标识的，应有明确的授权书，或其所提供的《商标使用许可合同》含有许可人允许其印制商标标识的内容。

● 被许可人的商标标识样稿应当标明被许可人的企业名称和地址；其注册标记的使用

符合《商标法实施条例》的有关规定。

第二，委托印制未注册商标的，商标印制委托人提供的商标图样应当符合下列要求：

● 所印制的商标不得违反《商标法》第十条的规定。

● 所印制的商标不得标注"注册商标"字样或者使用注册标记。

(3) 商标印制承印单位的义务与责任。

第一，商标印制单位应当对商标印制委托人提供的证明文件和商标图样进行核查。商标印制委托人未提供本办法第三条、第四条所规定的证明文件，或者其要求印制的商标标识不符合本办法第五条、第六条规定的，商标印制单位不得承接印制。

第二，商标印制单位承印符合本办法规定的商标印制业务的，商标印制业务管理人员应当按照要求填写《商标印制业务登记表》，载明商标印制委托人所提供的证明文件的主要内容，《商标印制业务登记表》中的图样应当由商标印制单位业务主管人员加盖骑缝章。

第三，商标标识印制完毕，商标印制单位应当在十五天内提取标识样品，连同《商标印制业务登记表》、《商标注册证》复印件、商标使用许可合同复印件、商标印制授权书复印件等一并造册存档。

第四，商标印制单位应当建立商标标识出入库制度，商标标识出入库应当登记台账。废次标识应当集中进行销毁，不得流入社会。商标印制档案及商标标识出入库台账应当存档备查，存查期为两年。

2．商标拒印

(1) 商标印制拒印的含义。所谓商标印制拒印，是指商标印制单位对于不符合法定条件的商标印制要求予以拒绝。凡是不符合商标承印条件的商标印制业务，商标印制单位均应要求委托人补正，不予补正的应当拒印。

(2) 商标拒印的条件有：

第一，商标印制委托人未能提供《商标印制管理办法》第三条、第四条所规定的证明文件的，商标印制单位有权拒印。

第二，商标印制委托人要求印制的商标标识不符合《商标印制管理办法》第五条、第六条规定的，商标印制单位有权拒印。

第三，商标印制委托人拒不补正证明文件和商标标识的、或者补正后的证明文件和商标标识仍不符合法律法规规定的，商标印制单位有权拒印。

商标印制单位如不按《商标印制管理办法》的要求，擅自承印不符合规定的委托人要求印制商标的，是要承担法律责任的。

9.3.4　违反商标印制管理规定的法律责任

1．违反商标印制管理规定的行为

违反商标印制管理规定的行为主要有以下情形：

(1) 不按规定审查商标印制委托人提供的证明材料而擅自承印依规定不能印制的商标的行为。

(2) 擅自承印违反《商标印制管理办法》第五条、第六条规定的承印条件的商标的行为。

(3) 不按规定建立商标印制档案制度、商标标识出入库制度和废次商标标识销毁制度的行为。

(4) 非法印制他人商标标识的行为。

2. 违反商标印制管理规定的法律责任

(1) 对于印制单位违反上述规定的，由所在地或者行为地工商行政管理局依《商标法》的有关规定予以处理(主要包括责令限期改正；视其情节予以警告，处以非法所得额三倍以下罚款，不超过三万元；无违法所得的，可处以一万元以下罚款)。

(2) 商标印制单位违反《商标法实施条例》第五十条第二款规定的侵权行为，由所在地或者行为地工商行政管理局依《商标法》的有关规定予以处理。

(3) 商标印制单位的违法行为构成犯罪的，所在地或者行为地工商行政管理局应及时将案件移送司法机关追究刑事责任。

【本章思考题】

1. 注册商标在使用时应当注意哪些问题?

2. 未注册商标在使用时应当注意哪些问题?

3. 集体商标与证明商标管理的具体内容有哪些?

4. 简述驰名商标的概念及其保护驰名商标的意义。

5. 驰名商标的认定标准、程序及其保护措施是什么?

6. 商标印制管理有哪些制度规定及法律责任?

第10章　商标权及保护管理

【内容摘要】

　　本章是与商标权有关的综合内容。全章共分为三个部分：第一部分讲授商标权的概念、内容、保护期限与续展、商标权的注销与撤销等；第二部分讲授商标权的许可、转让、质押等利用方式及其商标权的限制条款；第三部分讲授商标权保护的概念、意义；商标权保护的理论基础；商标侵权相关理论及其应承担的法律责任问题。

【学习目标】

　　通过对本章的学习，使学生掌握商标权基本概念及内容，了解与掌握商标权的保护期限与商标续展制度，重点了解商标权注销与撤销的原因；学习与掌握合理利用商标权的方式及法律限制规定；重点掌握商标权保护的相关概念及理论依据；了解商标侵权行为的含义、类型以及商标侵权应承担的法律责任。具体应当：

　　(1) 学习了解商标权与商标专有权、专利权、著作权的关系；

　　(2) 重点掌握商标权具体内容及法律规定；

　　(3) 学习了解商标权续展的有关法律规定；

　　(4) 重点掌握商标权注销和撤销的原因；

　　(5) 重点掌握商标权的利用方式及法律规定；

　　(6) 学习了解商标权合理使用的内涵；

　　(7) 学习了解商标权保护的含义及意义；

　　(8) 学习了解制止混淆和反淡化理论的基本含义；

　　(9) 学习了解商标侵权行为的含义及其类型；

　　(10) 重点掌握商标侵权的法律责任。

【重要知识点】

　　在本章学习中，应掌握的概念及知识点有：商标权、商标使用权、商标禁止权、商标许可使用权、商标转让权、商标出质权、商标权的续展、商标权注销与撤销、商标权的合理使用、商标先用权、商标权用尽、商标的叙述性使用、商标的指示性使用、制止混淆理论、反淡化理论、商标侵权行为。

10.1　商标权的内容、保护期限和终止

10.1.1　商标权的内容

1. 商标权的概念

(1) 所谓商标权,一般是指商标主管机关依法授予商标所有人的、对其注册商标受国家法律保护的专有权。商标注册人依法支配其注册商标并禁止他人侵害的权利,包括商标注册人对其注册商标的排他使用权、收益权、处分权、续展权和禁止他人侵害的权利。

由此,似乎可以看出《商标法》保护的是注册商标的专有权,而不保护未注册商标的相关权利。但是,按照法律规定,如果未注册商标是驰名商标的话,其所有权也是要受到《商标法》的保护的。因此,在给商标权下定义时应当考虑上述情况。为此,可以将商标权定义为,商标权是指注册所有人依法对其注册商标享有的专有权及未注册商标所有人在法律规定的条件下对未注册商标享有的专有权。

(2) 商标权不等于商标专有权。商标专有权是专指注册商标的专有权。而如果只把商标权理解为注册商标的专有权,而排斥类似于未注册的驰名商标的专有权的认识是片面的;在有些只承认使用在先或使用与注册并行的国家,上述的理解也是不对的。因此,将商标权理解为"注册商标所有人依法对其注册商标享有的专有权及在法律规定条件下对未注册商标享有的专有权"更加合理一些。本节所讲的商标权主要是针对注册商标而言的。

2. 商标权与相关概念的区分

(1) 商标权与专利权。商标权与专利权两者同属于工业产权,但有着明显的区别:

第一,两者取得权利的程序不同。专利权是由国家知识产权局授予,商标权则由国家工商局商标局授予,专利权的获取等待时间要比商标权的获取时间长一些。

第二,两者取得权利的条件不同。申请专利的发明创造应当满足创造性、新颖性和实用性三个条件,而商标获得注册的条件是商标的构成要素应当具有显著性特征。

第三,两者保护的对象不同。《专利法》保护的是具有专利性的发明创造及发明方法,而《商标法》保护的对象是注册商标专有权。

第四,两者权利的保护期限不同。发明专利的保护期限为二十年,实用新型和外观设计专利的保护期限为十年,自申请之日算起,一旦保护期届满,则发明创造进入公有领域,任何人都可以无偿使用。商标权的保护期限为十年,保护期届满,可以续展,且续展的次数不受限制。

(2) 商标权与著作权。商标权与著作权同属于知识产权的范畴,但也有着明显的区别:

第一,两者客体受保护的条件不同。著作权保护的作品应当具有独创性,作品只要是各自独立完成,不论它们之间是否相同、类似,都受著作权法的保护。商标权则不同,申请注册的商标应当具有显著性,凡是与已注册的商标相同或类似的商标标识,依照《商标法》是不能取得专用权的。

第二,两者权利的属性不同。著作权具有人身权和财产权双重属性,其财产权超过法

定的保护期限即进入社会公有领域，任何人都可以自由使用，但著作权人的人身权如署名权、修改权和保护作品完整权仍然受到保护。商标权只有财产权属性，如过保护期限不续展则灭失，也可能因违法行为而被撤销。商标权还可以作为出质的标的。

第三，两者权利取得的方式不同。著作权一般是作品完成后自动产生的，无需登记注册；而商标权的产生则需要由申请人提出申请，经商标局核准后予以注册，商标申请人才能取得商标权。

第四，两者权利的保护期限不同。著作权中的财产权和发表权的保护期限一般为作者终生加上死后五十年，期满后该作品进入社会公有领域；商标权的保护期限为十年，保护期届满，可以续展，且续展的次数不受限制。

第五，有些情况下，商标设计图案既受《商标法》也受《著作权法》保护。《商标法》和《著作权法》有时也可能发生抵触，未经他人同意以其作品作为商标标志时，则可能侵犯他人的著作权。

3. 商标权的具体内容

(1) 商标使用权，是指商标权人对其注册的商标专有使用的权利，其法律特征是，商标权人可以在核定的商品上独占性地使用核准注册的商标并取得其他合法权益。

我国《商标法》第五十一条规定，注册商标的专用权，以核准注册的商标和核定使用的商品为限。那么什么是使用行为呢？《商标法实施条例》第三条规定："商标法和本条例所称商标的使用，包括将商标用于商品、商品包装或者容器以及商品交易文书上，或者将商标用于广告宣传、展览以及其他商业活动中。"商标的"使用"具有如下特征：

第一，使用是商标权人的行为。商标注册后，商标权人可以在核定的商品上独占性地使用核准注册的商标。

第二，使用是一种商业行为，即该行为具有营利性。如将商标使用在商品、商品包装、商品交易合同、商品宣传等营利行为上。

第三，使用有一定的范围，即只能在核定的商品上独占性地使用核准注册的商标。范围的限定主要是为了防止随意改变商标形态或将注册商标扩大到核定商品之外的行为，以避免引起商标使用的混淆。

一般的未注册商标只要不违反法律规定就可以使用，而驰名商标必须在法律规定的条件下可以享有使用权。

(2) 商标禁止权，是指商标权人依法享有的禁止他人不经过自己的许可而使用注册商标和与之相近似的商标的权利。商标权是一种绝对权，其排他性表现为禁止他人非法使用、非法印制及其他商标侵权行为。

商标禁止权是商标所有人依法对自身商标的各种侵权性的一种硬性约束，不同国家的商标法关于禁止权的范围一般都有具体的规定。根据我国《商标法》第五十二条第一款的规定，注册商标权人有权禁止他人"未经商标注册人的许可，在同一种商品或者类似商品上使用与其注册商标相同或者近似的商标的"行为，商标禁止权的范围比商标使用权的范围广。

一般的普通未注册商标所有人，不具有商标禁止权；但是未注册的驰名商标，其所有人可以依法禁止他人在同种或类似的商品上使用与自己的商标相同或近似的商标，甚至是易导致消费者混淆的不相同或不相类似的商品上。

(3) 商标许可使用权，是指商标权人通过签订使用许可合同，许可他人使用注册商标的行为。

目前，许多国家的商标法均规定了商标许可使用制度，我国《商标法》第四十条规定，"商标注册人可以通过签订商标使用许可合同，许可他人使用其注册商标。许可人应当监督被许可人使用其注册商标的商品质量。被许可人应当保证使用该注册商标的商品质量"。"经许可使用他人注册商标的，必须在使用该注册商标的商品上标明被许可人的名称和商品产地"。"商标使用许可合同应当报商标局备案"。

从上述规定中可以看出：商标权的许可使用并不导致商标权权利主体发生转移，只发生使用权转移。而商标许可使用权的行使方式主要在于注册商标的商标权人作为许可方与欲使用其商标的被许可方之间签署体现双方权利与义务的许可合同。

(4) 商标转让权，是指商标权人依法享有的、将自己的注册商标的所有权依法定程序和条件转让给他人的权利。

由于随着商标的转让继而引发了商标所有权的转移和商标所有主体的变更，由此产生一系列的法律问题，甚至是纠纷。于是，各个国家的商标法对于商标权的转让问题规定都比较具体。根据我国《商标法》第三十九条的规定："转让注册商标的，转让人和受让人应当签订转让协议，并共同向商标局提出申请。商标注册人对其在同一种或者类似商品上注册的相同或者近似的商标，应当一并转让；没有一并转让的，由商标局通知其限期改正；期满不改正的，视为放弃转让该注册商标的申请，商标局应当书面通知申请人。转让注册商标经核准后，予以公告，受让人自公告之日起享有商标专用权。受让人应当保证使用该注册商标的商品质量。注册商标的转让不影响转让前已经生效的商标使用许可合同的效力，但商标使用许可合同另有约定的除外。"

(5) 商标出质权，是指商标注册人在担保债权的履行时，依法享有的将其注册商标专用权质押给债权人的权利。

有关商标出质的法律规定。商标权属于财产权，可以转让、许可他人使用，因此应该可以作为出质抵押的标的。我国《商标法》中还没有对商标的处置问题进行规定。而根据《中华人民共和国物权法》第二百二十七条的规定，以注册商标专用权中的财产权出质的，当事人应当订立书面合同。质权自有关主管部门办理出质登记时设立。出质后，出质人不得转让或者许可他人使用，但经出质人与质权人协商同意的除外。出质人转让或者许可他人使用出质的知识产权中的财产权所得的价款，应当向质权人提前清偿债务或者提存。

10.1.2　商标权保护期限

1. 商标权保护期限内涵

(1) 商标权的保护期限，是指商标注册所具有的法律效力的时间界限，即商标权受法律保护的有效期限。

法律上之所以对商标权的时间界限进行规定，主要是因为商标专有权的设立是为了识别商标或服务的来源以保护商标权人的商业信誉。如果商标经过使用具有这种识别与保护作用，就应当让其继续存在下去；如果丧失了这种作用，则不宜让其继续存在。

(2) 商标权的保护期限的法律规定。由于商标所有人及其商品经过一定时期会发生变化，世界上绝大多数国家规定了商标权的有效期，未规定商标权有效期限的国家只是少数。欧洲大陆的几个国家中，包括联邦德国和法国，期限为十年，自申请日起计算；在美国期限为二十年，从注册日起计算；在英国和许多仿效英国的国家中，最初期限为七年，但注册续展为十四年等。

我国《商标法》第三十七条规定："注册商标的有效期为十年，自核准注册之日起计算"。在该有效期内，商标权人对其所拥有商标享有排他性权利；有效期满，该权利即告终止。外国人或外国企业在中国申请商标注册的，经审查核准的注册商标的有效期也为十年。

虽然商标权有保护期限的问题，但商标权与著作权、专利权等不同的是，世界上许多国家的商标法都规定了续展制度。

2. 商标权续展制度

(1) 商标权的续展，是指商标权人在其注册商标有效期届满前，依法享有申请延长其注册商标保护期权利的制度。

目前在《商标法》理论研究中，认为"商标权的续展，实质上是该商标权的法定延长，由此商标权所产生的一切法律关系均应当同期延长"的观点相对合理一些。

(2) 对商标权续展的法律规定。我国《商标法》第三十八条规定，"注册商标有效期满，需要继续使用的，应当在期满前六个月内申请续展注册；在此期间未能提出申请的，可以给予六个月的宽展期。宽展期满仍未提出申请的，注销其注册商标"。"每次续展注册的有效期为十年，续展注册经核准后，予以公告"。应当注意的是，在宽展期限内的商标权仍受法律保护。《商标法实施条例》第二十七条规定，"注册商标需要续展注册的，应当向商标局提交商标续展注册申请书。商标局核准商标注册续展申请后，发给相应证明，并予以公告"。"续展注册商标有效期自该商标上一届有效期满次日起计算"。

从上述法律规定来看，只要商标所有人按照法律规定办理续展注册手续、续展次数不受限制，就可以保证自己的商标权永续存在。

(3) 申请商标续展的条件和手续。根据《商标法》及实施条例的有关规定，申请续展需要具备的条件和手续如下：

- 续展注册申请人必须是注册商标的所有人；
- 提出续展注册的时间是在注册商标期满前的六个月内；
- 申请人应当向商标局提交申请商标续展的申请书；
- 缴纳申请费和注册费。

(4) 续展期注册商标保护问题。根据我国《商标法》及《商标法实施条例》和国家工商行政管理局《关于商标行政执法中若干问题的意见》等对续展期注册商标保护问题规定如下：

第一，商标注册人在商标法定限期内申请续展的，无论是在有效期满前、宽展期内还是宽展期满后续展申请被核准的，商标专用权连续存在，续展注册商标有效期为十年，且自该商标上一届有效期满次日起计算。他人在此期间内使用与该商标相同或者近似商标的，属于商标侵权行为；商标注册人未提出续展申请，或者提出续展申请但未被核准的，该商标专用权自有效期满后不受法律保护。

第二，在宽展期内申请续展的，原商标权人关于处理续展申请之前侵害其注册商标的行为的请求，工商行政管理机关和人民法院不应受理。即使之后续展申请被核准，原商标权人对于续展申请之前侵害其注册商标的行为也无权请求损害赔偿。

第三，商标注册人未提出续展申请或续展申请未被核准的，则该商标专用权自有效期满之日起即灭失，原商标权人不得以他人侵害其注册商标为由请求法律保护。

第四，在注册商标有效期届满后至续展申请最终被驳回之间，他人若有侵害注册商标的，续展申请人有权请求人民法院、工商行政管理机关及其他主管部门对其注册商标进行保护。有关机构应当立案或受理并给予先行保护；对于损害赔偿问题则要等续展申请是否被核准而定。但是，投诉人应当提供续展申请证明，否则，工商行政管理机关不予立案；已经立案的，应当中止，待续展核准情况确定后再行处理。

10.1.3　商标权的终止

商标权的终止，是指由于法定事由的发生，注册商标所有人丧失其商标权，法律不再保护其注册商标的制度。我国《商标法》规定，注册商标因注销或撤销两种情形而导致商标权的终止。

1. 商标权的注销

(1) 商标权的注销，是指商标权人自愿放弃注册商标而被商标局终止其商标权的一种形式。商标权是一种法定的私权，法律上允许商标权所有人可以放弃自己的权利。

(2) 根据我国《商标法》的有关规定，导致商标注销可能有以下原因：

第一，因放弃而注销。商标注册人因故向商标局申请注销自己的商标或者注销该商标在部分指定商品上的注册的，视为自愿放弃商标权。商标注册人需向商标局提交注销申请书并交回原《商标注册证》，该注册商标的法律效力或部分法律效力自商标局收到其注销申请之日起终止。

第二，因过期而注销。注册商标的法定期限届满，未在规定期限内办理续展手续或续展注册申请未获批准而导致原有商标失效。

第三，因无人继承而注销。根据《商标法实施条例》第四十七条规定："商标注册人死亡或者终止，自死亡或者终止之日起一年期满，该注册商标没有办理转移手续的，任何人可以向商标局申请注销该注册商标。提出注销申请的，应当提交有关该商标注册人死亡或者终止的证据。注册商标因商标注册人死亡或者终止而被注销的，该注册商标专用权自商标注册人死亡或者终止之日起终止。"

2. 商标权的撤销

(1) 商标权的撤销，是指商标主管机关对于违反《商标法》相关规定的行为予以处罚，使原注册商标归于灭失的程序。

(2) 我国法律对商标权的撤销有如下规定：

第一，根据我国《商标法》第四十四条规定，"使用注册商标有下列行为之一的，由商标局责令限期改正或者撤销其注册商标"：

● 自行改变注册商标的；

● 自行改变注册商标的注册人名义、地址或者其他注册事项的；

- 自行转让注册商标的;
- 连续三年停止使用的。

第二，根据我国《商标法实施条例》第三十九条规定:"对于有《商标法》第四十四条前三项行为之一的，由工商行政管理部门责令商标注册人限期改正;拒不改正的，报请商标局撤销其注册商标。对于有《商标法》第四十四条第四项行为的，任何人可以向商标局申请撤销该注册商标，并说明有关情况。商标局应当通知商标注册人，限其自收到通知之日起两个月内提交该商标在撤销申请提出前使用的证据材料或者说明不使用的正当理由;期满不提供使用的证据材料或者证据材料无效并没有正当理由的，由商标局撤销其注册商标。这里所称的证据材料，包括商标注册人使用注册商标的证据材料和商标注册人许可他人使用注册商标的证据材料。"

第三，根据《商标法》第四十五条规定:"使用注册商标，其商品粗制滥造，以次充好，欺骗消费者的，由各级工商行政管理部门根据不同情况，责令限期改正，并可以予以通报或者处以罚款，或者由商标局撤销其注册商标。"

第四，除了上述情形外，根据《商标法》第四十一条规定，"如果存在以下几种行为的，可由商标局撤销其注册商标":

- 已经注册的商标，违反《商标法》第十条、第十一条、第十二条规定的，或者是以欺骗手段或者其他不正当手段取得注册的，由商标局撤销该注册商标;其他单位或者个人可以请求商标评审委员会裁定撤销该注册商标。

- 已经注册的商标，违反《商标法》第十三条、第十五条、第十六条、第三十一条规定的，自商标注册之日起五年内，商标所有人或者利害关系人可以请求商标评审委员会裁定撤销该注册商标。对恶意注册的，驰名商标所有人不受五年的时间限制。

- 对已经注册的商标有争议的，可以自该商标经核准注册之日起五年内，向商标评审委员会申请裁定。

- 上述三种情形属于商标注册无效的撤销情形，具体内容见本书第九章。

10.2　商标权的利用和限制问题

10.2.1　商标权的利用问题

商标权的利用是指商标权人行使商标权的方式。商标权人在商标获准注册之后，既可以自己在商品或服务上使用商标，也可以将商标许可给他人使用，或者将商标权转让给他人，甚至可以将商标权予以质押。在不同的商标使用方式上，商标权人的权利与义务相差较大。

下面就商标权利用的几种不同的方式进行讲解。

1. 商标权的许可

(1) 商标权许可，是指商标权人通过签订使用许可合同，许可他人使用注册商标的行为。在商标许可关系中，商标权人为许可人，获得使用权的人为被许可人。被许可人只有注册商标的使用权，而未获得商标权。

作为注册商标专有权，商标权人通过商标的许可可以获得一定的商标许可使用费；被许可人可以由此获得使用注册商标的权利，并利用该注册商标。

有关商标权许可的法律规定。我国《商标法》第四十条规定："商标注册人可以通过签订商标使用许可合同，许可他人使用其注册商标。许可人应当监督被许可人使用其注册商标的商品质量。被许可人应当保证使用该注册商标的商品质量。经许可使用他人注册商标的，必须在使用该注册商标的商品上标明被许可人的名称和商品产地。商标使用许可合同应当报商标局备案。"

(2) 商标权许可使用的形式。商标权许可使用可以有以下形式：

第一，独占许可使用，即商标注册人在约定的期间、地域和已约定的方式，将该注册商标仅许可一个被许可人使用，商标注册人依约定不得使用该注册商标。

第二，排他许可使用，即商标注册人在约定的期间、地域和已约定的方式，将该注册商标仅许可一个被许可人使用，商标注册人依约定可以使用该注册商标但不得另行许可他人使用该注册商标。

第三，普通许可使用，即商标注册人在约定的期间、地域和已约定的方式，许可他人使用其注册商标，并可自行使用该注册商标和许可他人使用。

在上述三种商标许可使用形式中，许可当事人在权利与义务的承担上存在着明显的区别。其中，以独占许可中许可人享有的权利最大、获取的许可使用费最高，其他以此类推。对于独占性许可，一旦许可成立，被许可人便独家获得了该注册商标的使用权，因而也就获得了该权利的排他性。当侵权行为发生时，被许可人可以作为向人民法院提起诉讼。在排他许可使用形式中，商标注册人和被许可人都可以使用注册商标，当侵权发生时，他们都是受害者，可以作为共同原告提起公诉。如果商标注册人不愿起诉，应当允许被许可人自行提起诉讼。在普通的许可使用形式中，被许可人经商标注册人明确许可授权，可以提起诉讼。

(3) 商标权许可合同的有关问题。

第一，商标权许可合同形式与内容。《商标法》规定，商标权人许可他人使用其注册商标的，应当签订书面合同，合同应包括以下内容：

- 合同双方当事人的名称、地址、法定代表人姓名；
- 许可使用的商标、注册证号、使用期限、使用商品种类与名称；
- 许可使用商品的质量标准；
- 许可人监督商品质量的措施；
- 被许可人保证商品质量的措施；
- 商品销售的价格与范围；
- 商品的产地、厂名的标注方法；
- 合同发生纠纷后的解决方式；
- 有偿许可使用费用的计算和付费方式；
- 违约责任；
- 双方认为需要约定的其他事项。

第二，商标权许可合同双方当事人的权利与义务。通过签订商标许可使用书面合同，可以明确双方当事人的权利和义务：

对于许可人而言，在合同的有效期内，不应当放弃商标的续展，不得申请注销其注册商标，也不得向第三人转让注册商标，以保护被许可人的利益。如果因上述行为侵害了被许可人的利益，许可人则应当承担相应的责任。

对于被许可人而言，未经商标权人的书面授权，也不得将注册商标转让给他人，同时还应当按约定缴纳商标的使用费。

第三，商标许可使用合同备案制度。商标许可使用合同签订后，许可人应当自商标许可使用合同签订之日起三个月内将合同副本报送商标局备案。备案后，商标局将通过公告形式向社会公布，以便于消费者和其他企业了解商标的使用情况。

为防止因无许可使用合同或合同不规范而引起的纠纷，2002 年，最高法院公布了《关于审理商标民事纠纷案件适用法律若干问题的解释》第十九条第一款规定，"商标使用许可合同未经备案的，不影响该许可合同的效力，但当事人另有约定的除外"。第二款规定，"商标使用许可合同未在商标局备案的，不得对抗善意第三人"。

2．商标权的转让

(1) 商标权转让，是指依法享有商标专用权的人将部分或全部商标专用权转让给他人并收取一定费用的权利转让过程。通过转让，受让人成为新的商标权人，原商标权人失去了商标的所有权。

商标权转让的直接后果导致商标主体的变更，由此也会带来一系列的法律问题。因此，世界各国商标法对商标权转让问题都有严格的限制，有些限制比较具体，如：
- 在同种或类似商品上注册的相同或相似商标必须一起转让；
- 联合商标必须一起转让；
- 已经许可他人使用的注册商标不得随意转让；
- 受让人必须保证注册商标的商品质量；
- 商标权转让将导致商标权主体的变更，等等。

(3) 商标转让的程序。我国《商标法》第三十九条规定："转让注册商标的，转让人和受让人应当签订转让协议，并共同向商标局提出申请。受让人应当保证使用该注册商标的商品质量。转让注册商标经核准后，予以公告。受让人自公告之日起享有商标专用权。"根据以上规定，商标权转让的程序有：

第一，签订注册商标转让合同。根据《中华人民共和国商标法实施条例》第二十五条规定："转让注册商标的，转让人和受让人应当向商标局提交转让注册商标申请书；转让注册商标申请手续由受让人办理。"

第二，商标局对转让注册商标申请进行审查。商标局应当对申请手续是否完备、转让的商标与使用的商品质量是否一致、是否缴纳相关费用等问题进行审查。审查后，如符合法律规定，予以核准，发给受让人相应证明，并予以公告；受让人自公告之日起拥有商标权。对于可能产生误认、混淆或者其他不良影响的转让注册商标申请，商标局不予核准，书面通知申请人并说明理由。

3．商标权的质押

(1) 商标权质押，是指商标权人以商标权作为出质的标的，用于担保债务履行的法律行为。商标权的出质属于权利质押。

我国《商标法》对商标权的出质问题未予规定。随着《担保法》的颁布，问题就比较清晰了。1995 年 6 月颁布的《担保法》第七十五条规定，"依法可以转让的商标专用权可以质押"。2007 年 3 月颁布的《物权法》第二百二十七条第一款规定：以注册商标专用权、著作权、专利权等知识产权中的财产权出质的，当事人应当订立书面合同。

(2) 商标权质押的对象。商标权质押的对象应当是可转让的商标权。核心是"依法可以转让"的商标专用权。

《商标法》第三条规定："经商标局核准注册的商标为注册商标，包括商品商标、服务商标和集体商标、证明商标；商标注册人享有商标专用权，受法律保护。"这里集体商标、证明商标的专用权一般是不能转让的。因此，应当注意以下问题：

第一，出质的商标权应当是有效的注册商标权；

第二，商标权没有"限制转让"的情形存在；

第三，商标权人在出质时，应当对其在同一种或类似商品上注册的相同或相似商标一并出质。

(3) 商标权质押的程序。商标权人在出质商标权时的程序如下：

第一，订立商标专用权质押的书面合同，向商标局申请登记；申请人只能是商标专用权质押合同的出质人和质权人。

第二，质押的书面合同应当包括：

- 出质人和质权人的名称(姓名)和地址；
- 质押的原因和目的；
- 出质的商标及质押的期限；
- 出质商标专用权的价值及有关部门指定的评估机构的评估报告；
- 当事人约定的与该质押商标有关的其他事项。

该合同自登记之日起生效。

第三，商标专用权质押的登记程序。根据国家工商行政管理总局制定的《企业动产抵押物登记管理办法》和商标局制定的《商标专用权质押登记程序》有关规定，商标专用权质押登记应当注意的问题是：

- 质押登记的申请。出质人和质权人应当于订立书面合同之日起二十日内，向国家工商行政管理总局和商标局申请质押登记，并提供相应的文件；登记机关应当于受理登记申请之日起五个工作日内，作出是否予以登记的决定。符合登记条件的，由商标局发给《商标专用权质押登记证》；对出质人不是商标专用权合法所有人、商标专用权归属不明确的，不予登记。
- 质押登记的撤销与变更。有下列情形之一的登记机关应当撤销质押登记：
  - ➢ 登记内容与事实不符的；
  - ➢ 发现有不予登记的原因的；
  - ➢ 质押合同无效的。
- 申请人姓名、地址发生变更及因主债权债务转移或其他原因导致质押权利转移的，应当办理商标专用权质押变更登记、补充登记或重新登记。申请办理商标专用权质押变更登记或补充登记的，应当提交变更的证明和登记机关发给的《商标专用权质押登记证》。

(4) 商标专用权质押的效力。关于商标专用权质押的效力，我国《物权法》第二百二十七条第二款规定：“知识产权中的财产权出质后，出质人不得转让或者许可他人使用，但经出质人与质权人协商同意的除外。出质人转让或者许可他人使用出质的知识产权中的财产权所得的价款，应当向质权人提前清偿债务或者提存。”

根据该规定，商标专用权人即出质人仍然可以继续在核定使用的商品或服务上使用出质的商标，也可以禁止他人未经许可的使用。只是不经过质权人同意，出质人不得转让或许可他人使用出质的商标；出质人经质权人同意转让或许可他人使用的，出质人所得的转让费、许可费应当提前清偿所担保的债权，或者向质权人约定的第三人提存。

10.2.2　商标权的限制问题

商标权的限制，是指当商标权人的利益与他人的利益或社会公共利益发生冲突时，为了平衡各方的利益，而对商标权人对商标权的行使给予一定的限制。我国《商标法》目前对上述问题没有具体的规定。我们主要是从商标权限制的四种类型上进行理解。

1. 商标的合理使用

(1) 商标的合理使用，是指经营者在经营活动中以善意的方式来使用叙述性商标中的构成要素时，不视为对商标的侵权。

这一概念的含义是：按《商标法》的规定，有些不具有显著性的标志是不能作为商标注册的。《商标法》第九条第一款规定，“申请注册的商标，应当具有显著特征，便于识别，并不得与他人在先取得的合法权利相冲突”。第十一条第一款规定，“下列标识不得作为商标进行注册：仅有本商品的通用名称、图形、型号的；仅仅直接表示商品的质量、主要原料、功能、用途、重量、数量及其他缺乏显著特征的”。

但是，一些表示商品质量、主要原料、功能用途等显著特征构成的文字或地名，经过长期的使用超出了这些标识原本的含义而形成了便于识别的显著性特征时，则可以作为商标进行注册，如“北京”饭店、“青岛”啤酒、“五粮液”酒、“两面针”牙膏等。商标一旦注册成功，《商标法》就赋予商标权人积极使用商标的权利，同时又赋予其排除他人妨害其行使商标权的权利。但是，这种排他权利并非漫无边际，它排除妨害的范围应该仅限于禁止他人将商标用于标识商品来源的作用上，而不能禁止其他方面的使用，这就是对商标专用权的限制，即商标的合理使用。

(2) 法律上对商标合理使用的规定。我国原《商标法》中没有关于商标权的限定，但修订后的《商标法》有新的规定，即上述不具有显著性的标识，经过使用取得显著特征，并便于识别的，可以作为商标注册。这种商标通常叫做叙述性商标。但是，这些注册商标的构成要素，并非只能归属于注册商标所有人独用，不应当妨碍社会公众对这些商标构成要素的正常使用。为什么会出现这一规定与注册商标专有权规定相冲突的现象呢？

在现实生活中词汇资源毕竟有限，具有显著性的词汇更是稀缺，难免发生撞车现象，而且相类似的词汇更是不计其数。由于历史原因，正如前面所提到的许多本不符合显著性要求的商标已经注册成功；再加上《商标法》对驰名商标的保护扩展到相似的标识上，使商家在使用文字和图形对其商品进行描述或者说明时很容易受到掣肘，所以建立商标的合理使用制度非常有必要。我国《商标法实施条例》第四十九条规定，“注册商标中含有的本商品的通用名称、图形、型号，或者直接表示商品的质量、主要原料、功能、用途、重量、数量及其他特点，或者含有地名，注册商标专用权人无权禁止他人正当使用"。

缺乏显著性、容易导致消费者混淆的名词、图形等经过长期使用而逐渐具备了新的意义，足以标示商品的来源，而消费者也广泛承认其是某商品的特定标志时，那么就因为新的含义而获得了显著性，当然应该受到《商标法》的保护，准予注册。但是，当这些具有新的含义的说明性文字、图形、记号取得商标权之后，并不能阻止他人以原始含义的方式使用该文字、图形或记号，也就是说这类商标仅仅在新的含义的范围之内受到法律的保护，如果使用人使用该用语不会导致消费者对商品来源的混淆时，商标权人就不能就该原始含义的文字主张专属权，来排除他人的使用。但这种使用一是仅仅为了描述自己的产品或者服务的特点或者产地；二是使用方式必须正当。

商标合理使用制度的建立有利于防止滥用商标权而限制他人正当使用的不正当竞争行为；有利于解决权利冲突的问题，通过划定适宜的界限使权利人采取更适当的方式保护自己的商标权，使用者自觉将自己的使用限制在合理的范围，进而减少纠纷，避免讼累。

(3) 商标合理使用的类型。商标合理使用的类型主要有两种方式，其一是叙述性使用；其二是指示性使用。

第一，叙述性使用，又称法定合理使用，是指生产经营者对于自己经营的商品运用了叙述性描述而使用了他人的描述性商标时，则通常应认为这种使用属于合理使用。比如，天津无线电厂生产的"北京"牌电视机，由于"北京"是一个描述性词汇，因而，该商标所有人不能阻止北京地区的厂家在产品上使用北京二字。描述性商标就是前文中提到由直接表示商品的质量、主要原料、功能、用途、重量、数量及其他缺乏显著特征的要素构成的商标。这种规定是基于《商标法》在保护注册商标专有权的同时，对于那种以描述性商标作为注册商标的，由于带有公有领域特征的描述性商标一旦被专人垄断，将会阻碍他人对公共资源的利用。明确叙述性使用的合理性，就是允许商标权利人之外的经营者对描述性商标作善意的、正当的、只是为了说明或者描述自己的商品而使用。

第二，指示性使用，是指为了指明商品、服务种类而使用他人商标的行为。在认定指示性合理使用时，行为人不仅要满足前面所要求的"使用出于善意"、"不是作为自己商品的商标使用"和"使用只是为了说明或者描述自己的商品"等三项必要条件，还应当在合理必要的限度内指示性使用，不得暗示自己与商标注册人存在赞助或者许可关系。如汽车维修商可以使用汽车厂家的注册商标，介绍自己专业修理汽车的品种，只要不让人误认为自己与汽车注册商标权人存在特约维修等商业关系，就属于指示性合理使用。若指示性使用他人注册商标时，明示或暗示自己与商标注册人之间存在特约维修、特许销售等商业关系的，就超出了"合理必要"范围，应当取得商标注册人的许可，否则构成商标侵权。

(4) 商标合理使用的判断标准。在发生商标侵权案件时，被告可以引用《商标法实施条例》第四十九条来进行合理使用的抗辩。但是在不同的个案中被告使用的文字、图形的形式多种多样，纷繁复杂，是否成立合理使用要具体问题具体分析。更重要的是实施条例第四十九条之规定非常原则，存在较大的模糊地带，相关的解释尚未出现，因此在司法实践中会遇到很多问题。可以参考以下标准：

第一，除了使用与他人商标相同或近似的文字、图形外，还以是否加注了其他说明性文字以表明它的"说明性质"为判断标准。为了说明本商品的型号、质量、主要原料、功能、用途、重量、数量及其他特点，商家可能不得不使用到他人的商标，但如果商家在此商标前加注"主要成分"、"功能"、"使用方法"等说明性词语，就可以将混淆的可能性大大减小。

第二，以被告所使用的文字图形是否作为商标来使用，或者该文字或图形是否足以标识、区别商品来源作为判断标准。如果被告并无使用该文字和图形作为商标的主观意图，而且在客观上根本不足以标识商品的来源，消费者基本不会基于该文字和图形就混淆商品，那么这种使用就不会侵犯商标权，而属于合理使用的范畴。

第三，以使用该说明性文字时是否刻意强调该文字的显著性作为判断标准。使用说明性文字的方式是推测使用人主观意图的重要标准。如果使用人将他人的注册商标置于该商品的显著位置，甚至放大字体，加以亮色，进行艺术加工等以引人注意，而将其他的说明性词语和自己的注册商标置于不明显之处，那么很容易推断使用人有搭便车的主观意图，并在客观上很容易造成消费者混淆商品的来源，应当不属于合理使用的范畴。

第四，以商业惯例和行业协会的意见作为判断标准。如果使用者所使用的名称是自己的姓名、商号或者商品的名称、形状、产地等，相对比较简单，容易识别。但对于商品的品质、功用等的说明性文字，范围比较广泛，进行区分有一定的难度，这时了解商业惯例就显得很重要了，如果发生诉讼时征询一下行业协会的意见，再做判断就比较容易了。

第五，以原告是否可能因被告的使用而利润下降、声誉受损作为判断标准。客观后果也是商标合理使用的重要标准。如果原告在其商标被被告使用后，名誉受损，经营业绩明显下降，只要有确切证据证明这种后果与被告的使用之间有直接联系，那么可以断定，是被告的使用侵害了原告的商标权，进而破坏了原告的正常商业活动，应属不正当竞争行为，而被排除在商标的合理使用之外。

在很多情况下，必须考察清楚各项事实，综合利用各项标准，才能作出比较中肯的判断，相关的经验还需在实践中丰富，相关制度还需完善。

2．商标的非商业使用

商标的合理使用也普遍存在于非商业领域之中。由于这种使用一般不涉及商业利益，更不易造成商品的混淆，所以产生侵权的机会并不大。在这里仅对几种类型作简单介绍，不过多赘述。

(1) 正常的报道、评论、研究中使用该商标。这主要指在平面媒体或其他媒体中引用该商标进行报道或客观评论，即使出现对该商标的负面评价但只要符合事实。这种使用并非频繁为之，也没有搭便车的嫌疑，当属合理使用。

(2) 滑稽模仿中合理使用。由于商标日渐成为当代社会中渗透力极强的重要因素，许多作家和演员常常引用某些商标符号来针砭时弊，进行艺术创作。艺术化的使用只要不对商家的名誉造成损害就属于合理使用的范畴。但是，不适当的滑稽使用会对驰名商标造成玷污、贬损的就不属于合理使用。

(3) 在字典中使用。此种使用应当尽到必要的注意义务，说明来源，不应使公众误认为该商标是通用名称，从而淡化该商标。如有此种情形发生，法律应赋予商标权人字典订正权，在下一次修订字典时予以更改说明，以求亡羊补牢之功效。只要不造成淡化，该使用一般不会造成侵权，当属合理使用。

3．商标先用权

(1) 商标先用权，是指在注册商标的申请日之前，某商标所有人处于正常经营的目的，已经将与别人申请注册的商标相同或者近似的商标，使用在其申报使用的商品或服务上或者类似商品或服务上，当别人申请注册时，该商标已经成为在自己的业务相关领域的驰名商标。在此情况下，该商标使用人有权继续在原商品或者服务上使用该商标。

(2) 确立商标在先使用权制度的意义集中体现在弥补申请在先原则和注册原则的不足。具体而言包括：

第一，保护公平竞争，平衡商标注册人和在先使用人的利益，避免给在先使用人带来不公平的后果。

第二，就制止抢注而言，商标在先使用权制度赋予在先使用人继续使用商标的权利，不受"抢注人"注册商标的限制。同时，为商标在先使用人启动撤销注册不当程序赢得时间。由于商标在先使用权人有权继续在原商品或者服务上使用其商标，而不构成对商标注册人的侵权，因此必须符合一定的构成要件。

(3) 商标先用成立的条件。构成《商标法》规定的商标先用权情形成立的条件有：

第一，在他人注册商标的申请日之前，商标先使用者已经在相同或者类似的商品上使用了与商标注册人相同或相近的商标，即已经有了先使用的事实。

第二，在他人注册商标的申请日之前，商标先使用者通过对自己商标的使用在市场上已经获得了一定的知名度和声誉。

第三，在他人注册商标后，商标先使用者在继续使用该商标时必须出于善意，主观上不能处于不正当竞争的目的，也不能有意造成对注册商标人的商品或服务的混淆。

第四，商标图样与争议商标必须相同或相似，且使用在相同或类似的商品上。

只要符合上述条件，尽管与注册商标人存有商标异议，但商标先使用者仍然可以继续使用该商标。只不过是使用的范围受到一定的限制，即只能用于原来使用的商品或服务上，而不能扩大到类似的商品或服务上。

4. 商标权的用尽

(1) 商标权的用尽，是指经商标权人或其被许可人本人同意，将带有商标的产品投放市场后，对于他人使用或销售该产品的行为，商标权人无权禁止。

其理由是商标权的基本内容是排他性使用权，即制止他人在存在混淆可能的情况下，在贸易活动中未经同意使用与注册商标相同或类似的标志来标示相同或类似的商品或服务。一旦商标权人自己或许可他人出售带有该商标的商品，任何人均可在贸易中继续使用或销售该商品，因为商标权人已经行使了自己的权利，换句话说，商标权人的权利已经用尽了。

(2) 设定这种制度的目的就在于保障商品的正常流通，促进贸易的开展。如果不存在这种限制，商标权人可能就会利用商标权控制商品流通、分割市场，保持其在市场上的垄断地位，这对于社会公众而言是不公平的。因此，商标权用尽制度旨在通过限制商标权而实现贸易自由，从而实现个人利益和社会利益的平衡。

有关商标权用尽的规定在许多国家和地区的立法中都有设立。《欧洲共同体商标条例》第十三条内容"共同体商标的权利耗尽"规定，"共同体商标所有人无权禁止由其、或经其同意，已投放共同体市场标有该商标的商品使用共同体商标"。除非共同体商标所有人有合法理由反对商品继续销售的，尤其是商品在投放市场后，商品质量发生变化或损坏的，上述第一款不适用。这一限制性条件是为了防止原商品发生变化后还在继续使用原商标继续流通，会对商标权造成一定的损害。

10.3　商标权的保护问题

10.3.1　商标权保护概述

1．商标权保护及其意义

(1) 商标权保护，是指以法律的手段来制止、制裁商标侵权行为，以保护商标权人的利益，维护商标管理秩序的制度。

(2) 商标权保护的意义。保护商标专有权是我国商标立法的根本目的，也是商标管理机关及司法机关的重要任务。因而，商标权的保护主要有以下意义：

第一，有利于保护商标权人的合法利益；

第二，有利于保护消费者的利益；

第三，有利于促进社会主义市场经济的发展。

2．商标权的保护范围

在我国，商标权的保护范围主要是针对注册商标专用权而言的，但实际上保护范围比注册商标专用权范围要大。

我国《商标法》第五十一条对注册商标专用权的权利范围做了具体规定，即"注册商标的专用权，以核准注册的商标和核定使用的商品为限"。具体来说：

(1) 注册商标专用权以核准注册的商标为限，即注册人使用的商标，应当与核准注册的商标的文字、图形及其他构成要素相一致，不得自行变更注册商标要素，否则有可能被撤销注册商标。

(2) 注册商标专用权以注册时核定使用的商品类别为限，即商标权人将注册商标所使用的商品或服务类别，应当与商标局在核准注册时核定使用商品或服务类别的范围一致，不得自行变更使用的商品或服务类别，否则有可能被撤销注册商标。

事实上，商标权的保护范围不仅仅局限于注册商标的专有权。如果只把商标权的保护范围限定于核准注册的商标及核定的商品或服务上，那么对于一些不法侵害者会利用与注册商标相似的商标作为进行注册申请或假冒注册商标，并将其用于类似的商品或服务上的行为进行治理就缺乏法律依据。如：现实中的"康帅傅"、"丑粮液"、"周佳牌"等山寨牌子。因此，为了保护商标权人的正当权益，商标权保护的范围往往还会扩大与注册商标相近似的商标及与核定使用商品或服务相类似的商品或服务上，这已成为国际商标保护的惯例。

3．作为设定商标权保护范围依据的理论介绍

目前在《商标法》司法实践中，商标权保护范围确定的依据向来是一个关键的理论问题。在《商标法》发展的过程中，"制止混淆理论"及"反淡化理论"都在确定商标权保护范围方面起了很大的作用。下面将对上述两种理论作以简单的介绍。

(1) 制止混淆理论。混淆是商标保护范围中的一个重要的概念，商标权保护的基本出发点就是制止与防范商标混淆。混淆有狭义与广义之分：

狭义的商标混淆，是针对商品或服务来源的混淆，即容易导致社会公众对商品或服务的出处产生错误判断，将仿冒商标与注册商标之来源混同。

广义的商标混淆，是指除了商品或服务来源上的混同之外，对商品或服务的其他方面的相同性的混淆，即容易将与注册商标相同或相似的商标用于不相同、不相似的商品或服务上，使公众误以为两者之间存在必然的关系。

由上述概念的界定得出商标混淆的基本类型是：

第一，错误性混淆。错误性混淆往往缘于记忆误差。如两商标均无含义，字母组合及视觉效果近似，读音不易区分，易使消费者因记忆误差而造成混淆；主体特征近似的图形商标亦属于此类。

第二，联想性混淆。联想性混淆，是指两商标虽有区别但在形式上类似，消费者虽不会将两商标误认为同一商标，但有可能误认为两商标同源。

传统的《商标法》主要防止的是狭义的商标混淆，但随着实践的发展，越来越多的涉及广义商标混淆的案例出现，使《商标法》要界定的混淆从狭义扩展到广义。

防止商标混淆是商标立法的基本目标。商标既是人们用以区分商品或服务来源的标志，也是容易被侵犯的对象。如果允许其他经营者在相同或类似的商品或服务上使用与注册商标相同或近似的商标，则必然引起市场上产生假冒商标，引起消费者认识上的混淆。因此，根据世界贸易组织的《知识产权协定》第十六条规定，注册商标所有人应享有专有权防止任何第三方未经许可而在贸易活动中使用与注册商标相同或近似的标记去标示相同或类似的商品或服务，以造成混淆的可能。为了避免混淆，各国的商标法都规定，在商标权的取得上，与注册商标相同或近似的商标如果使用在相同或类似的商品或服务上，不能给予注册。在商标的保护上，商标权人有权禁止他人在相同或类似的商品或服务上使用相同或近似的商标。我国《商标法》第五十二条规定，未经商标注册人的许可，不得在同一种商品或者类似商品上使用与其注册商标相同或者近似的商标。由此可见，商标法的基本目标就是防止消费者因商标的使用行为而发生的混淆。

如何来认定商标混淆？判别商标是否混淆的问题是商标执法中最常见也是最不容易把握的问题，且在司法实践中对其判断多少也带有一些主观经验的色彩。在商标申请审查阶段，主管机关做出申请商标与在先注册商标易造成混淆的结论，多是基于一种可能性，这种可能性的推定，是审查人员依据商标审查的基本准则，结合多年的专业经验，以及模拟相关消费者在认购商品或选择服务时，对商标的识别能力而得出的。然而因审查人员自身条件的差别、商标的多样性以及审查标准的笼统性，又较难避免审查上的不一致和矛盾现象，其后果不仅影响到审查机关的权威性，同时也会给当事人造成不必要的损失。因此，理论界一些专家学者的研究成果或观点，为正确判断商标混淆提供了帮助。

一是从细节上判别，应当注意以下因素：

● 疑似商标与注册商标之间在构成基本要素上的相似程度，如外形、发音、译名、联想度等；

● 使用在后的疑似商标使用者的主观意图；

● 疑似商标与注册商标之间在购物情景方面的相似性；

● 消费者对疑似商标与注册商标之间注意的程度。

二是从标准上判别，应当遵循两种标准：

● 主观标准，即以相关公众的一般注意力为标准。这里的相关公众是指与争议商标所标识的商品或服务有关的消费者及经营者而非相关专家。

● 客观标准，即商标的相似程度和使用商品的类似程度，要综合考虑商标的近似性、商品的差异性、注册商标的知名度等因素。

(2) 反淡化理论。对于驰名商标而言，即使有人将驰名商标用于非相同或非类似的商品或服务上不会造成前面讲的混淆，但是却会造成驰名商标的影响力减弱。因此，对驰名商标的保护就应当有更为有力的方式，于是产生了反淡化理论。

所谓商标淡化，是指未经权利人许可，将与驰名商标相同或相似的文字、图形及其组合在其他不相同或不相似的商品或服务上使用，从而减少、削弱该驰名商标的识别性和显著性，损害、玷污其商誉的行为。

如何来理解商标淡化行为的性质呢？

第一，商标淡化是一种商标侵权行为。商标淡化恰恰突破了传统商标权的这一理论基础，即使不存在实际上的混淆，也可能构成一种侵害。也就是说，它针对的是将与他人相同或相近的商标用于与该商标所标识的不相同也不类似的商品或服务上。由于不相同也不相类似，产生混淆可能性不大，但肯定会产生联想，只要有联想就可能构成侵害。

第二，商标淡化是不正当竞争行为。淡化商标的行为是典型的"搭便车"行为，行为人利用驰名商标的信誉来推销自己，利用驰名商标的竞争优势与同自己具有相同或者相似营业的其他经营者进行竞争，损害部分竞争者的利益，获取不正当的竞争优势，构成不正当竞争行为。同时，淡化行为使消费者混淆了行为人与驰名商标所有人提供的商品或者服务，从而购买其商品或接受其服务，扰乱了市场秩序，不利于市场经济的健康发展。

第三，商标淡化是侵害消费者利益的行为。驰名商标所标志的商品或服务，由于商标权人的长期经营与不懈努力，包括为扩张该商标自身的知名度所做的努力，以及对保持该商标所标志的商品或服务的优秀品质所做的努力，使得该商品在消费者心目中建立了极高的声誉，而标志该商品或服务的商标也同时在消费者心目中获得了巨大的声誉。淡化行为使这种信赖削弱，消费者购买标有驰名商标的产品后，不能得到预期的产品质量与服务，其利益受到侵害。

一般来说，商标淡化行为主要有以下几种形式：

● 一是割裂(冲淡)，指无权使用人将驰名商标用于其他不相同或不类似的商品或服务上，割裂该商标与特定商品或服务的联系，冲淡该商标在本行业已建立起来的声誉，导致其商业价值和吸引力降低，使其指向特定商品的显著性和识别性逐渐模糊，淡化了人们将该商标与特定商品联系起来的认识。

● 二是贬损(或玷污)，指无权使用人将驰名商标用于性质、功能相反或差距甚大的商品或服务上，这些都是对商标形象的污损和丑化，有损驰名商标的商业信誉或是降低其正面评价，使消费者对该商标产生不良印象。

● 三是曲解，即把驰名商标解释为某种商品和服务的代名词，使该商标成为某种商品或服务的通用名称，这些都使得商标指向特定商品的显著性和可识别性完全丧失，从而失去其应有的商业价值。

● 四是其他违法行使驰名商标使用权的行为。如在合法取得驰名商标使用权之后，不按约定的方式、方法、范围使用驰名商标，导致侵权。

● 五是值得注意的是，近年又出现了一些新的不正当使用驰名商标的行为，如将与他人的驰名商标相同或近似的文字作为企业名称、商号使用，或将他人商标图案用于自己产品的包装、装潢，或将他人的驰名商标注册为自己的中文域名或汉语拼音域名。这些行为都会逐渐淡化驰名商标特有的显著性和可识别性，违反诚实信用的商业道德，等等。

但是，应当注意的是商标的反淡化保护不是绝对的，不是一切未经许可的使用驰名商标的行为都构成"淡化"，下列使用驰名商标的行为不应构成"淡化"：

● 在比较性商业广告中的公平应用，这种应用的目的仅是为了将自己的商品与驰名商标所标志的商品加以区别；

● 非商业性使用；

● 各种形式的新闻报道、评论；

● 各种形式的在先使用，如在商标驰名之前，其他人就已经将其用于不同或不类似的商品或服务上，或用于企业名称、商号、域名等，商标驰名之后在原有范围内继续使用。如果不加区别把一切未经许可的使用都看成是淡化，则又会走向另一个极端，造成一种"知识霸权"。

10.3.2　商标侵权行为的认定

1. 商标侵权行为的含义

商标侵权行为，通常是指侵犯注册商标专用权的行为，即未经商标注册人的许可，擅自在同一种商品或者类似商品上使用与其注册商标相同或者近似的商标；或者其他损害商标权人合法利益的行为。

目前，商标侵权行为已经成为非常普遍的问题，直接损害了商标权人的利益，扰乱了商标活动的秩序，也侵害了消费者的合法权益。因此，商标管理的重点问题在于对商标侵权行为的治理。

2. 商标侵权行为的类型

各个国家对商标侵权行为的类型的界定基本类似，也有一些差异。根据我国《商标法》第五十二条和《商标法实施条例》第五十条的规定，商标侵权行为的类型主要有：

(1) 未经注册商标所有人的许可，在同一种商品或者类似商品上使用与其注册商标相同或者近似的商标的。此类侵权行为包括：

● 在同一种商品上使用与他人注册商标相同商标的；

● 在同一种商品上使用与他人注册商标近似商标的；

● 在类似商品上使用与他人注册商标相同商标的；

● 在类似商品上使用与他人注册商标近似商标的。

注意此类侵权有两个要件：一是侵权人与被侵权人的商品必须相同或类似；二是使用的商标必须相同或类似。

(2) 销售侵犯注册商标专用权的商品。对注册商标人而言，侵害其合法权益的行为不仅仅局限于制造侵犯商标专用权的商品，销售侵犯商标专用权的商品同样对注册商标人的合法权益构成巨大的侵害，因为此类商品的销售行为，客观上造成了消费者与社会公众对于商品来源的混淆。因此，打击销售假冒注册商标商品的行为，也是保护商标权人和消费者正当权益的重要手段。

(3) 伪造、擅自制造他人注册商标标识或者销售伪造、擅自制造的注册商标标识的。商标标识是指用于商品上的商标载体，是独立于被标志商品上的商标物质表现形式。如酒类商品上的瓶贴；自行车上的标牌；服装上的织带等。此类侵权行为包括：

- 伪造他人注册商标标识，即模仿他人的商标图案的行为；
- 擅自制造他人注册商标标识，未经同意制造他人注册商标标识的行为；
- 销售伪造、擅自制造的注册商标标识的是指以上述商标标识为对象进行买卖的行为。

(4) 未经商标注册人同意，更换其注册商标并将该更换商标的商品又投入市场的。此项侵权行为是修订后《商标法》新增加的内容，学理上称为"反向假冒"，即未经注册人同意，行为人将该注册商标撕掉或者去除，换上自己的商标或他人的商标，再将更换了商标以后的商品投入市场，冒充自己的商品予以展示或者销售的行为。

在认定此类侵权行为时应当注意：须是行为人未经商标权人同意而擅自更换商标；更换商标的行为发生在商品流通过程中、尚未到达消费者。

(5) 给他人的注册商标专用权造成其他损害的。此项侵权行为包罗万象，不能一一列举，需要做弹性的规定。《商标法实施条例》第五十条规定，有下列行为之一的，属于《商标法》第五十二条第五款所称侵犯注册商标专用权的行为：

- 在同一种或者类似商品上，将与他人注册商标相同或者近似的标志作为商品名称或者商品装潢使用，误导公众的；
- 故意为侵犯他人注册商标专用权行为提供仓储、运输、邮寄、隐匿等便利条件的。

就第一种行为而言，会造成误导消费者购买和消费，损害消费者和商标权人的利益。同时，该行为还会逐渐冲淡商标的显著特征，甚至致其成为商品通用名称，从而使其注册商标被淡化。

就第二种行为而言，故意为侵犯他人注册商标专用权行为提供仓储、运输、邮寄、隐匿等便利条件的，属于间接侵权行为，应当按共同侵权人对待。但是，认定此种侵权行为时，必须行为人只有在故意的情况下才构成侵权行为。

考虑到商标侵权行为的种类较多，最高法院公布了《关于审理商标民事纠纷案件适用法律若干问题的解释》第一条规定，下列行为属于《商标法》第五十二条第五款规定的给他人注册商标专用权造成其他损害的行为：

- 将与他人注册商标相同或者相近似的文字作为企业的字号在相同或者类似商品上突出使用，容易使相关公众产生误认的；
- 复制、模仿、翻译他人注册的驰名商标或其主要部分在不相同或者不相类似商品上作为商标使用，误导公众，致使该驰名商标注册人的利益可能受到损害的；
- 将与他人注册商标相同或者相近似的文字注册为域名，并且通过该域名进行相关商品交易的电子商务，容易使相关公众产生误认的。

10.3.3　侵犯商标权的法律责任

1. 商标侵权案件的法定受理机关及其职责

(1) 商标侵权案件的法定受理机关。我国《商标法》规定，处理商标侵权案件的机关有工商行政管理机关和人民法院。根据我国《商标法》第五十三条规定："有本法第五十二条所列侵犯注册商标专用权行为之一，引起纠纷的，由当事人协商解决；不愿协商或者协商不成的，商标注册人或者利害关系人可以向人民法院起诉，也可以请求工商行政管理部门处理。"

上述规定表明，我国在处理商标侵权案件中采取了"双轨制"，即工商行政管理机关和人民法院均有权查处商标侵权行为，即在商标侵权行为引起纠纷时，当事人可进行协商解决；如果不愿协商或协商解决不成的，可以请求工商行政管理部门处理，工商行政管理部门也可依职权主动查处商标侵权行为；当事人如果对工商行政管理机关处理结果不服的，可以向人民法院提起诉讼；也可以直接向人民法院起诉。

(2) 法律有关法定受理机构对商标侵权案件处理的规定：

第一，工商行政管理部门处理商标侵权案件时，若认定侵权行为成立的，责令立即停止侵权行为；没收、销毁侵权商品和专门用于制造侵权商品、伪造注册商标标识的工具，并可处以罚款。

第二，当事人对处理决定不服的，可以自收到处理通知之日起十五日内，依照《行政诉讼法》向人民法院起诉；侵权人期满不起诉又不履行的，工商行政管理部门可以申请人民法院强制执行。

第三，进行处理的工商行政管理部门根据当事人的请求，可以就侵犯商标专用权的赔偿数额进行调解；调解不成的，当事人可以依照《民事诉讼法》向人民法院起诉。

第四，工商行政管理机关查处商标侵权案件时，可以行使下列职权：

● 询问有关当事人，调查与侵犯他人注册商标专用权有关的情况；

● 查阅、复制当事人与侵权活动有关的合同、发票、账簿以及其他有关资料；

● 对当事人涉嫌从事侵犯他人注册商标专用权活动的场所实施现场检查；

● 检查与侵权活动有关的物品，对有证据证明是侵犯他人注册商标专用权的物品，可以查封或者扣押；

● 工商行政管理部门依法行使前款规定的职权时，当事人应当予以协助、配合，不得拒绝、阻挠。

(3) 法律有关商标侵权案件的地域管辖问题。我国《商标法》中没有对地域管辖进行明确规定。但《民事诉讼法》第二十九条规定，因侵权行为提起的诉讼，由侵权行为地或被告住所地人民法院管辖。当事人因不服工商行政管理机关的处理而向人民法院起诉的，根据《行政诉讼法》第十七条规定，行政案件由最初做出具体行政行为的行政机关所在地人民法院管辖，经复议的案件，也可由复议机关所在地人民法院管辖。

(4) 工商行政管理机关和法院在处理商标侵权案件时有所不同，主要表现如下：

第一，要求处理的当事人不同。按照《商标法》第五十三条和《商标法实施细则》第四十二条之规定，任何人都可以向工商行政管理机关控告或检举商标侵权行为，既可以是被侵权人，也可以是被侵权人以外的其他人。而请求人民法院处理商标侵权案件的当事人，必须是被侵权人，法院不受理其他人的起诉。当然消费者也可以根据《消费者权益保障法》向人民法院起诉，但这时涉及的是经营者对消费者权益的侵害，而不是商标侵权引出的法律关系。

第二，对被告要求不同。工商行政管理机关在受理商标侵权案件时，只要求提供侵权事实存在，被告不一定十分明确；而人民法院要求被侵权人起诉时，必须提供明确的被告，否则不予受理。

第三，受理原则不同。工商行政管理机关从保护消费者利益、制止不正当竞争、维护社会正常经济秩序出发，即使无人控告、检举，也要"主动查处"商标侵权行为。人民法院则实行"不告不理"的原则，即没有被侵权人起诉，人民法院不处理商标侵权案件。

2．侵犯商标权的民事责任

(1) 商标侵权案件涉及的民事侵害部分的解决途径。商标专用权是一种民事权利，因而让商标侵权行为人承担相应的民事责任理所当然。我国修订后《商标法》比原有的《商标法》对被侵权人的保护有所加强。结合我国现行《商标法》和我国《民法通则》第一百一十八条规定，"公民、法人的商标专用权受到侵害的，有权要求停止侵害、清除影响、赔偿损失"等相关规定，当注册商标专用权人的权利遭受侵害时，我国《商标法》第五十三条规定，其解决途径主要有以下几种：

第一，协商。"有本法第五十二条所列侵犯注册商标专用权行为之一，引起纠纷的，由当事人协商解决"。

第二，请求工商行政管理部门处理。"被侵权人也可以请求工商行政管理部门处理"。

第三，向人民法院起诉。"不愿协商或者协商不成的，或对工商行政管理机关处理结果不服的，商标注册人或者利害关系人可以向人民法院起诉"。

(2) 商标侵权案件成立应承担的民事责任。我国《商标法》第五十六条规定："侵犯商标专用权的赔偿数额，为侵权人在侵权期间因侵权所获得的利益，或者被侵权人在被侵权期间因被侵权所受到的损失，包括被侵权人为制止侵权行为所支付的合理开支。"

结合以上两条规定，工商行政管理部门主要可以采取以下救济措施：

第一，停止侵害。既然商标专用权是受国家法律保护的，既然商标侵权行为是受国家法律打击的，那么只要商标权在保护范围和保护期限内，只要有侵权行为客观存在，不论该行为是否已经实际造成商标权人物质损失，也不论侵权行为持续时间长短，程度如何，商标权人均可以要求侵权人立即停止其侵权行为。

第二，消除影响。商标往往标志着商品的质量，昭示着商标权人的信誉，与企业形象紧密相连。因此商标侵权行为不仅仅造成商标权人物质利益的损害，而且更多时候是造成对商标权人形象、声誉的伤害。对此，除了用物质赔偿的方式予以弥补外，还应当要求侵权人在侵权行为造成影响的范围内以登报等方式消除影响、挽回声誉。

第三，赔偿损失。赔偿损失是商标侵权案件中常见的民事责任形式。商标权人因侵权而遭受财产损失和商誉损害的，有权要求物质赔偿。而赔偿额的确定由于关系到当事人的切身利益，因而是处理商标权侵害赔偿案件的一个十分重要的问题。《商标法》第五十六条明确规定侵犯商标专用权的赔偿数额。在对被侵权人的民事赔偿上，商标侵权人不仅要赔偿被侵权人所蒙受的经济损失，而且要赔偿被侵权人为制止侵权行为所付出的合理费用，如合理的调查费、律师费等。同时，现行《商标法》也规定了侵权人的举证责任，第五十六条第二款规定："销售不知道是侵犯注册商标专用权的商品，能证明该商品是自己合法取得的并说明提供者的，不承担赔偿责任。"

第四，申请保全措施，包括诉前禁令、证据保全和财产保全。《商标法》第五十七条规定："商标注册人或者利害关系人有证据证明他人正在实施或者即将实施侵犯其注册商标专用权的行为，如不及时制止，将会使其合法权益受到难以弥补的损害的，可以在起诉前向人民法院申请采取责令停止有关行为和财产保全的措施。"《商标法》第五十八条规定："为制止侵权行为，在证据可能灭失或者以后难以取得的情况下，商标注册人或者利害关系人可以在起诉前向人民法院申请保全证据。"这两项规定使法律对被侵权人的救济达到了更加完满的境地，使受害人的合法利益得到了更加全面地保护，从而体现了我国《商标法》保护注册商标专用权，严厉打击侵权行为的宗旨。

3．侵犯商标权的刑事责任

为了打击商标侵权行为，保护商标权人的合法利益，我国《商标法》和《刑法》都规定了商标侵权人应承担的刑事责任。

(1) 《商标法》关于商标侵权人应承担的刑事责任的规定。我国《商标法》第五十九条规定，未经商标注册人许可，在同一种商品上使用与其注册商标相同的商标，伪造、擅自制造他人注册商标标识或者销售伪造、擅自制造的注册商标标识，销售明知是假冒注册商标的商品，构成犯罪的，依法追究刑事责任。1993 年 2 月 22 日人大通过了《关于惩治假冒注册商标犯罪的补充规定》，规定了对此类犯罪的制裁。

(2) 我国刑法关于商标侵权人应承担的刑事责任的规定。1997 年 3 月 14 日人大修订的《中华人民共和国刑法》，规定了以下三种侵犯注册商标专用权的犯罪：

第一，假冒注册商标罪。《刑法》第二百一十三条规定，未经注册商标所有人许可，在同一种商品上使用与其注册商标相同的商标，情节严重的，处三年以下有期徒刑或者拘役，并处或者单处罚金；情节特别严重的，处三年以上七年以下有期徒刑，并处罚金。

第二，销售假冒注册商标的商品罪。《刑法》第二百一十四条规定，销售明知是假冒注册商标的商品，销售金额数额较大的，处三年以下有期徒刑或者拘役，并处或者单处罚金；销售金额数额巨大的，处三年以上七年以下有期徒刑，并处罚金。

第三，非法制造、销售非法制造的注册商标标识罪。《刑法》第二百一十五条规定，伪造、擅自制造他人注册商标标识或者销售伪造、擅自制造的注册商标标识，情节严重的，处三年以下有期徒刑、拘役或者管制，并处或者单处罚金；情节特别严重的，处三年以上七年以下有期徒刑，并处罚金。

4．侵犯商标权的行政责任

(1) 侵犯商标权的行政处罚的法定机构及其职权。根据《商标法》的规定，对于商标侵权行为，任何人都可以向侵权人所在地或者侵权行为地的县级以上工商行政管理机关控告或者检举，依据《商标法》第五十五条规定，县级以上工商行政管理部门根据已经取得的违法嫌疑证据或者举报，对涉嫌侵犯他人注册商标专用权的行为进行查处时，可以行使下列职权：

● 询问有关当事人，调查与侵犯他人注册商标专用权有关的情况；

● 查阅、复制当事人与侵权活动有关的合同、发票、账簿以及其他有关资料；

● 对当事人涉嫌从事侵犯他人注册商标专用权活动的场所实施现场检查；

● 检查与侵权活动有关的物品；对有证据证明是侵犯他人注册商标专用权的物品，可以查封或者扣押。

(2) 侵犯商标权的行政责罚形式。工商行政管理机关对其管理的商标侵权案件，在查清事实后，对已构成侵权行为的有权采取如下行政处罚措施：

● 责令侵权人立即停止侵权行为。无论商标侵权人是在制造、销售侵权商品，还是伪造、销售假冒商标标识，只要使其停止该行为，就可以防止其进一步侵害商标权人的利益，可以说责令停止侵权行为是制止侵权行为最有效的手段。

● 封存或者收缴侵权商标标识。侵权商标标识是非法之物，不应听任其存留和流散，工商行政管理机关应当予以封存，予以收缴，彻底销毁，以免流散出去，给商标权人造成新的侵害。

● 消除现存商品及其包装上的商标。未经许可而在商品及包装上使用他人注册商标即构成侵权，对于未销售出的带有侵权商标的商品，不能再让其以侵权商标的面目在市场上出现，应责令消除其侵权商标。

● 收缴直接、专门用于商标侵权的模具、印板和其他作案工具。通过该项处罚措施，可以从根本上消除再发生侵权的可能，从而比较彻底地制止侵权行为。

● 责令并监督销毁侵权物品。采取前几项措施不足以制止商标侵权行为的，或者侵权商标与商品难以分离的，工商行政管理机关可以责令侵权人销毁侵权物品，并予以监督。

● 罚款。对侵犯注册商标专用权，尚未构成犯罪的，工商行政管理机关可以根据情节处以非法经营额 50％ 以下或者所获利润五倍以下的罚款。对侵犯注册商标专用权的单位的直接责任人员，工商行政管理机关可以根据情节处以一万元以下的罚款。

● 责令赔偿损失。被侵权人要求赔偿损失的，工商行政管理机关可以责令侵权人予以赔偿。

工商行政管理机关依《商标法》做出的处理决定，当事人应当遵守和履行其义务。当事人对决定不服的，可以在收到决定通知之日起十五天内向上一级工商行政管理机关申请复议。对复议决定不服的，当事人可以在收到复议决定通知之日起十五天内，向人民法院起诉。逾期不申请复议、不起诉又不履行的，由工商行政管理机关申请人民法院强制执行。

【本章思考题】

1. 试述商标权与其他知识产权的关系。
2. 简述商标权的内容。
3. 申请商标续展的条件和手续有哪些？
4. 什么原因导致商标的注销？
5. 商标权许可有哪几种形式？
6. 商标权转让有哪些限制？
7. 如何理解商标的合理使用？
8. 商标优先权制度产生的原因和成立条件是什么？
9. 商标权限制制度的内容有哪些？
10. 如何来理解商标淡化行为的性质呢？
11. 商标侵权的含义和类型是什么？
12. 商标侵权应承担何种法律责任？

附录一　《中华人民共和国广告法》

第一章　总　　则

第一条　为了规范广告活动，促进广告业的健康发展，保护消费者的合法权益，维护社会经济秩序，发挥广告在社会主义市场经济中的积极作用，制定本法。

第二条　广告主、广告经营者、广告发布者在中华人民共和国境内从事广告活动，应当遵守本法。

本法所称广告，是指商品经营者或者服务提供者承担费用，通过一定媒介和形式直接或者间接地介绍自己所推销的商品或者所提供的服务的商业广告。

本法所称广告主，是指为推销商品或者提供服务，自行或者委托他人设计、制作、发布广告的法人、其他经济组织或者个人。

本法所称广告经营者，是指受委托提供广告设计、制作、代理服务的法人、其他经济组织或者个人。

本法所称广告发布者，是指为广告主或者广告主委托的广告经营者发布广告的法人或者其他经济组织。

第三条　广告应当真实、合法，符合社会主义精神文明建设的要求。

第四条　广告不得含有虚假的内容，不得欺骗和误导消费者。

第五条　广告主、广告经营者、广告发布者从事广告活动，应当遵守法律、行政法规，遵循公平、诚实信用的原则。

第六条　县级以上人民政府工商行政管理部门是广告监督管理机关。

第二章　广　告　准　则

第七条　广告内容应当有利于人民的身心健康，促进商品和服务质量的提高，保护消费者的合法权益，遵守社会公德和职业道德，维护国家的尊严和利益。广告不得有下列情形：

(一) 使用中华人民共和国国旗、国徽、国歌；

(二) 使用国家机关和国家机关工作人员的名义；

(三) 使用国家级、最高级、最佳等用语；

(四) 妨碍社会安定和危害人身、财产安全，损害社会公共利益；

(五) 妨碍社会公共秩序和违背社会良好风尚；

(六) 含有淫秽、迷信、恐怖、暴力、丑恶的内容；

(七) 含有民族、种族、宗教、性别歧视的内容；

(八) 妨碍环境和自然资源保护；

(九) 法律、行政法规规定禁止的其他情形。

第八条 广告不得损害未成年人和残疾人的身心健康。

第九条 广告中对商品的性能、产地、用途、质量、价格、生产者、有效期限、允诺或者对服务的内容、形式、质量、价格、允诺有表示的，应当清楚、明白。

广告中表明推销商品、提供服务附带赠送礼品的，应当标明赠送的品种和数量。

第十条 广告使用数据、统计资料、调查结果、文摘、引用语，应当真实、准确，并表明出处。

第十一条 广告中涉及专利产品或者专利方法的，应当标明专利号和专利种类。

未取得专利权的，不得在广告中谎称取得专利权。

禁止使用未授予专利权的专利申请和已经终止、撤销、无效的专利做广告。

第十二条 广告不得贬低其他生产经营者的商品或者服务。

第十三条 广告应当具有可识别性，能够使消费者辨明其为广告。

大众传播媒介不得以新闻报道形式发布广告。通过大众传播媒介发布的广告应当有广告标记，与其他非广告信息相区别，不得使消费者产生误解。

第十四条 药品、医疗器械广告不得有下列内容：

(一) 含有不科学的表示功效的断言或者保证的；

(二) 说明治愈率或者有效率的；

(三) 与其他药品、医疗器械的功效和安全性比较的；

(四) 利用医药科研单位、学术机构、医疗机构或者专家、医生、患者的名义和形象作证明的；

(五) 法律、行政法规规定禁止的其他内容。

第十五条 药品广告的内容必须以国务院卫生行政部门或者省、自治区、直辖市卫生行政部门批准的说明书为准。

国家规定的应当在医生指导下使用的治疗性药品广告中，必须注明"按医生处方购买和使用"。

第十六条 麻醉药品、精神药品、毒性药品、放射性药品等特殊药品，不得做广告。

第十七条 农药广告不得有下列内容：

(一) 使用无毒、无害等表明安全性的绝对化断言的；

(二) 含有不科学的表示功效的断言或者保证的；

(三) 含有违反农药安全使用规程的文字、语言或者画面的；

(四) 法律、行政法规规定禁止的其他内容。

第十八条 禁止利用广播、电影、电视、报纸、期刊发布烟草广告。

禁止在各类等候室、影剧院、会议厅堂、体育比赛场馆等公共场所设置烟草广告。

烟草广告中必须标明"吸烟有害健康"。

第十九条 食品、酒类、化妆品广告的内容必须符合卫生许可的事项，并不得使用医疗用语或者易与药品混淆的用语。

第三章 广 告 活 动

第二十条 广告主、广告经营者、广告发布者之间在广告活动中应当依法订立书面合同，明确各方的权利和义务。

第二十一条　广告主、广告经营者、广告发布者不得在广告活动中进行任何形式的不正当竞争。

第二十二条　广告主自行或者委托他人设计、制作、发布广告，所推销的商品或者所提供的服务应当符合广告主的经营范围。

第二十三条　广告主委托设计、制作、发布广告，应当委托具有合法经营资格的广告经营者、广告发布者。

第二十四条　广告主自行或者委托他人设计、制作、发布广告，应当具有或者提供真实、合法、有效的下列证明文件：

(一) 营业执照以及其他生产、经营资格的证明文件；

(二) 质量检验机构对广告中有关商品质量内容出具的证明文件；

(三) 确认广告内容真实性的其他证明文件。

依照本法第三十四条的规定，发布广告需要经有关行政主管部门审查的，还应当提供有关批准文件。

第二十五条　广告主或者广告经营者在广告中使用他人名义、形象的，应当事先取得他人的书面同意；使用无民事行为能力人、限制民事行为能力人的名义、形象的，应当事先取得其监护人的书面同意。

第二十六条　从事广告经营的，应当具有必要的专业技术人员、制作设备，并依法办理公司或者广告经营登记，方可从事广告活动。

广播电台、电视台、报刊出版单位的广告业务，应当由其专门从事广告业务的机构办理，并依法办理兼营广告的登记。

第二十七条　广告经营者、广告发布者依据法律、行政法规查验有关证明文件，核实广告内容。对内容不实或者证明文件不全的广告，广告经营者不得提供设计、制作、代理服务，广告发布者不得发布。

第二十八条　广告经营者、广告发布者按照国家有关规定，建立、健全广告业务的承接登记、审核、档案管理制度。

第二十九条　广告收费应当合理、公开，收费标准和收费办法应当向物价和工商行政管理部门备案。

广告经营者、广告发布者应当公布其收费标准和收费办法。

第三十条　广告发布者向广告主、广告经营者提供的媒介覆盖率、收视率、发行量等资料应当真实。

第三十一条　法律、行政法规规定禁止生产、销售的商品或者提供的服务，以及禁止发布广告的商品或者服务，不得设计、制作、发布广告。

第三十二条　有下列情形之一的，不得设置户外广告：

(一) 利用交通安全设施、交通标志的；

(二) 影响市政公共设施、交通安全设施、交通标志使用的；

(三) 妨碍生产或者人民生活，损害市容市貌的；

(四) 国家机关、文物保护单位和名胜风景点的建筑控制地带；

(五) 当地县级以上地方人民政府禁止设置户外广告的区域。

第三十三条　户外广告的设置规划和管理办法，由当地县级以上地方人民政府组织广告监督管理、城市建设、环境保护、公安等有关部门制定。

第四章　广告的审查

第三十四条　利用广播、电影、电视、报纸、期刊以及其他媒介发布药品、医疗器械、农药、兽药等商品的广告和法律、行政法规规定应当进行审查的其他广告，必须在发布前依照有关法律、行政法规由有关行政主管部门(以下简称广告审查机关)对广告内容进行审查；未经审查，不得发布。

第三十五条　广告主申请广告审查，应当依照法律、行政法规向广告审查机关提交有关证明文件。广告审查机关应当依照法律、行政法规作出审查决定。

第三十六条　任何单位和个人不得伪造、变造或者转让广告审查决定文件。

第五章　法　律　责　任

第三十七条　违反本法规定，利用广告对商品或者服务作虚假宣传的，由广告监督管理机关责令广告主停止发布、并以等额广告费用在相应范围内公开更正消除影响，并处广告费用一倍以上五倍以下的罚款；对负有责任的广告经营者、广告发布者没收广告费用，并处广告费用一倍以上五倍以下的罚款；情节严重的，依法停止其广告业务。构成犯罪的，依法追究刑事责任。

第三十八条　违反本法规定，发布虚假广告，欺骗和误导消费者，使购买商品或者接受服务的消费者的合法权益受到损害的，由广告主依法承担民事责任；广告经营者、广告发布者明知或者应知广告虚假仍设计、制作、发布的，应当依法承担连带责任。

广告经营者、广告发布者不能提供广告主的真实名称、地址的，应当承担全部民事责任。

社会团体或者其他组织，在虚假广告中向消费者推荐商品或者服务，使消费者的合法权益受到损害的，应当依法承担连带责任。

第三十九条　发布广告违反本法第七条第二款规定的，由广告监督管理机关责令负有责任的广告主、广告经营者、广告发布者停止发布、公开更正，没收广告费用，并处广告费用一倍以上五倍以下的罚款；情节严重的，依法停止其广告业务。构成犯罪的，依法追究刑事责任。

第四十条　发布广告违反本法第九条至第十二条规定的，由广告监督管理机关责令负有责任的广告主、广告经营者、广告发布者停止发布、公开更正，没收广告费用，可以并处广告费用一倍以上五倍以下的罚款。

发布广告违反本法第十三条规定的，由广告监督管理机关责令广告发布者改正，处以一千元以上一万元以下的罚款。

第四十一条　违反本法第十四条至第十七条、第十九条规定，发布药品、医疗器械、农药、食品、酒类、化妆品广告的，或者违反本法第三十一条规定发布广告的，由广告监督管理机关责令负有责任的广告主、广告经营者、广告发布者改正或者停止发布，没收广告费用，可以并处广告费用一倍以上五倍以下的罚款；情节严重的，依法停止其广告业务。

第四十二条　违反本法第十八条的规定，利用广播、电影、电视、报纸、期刊发布烟草广告，或者在公共场所设置烟草广告的，由广告监督管理机关责令负有责任的广告主、广告经营者、广告发布者停止发布，没收广告费用，可以并处广告费用一倍以上五倍以下的罚款。

第四十三条　违反本法第三十四条的规定，未经广告审查机关审查批准，发布广告的，由广告监督管理机关责令负有责任的广告主、广告经营者、广告发布者停止发布，没收广告费用，并处广告费用一倍以上五倍以下的罚款。

第四十四条　广告主提供虚假证明文件的，由广告监督管理机关处以一万元以上十万元以下的罚款。

伪造、变造或者转让广告审查决定文件的，由广告监督管理机关没收违法所得，并处一万元以上十万元以下的罚款。构成犯罪的，依法追究刑事责任。

第四十五条　广告审查机关对违法的广告内容作出审查批准决定的，对直接负责的主管人员和其他直接责任人员，由其所在单位、上级机关、行政监察部门依法给予行政处分。

第四十六条　广告监督管理机关和广告审查机关的工作人员玩忽职守、滥用职权、徇私舞弊的，给予行政处分。构成犯罪的，依法追究刑事责任。

第四十七条　广告主、广告经营者、广告发布者违反本法规定，有下列侵权行为之一的，依法承担民事责任：

（一）在广告中损害未成年人或者残疾人的身心健康的；

（二）假冒他人专利的；

（三）贬低其他生产经营者的商品或者服务的；

（四）广告中未经同意使用他人名义、形象的；

（五）其他侵犯他人合法民事权益的。

第四十八条　当事人对行政处罚决定不服的，可以在接到处罚通知之日起十五日内向作出处罚决定的机关的上一级机关申请复议；当事人也可以在接到处罚通知之日起十五日内直接向人民法院起诉。

复议机关应当在接到复议申请之日起六十日内作出复议决定。当事人对复议决定不服的，可以在接到复议决定之日起十五日内向人民法院起诉。复议机关逾期不作出复议决定的，当事人可以在复议期满之日起十五日内向人民法院起诉。

当事人逾期不申请复议也不向人民法院起诉，又不履行处罚决定的，作出处罚决定的机关可以申请人民法院强制执行。

第六章　附　　则

第四十九条　本法自 1995 年 2 月 1 日起施行。本法施行前制定的其他有关广告的法律、法规的内容与本法不符的，以本法为准。

附录二 《广告管理条例》

第一条 为了加强广告管理，推动广告事业的发展，有效地利用广告媒介为社会主义建设服务，制定本条例。

第二条 凡通过报刊、广播、电视、电影、路牌、橱窗、印刷品、霓虹灯等媒介或者形式，在中华人民共和国境内刊播、设置、张贴广告，均属本条例管理范围。

第三条 广告内容必须真实、健康、清晰、明白，不得以任何形式欺骗用户和消费者。

第四条 在广告经营活动中，禁止垄断和不正当竞争行为。

第五条 广告的管理机关是国家工商行政管理机关和地方各级工商行政管理机关。

第六条 经营广告业务的单位和个体工商户(以下简称广告经营者)，应当按照本条例和有关法规的规定，向工商行政管理机关申请，分别情况办理审批登记手续：

(一) 专营广告业务的企业，发给《企业法人营业执照》；

(二) 兼营广告业务的事业单位，发给《广告经营许可证》；

(三) 具备经营广告业务能力的个体工商户，发给《营业执照》；

(四) 兼营广告业务的企业，应当办理经营范围变更登记。

第七条 广告客户申请刊播、设置、张贴的广告，其内容应当在广告客户的经营范围或者国家许可的范围内。

第八条 广告有下列内容之一的，不得刊播、设置、张贴：

(一) 违反我国法律、法规的；

(二) 损害我国民族尊严的；

(三) 有中国国旗、国徽、国歌标志、国歌音响的；

(四) 有反动、淫秽、迷信、荒诞内容的；

(五) 弄虚作假的；

(六) 贬低同类产品的。

第九条 新闻单位刊播广告，应当有明确的标志。新闻单位不得以新闻报道形式刊播广告，收取费用；新闻记者不得借采访名义招揽广告。

第十条 禁止利用广播、电视、报刊为卷烟做广告。

获得国家级、部级、省级各类奖的优质名酒，经工商行政管理机关批准，可以做广告。

第十一条 申请刊播、设置、张贴下列广告，应当提交有关证明：

(一) 标明质量标准的商品广告，应当提交省辖市以上标准化管理部门或者经计量认证合格的质量检验机构的证明；

(二) 标明获奖的商品广告，应当提交本届、本年度或者数届、数年度连续获奖的证书，并在广告中注明获奖级别和颁奖部门；

(三) 标明优质产品称号的商品广告，应当提交政府颁发的优质产品证书，并在广告中标明授予优质产品称号的时间和部门；

　　(四) 标明专利权的商品广告，应当提交专利证书；

　　(五) 标明注册商标的商品广告，应当提交商标注册证；

　　(六) 实施生产许可证的产品广告，应当提交生产许可证；

　　(七) 文化、教育、卫生广告，应当提交上级行政主管部门的证明；

　　(八) 其他各类广告，需要提交证明的，应当提交政府有关部门或者其授权单位的证明。

　　第十二条　广告经营者承办或者代理广告业务，应当查验证明，审查广告内容。对违反本条例规定的广告，不得刊播、设置、张贴。

　　第十三条　户外广告的设置、张贴，由当地人民政府组织工商行政管理、城建、环保、公安等有关部门制订规划，工商行政管理机关负责监督实施。

　　在政府机关和文物保护单位周围的建筑控制地带以及当地人民政府禁止设置、张贴广告的区域，不得设置、张贴广告。

　　第十四条　广告收费标准，由广告经营者制订，报当地工商行政管理机关和物价管理机关备案。

　　第十五条　广告业务代理费标准，由国家工商行政管理机关会同国家物价管理机关制定。

　　户外广告场地费、建筑物占用费的收费标准，由当地工商行政管理机关会同物价、城建部门协商制订，报当地人民政府批准。

　　第十六条　广告经营者必须按照国家规定设置广告会计账簿，依法纳税，并接受财政、审计、工商行政管理部门的监督检查。

　　第十七条　广告经营者承办或者代理广告业务，应当与客户或者被代理人签订书面合同，明确各方的责任。

　　第十八条　广告客户或者广告经营者违反本条例规定，由工商行政管理机关根据其情节轻重，分别给予下列处罚：

　　(一) 停止发布广告；

　　(二) 责令公开更正；

　　(三) 通报批评；

　　(四) 没收非法所得；

　　(五) 罚款；

　　(六) 停业整顿；

　　(七) 吊销营业执照或者广告经营许可证。

　　违反本条例规定，情节严重，构成犯罪的，由司法机关依法追究刑事责任。

　　第十九条　广告客户和广告经营者对工商行政管理机关处罚决定不服的，可以在收到处罚通知之日起十五日内，向上一级工商行政管理机关申请复议。对复议决定仍不服的，可以在收到复议决定之日起三十日内，向人民法院起诉。

　　第二十条　广告客户和广告经营者违反本条例规定，使用户和消费者蒙受损失，或者有其他侵权行为的，应当承担赔偿责任。

　　损害赔偿，受害人可以请求县以上工商行政管理机关处理。当事人对工商行政管理机关处理不服的，可以向人民法院起诉。受害人也可以直接向人民法院起诉。

第二十一条 本条例由国家工商行政管理局负责解释；施行细则由国家工商行政管理局制定。

第二十二条 本条例自 1987 年 12 月 1 日起施行。1982 年 2 月 6 日国务院发布的《广告管理暂行条例》同时废止。

附录三 《广告管理条例施行细则》

第一条 根据《广告管理条例》(以下简称《条例》)第二十一条的规定，制定本细则。

第二条 《条例》第二条规定的管理范围包括：

(一) 利用报纸、期刊、图书、名录等刊登广告。

(二) 利用广播、电视、电影、录像、幻灯等播映广告。

(三) 利用街道、广场、机场、车站、码头等的建筑物或空间设置路牌、霓虹灯、电子显示牌、橱窗、灯箱、墙壁等广告。

(四) 利用影剧院、体育场(馆)、文化馆、展览馆、宾馆、饭店、游乐场、商场等场所内外设置、张贴广告。

(五) 利用车、船、飞机等交通工具设置、绘制、张贴广告。

(六) 通过邮局邮寄各类广告宣传品。

(七) 利用馈赠实物进行广告宣传。

(八) 利用其他媒介和形式刊播、设置、张贴广告。

第三条 申请经营广告业务的企业，除符合企业登记等条件外，还应具备下列条件：

(一) 有负责市场调查的机构和专业人员。

(二) 有熟悉广告管理法规的管理人员及广告设计、制作、编审人员。

(三) 有专职的财会人员。

(四) 申请承接或代理外商来华广告，应当具备经营外商来华广告的能力。

第四条 广播电台、电视台、报刊出版单位，事业单位以及法律、行政法规规定的其他单位办理广告经营许可登记，应当具备下列条件：

(一) 具有直接发布广告的媒介或手段。

(二) 设有专门的广告经营机构。

(三) 有广告经营设备和经营场所。

(四) 有广告专业人员和熟悉广告法规的广告审查员。

第五条 中外合资经营企业、中外合作经营企业以及外资企业申请经营广告业务，按照《外商投资广告企业管理规定》，参照《条例》、本细则和其他有关规定办理。

第六条 申请经营广告业务的个体工商户，除应具备《城乡个体工商户管理暂行条例》规定的条件外，本人还应具有广告专业技能，熟悉广告管理法规。

第七条 根据《条例》第六条的规定，按照下列程序办理广告经营者登记手续：

(一) 设立经营广告业务的企业，向具有管辖权的工商行政管理局申请办理企业登记，发给营业执照。

(二) 广播电台、电视台、报刊出版单位，事业单位以及其他法律、行政法规规定申请兼营广告业务应当办理广告经营许可登记的单位，向省、自治区、直辖市、计划单列市或其授权的县级以上工商行政管理局申请登记，发给《广告经营许可证》。

（三）经营广告业务的个体工商户，向所在地工商行政管理局申请，经所在地工商行政管理局依法登记，发给营业执照。

第八条 广告客户申请利用广播、电视、报刊以外的媒介为卷烟做广告，须经省、自治区、直辖市工商行政管理局或其授权的省辖市工商行政管理局批准。

第九条 根据《条例》第七条的规定，广告客户申请发布广告，应当出具相应的证明：

（一）企业和个体工商户应当交验营业执照。

（二）机关、团体、事业单位提交本单位的证明。

（三）个人提交乡、镇人民政府、街道办事处或所在单位的证明。

（四）外国企业常驻代表机构，应当交验国家工商行政管理总局颁发的《外国企业在中国常驻代表机构登记证》。

第十条 根据《条例》第十一条第（一）项的规定，申请发布商品广告，应当交验符合国家标准、部标准（专业标准）、企业标准的质量证明。

第十一条 根据《条例》第十一条第（七）项的规定，申请发布下列广告应当提交有关证明：

（一）报刊出版发行广告，应当交验省、自治区、直辖市新闻出版机关核发的登记证。

（二）图书出版发行广告，应当提交新闻出版机关批准成立出版社的证明。

（三）各类文艺演出广告，应当按照有关规定提交证明文件。

第十二条 根据《条例》第十一条第（八）项的规定，申请刊播下列内容的广告，应当提交有关证明：

（一）各类展销会、订货会、交易会等广告，应当提交主办单位主管部门批准的证明。

（二）个人启事、声明等广告，应当提交所在单位、乡（镇）人民政府或街道办事处出具的证明。

第十三条 广告客户申请刊播、设置、张贴广告，应当提交各类证明的原件或有效复制件。

第十四条 广告代理收费标准为广告费的15%。

第十五条 国内企业在境外发布广告，外国企业（组织）、外籍人员在境内承揽和发布广告，应当委托在中国注册的具有广告经营资格的企业代理。违反规定者，处以违法所得额三倍以下的罚款，但最高不超过三万元，没有违法所得的，处以一万元以下的罚款。

第十六条 根据《条例》第十二条的规定，代理和发布广告，代理者和发布者均应负责审查广告内容，查验有关证明，并有权要求广告客户提交其他必要的证明文件。对于无合法证明、证明不全或内容不实的广告，不得代理、发布。

广告经营者必须建立广告的承接登记、复审和业务档案制度。广告业务档案保存的时间不得少于一年。

第十七条 广告客户违反《条例》第三条、第八条第（五）项规定，利用广告弄虚作假欺骗用户和消费者的，责令其在相应的范围内发布更正广告，并视其情节予以通报批评、处以违法所得额三倍以下的罚款，但最高不超过三万元，没有违法所得的，处以一万元以下的罚款；给用户和消费者造成损害的，承担赔偿责任。

广告经营者帮助广告客户弄虚作假的，视其情节予以通报批评、没收非法所得、处以违法所得额三倍以下的罚款，但最高不超过三万元，没有违法所得的，处以一万元以下的罚款；情节严重的，可责令停业整顿，吊销营业执照或者《广告经营许可证》；给用户和消费者造成损害的，负连带赔偿责任。

发布更正广告的费用分别由广告客户和广告经营者承担。

第十八条 违反《条例》第四条、第八条第(六)项规定的，视其情节予以通报批评、没收非法所得、处五千元以下罚款或责令停业整顿。

第十九条 广告经营者违反《条例》第六条规定，无证照经营广告业务的，按照《无照经营查处取缔办法》有关规定予以处罚；超越经营范围经营广告业务的，按照企业登记管理法规有关规定予以处罚。

第二十条 广告客户违反《条例》第七条规定的，视其情节予以通报批评、处五千元以下罚款。

第二十一条 违反《条例》第八条第(一)(二)(三)(四)项规定的，对广告经营者予以通报批评、没收非法所得、处一万元以下罚款；对广告客户视其情节予以通报批评、处一万元以下罚款。

第二十二条 新闻单位违反《条例》第九条规定的，视其情节予以通报批评、没收非法所得、处一万元以下罚款。

第二十三条 广告经营者违反《条例》第十条规定的，视其情节予以通报批评、没收非法所得、处一万元以下罚款。

第二十四条 广告客户违反《条例》第十一条规定，伪造、涂改、盗用或者非法复制广告证明的，予以通报批评、处五千元以下罚款。

广告经营者违反《条例》第十一条第(三)项规定的，处一千元以下罚款。

为广告客户出具非法或虚假证明的，予以通报批评、处五千元以下罚款，并负连带责任。

第二十五条 广告经营者违反《条例》第十二条规定的，视其情节予以通报批评、没收非法所得、处三千元以下罚款；由此造成虚假广告的，必须负责发布更正广告，给用户和消费者造成损害的，负连带赔偿责任。

第二十六条 违反《条例》第十三条规定，非法设置、张贴广告的，没收非法所得、处五千元以下罚款，并限期拆除。逾期不拆除的，强制拆除，其费用由设置、张贴者承担。

第二十七条 违反《条例》第十四条、第十五条规定的，视其情节予以通报批评、责令限期改正、没收非法所得、处五千元以下罚款。

第二十八条 本细则自 2005 年 1 月 1 日起施行。

附录四 《中华人民共和国商标法》

第一章 总 则

第一条 为了加强商标管理，保护商标专用权，促使生产、经营者保证商品和服务质量，维护商标信誉，以保障消费者和生产、经营者的利益，促进社会主义市场经济的发展，特制定本法。

第二条 国务院工商行政管理部门商标局主管全国商标注册和管理的工作。

国务院工商行政管理部门设立商标评审委员会，负责处理商标争议事宜。

第三条 经商标局核准注册的商标为注册商标，包括商品商标、服务商标和集体商标、证明商标；商标注册人享有商标专用权，受法律保护。

本法所称集体商标，是指以团体、协会或者其他组织名义注册，供该组织成员在商事活动中使用，以表明使用者在该组织中的成员资格的标志。

本法所称证明商标，是指由对某种商品或者服务具有监督能力的组织所控制，而由该组织以外的单位或者个人使用于其商品或者服务，用以证明该商品或者服务的原产地、原料、制造方法、质量或者其他特定品质的标志。

集体商标、证明商标注册和管理的特殊事项，由国务院工商行政管理部门规定。

第四条 自然人、法人或者其他组织对其生产、制造、加工、拣选或者经销的商品，需要取得商标专用权的，应当向商标局申请商品商标注册。

自然人、法人或者其他组织对其提供的服务项目，需要取得商标专用权的，应当向商标局申请服务商标注册。

本法有关商品商标的规定，适用于服务商标。

第五条 两个以上的自然人、法人或者其他组织可以共同向商标局申请注册同一商标，共同享有和行使该商标专用权。

第六条 国家规定必须使用注册商标的商品，必须申请商标注册，未经核准注册的，不得在市场销售。

第七条 商标使用人应当对其使用商标的商品质量负责。各级工商行政管理部门应当通过商标管理，制止欺骗消费者的行为。

第八条 任何能够将自然人、法人或者其他组织的商品与他人的商品区别开的可视性标志，包括文字、图形、字母、数字、三维标志和颜色组合，以及上述要素的组合，均可以作为商标申请注册。

第九条 申请注册的商标，应当有显著特征，便于识别，并不得与他人在先取得的合法权利相冲突。

商标注册人有权标明"注册商标"或者注册标记。

第十条　下列标志不得作为商标使用：

（一）同中华人民共和国的国家名称、国旗、国徽、军旗、勋章相同或者近似的，以及同中央国家机关所在地特定地点的名称或者标志性建筑物的名称、图形相同的；

（二）同外国的国家名称、国旗、国徽、军旗相同或者近似的，但该国政府同意的除外；

（三）同政府间国际组织的名称、旗帜、徽记相同或者近似的，但经该组织同意或者不易误导公众的除外；

（四）与表明实施控制、予以保证的官方标志、检验印记相同或者近似的，但经授权的除外；

（五）同"红十字"、"红新月"的名称、标志相同或者近似的；

（六）带有民族歧视性的；

（七）夸大宣传并带有欺骗性的；

（八）有害于社会主义道德风尚或者有其他不良影响的。

县级以上行政区划的地名或者公众知晓的外国地名，不得作为商标。但是，地名具有其他含义或者作为集体商标、证明商标组成部分的除外；已经注册的使用地名的商标继续有效。

第十一条　下列标志不得作为商标注册：

（一）仅有本商品的通用名称、图形、型号的；

（二）仅仅直接表示商品的质量、主要原料、功能、用途、重量、数量及其他特点的；

（三）缺乏显著特征的。

前款所列标志经过使用取得显著特征，并便于识别的，可以作为商标注册。

第十二条　以三维标志申请注册商标的，仅由商品自身的性质产生的形状、为获得技术效果而需有的商品形状或者使商品具有实质性价值的形状，不得注册。

第十三条　就相同或者类似商品申请注册的商标是复制、模仿或者翻译他人未在中国注册的驰名商标，容易导致混淆的，不予注册并禁止使用。

就不相同或者不相类似商品申请注册的商标是复制、模仿或者翻译他人已经在中国注册的驰名商标，误导公众，致使该驰名商标注册人的利益可能受到损害的，不予注册并禁止使用。

第十四条　认定驰名商标应当考虑下列因素：

（一）相关公众对该商标的知晓程度；

（二）该商标使用的持续时间；

（三）该商标的任何宣传工作的持续时间、程度和地理范围；

（四）该商标作为驰名商标受保护的记录；

（五）该商标驰名的其他因素。

第十五条　未经授权，代理人或者代表人以自己的名义将被代理人或者被代表人的商标进行注册，被代理人或者被代表人提出异议的，不予注册并禁止使用。

第十六条　商标中有商品的地理标志，而该商品并非来源于该标志所标示的地区，误导公众的，不予注册并禁止使用；但是，已经善意取得注册的继续有效。

前款所称地理标志，是指标示某商品来源于某地区，该商品的特定质量、信誉或者其他特征，主要由该地区的自然因素或者人文因素所决定的标志。

第十七条 外国人或者外国企业在中国申请商标注册的，应当按其所属国和中华人民共和国签订的协议或者共同参加的国际条约办理，或者按对等原则办理。

第十八条 外国人或者外国企业在中国申请商标注册和办理其他商标事宜的，应当委托国家认可的具有商标代理资格的组织代理。

第二章　商标注册的申请

第十九条 申请商标注册的，应当按规定的商品分类表填报使用商标的商品类别和商品名称。

第二十条 商标注册申请人在不同类别的商品上申请注册同一商标的，应当按商品分类表提出注册申请。

第二十一条 注册商标需要在同一类的其他商品上使用的，应当另行提出注册申请。

第二十二条 注册商标需要改变其标志的，应当重新提出注册申请。

第二十三条 注册商标需要变更注册人的名义、地址或者其他注册事项的，应当提出变更申请。

第二十四条 商标注册申请人自其商标在外国第一次提出商标注册申请之日起六个月内，又在中国就相同商品以同一商标提出商标注册申请的，依照该外国同中国签订的协议或者共同参加的国际条约，或者按照相互承认优先权的原则，可以享有优先权。

依照前款要求优先权的，应当在提出商标注册申请的时候提出书面声明，并且在三个月内提交第一次提出的商标注册申请文件的副本；未提出书面声明或者逾期未提交商标注册申请文件副本的，视为未要求优先权。

第二十五条 商标在中国政府主办的或者承认的国际展览会展出的商品上首次使用的，自该商品展出之日起六个月内，该商标的注册申请人可以享有优先权。

依照前款要求优先权的，应当在提出商标注册申请的时候提出书面声明，并且在三个月内提交展出其商品的展览会名称、在展出商品上使用该商标的证据、展出日期等证明文件；未提出书面声明或者逾期未提交证明文件的，视为未要求优先权。

第二十六条 为申请商标注册所申报的事项和所提供的材料应当真实、准确、完整。

第三章　商标注册的审查和核准

第二十七条 申请注册的商标，凡符合本法有关规定的，由商标局初步审定，予以公告。

第二十八条 申请注册的商标，凡不符合本法有关规定或者同他人在同一种商品或者类似商品上已经注册的或者初步审定的商标相同或者近似的，由商标局驳回申请，不予公告。

第二十九条 两个或者两个以上的商标注册申请人，在同一种商品或者类似商品上，以相同或者近似的商标申请注册的，初步审定并公告申请在先的商标；同一天申请的，初步审定并公告使用在先的商标，驳回其他人的申请，不予公告。

第三十条 对初步审定的商标，自公告之日起三个月内，任何人均可以提出异议。公告期满无异议的，予以核准注册，发给商标注册证，并予公告。

第三十一条 申请商标注册不得损害他人现有的在先权利，也不得以不正当手段抢先注册他人已经使用并有一定影响的商标。

第三十二条　对驳回申请、不予公告的商标，商标局应当书面通知商标注册申请人。商标注册申请人不服的，可以自收到通知之日起十五日内向商标评审委员会申请复审，由商标评审委员会做出决定，并书面通知申请人。

当事人对商标评审委员会的决定不服的，可以自收到通知之日起三十日内向人民法院起诉。

第三十三条　对初步审定、予以公告的商标提出异议的，商标局应当听取异议人和被异议人陈述事实和理由，经调查核实后，做出裁定。当事人不服的，可以自收到通知之日起十五日内向商标评审委员会申请复审，由商标评审委员会做出裁定，并书面通知异议人和被异议人。

当事人对商标评审委员会的裁定不服的，可以自收到通知之日起三十日内向人民法院起诉。人民法院应当通知商标复审程序的对方当事人作为第三人参加诉讼。

第三十四条　当事人在法定期限内对商标局做出的裁定不申请复审或者对商标评审委员会做出的裁定不向人民法院起诉的，裁定生效。

经裁定异议不能成立的，予以核准注册，发给商标注册证，并予公告；经裁定异议成立的，不予核准注册。

经裁定异议不能成立而核准注册的，商标注册申请人取得商标专用权的时间自初审公告三个月期满之日起计算。

第三十五条　对商标注册申请和商标复审申请应当及时进行审查。

第三十六条　商标注册申请人或者注册人发现商标申请文件或者注册文件有明显错误的，可以申请更正。商标局依法在其职权范围内作出更正，并通知当事人。

前款所称更正错误不涉及商标申请文件或者注册文件的实质性内容。

第四章　注册商标的续展、转让和使用许可

第三十七条　注册商标的有效期为十年，自核准注册之日起计算。

第三十八条　注册商标有效期满，需要继续使用的，应当在期满前六个月内申请续展注册；在此期间未能提出申请的，可以给予六个月的宽展期。宽展期满仍未提出申请的，注销其注册商标。

每次续展注册的有效期为十年。

续展注册经核准后，予以公告。

第三十九条　转让注册商标的，转让人和受让人应当签订转让协议，并共同向商标局提出申请。受让人应当保证使用该注册商标的商品质量。

转让注册商标经核准后，予以公告。受让人自公告之日起享有商标专用权。

第四十条　商标注册人可以通过签订商标使用许可合同，许可他人使用其注册商标。许可人应当监督被许可人使用其注册商标的商品质量。被许可人应当保证使用该注册商标的商品质量。

经许可使用他人注册商标的，必须在使用该注册商标的商品上标明被许可人的名称和商品产地。

商标使用许可合同应当报商标局备案。

第五章 注册商标争议的裁定

第四十一条 已经注册的商标，违反本法第十条、第十一条、第十二条规定的，或者是以欺骗手段或者其他不正当手段取得注册的，由商标局撤销该注册商标；其他单位或者个人可以请求商标评审委员会裁定撤销该注册商标。

已经注册的商标，违反本法第十三条、第十五条、第十六条、第三十一条规定的，自商标注册之日起五年内，商标所有人或者利害关系人可以请求商标评审委员会裁定撤销该注册商标。对恶意注册的，驰名商标所有人不受五年的时间限制。

除前两款规定的情形外，对已经注册的商标有争议的，可以自该商标经核准注册之日起五年内，向商标评审委员会申请裁定。

商标评审委员会收到裁定申请后，应当通知有关当事人，并限期提出答辩。

第四十二条 对核准注册前已经提出异议并经裁定的商标，不得再以相同的事实和理由申请裁定。

第四十三条 商标评审委员会做出维持或者撤销注册商标的裁定后，应当书面通知有关当事人。

当事人对商标评审委员会的裁定不服的，可以自收到通知之日起三十日内向人民法院起诉。人民法院应当通知商标裁定程序的对方当事人作为第三人参加诉讼。

第六章 商标使用的管理

第四十四条 使用注册商标，有下列行为之一的，由商标局责令限期改正或者撤销其注册商标：

(一) 自行改变注册商标的；

(二) 自行改变注册商标的注册人名义、地址或者其他注册事项的；

(三) 自行转让注册商标的；

(四) 连续三年停止使用的。

第四十五条 使用注册商标，其商品粗制滥造，以次充好，欺骗消费者的，由各级工商行政管理部门分别不同情况，责令限期改正，并可以予以通报或者处以罚款，或者由商标局撤销其注册商标。

第四十六条 注册商标被撤销的或者期满不再续展的，自撤销或者注销之日起一年内，商标局对与该商标相同或者近似的商标注册申请，不予核准。

第四十七条 违反本法第六条规定的，由地方工商行政管理部门责令限期申请注册，可以并处罚款。

第四十八条 使用未注册商标，有下列行为之一的，由地方工商行政管理部门予以制止，限期改正，并可以予以通报或者处以罚款：

(一) 冒充注册商标的；

(二) 违反本法第十条规定的；

(三) 粗制滥造，以次充好，欺骗消费者的。

第四十九条　对商标局撤销注册商标的决定，当事人不服的，可以自收到通知之日起十五日内向商标评审委员会申请复审，由商标评审委员会做出决定，并书面通知申请人。

当事人对商标评审委员会的决定不服的，可以自收到通知之日起三十日内向人民法院起诉。

第五十条　对工商行政管理部门根据本法第四十五条、第四十七条、第四十八条的规定做出的罚款决定，当事人不服的，可以自收到通知之日起十五日内，向人民法院起诉；期满不起诉又不履行的，由有关工商行政管理部门申请人民法院强制执行。

第七章　注册商标专用权的保护

第五十一条　注册商标的专用权，以核准注册的商标和核定使用的商品为限。

第五十二条　有下列行为之一的，均属侵犯注册商标专用权：

（一）未经商标注册人的许可，在同一种商品或者类似商品上使用与其注册商标相同或者近似的商标的；

（二）销售侵犯注册商标专用权的商品的；

（三）伪造、擅自制造他人注册商标标识或者销售伪造、擅自制造的注册商标标识的；

（四）未经商标注册人同意，更换其注册商标并将该更换商标的商品又投入市场的；

（五）给他人的注册商标专用权造成其他损害的。

第五十三条　有本法第五十二条所列侵犯注册商标专用权行为之一，引起纠纷的，由当事人协商解决；不愿协商或者协商不成的，商标注册人或者利害关系人可以向人民法院起诉，也可以请求工商行政管理部门处理。工商行政管理部门处理时，认定侵权行为成立的，责令立即停止侵权行为，没收、销毁侵权商品和专门用于制造侵权商品、伪造注册商标标识的工具，并可处以罚款。当事人对处理决定不服的，可以自收到处理通知之日起十五日内依照《中华人民共和国行政诉讼法》向人民法院起诉；侵权人期满不起诉又不履行的，工商行政管理部门可以申请人民法院强制执行。进行处理的工商行政管理部门根据当事人的请求，可以就侵犯商标专用权的赔偿数额进行调解；调解不成的，当事人可以依照《中华人民共和国民事诉讼法》向人民法院起诉。

第五十四条　对侵犯注册商标专用权的行为，工商行政管理部门有权依法查处；涉嫌犯罪的，应当及时移送司法机关依法处理。

第五十五条　县级以上工商行政管理部门根据已经取得的违法嫌疑证据或者举报，对涉嫌侵犯他人注册商标专用权的行为进行查处时，可以行使下列职权：

（一）询问有关当事人，调查与侵犯他人注册商标专用权有关的情况；

（二）查阅、复制当事人与侵权活动有关的合同、发票、账簿以及其他有关资料；

（三）对当事人涉嫌从事侵犯他人注册商标专用权活动的场所实施现场检查；

（四）检查与侵权活动有关的物品；对有证据证明是侵犯他人注册商标专用权的物品，可以查封或者扣押。

工商行政管理部门依法行使前款规定的职权时，当事人应当予以协助、配合，不得拒绝、阻挠。

第五十六条　侵犯商标专用权的赔偿数额，为侵权人在侵权期间因侵权所获得的利益，或者被侵权人在被侵权期间因被侵权所受到的损失，包括被侵权人为制止侵权行为所支付的合理开支。

前款所称侵权人因侵权所得利益，或者被侵权人因被侵权所受损失难以确定的，由人民法院根据侵权行为的情节判决给予五十万元以下的赔偿。

销售不知道是侵犯注册商标专用权的商品，能证明该商品是自己合法取得的并说明提供者的，不承担赔偿责任。

第五十七条 商标注册人或者利害关系人有证据证明他人正在实施或者即将实施侵犯其注册商标专用权的行为，如不及时制止，将会使其合法权益受到难以弥补的损害的，可以在起诉前向人民法院申请采取责令停止有关行为和财产保全的措施。

人民法院处理前款申请，适用《中华人民共和国民事诉讼法》第九十三条至第九十六条和第九十九条的规定。

第五十八条 为制止侵权行为，在证据可能灭失或者以后难以取得的情况下，商标注册人或者利害关系人可以在起诉前向人民法院申请保全证据。

人民法院接受申请后，必须在四十八小时内做出裁定；裁定采取保全措施的，应当立即开始执行。

人民法院可以责令申请人提供担保，申请人不提供担保的，驳回申请。

申请人在人民法院采取保全措施后十五日内不起诉的，人民法院应当解除保全措施。

第五十九条 未经商标注册人许可，在同一种商品上使用与其注册商标相同的商标，构成犯罪的，除赔偿被侵权人的损失外，依法追究刑事责任。

伪造、擅自制造他人注册商标标识或者销售伪造、擅自制造的注册商标标识，构成犯罪的，除赔偿被侵权人的损失外，依法追究刑事责任。

销售明知是假冒注册商标的商品，构成犯罪的，除赔偿被侵权人的损失外，依法追究刑事责任。

第六十条 从事商标注册、管理和复审工作的国家机关工作人员必须秉公执法，廉洁自律，忠于职守，文明服务。

商标局、商标评审委员会以及从事商标注册、管理和复审工作的国家机关工作人员不得从事商标代理业务和商品生产经营活动。

第六十一条 工商行政管理部门应当建立健全内部监督制度，对负责商标注册、管理和复审工作的国家机关工作人员执行法律、行政法规和遵守纪律的情况，进行监督检查。

第六十二条 从事商标注册、管理和复审工作的国家机关工作人员玩忽职守、滥用职权、徇私舞弊，违法办理商标注册、管理和复审事项，收受当事人财物，牟取不正当利益，构成犯罪的，依法追究刑事责任；尚不构成犯罪的，依法给予行政处分。

第八章　附　　则

第六十三条 申请商标注册和办理其他商标事宜的，应当缴纳费用，具体收费标准另定。

第六十四条 本法自 1983 年 3 月 1 日起施行。1963 年 4 月 10 日国务院公布的《商标管理条例》同时废止；其他有关商标管理的规定，凡与本法抵触的，同时失效。

本法施行前已经注册的商标继续有效。

附录五　《中华人民共和国商标法实施条例》

第一章　总　　则

第一条　根据《中华人民共和国商标法》(以下简称商标法)，制定本条例。

第二条　本条例有关商品商标的规定，适用于服务商标。

第三条　商标法和本条例所称商标的使用，包括将商标用于商品、商品包装或者容器以及商品交易文书上，或者将商标用于广告宣传、展览以及其他商业活动中。

第四条　商标法第六条所称国家规定必须使用注册商标的商品，是指法律、行政法规规定的必须使用注册商标的商品。

第五条　依照商标法和本条例的规定，在商标注册、商标评审过程中产生争议时，有关当事人认为其商标构成驰名商标的，可以相应向商标局或者商标评审委员会请求认定驰名商标，驳回违反商标法第十三条规定的商标注册申请或者撤销违反商标法第十三条规定的商标注册。有关当事人提出申请时，应当提交其商标构成驰名商标的证据材料。

商标局、商标评审委员会根据当事人的请求，在查明事实的基础上，依照商标法第十四条的规定，认定其商标是否构成驰名商标。

第六条　商标法第十六条规定的地理标志，可以依照商标法和本条例的规定，作为证明商标或者集体商标申请注册。

以地理标志作为证明商标注册的，其商品符合使用该地理标志条件的自然人、法人或者其他组织可以要求使用该证明商标，控制该证明商标的组织应当允许。以地理标志作为集体商标注册的，其商品符合使用该地理标志条件的自然人、法人或者其他组织，可以要求参加以该地理标志作为集体商标注册的团体、协会或者其他组织，该团体、协会或者其他组织应当依据其章程接纳为会员；不要求参加以该地理标志作为集体商标注册的团体、协会或者其他组织的，也可以正当使用该地理标志，该团体、协会或者其他组织无权禁止。

第七条　当事人委托商标代理组织申请商标注册或者办理其他商标事宜，应当提交代理委托书。代理委托书应当载明代理内容及权限；外国人或者外国企业的代理委托书还应当载明委托人的国籍。

外国人或者外国企业的代理委托书及与其有关的证明文件的公证、认证手续，按照对等原则办理。

商标法第十八条所称外国人或者外国企业，是指在中国没有经常居所或者营业所的外国人或者外国企业。

第八条　申请商标注册或者办理其他商标事宜，应当使用中文。

依照商标法和本条例规定提交的各种证件、证明文件和证据材料是外文的，应当附送中文译文；未附送的，视为未提交该证件、证明文件或者证据材料。

第九条 商标局、商标评审委员会工作人员有下列情形之一的，应当回避，当事人或者利害关系人可以要求其回避：

（一）是当事人或者当事人、代理人的近亲属的；

（二）与当事人、代理人有其他关系，可能影响公正的；

（三）与申请商标注册或者办理其他商标事宜有利害关系的。

第十条 除本条例另有规定的外，当事人向商标局或者商标评审委员会提交文件或者材料的日期，直接递交的，以递交日为准；邮寄的，以寄出的邮戳日为准；邮戳日不清晰或者没有邮戳的，以商标局或者商标评审委员会实际收到日为准，但是当事人能够提出实际邮戳日证据的除外。

第十一条 商标局或者商标评审委员会的各种文件，可以通过邮寄、直接递交或者其他方式送达当事人。当事人委托商标代理组织的，文件送达商标代理组织视为送达当事人。

商标局或者商标评审委员会向当事人送达各种文件的日期，邮寄的，以当事人收到的邮戳日为准；邮戳日不清晰或者没有邮戳的，自文件发出之日起满15日，视为送达当事人；直接递交的，以递交日为准。文件无法邮寄或者无法直接递交的，可以通过公告方式送达当事人，自公告发布之日起满30日，该文件视为已经送达。

第十二条 商标国际注册依照我国加入的有关国际条约办理。具体办法由国务院工商行政管理部门规定。

第二章　商标注册的申请

第十三条 申请商标注册，应当按照公布的商品和服务分类表按类申请。每一件商标注册申请应当向商标局提交《商标注册申请书》1 份、商标图样 5 份；指定颜色的，并应当提交着色图样 5 份、黑白稿 1 份。

商标图样必须清晰、便于粘贴，用光洁耐用的纸张印制或者用照片代替，长或者宽应当不大于 10 厘米，不小于 5 厘米。

以三维标志申请注册商标的，应当在申请书中予以声明，并提交能够确定三维形状的图样。

以颜色组合申请注册商标的，应当在申请书中予以声明，并提交文字说明。

申请注册集体商标、证明商标的，应当在申请书中予以声明，并提交主体资格证明文件和使用管理规则。

商标为外文或者包含外文的，应当说明含义。

第十四条 申请商标注册的，申请人应当提交能够证明其身份的有效证件的复印件。商标注册申请人的名义应当与所提交的证件相一致。

第十五条 商品名称或者服务项目应当按照商品和服务分类表填写；商品名称或者服务项目未列入商品和服务分类表的，应当附送对该商品或者服务的说明。

商标注册申请等有关文件，应当打字或者印刷。

第十六条 共同申请注册同一商标的，应当在申请书中指定一个代表人；没有指定代表人的，以申请书中顺序排列的第一人为代表人。

第十七条　申请人变更其名义、地址、代理人，或者删减指定的商品的，可以向商标局办理变更手续。

申请人转让其商标注册申请的，应当向商标局办理转让手续。

第十八条　商标注册的申请日期，以商标局收到申请文件的日期为准。申请手续齐备并按照规定填写申请文件的，商标局予以受理并书面通知申请人；申请手续不齐备或者未按照规定填写申请文件的，商标局不予受理，书面通知申请人并说明理由。

申请手续基本齐备或者申请文件基本符合规定，但是需要补正的，商标局通知申请人予以补正，限其自收到通知之日起 30 日内，按照指定内容补正并交回商标局。在规定期限内补正并交回商标局的，保留申请日期；期满未补正的，视为放弃申请，商标局应当书面通知申请人。

第十九条　两个或者两个以上的申请人，在同一种商品或者类似商品上，分别以相同或者近似的商标在同一天申请注册的，各申请人应当自收到商标局通知之日起 30 日内提交其申请注册前在先使用该商标的证据。同日使用或者均未使用的，各申请人可以自收到商标局通知之日起 30 日内自行协商，并将书面协议报送商标局；不愿协商或者协商不成的，商标局通知各申请人以抽签的方式确定一个申请人，驳回其他人的注册申请。商标局已经通知但申请人未参加抽签的，视为放弃申请，商标局应当书面通知未参加抽签的申请人。

第二十条　依照商标法第二十四条规定要求优先权的，申请人提交的第一次提出商标注册申请文件的副本应当经受理该申请的商标主管机关证明，并注明申请日期和申请号。

依照商标法第二十五条规定要求优先权的，申请人提交的证明文件应当经国务院工商行政管理部门规定的机构认证；展出其商品的国际展览会是在中国境内举办的除外。

第三章　商标注册申请的审查

第二十一条　商标局对受理的商标注册申请，依照商标法及本条例的有关规定进行审查，对符合规定的或者在部分指定商品上使用商标的注册申请符合规定的，予以初步审定，并予以公告；对不符合规定或者在部分指定商品上使用商标的注册申请不符合规定的，予以驳回或者驳回在部分指定商品上使用商标的注册申请，书面通知申请人并说明理由。

商标局对在部分指定商品上使用商标的注册申请予以初步审定的，申请人可以在异议期满之日前，申请放弃在部分指定商品上使用商标的注册申请；申请人放弃在部分指定商品上使用商标的注册申请的，商标局应当撤回原初步审定，终止审查程序，并重新公告。

第二十二条　对商标局初步审定予以公告的商标提出异议的，异议人应当向商标局提交商标异议书一式两份。商标异议书应当写明被异议商标刊登《商标公告》的期号及初步审定号。商标异议书应当有明确的请求和事实依据，并附送有关证据材料。

商标局应当将商标异议书副本及时送交被异议人，限其自收到商标异议书副本之日起 30 日内答辩。被异议人不答辩的，不影响商标局的异议裁定。

当事人需要在提出异议申请或者答辩后补充有关证据材料的，应当在申请书或者答辩书中声明，并自提交申请书或者答辩书之日起 3 个月内提交；期满未提交的，视为当事人放弃补充有关证据材料。

第二十三条 商标法第三十四条第二款所称异议成立，包括在部分指定商品上成立。异议在部分指定商品上成立的，在该部分指定商品上的商标注册申请不予核准。

被异议商标在异议裁定生效前已经刊发注册公告的，撤销原注册公告，经异议裁定核准注册的商标重新公告。

经异议裁定核准注册的商标，自该商标异议期满之日起至异议裁定生效前，对他人在同一种或者类似商品上使用与该商标相同或者近似的标志的行为不具有追溯力；但是，因该使用人的恶意给商标注册人造成的损失，应当给予赔偿。

经异议裁定核准注册的商标，对其提出评审申请的期限自该商标异议裁定公告之日起计算。

第四章 注册商标的变更、转让、续展

第二十四条 变更商标注册人名义、地址或者其他注册事项的，应当向商标局提交变更申请书。商标局核准后，发给商标注册人相应证明，并予以公告；不予核准的，应当书面通知申请人并说明理由。

变更商标注册人名义的，还应当提交有关登记机关出具的变更证明文件。未提交变更证明文件的，可以自提出申请之日起 30 日内补交；期满不提交的，视为放弃变更申请，商标局应当书面通知申请人。

变更商标注册人名义或者地址的，商标注册人应当将其全部注册商标一并变更；未一并变更的，视为放弃变更申请，商标局应当书面通知申请人。

第二十五条 转让注册商标的，转让人和受让人应当向商标局提交转让注册商标申请书。转让注册商标申请手续由受让人办理。商标局核准转让注册商标申请后，发给受让人相应证明，并予以公告。

转让注册商标的，商标注册人对其在同一种或者类似商品上注册的相同或者近似的商标，应当一并转让；未一并转让的，由商标局通知其限期改正；期满不改正的，视为放弃转让该注册商标的申请，商标局应当书面通知申请人。

对可能产生误认、混淆或者其他不良影响的转让注册商标申请，商标局不予核准，书面通知申请人并说明理由。

第二十六条 注册商标专用权因转让以外的其他事由发生移转的，接受该注册商标专用权移转的当事人应当凭有关证明文件或者法律文书到商标局办理注册商标专用权移转手续。

注册商标专用权移转的，注册商标专用权人在同一种或者类似商品上注册的相同或者近似的商标，应当一并移转；未一并移转的，由商标局通知其限期改正；期满不改正的，视为放弃该移转注册商标的申请，商标局应当书面通知申请人。

第二十七条 注册商标需要续展注册的，应当向商标局提交商标续展注册申请书。商标局核准商标注册续展申请后，发给相应证明，并予以公告。

续展注册商标有效期自该商标上一届有效期满次日起计算。

第五章　商标评审

第二十八条　商标评审委员会受理依据商标法第三十二条、第三十三条、第四十一条、第四十九条的规定提出的商标评审申请。商标评审委员会根据事实，依法进行评审。

第二十九条　商标法第四十一条第三款所称对已经注册的商标有争议，是指在先申请注册的商标注册人认为他人在后申请注册的商标与其在同一种或者类似商品上的注册商标相同或者近似。

第三十条　申请商标评审，应当向商标评审委员会提交申请书，并按照对方当事人的数量提交相应份数的副本；基于商标局的决定书或者裁定书申请复审的，还应当同时附送商标局的决定书或者裁定书副本。

商标评审委员会收到申请书后，经审查，符合受理条件的，予以受理；不符合受理条件的，不予受理，书面通知申请人并说明理由；需要补正的，通知申请人自收到通知之日起30日内补正。经补正仍不符合规定的，商标评审委员会不予受理，书面通知申请人并说明理由；期满未补正的，视为撤回申请，商标评审委员会应当书面通知申请人。

商标评审委员会受理商标评审申请后，发现不符合受理条件的，予以驳回，书面通知申请人并说明理由。

第三十一条　商标评审委员会受理商标评审申请后，应当及时将申请书副本送交对方当事人，限其自收到申请书副本之日起30日内答辩；期满未答辩的，不影响商标评审委员会的评审。

第三十二条　当事人需要在提出评审申请或者答辩后补充有关证据材料的，应当在申请书或者答辩书中声明，并自提交申请书或者答辩书之日起3个月内提交；期满未提交的，视为放弃补充有关证据材料。

第三十三条　商标评审委员会根据当事人的请求或者实际需要，可以决定对评审申请进行公开评审。

商标评审委员会决定对评审申请进行公开评审的，应当在公开评审前15日书面通知当事人，告知公开评审的日期、地点和评审人员。当事人应当在通知书指定的期限内作出答复。

申请人不答复也不参加公开评审的，其评审申请视为撤回，商标评审委员会应当书面通知申请人；被申请人不答复也不参加公开评审的，商标评审委员会可以缺席评审。

第三十四条　申请人在商标评审委员会作出决定、裁定前，要求撤回申请的，经书面向商标评审委员会说明理由，可以撤回；撤回申请的，评审程序终止。

第三十五条　申请人撤回商标评审申请的，不得以相同的事实和理由再次提出评审申请；商标评审委员会对商标评审申请已经作出裁定或者决定的，任何人不得以相同的事实和理由再次提出评审申请。

第三十六条　依照商标法第四十一条的规定撤销的注册商标，其商标专用权视为自始即不存在。有关撤销注册商标的决定或者裁定，对在撤销前人民法院作出并已执行的商标侵权案件的判决、裁定，工商行政管理部门作出并已执行的商标侵权案件的处理决定，以及已经履行的商标转让或者使用许可合同，不具有追溯力；但是，因商标注册人恶意给他人造成的损失，应当给予赔偿。

第六章　商标使用的管理

第三十七条　使用注册商标，可以在商品、商品包装、说明书或者其他附着物上标明"注册商标"或者注册标记。

注册标记包括(注外加〇)和(R 外加〇)。使用注册标记，应当标注在商标的右上角或者右下角。

第三十八条　《商标注册证》遗失或者破损的，应当向商标局申请补发。《商标注册证》遗失的，应当在《商标公告》上刊登遗失声明。破损的《商标注册证》，应当在提交补发申请时交回商标局。

伪造或者变造《商标注册证》的，依照刑法关于伪造、变造国家机关证件罪或者其他罪的规定，依法追究刑事责任。

第三十九条　有商标法第四十四条第(一)项、第(二)项、第(三)项行为之一的，由工商行政管理部门责令商标注册人限期改正；拒不改正的，报请商标局撤销其注册商标。

有商标法第四十四条第(四)项行为的，任何人可以向商标局申请撤销该注册商标，并说明有关情况。商标局应当通知商标注册人，限其自收到通知之日起 2 个月内提交该商标在撤销申请提出前使用的证据材料或者说明不使用的正当理由；期满不提供使用的证据材料或者证据材料无效并没有正当理由的，由商标局撤销其注册商标。

前款所称使用的证据材料，包括商标注册人使用注册商标的证据材料和商标注册人许可他人使用注册商标的证据材料。

第四十条　依照商标法第四十四条、第四十五条的规定被撤销的注册商标，由商标局予以公告；该注册商标专用权自商标局的撤销决定做出之日起终止。

第四十一条　商标局、商标评审委员会撤销注册商标，撤销理由仅及于部分指定商品的，撤销在该部分指定商品上使用的商标注册。

第四十二条　依照商标法第四十五条、第四十八条的规定处以罚款的数额为非法经营额 20％以下或者非法获利 2 倍以下。

依照商标法第四十七条的规定处以罚款的数额为非法经营额 10％以下。

第四十三条　许可他人使用其注册商标的，许可人应当自商标使用许可合同签订之日起 3 个月内将合同副本报送商标局备案。

第四十四条　违反商标法第四十条第二款规定的，由工商行政管理部门责令限期改正；逾期不改正的，收缴其商标标识；商标标识与商品难以分离的，一并收缴、销毁。

第四十五条　使用商标违反商标法第十三条规定的，有关当事人可以请求工商行政管理部门禁止使用。当事人提出申请时，应当提交其商标构成驰名商标的证据材料。经商标局依照商标法第十四条的规定认定为驰名商标的，由工商行政管理部门责令侵权人停止违反商标法第十三条规定使用该驰名商标的行为，收缴、销毁其商标标识；商标标识与商品难以分离的，一并收缴、销毁。

第四十六条　商标注册人申请注销其注册商标或者注销其商标在部分指定商品上的注

册的，应当向商标局提交商标注销申请书，并交回原《商标注册证》。

商标注册人申请注销其注册商标或者注销其商标在部分指定商品上的注册的，该注册商标专用权或者该注册商标专用权在该部分指定商品上的效力自商标局收到其注销申请之日起终止。

第四十七条 商标注册人死亡或者终止，自死亡或者终止之日起 1 年期满，该注册商标没有办理移转手续的，任何人可以向商标局申请注销该注册商标。提出注销申请的，应当提交有关该商标注册人死亡或者终止的证据。

注册商标因商标注册人死亡或者终止而被注销的，该注册商标专用权自商标注册人死亡或者终止之日起终止。

第四十八条 注册商标被撤销或者依照本条例第四十六条、第四十七条的规定被注销的，原《商标注册证》作废；撤销该商标在部分指定商品上的注册的，或者商标注册人申请注销其商标在部分指定商品上的注册的，由商标局在原《商标注册证》上加注发还，或者重新核发《商标注册证》，并予公告。

第七章　　注册商标专用权的保护

第四十九条 注册商标中含有的本商品的通用名称、图形、型号，或者直接表示商品的质量、主要原料、功能、用途、重量、数量及其他特点，或者含有地名，注册商标专用权人无权禁止他人正当使用。

第五十条 有下列行为之一的，属于商标法第五十二条第(五)项所称侵犯注册商标专用权的行为：

(一) 在同一种或者类似商品上，将与他人注册商标相同或者近似的标志作为商品名称或者商品装潢使用，误导公众的；

(二) 故意为侵犯他人注册商标专用权行为提供仓储、运输、邮寄、隐匿等便利条件的。

第五十一条 对侵犯注册商标专用权的行为，任何人可以向工商行政管理部门投诉或者举报。

第五十二条 对侵犯注册商标专用权的行为，罚款数额为非法经营额 3 倍以下；非法经营额无法计算的，罚款数额为 10 万元以下。

第五十三条 商标所有人认为他人将其驰名商标作为企业名称登记，可能欺骗公众或者对公众造成误解的，可以向企业名称登记主管机关申请撤销该企业名称登记。企业名称登记主管机关应当依照《企业名称登记管理规定》处理。

第八章　附　　则

第五十四条 连续使用至 1993 年 7 月 1 日的服务商标，与他人在相同或者类似的服务上已注册的服务商标相同或者近似的，可以继续使用；但是，1993 年 7 月 1 日后中断使用 3 年以上的，不得继续使用。

第五十五条 商标代理的具体管理办法由国务院另行规定。

第五十六条 商标注册用商品和服务分类表，由国务院工商行政管理部门制定并公布。

　　申请商标注册或者办理其他商标事宜的文件格式，由国务院工商行政管理部门制定并公布。

　　商标评审委员会的评审规则由国务院工商行政管理部门制定并公布。

　　第五十七条　商标局设置《商标注册簿》，记载注册商标及有关注册事项。

　　商标局编印发行《商标公告》，刊登商标注册及其他有关事项。

　　第五十八条　申请商标注册或者办理其他商标事宜，应当缴纳费用。缴纳费用的项目和标准，由国务院工商行政管理部门会同国务院价格主管部门规定并公布。

　　第五十九条　本条例自 2002 年 9 月 15 日起施行。1983 年 3 月 10 日国务院发布、1988 年 1 月 3 日国务院批准第一次修订、1993 年 7 月 15 日国务院批准第二次修订的《中华人民共和国商标法实施细则》和 1995 年 4 月 23 日《国务院关于办理商标注册附送证件问题的批复》同时废止。

参 考 文 献

[1]　王悦彤. 广告法规与管理[M]. 开封：河南大学出版社，2011.

[2]　余序州. 广告管理[M]. 武汉：华中科技大学出版社，2011.

[3]　吕蓉. 广告法规与管理[M]. 上海：复旦大学出版社，2009.

[4]　刘林清. 广告法规与管理[M]. 北京：高等教育出版社，2009.

[5]　温智等. 广告道德与法规[M]. 北京：清华大学出版社，2009.

[6]　药恩情. 广告规制法律制度研究[M]. 北京：中国广播电视出版社，2009.

[7]　陈柳裕，等. 广告监管中的法与理[M]. 北京：社会科学文献出版社，2009.

[8]　法律出版社法规中心. 中华人民共和国广告法（注释本）[M]. 北京：法律出版社，2008.

[9]　宋玉书，等. 广告管理法规[M]. 长沙：中南大学出版社 2008.

[10]　崔银河. 广告法规与职业道德[M]. 北京：中国传媒大学出版社，2008.

[11]　范志国. 中外广告监管比较[M]. 北京：中国科学出版社，2008.

[12]　蒋恩明. 广告法律制度[M]. 南京：南京大学出版社，2007.

[13]　褚霓霓. 广告法实例说[M]. 长沙：湖南人民出版社 2004.

[14]　丛新强. 广告法规与管理[M]. 济南：山东大学出版社，2004.

[15]　王军. 广告管理与法规[M]. 北京：中国广播电视出版社，2003.

[16]　汪涛. 广告管理[M]. 武汉：武汉大学出版社，2003.

[17]　郑成思. 知识产权论[M]. 北京：法律出版社，1998.

[18]　奚晓明. 中国知识产权指导案例评注（第三辑）[M]. 北京：中国法制出版社，2012.

[19]　杜颖. 商标法[M]. 北京：北京大学出版社，2010.

[20]　周家贵. 商标侵权原理与实务[M]. 北京：法律出版社，2010.

[21]　绍兴全，等. 商标权的法律保护与运用[M]. 北京：法律出版社，2009.

[22]　邓宏光. 商标法的理论基础：以商标显著性为中心[M]. 北京：法律出版社，2008.

[23]　于泽辉. 商标：战略 管理 诉讼[M]. 北京：法律出版社，2008.

[24]　胡开忠. 商标法学教程[M]. 北京：中国人民大学出版社，2008.

[25]　刘晓军. 热点难点案例判解：民事类商标[M]. 北京：法律出版社，2007.

[26]　王瑜. 从普通商标到驰名品牌：企业商标全程法律策划[M]. 北京：法律出版社，2007.

[27]　黄晖，等. 商标法律诉讼手册[M]. 北京：法律出版社，2006.

[28]　吴汉东. 知识产权法教程[M]. 北京：中国政法大学出版社，2005.

[29]　曾陈明汝. 商标法原理[M]. 北京：中国人民大学出版社，2003.

[30]　薛虹. 网络时代的知识产权法[M]. 北京：法律出版社，2000.